本书由中央财政支持地方高校发展专项资金提供资助

ZHENGQUAN TOUZI FENXI

JICHU ZHISHI TOUZI FENXI ANLI JIEXI

证券投资分析：
基础知识、投资分析、案例解析

▶主 编 唐 平

重庆大学出版社

内容提要

证券投资分析是一门综合性学科。本书按照系统化、理论化、规范化的原则,力求将证券投资的基础知识、基本理论、技术分析和实践经验融为一体,循序渐进地加以阐述。

全书共分三部分,第一部分的基础知识可以让初学者对证券市场有一个清晰的认识;第二部分的投资分析教给读者一些基础理论和分析方法;第三部分的案例解析可以让读者将前两部分学到的知识和方法应用于实践中,这样会大大提升读者的兴趣。

本书可作为高等院校经济类专业的证券投资分析课程的教材,也可供广大证券投资者阅读和参考。

图书在版编目(CIP)数据

证券投资分析:基础知识、投资分析、案例解析/唐平主编. -- 重庆:重庆大学出版社,2018.1

重庆智能金融实验与实践中心案例库

ISBN 978-7-5689-0977-8

Ⅰ.①证… Ⅱ.①唐… Ⅲ.①证券投资—投资分析
Ⅳ.①F830.91

中国版本图书馆 CIP 数据核字(2018)第 001628 号

证券投资分析:
基础知识、投资分析、案例解析
主 编 唐 平
策划编辑:尚东亮

责任编辑:李桂英　何俊峰　　版式设计:尚东亮
责任校对:张红梅　　　　　　　责任印制:赵　晟

*

重庆大学出版社出版发行
出版人:易树平
社址:重庆市沙坪坝区大学城西路 21 号
邮编:401331
电话:(023) 88617190　88617185(中小学)
传真:(023) 88617186　88617166
网址:http://www.cqup.com.cn
邮箱:fxk@ cqup.com.cn(营销中心)
全国新华书店经销
重庆升光电力印务有限公司印刷

*

开本:787mm×1092mm　1/16　印张:19　字数:427 千
2018 年 3 月第 1 版　　2018 年 3 月第 1 次印刷
ISBN 978-7-5689-0977-8　定价:48.00 元

前言

PREFACE

中国股市经历了 2011—2014 年的沉寂之后，在 2014 年下半年开始爆发，走出了一波波澜壮阔的牛市行情，并在 2015 年 6 月 12 日走上了这波牛市行情的顶峰 5 166 点。股市暴涨造就了众多财富神话，一夜暴富的故事不再仅仅是传说，更多的发生在我们身边。怀着对财富的强烈向往，人们纷纷投入股票大军的行列中，更有甚者卖车、卖房然后投入股票市场赚取巨额回报，中国在当时进入了全民炒股的时代！然而在没有经济基本面支撑的基础上，市场短期过快的上涨必然伴随着泡沫，当时中国的股票市场就像阳光下的泡沫，虽然外表色彩斑斓，但一戳即破。在上海证券综合指数（简称"上证指数"）创新高的后半年，大盘迅速回落，到 2016 年 1 月份上证指数仅剩下 2 600 点，几乎是最高点时期的一半，股市一片哀号之声，大量股票价格在半年内被腰斩，更多的跌破了牛市启动之前的价格，更甚者在这半年内出现了股市集体跌停和上市公司停盘躲避股灾的现象。是何原因导致在不到两年的时间里中国股市经历了冰火两重天的境地，又是何原因让人们在股市创造财富神话，而神话又迅速破灭，这是值得我们深思的。股票市场是我国上市公司融资的一个有效途径，正是有了中小投资者的参与，上市公司才能获得低成本的资金来推动公司的发展。我们并不反对中小投资者参与股票交易，但是如果投资者在入市之前多了解证券相关的知识，多学习相关制度，多掌握相关的分析方法，在面对股票价格波动时就能多一点理性，也许就能避免股灾的发生。

关于证券投资类的书籍，目前市场上大概分为两类：第一类是纯理论型书籍，这类书主要介绍证券市场的基础理论和相关的定价模型，主要用于金融类专业的学生课堂教学用，但阅读这类书需要一定的知识门槛，对于尚未接触股票市场的人群或刚入学的大学生略显晦涩。第二类是实战型书籍，这类书介绍了股票市场上各种交易方法，但是其质量良莠不齐，真正能指导股民交易行为、帮助股民建立良好的交易系统的书籍少之又少。立足于为证券投资课程和新股民服务，笔者编写了这本《证券投资分析：基础知识、投资分析、案例解析》。本书的编写参考了证券从业人员考试统编教材，主要内容包含证券基础、证券投资分析和证券案例解析三大板块。其中，基础知识主要讲述证券基础知识、基础理论、基础制度和基本操作等；投资分析板块从宏观到微观，从理论到方法，从基本面到技术面等多层次探讨了证券市场中投资的各种问题、方法和技巧；案例解析板块针对前两个板块提出的知识点，列举了大量与之相关的案例，从宏观经济到具体行业，从基本面分析的应用到技术分析的实战，从制度解析到市场评价等全方位立体地展示了证券市场的实践知识。

在我国,开设证券投资课程的高校越来越多,对教材的选择就显得十分关键。对于刚刚进入金融学科学习的学生来说,他们的相关知识积累得并不是很多,如果教材过于晦涩难懂可能会打击他们学习金融投资的积极性。如果仅仅介绍知识点又会把该学科变得枯燥,所以怎么选择教材,怎么把握教学的方向,对开设证券投资这门课程是否成功变得至关重要。

本书最大的特点就是既包含了证券市场的基础知识,又有证券市场的操作讲解以及案例分析。从三个层次解析我国的证券市场,保证读者既可以学到相关知识,对证券市场有理性的认识,又可以学到相关的实际投资方法。最后一部分的案例解析有一些问题和相应的解答,读者在学习了前两部分之后,可以尝试用学过的知识解答提出的问题,这既是对前面知识的复习,更是将学到的知识方法运用到实践中去。循序渐进地讲解、知识与实践的结合是本书的亮点。相信读者读完这本书之后会对我国的证券市场有基本的了解,相关的投资方法能在生活中运用,更加希望广大学子能够通过本书建立起对证券投资学科的浓厚兴趣。

编　者

2017 年 5 月

目 录
CONTENTS

基础知识篇

投资分析篇

案例解析篇

基础知识篇

第1章 证券市场

1.1 证券与证券市场

证券是指各类记载并代表一定权利的法律凭证。它用以证明持有人有权依其所持凭证记载的内容而取得应有的权益。从一般意义上来说,证券是指用以证明或设定权利所做成的书面凭证,它表明证券持有人或第三者有权取得该证券拥有的特定权益,或证明其曾经发生过的行为。证券可以采取纸面形式或证券监管机构规定的其他形式。

1.1.1 有价证券

1)有价证券的定义

有价证券是指标有票面金额,用于证明持有人或该证券指定的特定主体对特定财产拥有所有权或债权的凭证。这类证券本身没有价值,但由于它代表着一定量的财产权利,持有人可凭该证券直接取得一定量的商品、货币,或者取得利息、股息等收入,因而可以在证券市场上买卖和流通,客观上具有了交易价格。

有价证券是虚拟资本的一种形式。所谓虚拟资本,是指以有价证券形式存在,并能给持有者带来一定收益的资本。虚拟资本是独立于实际资本之外的一种资本存在形式,本身不能在生产过程中发挥作用。通常,虚拟资本的价格总额并不等于所代表的真实资本的账面价格,甚至与真实资本的重置价格也不一定相等,其变化并不完全反映实际资本额的变化。

2)有价证券分类

有价证券有广义与狭义两种概念。狭义的有价证券即指资本证券,广义的有价证券包括商品证券、货币证券和资本证券。

商品证券是证券持有人拥有商品所有权或使用权的凭证,取得这种证券就等于取得这种商品的所有权,持有人对这种证券所代表的商品的所有权受法律保护。属于商品证券的有提货单、运货单、仓库栈单等。

货币证券是指本身能使持有人或第三者取得货币索取权的有价证券。货币证券主要包括两类:一类是商业证券,主要是商业汇票和商业本票;另一类是银行证券,主要是银行汇票、银行本票和支票。

资本证券是指由金融投资或与金融投资有直接联系的活动而产生的证券。持有人有一定的收入请求权。资本证券是有价证券的主要形式,本书中的有价证券是指资本证券。

有价证券的种类多种多样,可以从不同的角度按不同的标准进行分类。

①按证券发行主体不同,有价证券可分为政府证券、政府机构证券和公司证券。政府证券通常是指中央政府或地方政府发行的债券。中央政府债券也称国债,通常由一国财政部发行。地方政府债券由地方政府发行,通常以地方税或其他收入偿还,我国目前尚不允许除特别行政区以外的各级地方政府发行债券。政府机构证券是由经批准的政府机构发行的证券,我国目前也不允许政府机构发行。公司证券是公司为筹措资金而发行的有价证券,公司证券包括的范围较广泛,主要有股票、公司债券及商业票据等。此外,在公司证券中,通常将银行及非银行金融机构发行的证券称为金融证券,公司证券中金融债券尤为常见。

②按是否在证券交易所挂牌交易,有价证券可分为上市证券和非上市证券。上市证券是指经证券主管机关核准发行,并经证券交易所依法审核同意,允许在证券交易所内公开买卖的证券。非上市证券是指未申请上市或不符合证券交易所挂牌交易条件的证券。非上市证券不允许在证券交易所内交易,但可以在其他证券交易市场交易。凭证式国债和普通开放式基金份额属于非上市证券。

③按募集方式分类,有价证券可分为公募证券和私募证券。公募证券是指发行人通过中介机构向不特定的社会公众投资者公开发行的证券,其审核较严格并采取公示制度。私募证券是指向少数特定的投资者发行的证券,其审查条件相对宽松,投资者也较少,不采取公示制度。目前,我国信托投资公司发行的信托计划以及商业银行和证券公司发行的理财计划均属私募证券,上市公司采取定向增发方式发行的有价证券也属私募证券。

④按证券所代表的权利性质分类,有价证券可分为股票、债券和其他证券 3 大类。股票和债券是证券市场两个基本和主要的品种。其他证券包括基金证券、证券衍生品,如金融期货、可转换证券、权证,等等。

3)有价证券的特征

(1)收益性

证券的收益性是指持有证券本身可以获得一定数额的收益,这是投资者转让资本所有权或使用权的回报。证券代表的是一定数额的某种特定资产的所有权或债权,投资者持有证券也就同时拥有取得这部分资产增值收益的权利,因而证券本身具有收益性。

(2)流动性

证券的流动性是指证券持有人在不造成资金损失的前提下以证券换取现金的特性。证券的流动性可以通过到期兑付、承兑、贴现、转让等方式实现。不同证券的流动性是不同的。

(3)风险性

证券的风险性是指证券持有者面临着预期投资收益不能实现,甚至连本金也受到损失的可能性。从整体上说,证券的风险与其收益成正比。通常情况下,预期收益越高的证券,风险越大;预期收益越低的证券,风险越小。

(4)期限性

债券一般有明确的还本付息期限,以满足不同筹资者和投资者对融资期限以及与此相关的收益率需求。债券的期限具有法律约束力,是对融资双方权益的保护。股票一般没有期限性,可以视为无期证券。

1.1.2 证券市场

证券市场是股票、债券、投资基金份额等有价证券发行和交易的场所。证券市场是市场经济发展到一定阶段的产物,是为解决资本供求矛盾和流动性而产生的市场。证券市场以证券发行与交易的方式实现了筹资与投资的对接,有效地化解了资本的供求矛盾和资本结构调整的难题。

1)证券市场的特征

(1)证券市场是价值直接交换的场所

有价证券都是价值的直接代表,它们本质上是价值的一种直接表现形式。虽然证券交易的对象是各种各样的有价证券,但由于它们是价值的直接表现形式,所以证券市场本质上是价值的直接交换场所。

(2)证券市场是财产权利直接交换的场所

证券市场上的交易对象是作为经济权益凭证的股票、债券、投资基金份额等有价证券,它们本身是一定量财产权利的代表,所以,代表着对一定数额财产的所有权或债权以及相关的收益权。证券市场实际上是财产权利的直接交换场所。

(3)证券市场是风险直接交换的场所

有价证券既是一定收益权利的代表,同时也是一定风险的代表。有价证券的交换在转让出一定收益权的同时,也把该有价证券所持有的风险转让出去。所以,从风险的角度分析,证券市场也是风险的直接交换场所。

2)证券市场的结构

证券市场的结构是指证券市场的构成及其各部分之间的量比关系。证券市场的结构可以有许多种,但较为重要的结构有以下几种。

(1)层次结构

层次结构通常指按证券进入市场的顺序而形成的结构关系。按这种顺序关系划分,证券市场的构成可以分为发行市场和交易市场。证券发行市场又称"一级市场"或"初级市场",是发行人以筹集资金为目的,按照一定的法律规定和发行程序,向投资者出售新证券所形成的市场。证券交易市场又称"二级市场"或"次级市场",是已发行的证券通过买卖交易实现流通转让的市场。

证券发行市场和流通市场相互依存、相互制约,是一个不可分割的整体。证券发行市场是流通市场的基础和前提,有了发行市场的证券供应,才有流通市场的证券交易,证券发行的种类、数量和发行方式决定着流通市场的规模和运行。流通市场是证券得以持续扩大发行的必要条件,为证券的转让提供市场条件,使发行市场充满活力。此外,流通市场的交易价格制约和影响着证券的发行价格,是证券发行时需要考虑的重要因素。

（2）多层次资本市场

除有一、二级市场区分之外，证券市场的层次性还体现为区域分布、覆盖公司类型、上市交易制度以及监管要求的多样性。根据所服务和覆盖公司的类型，可以分为全球性市场、全国性市场、区域性市场等；根据上市公司规模、监管要求等差异，可以分为主板市场、二板市场（创业板或高新企业板）等。

（3）品种结构

这是依有价证券的品种而形成的结构关系，这种结构关系的构成主要有股票市场、债券市场、基金市场、衍生品市场等。

股票市场是股票发行和买卖交易的场所。股票市场的发行人为股份有限公司。股份有限公司通过发行股票募集公司的股本，或是在公司营运过程中通过发行股票扩大公司的股本。股票市场交易的对象是股票，股票的市场价格除了与股份公司的经营状况和盈利水平有关外，还受到其他如政治、社会、经济等多方面因素的综合影响，因此，股票价格经常处于波动之中。

债券市场是债券发行和买卖交易的场所。债券的发行人有中央政府、地方政府、中央政府机构、金融机构、公司和企业。债券发行人通过发行债券筹集的资金一般都有期限，债券到期时，债务人必须按时归还本金并支付约定的利息。债券是债权凭证，债券持有者与债券发行人之间是债权债务关系。债券市场交易的对象是债券。债券因有固定的票面利率和期限，因此，相对于股票价格而言，市场价格比较稳定。

基金市场是基金份额发行和流通的市场。封闭式基金在证券交易所挂牌交易，开放式基金则通过投资者向基金管理公司申购和赎回实现流通转让。此外，近年来，全球各主要市场均开设了交易所交易基金（ETF）或上市型开放式基金（LOF）交易，使开放式基金也可以在交易所市场挂牌交易。

衍生品市场是各类衍生品发行和交易的市场，随着金融创新在全球范围内的不断深化，衍生品市场已经成为金融市场不可或缺的重要组成部分。

（4）交易所结构

按交易活动是否在固定场所进行，证券市场可分为有形市场和无形市场。人们通常把有形市场称为"场内市场"，它是指有固定场所的证券交易所市场。该市场是有组织、制度化了的市场。有形市场的诞生是证券市场走向集中化的重要标志之一。一般而言，证券必须达到证券交易所规定的上市标准才能在场内交易。通常人们也把无形市场称为"场外市场"，它是指没有固定交易场所的证券交易所市场。随着现代通信技术的发展和电子计算机网络的广泛应用，交易技术和交易组织形式的演进，已有越来越多的证券交易不在有形的场内市场进行，而是通过经纪人或交易商的电传、电话、网络等洽谈成交。目前，场内市场与场外市场之间的截然划分已经不复存在，出现了多层次的证券市场结构。很多传统意义上的场外市场由于报价商和电子撮合系统的出现而具有了集中交易特征，而交易所市场也开始逐步推出兼容场外交易的交易组织形式。

3）证券市场的基本功能

证券市场综合反映国民经济运行的发展态势，常被称为国民经济的"晴雨表"，客观上为观察和监控经济运行提供了直观的指标,它的基本功能包括以下 3 种。

(1)筹资和投资功能

证券市场的筹资和投资功能是指证券市场一方面为资金需求者提供了通过发行证券筹集资金的机会,另一方面为资金供给者提供了投资对象。在证券市场上交易的任何证券,既是筹资的工具,也是投资的工具。在经济运行过程中,既有资金盈余者,又有资金短缺者。资金盈余者为使自己的资金价值增值,必须寻找投资对象,而资金短缺者为了发展自己的业务,就要向社会寻找资金。为了筹集资金,资金短缺者可以通过发行各种证券来达到筹资的目的,资金盈余者则可以通过买入证券实现投资。筹资和投资是证券市场基本功能不可分割的两个方面,忽视其中任何一个方面都会导致市场的严重缺陷。

(2)定价功能

证券市场的第二个基本功能就是为资本决定价格。证券是资本的表现形式,所以证券的价格实际上是证券所代表的资本的价格。证券的价格是证券市场上证券供求双方共同作用的结果。证券市场的运行形成了证券需求者和证券供给者的竞争关系,这种竞争的结果是:能产生高投资回报的资本,市场的需求就大,相应的证券价格就高;反之,证券的价格就低。因此,证券市场提供了资本的合理定价机制。

(3)资本配置功能

证券市场的资本配置功能是指通过证券价格引导资本的流动从而实现资本的合理配置。在证券市场上,证券价格的高低是由该证券所能提供的预期报酬率的高低来决定的。证券价格的高低实际上是该证券筹资能力的反映。能提供高报酬率的证券一般来自那些经营好、发展潜力巨大的企业,或者是来自新兴行业的企业。由于这些证券的预期报酬率高,其市场价格相应就高,从而筹资能力就强。这样,证券市场就引导资本流向能产生高报酬的企业或行业,从而使资本产生尽可能高的效率,进而实现资本的合理配置。

1.2　证券市场的参与者

1.2.1　证券发行人

证券发行人是指为筹措资金而发行债券、股票等证券的发行主体,它包括公司(企业)、政府和政府机构。

1)公司(企业)

企业的组织形式可分为独资制、合伙制和公司制。现代股份制公司主要采取股份有限公司和有限责任公司两种形式,其中,只有股份有限公司才能发行股票。公司发行股票所筹集的资本属于自有资本,通过发行债券所筹集的资本属于借入资本。发行股票和长期公司(企业)债券是公司(企业)筹措长期资本的主要途径,发行短期债券则是补充流动资金的重要手段。随着科学技术的进步和资本有机构成的不断提高,公司(企业)对长期资本的需求将越来越大,所以,公司(企业)作为证券发行主体的地位有不断上升的趋势。

在公司证券中,通常将银行及非银行金融机构发行的证券称为金融证券。金融机构作为证券市场的发行主体,既发行债券,也发行股票。西方国家能够发行证券的金融机构,一般都是股份公司,所以将金融机构发行的证券归入了公司证券。而我国和日本则把金融机构发行的债券定义为金融债券,从而突出了金融机构作为证券市场发行主体的地位。但股份制的金融机构发行的股票并没有定义为金融证券,而是归类于一般的公司股票。

2)政府和政府机构

随着国家干预经济理论的兴起,政府(中央政府和地方政府)和中央政府直属机构已成为证券发行的重要主体之一,但政府发行证券的品种仅限于债券。

中央政府为弥补财政赤字或筹措经济建设所需资金,在证券市场上发行国库券、财政债券、国家重点建设债券等,即国债。地方政府为本地方公用事业的建设可发行地方政府债券。在我国,地方政府目前还没有发行债券。政府发行证券的品种仅限于债券。中央政府债券不存在违约风险,被视为"无风险证券",相对应的证券收益率被称为"无风险利率",这是金融市场上重要的价格指标。

中央银行是代表一国政府发行法偿货币、制定和执行货币政策、实施金融监管的重要机构。中央银行作为证券发行主体,主要涉及两类证券。第一类是中央银行股票,在一些国家(例如美国),中央银行采取了股份制组织结构,通过发行股票募集资金,但是中央银行的股东并不享有决定中央银行政策的权利,只能按期收取固定的红利,其股票类似于优先股。第二类是中央银行出于调控货币供给量的目的而发行的特殊债券。中国人民银行2003年起开始发行中央银行票据,期限从3个月到3年不等,主要用于对冲金融体系中过多的流动性。

1.2.2 证券投资人

证券投资人是指通过证券而进行投资的机构法人和自然人,相应地,证券投资人可分为机构投资者和个人投资者两大类。

1)机构投资者

机构投资者主要有政府机构、金融机构、企业和事业法人及各类基金等组织。

(1)政府机构

作为政府机构,参与证券投资的目的主要是为了调剂资金余缺和进行宏观调控。各级政府机构出现资金剩余时,可通过购买政府债券、金融债券投资于证券市场。

中央银行以公开市场操作作为政策手段,通过买卖政府债券或金融债券,影响货币供应量进行宏观调控。

我国国有资产管理部门或其授权部门持有国有股,履行国有资产的保值增值和通过国家控股、参股来支配更多社会资源的职责。

从各国的具体实践看,出于维护金融稳定的需要,政府还可成立或指定专门机构参与证券市场交易,减少非理性的市场震荡。

（2）金融机构

参与证券投资的金融机构包括证券经营机构、银行业金融机构、保险公司及保险资产管理公司、合格境外机构投资者、主权财富基金以及其他金融机构。

①证券经营机构。证券经营机构是证券市场上主要的投资者,以其自有资本、营运资金和受托投资资金进行证券投资。

②银行业金融机构。银行业金融机构包括商业银行、城市信用合作社、农村信用合作社等吸收公众存款的金融机构以及政策性银行。受自身业务特点和政府法令的制约,一般仅限于政府债券和地方政府债券,而且通常以短期国债作为其超额储备的持有形式。

③保险公司及保险资产管理公司。目前保险公司已经超过共同基金成为全球最大的机构投资者,除大量投资于各类政府债券、高等级公司债券外,还广泛涉足基金和股票投资。目前我国的保险公司除利用自有资金和保险收入作为证券投资的资金来源外,还可运用受托管理的企业年金进行投资。作为投资主体,保险公司通常采用自设投资部门进行投资、委托专门机构投资或购买共同基金份额等方式运作。保险公司除投资国债之外,还可以在规定的比例内投资证券投资基金和股权性证券。

④合格境外机构投资者。合格境外机构投资者制度是一国（地区）在货币没有实现完全可自由兑换、资本项目尚未开放的情况下,有限地引进外资、开放资本市场的一项过渡性的制度。这种制度要求外国投资者若要进入一国证券市场,必须符合一定的条件,得到该国有关部门的审批通过后汇入一定额度的外汇资金,并转换为当地货币,通过严格监管的专门账户投资当地证券市场。

⑤主权财富基金。随着国际经济、金融形势的变化,目前不少国家,尤其是发展中国家拥有了大量的官方外汇储备,为管理好这部分资金,成立了代表国家进行投资的主权财富基金。经国务院批准,中国投资有限责任公司于2007年9月29日宣告成立,注册资本金为2 000亿美元,成为专门从事外汇资金投资业务的国有投资公司,以境外金融组合产品为主,开展多元投资,实现外汇资产保值增值,被视为中国主权财富基金的发端。

⑥其他金融机构。其他金融机构包括信托投资公司、企业集团财务公司、金融租赁公司等。这些机构通常也在自身章程和监管机构许可的范围内进行证券投资。

信托投资公司可以受托经营资金信托、有价证券信托和作为投资基金或者基金管理公司的发起人从事投资基金业务。企业集团财务公司达到相关监管规定的,也可申请从事证券投资业务。目前尚未批准金融租赁公司从事证券投资业务。

（3）企业和事业法人

企业可以用自己的积累资金或暂时不用的闲置资金进行证券投资。企业可以通过股票投资实现对其他企业的控股或参股,也可将暂时闲置的资金通过自营或委托专业机构的方式进行证券投资以获取收益。我国现行的规定是,各类企业可参与股票配售,也可投资于股票二级市场;事业法人可用自有资金和有权自行支配的预算外资金进行证券投资。

(4)各类基金

基金性质的机构投资者包括证券投资基金、社保基金、企业年金和社会公益基金。

①证券投资基金。证券投资基金是指通过公开发售基金份额筹集资金,由基金管理人管理,基金托管人托管,为基金份额持有人的利益,以资产组合方式进行证券投资活动的基金。《中华人民共和国证券投资基金法》(以下简称《基金法》)规定,我国的证券投资基金可投资于股票、债券和国务院证券监督管理机构规定的其他证券。

②社保基金。在大部分国家,社保基金分为两个层次:一是国家以社会保障税等形式征收的全国性基金;二是由企业定期向员工支付并委托基金公司管理的企业年金。由于资金来源不一样,且最终用途不一样,这两种形式的社保基金管理方式也完全不同。全国性保障基金属于国家控制的财政收入,主要用于支付失业救济金和退休金,是社会福利网的最后一道防线,对资金的安全性和流动性要求非常高。这部分资金的投资方向有严格限制,主要投向国债市场。而由企业控制的企业年金,资金运作周期长,对账户资产增值有较高要求,但对投资范围限制不多。

在我国,社保基金由两部分组成:一部分是社会保障基金。其运作依据是2001年底颁布的《全国社会保障基金投资管理暂行办法》,其资金来源包括国有股减持划入的资金和股权资产、中央财政拨入资金,经国务院批准以其他方式筹集的资金及其投资收益;同时,确定从2001年起新增发行彩票公益金的80%上缴社保基金。其投资范围:银行存款、国债、证券投资基金、股票、信用等级在投资级以上的企业债券、金融债券等有价证券,其中银行存款和国债投资比例不低于50%(投资限制:国债和存款>50%);企业债券、金融债券<10%,证券投资基金、股票<40%(委托专业投资管理机构运作)。另一部分是社会保险基金。它是指社会保险制度确定的用于支付劳动者或公民在患病、年老伤残、生育、死亡、失业等情况下所享受的各项保险待遇的基金,一般由企业等用人单位(或雇主)和劳动者(或雇员)或公民个人缴纳的社会保险费以及国家财政给予的一定补贴组成。社会保险基金一般由养老、医疗、失业、工伤、生育五项保险基金组成。在现阶段,我国社会保障基金的部分积累项目主要是养老保险基金,其运作依据是劳动部的各相关条例和地方的规章。

根据全国社会保障基金理事会2016年年报数据,截至2016年底,我国社会保障基金资产规模达到20 423.28亿人民币。

③企业年金。企业年金是指企业及其职工在依法参加基本养老保险的基础上,自愿建立的补充养老保险基金。按照我国现行法规,企业年金可由年金受托人或受托人指定的专业投资机构进行证券投资。

④社会公益基金。社会公益基金是指将收益用于指定的社会公益事业的基金,如福利基金、科技发展基金、教育发展基金、文学奖励基金等。我国有关政策规定,各种社会公益基金可用于证券投资,以求保值增值。

2)个人投资者

个人投资者是指从事证券投资的社会自然人,他们是证券市场最广泛的投资者。

个人进行证券投资应具备一些基本条件,这些条件包括国家有关法律、法规关于个人投资者投资资格的规定和个人投资者必须具备一定的经济实力。为保护个人投资者的合法权益,对于部分高风险证券产品的投资(如衍生产品、信托产品),监管法规还要求相关个人具有一定的产品知识并签署书面的知情同意书。

1.2.3 证券市场中介机构

证券市场中介机构是指为证券的发行与交易提供服务的各类机构。在证券市场起中介作用的机构是证券公司和其他证券服务机构,通常把两者合称为证券中介机构。

(1)证券公司

证券公司又称证券商,是指依照《中华人民共和国公司法》(以下简称《公司法》)规定和经国务院监督管理机构批准从事证券经营业务的有限责任公司或股份有限公司。证券公司的主要业务有证券承销、经纪、自营、投资咨询以及购并、受托资产管理和基金管理等。过去,我国证券监督管理部门将证券公司分为综合类证券公司和经纪类证券公司,并施行分类监管。随着资本市场的发展,分类监管划分模式已不能适应我国证券市场的专业化细分和规模化的发展方向。2006 年 1 月 1 日起施行的经修订的《中华人民共和国证券法》(以下简称《证券法》)将原有的分类管理的规定调整为按照证券经纪、证券投资咨询、财务顾问、证券承销和保荐、证券自营、证券资产管理、其他证券业务等业务类型进行管理,并按照审慎监管的原则,根据各项业务的风险程度,设定分类准入条件。

(2)证券登记结算机构

证券登记结算机构是为证券交易提供集中的登记、托管与结算服务的专门机构。根据《证券法》规定,证券登记结算机构是不以营利为目的的法人。

(3)证券服务机构

证券服务机构是指依法设立的从事证券服务业务的法人机构,主要包括证券登记结算公司、证券投资咨询公司、会计师事务所、资产评估机构、律师事务所和证券信用评级机构等。

1.2.4 自律性组织

自律性组织包括证券交易所和证券业协会。

(1)证券交易所

根据我国《证券法》的规定,证券交易所是为证券集中竞价交易提供场所和设施,组织和监督证券交易,实行自律管理的法人。其主要职责有:提供交易场所与设施;制订交易规则;监管在该交易所上市的证券以及会员交易行为的合规性、合法性,确保市场的公开、公平和公正。

(2)证券业协会

证券业协会是证券业的自律性组织,是社会团体法人。证券业协会的权力机构为由全体会员组成的会员大会。根据《证券法》的规定,证券公司应加入证券业协会。证券业协会应当履行协助证券监督管理机构组织会员执行有关法律,维护会员的合法权益,为会员提供信息服务、制订规则、组织培训和开展业务交流、调解纠纷,就证券业的发展开展研究、监督、检查会员行为及证券监督管理机构赋予的其他职责。

1.2.5　证券监管机构

在我国,证券监管机构是指中国证券监督管理委员会(以下简称"中国证监会")及其派出机构。中国证监会是国务院直属的证券管理监督机构,按照国务院授权和依照相关法律法规对证券市场进行集中、统一监管。它的主要职责是:依法制订有关证券市场监督管理的规章、规则,负责监督有关法律法规的执行,负责保护投资者的合法权益,对全国的证券发行、证券交易、中介机构的行为等依法实施全面监管,维持公平而有序的证券市场。

1.3　证券发行市场和交易市场

证券市场是证券买卖交易的场所,也是资金供求的中心。根据市场的功能划分,证券市场可分为证券发行市场和证券交易市场。证券发行市场是发行人以发行证券的方式筹集资金的场所,又称一级市场、初级市场;证券交易市场是买卖已发行证券的市场,又称二级市场、次级市场。证券市场的两个组成部分,既相互依存,又相互制约,是一个不可分割的整体。证券发行市场是交易市场的基础和前提,有了发行市场的证券供应,才有流通市场的证券交易,证券发行的种类、数量和发行方式决定流通市场的规模和运行。交易市场是发行市场得以持续扩大的必要条件,有了交易市场为证券的转让提供保证,才使发行市场充满活力。此外,交易市场的交易价格制约和影响着证券的发行价格,是证券发行时需要考虑的重要因素。

证券的发行、交易活动必须实行公开、公平、公正的原则,必须遵守法律、行政法规;禁止欺诈、内幕交易操纵证券市场的行为。证券发行、交易活动的当事人具有平等的法律地位,应当遵守自愿、有偿、诚实信用的原则。

1.3.1　证券发行市场

1)证券发行市场的含义

证券发行市场是发行人向投资者出售证券的市场。证券发行市场通常无固定场所,是一个无形的市场。证券发行市场的作用主要表现在以下3个方面。

(1)为资金需求者提供筹措资金的渠道

证券发行市场拥有大量的运行成熟的证券商品供发行者选择,发行者可以参照各类证券的期限、收益水平、参与权、流通性、风险度、发行成本等不同特点,根据自己的需要和可能选择发行何种证券,并依据当时市场上的供求关系和价格行情来确定证券发行数量和价格(收益率)。发行市场上还有众多的为发行者服务的中介机构,它们可以接受发行者的委托,利用自己的信誉、资金、人力、技术和网络等向公众推销证券,有助于发行者及时筹措到所需资金。发达的发行市场还可以冲破地区限制,为发行者扩大筹资范围和对象,在境内或境外面向各类投资者筹措资金,并通过市场竞争逐步使筹资成本合理化。

（2）为资金供应者提供投资的机会,实现储蓄向投资转化

政府、企业和个人在经济活动中可能出现暂时闲置的货币资金,证券发行市场提供了多种多样的投资机会,实现社会储蓄向投资转化。储蓄转化为投资是社会再生产顺利进行的必要条件。

（3）形成资金流动的收益导向机制,促进资源配置的不断优化

在现代经济活动中,生产要素都随着资金流动,只有实现了货币资金的优化配置,才有可能实现社会资源的优化配置。证券发行市场通过市场机制选择发行证券的企业,那些产业前景好、经营业绩优良和具有发展潜力的企业更容易从证券市场筹集所需要的资金,从而使资金流入最能产生效益的行业和企业,达到促进资源优化的目的。

2）证券发行市场的构成

证券发行市场由证券发行人、证券投资者和证券中介机构3部分组成。证券发行人是资金的需求者和证券的供应者,证券投资者是资金的供应者和证券的需求者,证券中介机构则是联系发行人和投资者的专业性中介服务组织。

①证券发行人。在市场经济条件下,资金需求者筹集外部资金主要通过两条途径:向银行借款和发行证券,即间接融资和直接融资。随着市场经济的发展,发行证券已成为资金需求者最基本的筹资手段。证券发行人主要是政府、企业和金融机构。

②证券投资者。证券投资者是指以取得利息、股息或资本收益为目的而买入证券的机构和人。证券发行市场上的投资者包括个人投资者和机构投资者,后者主要是证券公司、商业银行、保险公司、社保基金、证券投资基金、信托投资公司、企业和事业法人及社会团体等。

③证券中介机构。在证券发行市场上,中介机构主要包括证券公司、证券登记结算公司、会计师事务所、律师事务所、资产评估事务所等为证券发行与投资服务的中立机构。它们是证券发行人和投资者之间的中介,在证券发行市场上占有重要地位。

3）证券发行与承销制度

（1）证券发行制度

①注册制。证券发行注册制即实行公开管理原则,实质上是一种发行公司的财务公开制度。它要求发行人提供关于证券发行本身以及和证券发行有关的一切信息。发行人不仅要完全公开有关信息,不得有重大遗漏,并且要对所提供信息的真实性、完整性和可靠性承担法律责任。发行人只要充分披露了有关信息,在注册申报后的规定时间内未被证券监管机构拒绝注册,就可以进行证券发行,无须再经过批准。实行证券发行注册制可以向投资者提供证券发行的有关资料,但并不保证发行的证券资质优良,价格适当。

②核准制。核准制是指发行人申请发行证券,不仅要公开披露与发行证券有关的信息,符合《公司法》和《证券法》所规定的条件,而且要求发行人将发行申请报请证券监管部门决定的审核制度。证券发行核准制实行实质管理原则,即证券发行人不仅要以真实状况的充

分公开为条件,而且必须符合证券监管机构制订的若干适合于发行的实质条件。只有符合条件的发行人经证券监管机构的批准方可在证券市场上发行证券。实行核准制的目的在于证券监管部门能尽法律赋予的职能,保证发行的证券符合公众利益和证券市场的稳定发展的需要。

我国《证券法》规定,公开发行股票、公司债券和国务院依法认定的其他证券,必须依法报经国务院证券监督管理机构或国务院授权部门核准。公开发行是指向不特定对象发行证券或向特定对象发行证券累计超过 200 人的以及法律、行政法规规定的其他发行行为。上市公司发行证券,可以向不特定对象公开发行,也可以向特定对象非公开发行。非公开发行是指上市公司采用非公开方式向特定对象发行证券的行为。

我国的股票发行实行核准制。发行申请需由保荐人推荐和辅导,由发行审核委员会审核,中国证监会核准。发行人申请公开发行股票、可转换为股票的公司债券或公开发行法律、行政法规规定实行保荐制度的其他证券的,应当聘请具有保荐资格的机构担任保荐人。上市公司申请公开发行证券或者非公开发行新股,应当由保荐人向中国证监会申报。保荐制度明确了保荐人和保荐代表人的责任,并建立了责任追究机制。保荐人及其保荐代表人应当遵循勤勉尽责、诚实守信的原则,认真履行审慎审核和辅导义务,并对其出具的发行保荐书的真实性、准确性、完整性负责。发行核准制度规定国务院证券监督管理机构设发行审核委员会(以下简称"发审委")。发审委审核发行人股票发行申请和可转换公司债券等中国证监会认可的其他证券的发行申请。发审委依照《证券法》《公司法》等法律、行政法规和中国证监会的规定,对发行人的股票发行申请文件和中国证监会有关职能部门的初审报告进行审核,提出审核意见。中国证监会依照法定条件和法定程序作出予以核准或者不予核准股票发行申请决定,并出具相关文件。

(2)证券发行方式

①股票发行方式。我国现行的有关法规规定,我国股份公司首次公开发行股票和上市后向社会公开募集股份(公募增发)采取对公众投资者上网发行和对机构投资者配售相结合的发行方式。根据《证券发行与承销管理办法》的规定,首次公开发行股票数量在 4 亿股以上的,可以向战略投资者配售股票。战略投资者是与发行人业务联系紧密且欲长期持有发行人股票的机构投资者。战略投资者应当承诺获得配售的股票持有期限不少于 12 个月。符合中国证监会规定条件的特定机构投资者(询价对象)及其管理的证券投资产品(股票配置对象)可以参与网下配售。询价对象可自主决定是否参与股票发行的初步询价,发行人及其主承销商应当向参与网下配售的询价对象配售股票,但未参与初步询价或虽参与初步询价但未有效报价的询价对象,不得参与累计投标询价和网下配售。询价对象应承诺获得网下配售的股票持有期限不少于 3 个月。发行人及其主承销商应在网下配售的同时对公众投资者进行网上发行。上网公开发行方式是指利用证券交易所的交易系统,主承销商在证券交易所开设股票发行专户并作为唯一的卖方,投资者在指定时间内,按现行委托买入股票的方式进行申购的发行方式。上海、深圳证券交易所现行的做法是采用资金申购上网公开发行股票方式。公众投资者可以使用其所持有的沪、深证券交易所证券账户在申购时间内通

过与交易所联网的证券营业部,根据发行人公告规定的发行价格和申购数量全额存入申购款进行申购委托。若网上发行时发行价格尚未确定,参与网上申购的投资者应当按价格区间上限申购。主承销商根据有效申购量和该次股票发行量配号,以摇号抽签的方式决定中签的证券账户。

上市公司向不特定对象公开募集股份(增发)或发行可转债券,主承销商可以对参与网下配售的机构投资者进行分类。对不同类别的机构投资者设定不同的配售比例进行配售,也可全部或部分向原股东优先配售。

②债券发行方式。a. 定向发行,又称私募发行、私下发行,即面向少数特定投资者发行。一般由债券发行人与某些机构投资者,如人寿保险公司、养老金、退休金等直接洽谈发行条件和其他具体事务,属直接发行。b. 承购包销,指发行人与由商业银行、证券公司等金融机构组成的承销团通过协商条件签订承购包销合同,由承销团分销拟发行债券的发行方式。c. 招标发行,指通过招标方式确定债券承销商和发行条件的发行方式。根据标的物的不同,招标发行可分为价格招标、收益率招标和缴款期招标;根据中标规则不同,可分为荷兰式招标(单一价格中标)和美式招标(多种价格中标)。

(3)证券承销方式

证券发行的最后环节是将证券推销给投资者。发行人推销证券的方式有两种:一是自己销售,称为自销;二是委托他人代为销售,称为承销。一般情况下,公开发行以承销为主。

承销是将证券销售业务委托给专门的股票承销机构销售。按发行风险的承担、所筹资金的划拨以及手续费的高低等因素划分,承销方式有包销和代销两种。

①包销。包销是指证券公司将发行人的证券按照协议全部购入,或者在承销期结束时将售后剩余证券全部自行购入的承销方式。包销可分为全额包销和余额包销两种。a. 全额包销,是指承销商先全额购买发行人该次发行的证券,再向投资者发售,由承销商承担全部风险的承销方式。b. 余额包销,是指承销商按照规定的发行额和发行条件,在约定的期限内向投资者发售证券,到销售截止日,如投资者实际认购总额低于预定发行总额,未售出的证券由承销商负责认购,并按约定时间向发行人支付全部证券款项的承销方式。

②代销。代销是指证券公司代发行人发售证券,在承销期结束时,将未售出的证券证券全部退还给发行人的承销方式。

我国《证券法》规定,发行人向不特定对象发行的证券,法律、行政法规规定应当由证券公司承销的,发行人就应当同证券公司签发公司签订承销协议;向不特定对象发行的证券票面总值超过人民币5 000万元,应由承销团承销。证券承销采取代销或包销方式。我国《上市公司证券发行管理办法》规定,上市公司发行证券,应由证券公司承销;非公开发行股票,发行对象均属于原前10名股东的,可以由上市公司自行销售。上市公司向原股东配售股份应当采用代销方式发行。

4)证券发行价格

(1)股票发行价格

股票发行价格是指投资者认购新发行的股票时实际支付的价格。根据我国《公司法》第一百二十八条和《证券法》第三十四条的规定,股票发行价格可以等于票面金额,也可以超过票面金额,但不得低于票面金额。以超过票面金额的价格发行股票所得的溢价款项列入发行公司的资本公积金。股票发行采取溢价发行的,发行价格由发行人与承销的证券公司协商确定。

股票发行的定价方式,可以采取协商定价方式,也可以采取一般询价方式、累计投标询价方式、上网竞价方式等。我国《证券发行与承销管理办法》规定,首次公开发行股票以询价方式确定股票发行价格。

根据规定,首次公开发行股票的公司及其保荐机构应通过向询价对象询价的方式确定股票发行价格。询价对象是指符合中国证监会规定条件的证券投资基金管理公司、证券公司、信托投资公司、财务公司、保险机构投资者、合格境外机构投资者以及其他经中国证监会认可的机构投资者。发行申请经中国证监会核准后,发行人应公布招股意向书并开始进行推荐和询价。询价分为初步询价和累计投标询价两个阶段。通过初步询价确定发行价格区间和相应的市盈率区间。发行价格区间确定后,发行人及保荐机构在发行价格区间向询价对象进行累计投标询价,并根据投标询价的结果确定发行价格和发行市盈率。首次公开发行的股票在中小企业板上市的,发行人及其主承销商可以根据初步询价结果确定发行价格,不再进行累计投标询价。

上市公司发行证券,可以通过询价方式确定发行价格,也可与主承销商协商确定发行价格。

(2)债券发行价格

债券发行价格是指投资者认购新发行的债券实际支付的价格。债券发行价格可分为:平价发行,即债券的发现价格与面值相等;折价发行,即债券以低于面值的价格发行;溢价发行,即债券以高于面值的价格发行。在面值一定的情况下,调整债券的发行价格可以使投资者的实际收益率接近市场收益率的水平。

债券发行的定价方式以公开招标最为典型。按照招标分类,有价格招标和收益率招标;按价格决定方式分类,有美式招标和荷兰式招标。以价格为标的的荷兰式招标,是以募满发行额为止所有投标者的最低中标价格作为最后中标价格,全体中标者的中标价格是单一的;以价格为标的的美式招标,是以募满发行额为止中标者各自的投标价格作为各中标者的最终标价,各中标者的认购价格是不相同的。以收益率为标的的荷兰式招标,是以募满发行额为止的中标者最高收益率作为全体中标者的最终收益率,所有中标者的认购成本是相同的;以收益率为标的的美式招标,是以募满发行额为止的中标者所投标的各个价位上的中标收益率作为中标者各自的最终中标收益率,各中标者的认购成本是不相同的。一般情况下,短期贴现债券多采用单一价格的荷兰式招标,长期附息债券多采用多种收益率的美式招标。

1.3.2 证券交易市场

证券交易市场是为已经公开发行的证券提供流通转让机会的市场。证券交易市场通常分为证券交易所市场和场外交易市场。我国《证券法》规定，依法发行的股票、公司债券及其他证券应当在依法设立的证券交易所上市交易或者在国务院批准的其他证券交易场所转让。证券当事人依法买卖的证券，必须是依法发行并交付的证券。依法发行的股票、公司债券及其他证券，法律对其转让有限制性规定的，在限定的期限内不得买卖。我国《证券法》规定，向不特定对象发行证券或向特定对象发行证券累计超过 200 人的，为公开发行，必须经国务院证券监督管理机构或者国务院授权的部门核准。据此，公开发行股票的股份公司为公众公司，其中，在证券交易所上市交易的股份公司称为上市公司；符合公开发行条件，但未在证券交易所上市交易的股份公司称为非上市公司，非上市公众公司的股票将在柜台市场转手交易。

1）证券交易所

（1）证券交易所的定义、特征与功能

①证券交易所的定义。证券交易所是证券买卖双方公开交易的场所，是一个高度组织化、集中进行证券交易的市场，是整个证券市场的核心。证券交易所本身并不买卖证券，也不决定证券价格，而是为证券交易提供一定的场所和设施，配备必要的管理和服务人员，并对证券交易进行周密的组织和严格的管理，为证券交易顺利进行提供一个稳定、公开、高效的市场。我国《证券法》规定，证券交易所是为证券集中交易提供场所和设施，组织和监督证券交易，实行自律管理的法人。

②证券交易所的特征。a. 有固定的交易场所和交易时间；b. 参加交易者为具备会员资格的证券经营机构，交易采取经纪制，即一般投资者不能直接进入交易所买卖证券，只能委托会员作为经纪人间接进行交易；c. 交易的对象限于合乎一定标准的上市证券；d. 通过公开竞价的方式决定交易价格；e. 集中了证券的供求双方，具有较高的成交速度和成交率；f. 实行"公开、公平、公正"原则，并对证券交易加以严格管理。

③证券交易所职能。证券交易所为证券交易创造公开、公平、公正的市场环境，扩大了证券成交的机会，有助于公平交易价格的形成和证券市场的正常运行。

我国《证券交易所管理办法》第十一条规定，证券交易所的职能包括：a. 提供证券交易的场所和设施；b. 制订交易所的业务规则；c. 接受上市申请，安排证券上市；d. 组织、监督证券交易；e. 对会员进行监督；f. 对上市公司进行监管；g. 设立证券登记结算机构；h. 管理和公布市场信息；i. 中国证监会许可的其他功能。

（2）证券交易所组织形式

证券交易所的组织形式大致可分为两类，即公司制和会员制。公司制的证券交易所是以股份有限公司形式组织并以营利为目的的法人团体，一般由金融机构及各类民营公司组建。交易所章程中明确规定作为股东的证券经纪商和证券自营商的名额、资格和公司存续期限。它必须遵守本国公司法的规定，在政府证券主管机构的管理和监督下，吸收各类证券挂牌上市。同时，任何成员公司的股东、高级职员、雇员都不能担任证券交易所的高级职员，以保证交易的公正性。

会员制的证券交易所是一个由会员自愿组成的、不以营利为目的的社会法人团体。交易所设会员大会、理事会和监察委员会。

我国《证券法》规定，证券交易所的设立和解散由国务院决定。设立证券交易所必须制订章程，证券交易所章程的制订和修改，必须经国务院证券监督管理机构批准。

我国内地有两家证券交易所——上海证券交易所和深圳证券交易所。上海证券交易所于1990年11月26日成立，当年12月19日正式营业；深圳证券交易所于1989年11月15日筹建，1991年4月11日经中国人民银行总行批准成立，7月3日正式营业。两家证券交易所均按会员制方式组成，是非营利性的事业法人。组织机构由会员大会、理事会、监察委员会和其他专门委员会、总经理及其他职能部门组成。

根据我国《证券交易所管理办法》第十七条规定，会员大会是证券交易所的最高权力机构，具有以下职权：①制订和修改证券交易所章程；②选举和罢免会员理事；③审议和通过理事会、总经理的工作报告；④审议和通过证券交易所的财务预算、决算报告；⑤决定证券交易所的其他重大事项。

根据我国《证券法》和《证券交易所管理办法》的规定，证券交易所设理事会，理事会是证券交易所的决策机构，其主要职责是：①执行会员大会决议；②制订、修改交易所业务规则；③审定总经理提出的工作计划；④审定总经理提出的财务预算和决算方案；⑤审定对会员的接纳；⑥审定对会员的处分；⑦根据需要决定专门委员会的设置；⑧会员大会授予的其他职责。

我国《证券法》规定，证券交易所设总经理1人，由国务院证券监督管理机构任免。

会员制的证券交易所规定，进入证券交易所参与集中交易的，必须是证券交易所的会员或会员派出的入市代表；其他人要买卖在证券交易所上市的证券，必须通过会员进行。会员制证券交易所注重会员自律，在证券交易所内从事证券交易的人员，违反证券交易所有关规则的，由证券交易所给予纪律处分；对情节严重的撤销其资格，禁止其入场进行证券交易。

（3）证券上市

证券上市是指已公开发行的证券经过证券交易所批准在交易所内公开挂牌买卖，又称交易上市。申请上市的证券必须满足证券交易所规定的条件，方可被批准挂牌上市。各国对证券上市的条件与具体标准有不同的规定。我国《证券法》规定，申请证券上市交易，应当向证券交易所提出申请，由证券交易所依法审核同意，并由双方签订上市协议。申请股票、可转换为股票的公司债券或法律、行政法规规定实行保荐制度的其他证券上市交易，应当聘请具有保荐资格的机构担任保荐人。股份有限公司申请股票上市应当符合下列条件：①股票经国务院证券监督管理机构核准已向社会公开发行；②公司股本总额不少于人民币3000万元；③公开发行的股份达公司股份总数的25%以上；公司股本总额超过人民币4亿元的，公开发行股份的比例为10%以上；④公司最近3年无重大违法行为，财务会计报告无虚假记录。证券交易所可以规定高于上述规定的上市条件，并报国务院证券监督机构批准。

公司申请债券上市交易，应当符合下列条件：①公司债券期限为一年以上；②公司债券实际发行额度不少于人民币5000万元；③公司申请债券上市时仍符合法定的公司债券发行条件。

证券上市后,上市公司应遵守我国《公司法》《证券法》《证券交易所上市规则》等法律法规的规定,并履行信息披露的义务。上市公司必须定期公开财务状况和经营状况,公开披露年度报告、中期报告和临时报告,并应履行及时披露所有对上市公司股票价格可能产生重大影响的信息,确保披露的信息内容真实、准确、完整而无虚假、严重误导性陈述或重大遗漏的基本义务。

公司上市的资格并不是永久的,当不能满足证券上市条件时,证券监管部门或证券交易所将对该股票作出特别处理、退市风险警示、暂停上市、终止上市的决定。这些做法既是对投资者的警示,也是对上市公司的淘汰制度,是防范和化解证券市场风险、保护投资者利益的重要措施。

我国《证券法》规定,上市公司有下列情形之一的,由证券交易所决定暂停其股票上市交易:①公司股本总额、股权分布等发生变化不再具备上市条件;②公司不按照规定公开其财务状况,或者对财务会计报告作虚假记载,可能误导投资者;③公司有重大违法行为;④公司最近3年连续亏损;⑤证券交易所上市规则规定的其他情形。

上市公司有下列情形之一的,由证券交易所决定终止其股票上市交易:①公司股本总额、股权分布等发生变化不再具备上市条件,在证券交易所规定的期限内仍不能达到上市条件;②公司不按照规定公开其财务状况,或者对财务会计报告作虚假记载,且拒绝纠正;③公司最近3年连续亏损,在其后1个年度内未能恢复盈利;④公司解散或被宣告破产;⑤证券交易所上市规则规定的其他情形。

公司债券上市交易后,公司有下列情形之一的,由证券交易所决定暂停其公司债券上市交易:①公司有重大违法行为;②公司情况发生重大变化不符合公司债券上市条件;③发行公司债券所募集的资金不按照核准的用途使用;④未按照公司债券募集办法履行义务;⑤公司最近两年连续亏损。公司有前条第①项、第④项所列情形之一经查实后果严重的,或者有前条第②项、第③项、第⑤项所列情形之一,在限期内未能消除的,由证券交易所决定终止其公司债券上市交易。

(4)证券交易所的运作系统

证券交易所的运作系统由必要的硬件设施和信息、管理等软件组成,它们是保证证券交易正常、有序运行的物质基础和管理条件。现代证券交易所的运作普遍实现了高度的计算机化和无形化,建立起安全、高效的计算机运行系统,该系统通常包括交易系统、结算系统、信息系统和监察系统4个部分。

①交易系统。电子化交易是世界各国证券交易的发展方向,现代证券交易所均不同程度地建立了高度自动化的计算机交易系统。交易系统通常由交易主机、交易大厅、参与者交易业务单元(上海证券交易所)或交易席位(深圳证券交易所)、报盘系统及相关的通信系统等组成。交易主机或称撮合主机,是整个交易系统的核心,它将通信网络传来的买卖委托信息读入计算机内存进行撮合配对,并将成交结果和行情通过通信网络传回证券柜台。参与者交易业务单元是指交易参与人据此可以参加上海证券交易所证券交易,享有及行使相关交易权利,并接受交易所相关交易业务管理的基本单位。交易席位是指深圳证券交易所提

供并经会员申请获得的参与深圳证券交易所的专用设施。通信网络是连接证券商柜台终端、交易席位和撮合主机的通信线路及设备,如单向卫星、双向卫星和地面数据专线等,用于传递委托信息、成交信息及行情信息等。

②结算系统。结算系统是指对证券交易进行结算、交收和过户的系统。世界各国的证券交易市场都有专门机构进行证券的存管和结算,在每个交易日结束后对证券和资金进行清算、交收、过户,使买入者得到证券,卖出者得到相应的资金。

③信息系统。信息系统负责对每日证券交易的行情信息和市场信息进行实时发布。信息系统发布网络可由以下几部分组成:a. 交易通信网。通过卫星、地面通信线路等交易系统的通信网络发布证券交易的实时行情、股价指数和重大信息公告等。b. 信息服务网。向新闻媒介、会员、咨询机构等发布收市行情、成交统计和非实时信息公告等。c. 证券报刊。通过证券监管机构知道的信息披露于报刊发布收市行情、成交统计及上市公司公告和信息等。d. 因特网。通过因特网向国内外提供证券市场信息、资料和数据等。

④监察系统。监察系统负责证券交易所对市场进行实时监控。日常监控包括以下4个方面:a. 行情监控。对交易行情进行实时监控,观察股票价格、股价指数、成交量等的变化情况,如果出现异常波动,监控人员可立即掌握情况,作出判断。b. 交易监控。对异常交易进行跟踪调查,如果是由违规引起,则对违规者进行处罚。c. 证券监控。对证券卖出情况进行监控,若出现违规卖空,则对相应证券商进行处罚。d. 资金监控。对证券交易和新股发行的资金进行监控,若证券商未及时补足清算头寸,监控系统可及时发现,作出判断。

(5)交易原则和交易规则

证券交易所采用经纪制交易方式,投资者必须委托具有会员资格的证券经纪商在交易所内代理买卖证券,经纪商通过公开竞价形成证券价格,达成交易。我国《证券法》规定,证券在证券交易所上市交易,应当采用公开的集中交易方式或国务院证券监督管理机构批准的其他方式。证券交易当事人买卖的证券可以采用纸面形式或国务院证券监督管理机构规定的其他形式。证券交易以现货和国务院规定的其他方式进行交易。

为了保证场内证券交易的公开、公平、公正,使其高效、有序进行,证券交易所需制订交易原则和交易规则。我国《证券法》规定,证券交易所依照证券法律、行政法规制订上市规则、交易规则、会员管理规则和其他有关规则,并报国务院证券监督管理机构批准。证券交易所应当为组织公平的集中交易提供保障,公布证券交易即时行情,并按交易日制作证券行情表,予以公布。

①交易原则。证券交易通常都必须遵循价格优先原则和时间优先原则。a. 价格优先原则。价格较高的买入申报优先于价格较低的买入申报,价格较低的卖出申报优先于价格较高的卖出申报。b. 时间优先原则。同价位申报,依照申报时序决定优先顺序,即买卖方向、价格相同的,先申报者优先于后申报者。先后顺序按证券交易所交易主机接受申报的时间确定。

②交易规则。主要的交易规则有:a. 交易时间。交易所有严格的交易时间,在规定的时间内开始和结束交易,以示公正。b. 交易单位。交易所规定的每次申报和成交的交易数量

单位,一个交易单位俗称"一手",委托买卖的数量通常为一手或一手的整数倍。c. 价位。交易所规定每次报价和成交的最小变动单位。d. 报价方式。传统的证券交易所用口头叫价方式并辅之以手势作为补充,现代证券交易所多采用计算机报价方式。无论何种方式,交易所均规定报价规则。e. 价格决定。交易所按连续、公开竞价方式形成证券价格,当买卖双方在交易价格和数量上取得一致时,便立即成交形成价格。我国上海、深圳证券交易所的价格决定采取集合竞价和连续竞价方式。集合竞价是指在规定的时间内接受的买卖申报一次性撮合的竞价方式。连续竞价方式是指对买卖申报逐笔连续撮合的竞价方式。f. 涨跌幅限制。为保护投资者利益,防止股价暴涨暴跌和投机盛行,证券交易所可根据需要对每日股票价格的涨跌幅度予以适当的限制,若当日价格升或降至规定的上限或下限时,委托将无效。g. 大宗交易。在交易所市场进行的证券单笔买卖达到交易所规定的最低限额,可以采用大宗交易方式。大宗交易在交易所正常交易日收盘后限定时间进行,有涨跌幅限制证券的大宗交易须在当日涨跌幅价格限制范围内,无涨跌幅限制证券的大宗交易须在前收盘价的上下30%或当日竞价的时间内已成交的最高和最低成交价之间,由买卖双方采用议价协商方式确定成交价,并经证券交易所确认后成交。大宗交易的成交价格不作为该证券当日的收盘价,也不纳入指数计算,不计入当日行情,成交量在收盘后计入该证券的成交总量。

上海、深圳证券交易所自 2007 年 1 月 8 日起对未完成股改的股票(即 S 股)实施特别的差异化、制度化安排,将其涨跌幅比例统一调整为 5%,同时要求该类股票实行与 ST、*ST 股票相同的交易信息披露制度。同时还将逐步调整指数样本股挑选标准,将未股改的公司相关成分从指数中剥离。除此以外,上海、深圳交易所还考虑对未股改股票采取限制交易,届时只允许一天进行两次竞价,而不再进行连续竞价交易。

证券交易所对证券交易实行实时监控,并有权在证券市场出现异常情形时采取临时停市措施或对出现重大异常情况的账户限制交易。我国《证券法》规定,证券交易所对证券交易实行实时监控,并按照国务院证券监督管理机构的要求,对异常的交易情况提出报告。因突发性事件而影响证券交易正常进行时,证券交易所可以采取技术性停牌的措施;因不可抗力的突发性事件或者为维护证券交易的正常秩序,证券交易所可以决定临时停市。证券交易所采取技术性停牌或者决定临时停市,必须及时报告国务院证券监督管理机构。证券交易所根据需要,可以对出现重大异常交易情况的证券账户限制交易,并报国务院证券监督管理机构备案。

交易规则看似平常,但正是这些交易规则构成每日巨额的证券交易,保证了证券交易的高效、有序进行。尤其是公开、集中竞价规则,不仅反映了市场供求关系,形成公平价格,而且表达市场对上市公司的客观评价以及显示投资者对宏观经济运行前景的预测。正因为如此,证券交易所克服了个别交易、局部市场的缺陷,成为资本市场的核心,成为市场体系中高级形态的市场。

(6)中小企业板块

2004 年 5 月经国务院批准,中国证监会批复同意深交所在主板市场内设立中小企业板块,并核准了《深圳证券交易所设立中小企业板块实施方案》。

《深圳证券交易所设立中小企业板块实施方案》包括四项基本原则,即审慎推进、统分结合、从严监管、统筹兼顾的原则。

中小企业板块的总体设计可以概括为"两个不变"和"四个独立"。"两个不变"是指中小企业板块运行所遵循的法律、法规和部门规章与主板市场相同;中小企业板块的上市公司符合主板市场的发行上市条件和信息披露要求。"四个独立"是指中小企业板块是主板市场的组成部分,其运行独立、监察独立、代码独立、指数独立。运行独立是指中小企业板块的交易由独立于主板市场交易系统的第二交易系统承担;监察独立是指深圳证券交易所将建立独立的监察系统实施对中小企业板块的实时监控,该系统将针对中小企业板块的交易特点和风险特征设置独立的监控指标和报警阀值;代码独立是指将中小企业板块股票作为一个整体,使用与主板市场不同的股票编码;指数独立是指中小企业板块将在上市股票达到一定数量后,发布该板块独立的指数。针对中小企业板块的特点,深圳证券交易所在设立初期作出了相应的制度安排。

①发行制度。主要安排在主板市场拟发行上市企业中流通股本规模相对较小的公司在中小企业板块上市,并根据市场需求,确定适当的发行规模和发行方式。

②交易及监察制度。针对中小企业板块的风险特征,在交易和监察制度上作出有别于主板市场的特别安排:一是改进开盘集合竞价制度和收盘价的确定方式,进一步提高市场透明度,遏制市场操纵行为;二是完善交易信息公开制度,引入涨跌幅、振幅及换手率的偏离值等监控指标,并将异常波动股票纳入信息披露范围,按主要成交席位分别披露买卖情况,提高信息披露的有效性;三是完善交易异常波动停牌制度,优化股票价量异常判定指标及其揭示市场风险,减少信息披露滞后或提前泄露的影响。同时,根据市场发展需要,持续推进交易和监察制度的改革创新。

③公司监管制度。针对中小企业板块上市公司股本较小的共同特征,实行比主板市场更为严格的信息披露制度:一是建立募集资金使用定期审计制度;二是建立涉及公司发展战略、生产经营、新产品开发、经营业绩和财务状况等内容的年度报告说明会制度;三是建立定期报告披露上市公司股东持股分布制度;四是建立上市公司及中介机构诚信管理系统;五是建立退市公司股票有序快捷地转移至股份代办转让系统交易的机制。

(7)上市公司非流通股转让

2004年12月,为规范上市公司非流通股转让活动、维护证券市场秩序、保护投资者利益,上海证券交易所、深圳证券交易所、中国证券登记结算有限责任公司根据我国《公司法》《证券法》和中国证监会的有关规定,制订了《上市公司非流通股份转让业务办理规则》。规则规定,上市公司股份转让必须在证券交易所进行,由上海证券交易所、深圳证券交易所和中国证券登记结算有限责任公司集中统一办理。证券交易所负责对股份转让双方当事人提出的股份转让申请进行合规性确认,审核与股份转让有关的信息披露内容,提供公开股份转让信息等服务。结算公司负责办理与股份转让相关的股份查询、临时保管和登记过户等业务。

股份转让双方可以通过公开股份转让信息方式达成非流通股份转让协议,也可以通过非公开方式达成协议,并按照《上市公司非流通股份转让业务办理规则》的规定办理股份转让手续。拟通过公开转让信息方式转让股份的股份持有人,由证券交易所统一安排公开股份转让信息发布。

股份持有人或受让人申请出让或受让的股份数量不得低于一个上市公司总股本的1%,持股数量不足1%的股份持有人提出出让申请的,应当将其所持有的全部股份转让给单一受让人。上市公司总股本在10亿元以上的,经证券交易所同意,上述比例可适当降低。

2)其他交易市场

除了交易所外,还有一些其他交易市场,这些市场因为没有集中统一的交易制度和场所,因而把它们称为场外交易市场。

(1)场外交易市场的定义和特征

场外交易市场是在证券交易所以外的证券交易市场的总称。在证券市场发展初期,许多有价证券的买卖都是在柜台上进行的,因此称为柜台市场或店头市场。随着通信技术的发展,目前许多场外市场交易并不直接在证券经营机构柜台前进行,而是由客户与证券经营机构通过电话、传真、计算机网络进行交易,故又称为电话市场、网络市场。由于进入证券交易所交易的必须是符合一定上市标准的证券,必须经过交易所的会员才能买卖,为此还要向经纪会员交付一定数额的佣金。因此,为规避较严格的法律条件,降低交易成本,产生了场外交易的需求。场外交易市场有以下特征:

①场外交易市场是一个分散的无形市场。它没有固定的、集中的交易场所,而是由许多各自独立经营的证券经营机构分别进行交易,并且主要是依靠电话、电传和计算机网络联系成交的。

②场外交易市场的组织方式采取做市商制。场外交易市场与证券交易所的区别在于不采取经纪制,投资者直接与证券商进行交易。证券交易通常在证券经营机构之间或是证券经营机构与投资者之间直接进行,不需要中介人。在场外证券交易中,证券经营机构先行垫入资金买进若干证券作为库存,然后开始挂牌对外进行交易。他们以较低的价格买进,再以略高的价格卖出,从中赚取差价,但其加价幅度一般受到限制。证券商既是交易的直接参加者,又是市场的组织者,他们制造证券交易的机会并组织市场活动,因此被称为"做市商"。这里的"做市商"是场外交易市场的做市商,与场内交易中的做市商不完全相同。

③场外交易市场是一个拥有众多证券种类和证券经营机构的市场,以未能或无须在证券交易所批准上市的股票和债券为主。在证券市场发达的国家,由于证券种类繁多,每家证券经营机构只固定地经营若干种证券。

④场外交易市场是一个以议价方式进行证券交易的市场。在场外交易市场上,证券买卖采取一对一的交易方式,对同一种证券的买卖不可能同时出现众多的买方和卖方,也就不存在公开竞价机制。场外交易市场的价格决定机制不是公开竞价,而是买卖双方协商议价,具体地说,是证券公司对自己所经营的证券同时挂出买入价和卖出价,并无条件地按买入价买入证券和按卖出价卖出证券,最终的成交价是在挂牌价的基础上经双方协商决定的不含佣金的净价。券商可根据市场情况随时调整所挂的牌价。

⑤场外交易市场的管理比证券交易所宽松。由于场外交易市场分散,缺乏统一的组织和章程,因此不易管理和监督,其交易效率也不及证券交易所。但美国的NASDAQ市场借助计算机将分散于全国的场外交易市场联成网络,在管理和效率上都有很大提高。

(2)场外交易市场的功能

场外交易市场与证券交易所共同组成证券交易市场,主要具备以下几个功能。

①场外交易市场是证券发行的主要场所。新证券的发行时间集中,数量大,需要众多的销售网点和灵活的交易时间,场外交易市场是一个广泛的无形市场,能满足证券发行的要求。

②场外交易市场为政府债券、金融债券、企业债券以及按规定公开发行又不能到二级市场交易的股票提供了流通场所,为这些证券提供了流动性的必要条件,为投资者提供了兑现的机会。

③场外交易市场是证券市场的必要补充。场外交易市场是一个"开放"的市场,投资者可以与证券商当面直接成交,不仅交易时间灵活分散,而且交易手续简单方便,价格又可协商。这种交易方式可以满足部分投资者的需要,因而成为证券交易所的"卫星市场"。

3)我国银行间债券市场

①主要职能。我国银行间债券市场依托中国外汇交易中心暨全国银行间同业拆借中心进行交易。交易中心为中国人民银行直属事业单位,主要职能是:提供银行间外汇交易、人民币同业拆借、债券交易系统并组织市场交易;办理外汇交易的资金清算、交割,负责人民币同业拆借及债券交易的清算监督;提供网上票据报价系统;提供外汇市场、债券市场和货币市场的信息服务;开展经人民银行批准的其他业务。

②组织构架。交易中心总部设在上海,备份中心建在北京。目前在广州、深圳、天津、济南、大连、南京、厦门、青岛、武汉、重庆、成都、珠海、汕头、福州、宁波、西安、沈阳、海口18个中心城市设有分中心。

③发展过程。作为国家外汇体制改革的产物,该交易中心于1994年4月成立,并在此后的10年间获得了蓬勃发展。根据中国人民银行、国家外汇管理局发展市场的战略部署,交易中心贯彻"多种技术手段,多种交易方式,满足不同层次市场需求"的业务工作方针,于1994年4月推出外汇交易系统,1996年1月启用人民币信用拆借系统,1997年6月开办银行间债券交易业务,1999年9月推出交易信息系统,2000年6月开通"中国货币"网站,2001年7月试办本币声讯中介业务,2001年10月创办《中国货币市场》杂志,2002年6月开办外币拆借中介业务,2002年10月受托运行黄金交易系统,2003年6月开通"中国票据"网,推出中国票据报价系统。交易中心利用先进的电子信息技术,依托专线网和互联网,面向银行间外汇市场、债券市场和货币市场,建成了交易、清算、信息、风险管理和监管5大服务平台,在支持人民币汇率稳定、传导央行货币政策、服务金融机构和监管部门等方面发挥了重要的作用。

④人民币债券交易。中国人民银行为全国银行间同业拆借市场的主管部门,交易中心负责市场运行并提供计算机交易系统服务。

交易方式和品种：债券交易方式包括现券买卖与回购交易两部分。现券交易品种目前为国债和以市场化形式发行的政策性金融债券；用于回购的债券包括国债、中央银行票据、政策性金融债券和企业中期票据。回购的期限为 1 天～1 年，交易系统按 1 天、7 天、14 天、21 天、1 个月、2 个月、3 个月、4 个月、6 个月、9 个月、1 年共 11 个品种统计公布债券回购的成交量和成交价。

交易时间：每周一至周五（节假日除外）上午 9：00—12：00，下午 13：30—16：30。

成员构成：中华人民共和国境内的商业银行及其授权分行、信托投资公司、企业集团财务公司、金融租赁公司、农村信用社、城市信用社；证券公司、基金管理公司及其管理的各类基金；保险公司、外资金融机构，以及经金融监管当局批准可投资于债券资产的其他金融机构，均有资格申请与全国银行间同业拆借中心交易系统联网交易。

2002 年 4 月起，债券市场准入实行备案制，具有债券交易资格的商业银行及其授权分支机构、保险公司、证券、基金管理、财务公司等非银行金融机构以及经营人民币业务的外资金融机构，均可加入债券市场进行交易。

金融机构完成联网、交易人员培训和在中央国债登记结算有限责任公司开立债券托管账户后，即可在银行间债券市场进行交易。

清算办法：债券托管结算和资金清算分别通过中央国债登记结算有限公司和中国人民银行支付系统进行。实行"见券付款""见款付券"和"券款对付"3 种清算方式，清算速度为 $T+0$ 或 $T+1$。

4）代办股份转让系统

代办股份转让系统，又称三板，是指以具有代办股份转让主办券商业务资格的证券公司为核心，为非上市股份有限公司提供规范股份转让服务的股份转让平台。

代办股份转让系统是一个以证券公司及相关当事人的契约为基础，依托证券交易所和登记结算公司的技术系统，以证券公司代理买卖挂牌公司股份为核心业务的服务转让平台。代办股份转让系统由中国证券业协会负责自律性管理，以契约明确参与各方的权利、义务和责任。证券公司以其自有或租用的业务设施，为非上市公司提供股份转让服务的市场。证券公司依据契约，对挂牌公司的信息披露行为进行监管、指导和督促，中国证券业协会委托证券交易所对股份转让行为进行实时监控，并对异常转让情况提出报告。中国证券业协会履行自律性管理职责，对证券公司代办股份转让服务业务实施监督管理。

目前，在代办股份转让系统挂牌的公司大致可分为两类：一类是原 STAQ、NET 系统挂牌公司和沪、深证券交易所退市公司，这类公司按其资质和信息披露履行情况，其股票采取每周集合竞价 1 次、3 次或 5 次的方式进行转让；另一类是非上市股份有限公司的股份报价转让，目前主要是中关村科技园区高科技公司，其股票转让主要采取协商配对的方式进行成交。

1.4 证券市场价格指数

1.4.1 股票价格平均数和股价指数

股价平均数和股价指数是股票市场总体价格水平及其变动趋势的尺度,也是反映一个国家或地区政治、经济发展状态的灵敏信号。

1)股票价格指数的编制步骤

第一步,选择样本股。选择一定数量有代表性的上市公司股票作为编制股价指数的样本股。样本股可以是全部上市股票,也可以是其中有代表性的一部分。样本股的选择主要考虑两条标准:一是样本股的市价总值要占在交易所上市的全部股票市价总值的大部分;二是样本股价格变动趋势必须能反映股票市场价格变动的总趋势。

第二步,选定某基期,并以一定方法计算基期平均股价或市值。通常选择某一有代表性或股价相对稳定的日期为基期,并按选定的某一种方法计算这一天的样本股平均价格或总市值。

第三步,计算计算期平均股价或市值,并作必要的修正。收集样本股在计算期的价格,并按选定的方法计算平均价格或市值。有代表性的价格是样本股收盘平均价。

第四步,指数化。如果计算股价指数,就需要将计算期的平均股价或市值转化为指数值,即将基期平均股价或市值定为某一常数(通常为100、1 000或者10),并据此计算计算期平均股价的指数值。

2)股票价格平均数

股价平均数采用股价平均法,用来度量所有样本股经调整后的价格水平的平均值,可分为简单算术股价平均数、加权股价平均数和修正股价平均数。

(1)简单算术股价平均数

简单算术股价平均数是以样本股每日收盘价之和除以样本数,其公式为:

$$\bar{P} = \frac{\sum_{i=1}^{} P_i}{N}$$

式中　P——平均股份;

　　　P_i——各样本股收盘价;

　　　N——样本股票总数。

简单算术股价平均数的优点是计算简便,但也存在两个缺点:第一,发生样本股送配股、拆股和更换时会使股价平均数失去真实性、连续性和时间数列上的可比性。第二,在计算时没有考虑权数,即忽略了发行量或成交量不同的股票对股票市场有不同影响这一重要因素。简单算术股价平均数的这两点不足,可以通过加权股价平均数和修正股价平均数来弥补。

（2）加权股价平均数

加权股价平均数又称为加权平均股价，是将各样本股票的发行量或成交量作为权数计算出来的股价平均数，其计算公式为：

$$\overline{P} = \frac{\sum\limits_{i=1}^{n} P_i W_i}{\sum\limits_{i=1}^{n} W_i}$$

式中　W_i——样本股的发行量或成交量。

以样本股成交量为权数的加权平均股价可表示为：

$$加权平均股价 = \frac{样本股成交总额}{同期样本股成交总量}$$

计算结果为平均成交价。

以样本股发行量为权数的加权平均股价可表示为：

$$加权平均股价 = \frac{样本股市价总额}{同期样本股发行总量}$$

计算结果为平均市场价格。

（3）修正股价平均数

修正股价平均数是在简单算术平均数法的基础上，当发生拆股、增资配股时，通过变动除数，使股价平均数不受影响。修正除数的计算公式如下：

$$新除数 = \frac{股份变动后的总价格}{股份变动前的平均数}$$

$$修正股价平均数 = \frac{股份变动后的总价格}{新除数}$$

目前在国际上影响最大、历史最悠久的道-琼斯股价平均数就采用修正平均股价法来计算股价平均数，每当股票分割、发放股票股息或增资配股数超过原股份 10% 时，对除数作相应的修正。

3）股票价格指数

股票价格指数是将计算期的股价与某一基期的股价相比较的相对变化指数，反映市场股票价格的相对水平。

股价指数的编制方法有简单算术股价指数和加权股价指数两类。

（1）简单算术股价指数又有相对法和综合法之分

相对法是先计算各样本股的个别指数，再加总求算术平均数。若设股价指数为 p'，基期第 i 种股票价格为 P_{0i}，计算期第 i 种股票价格为 P_{1i}，样本数为 n，计算公式为：

$$p' = \frac{1}{n} \sum_{i=1}^{n} \frac{p_{1i}}{p_{0i}} \times 固定乘数$$

综合法是将样本股票基期价格和计算期价格分别加总，然后再求出股价指数，计算公式为：

$$p' = \frac{\sum\limits_{i=1}^{n} p_{1i}}{\sum\limits_{i=1}^{n} p_{0i}} \times 固定乘数$$

（2）加权股价指数

加权股价指数是以样本股票发行量或成交量为权数加以计算，又有基期加权、计算期加权和几何加权之分。

基期加权股价指数又称拉斯贝尔加权指数，系采用基期发行量或成交量作为权数，计算公式为：

$$p' = \frac{\sum\limits_{i=1}^{n} P_{1i}Q_{0i}}{\sum\limits_{i=1}^{n} p_{0i}Q_{0i}} \times 固定乘数$$

式中　Q_{0i}——第 i 种股票基期发行量或成交量。

计算期加权股价指数又称派许加权指数，采用计算期发行量或成交量作为权数。其适用性较强，使用广泛，很多著名股价指数，如标准普尔指数等，都使用这一方法。计算公式为：

$$p' = \frac{\sum\limits_{i=1}^{n} P_{1i}Q_{1i}}{\sum\limits_{i=1}^{n} p_{0i}Q_{1i}} \times 固定乘数$$

式中　Q_{1i}——计算期第 i 种股票的发行量或成交量。

几何加权股价指数又称费雪理想式，是对两种指数作几何平均，由于计算复杂，很少被实际应用。其计算公式为：

$$p' = \sqrt{\frac{\sum\limits_{i=1}^{n} P_{1i}Q_{0i}}{\sum\limits_{i=1}^{n} p_{0i}Q_{0i}} \times \frac{\sum\limits_{i=1}^{n} P_{1i}Q_{1i}}{\sum\limits_{i=1}^{n} p_{0i}Q_{1i}}} \times 固定乘数$$

1.4.2　我国主要的证券价格指数

1）我国主要的股票价格指数

（1）中证指数有限公司及其指数

中证指数有限公司由上海证券交易所和深圳证券交易所共同发起设立，于 2005 年 9 月 23 日在上海成立。中证指数有限公司依托沪、深证券交易所的市场、信息、技术、服务等资源优势，实行市场化运作，本着科学、客观、公正、透明的原则，在沪深 300 指数的基础上，为股指期货等金融衍生工具提供标的指数，为投资者提供标尺指数和投资基准，并将陆续开发适应中国证券市场发展需求，有利于金融创新的中证系列指数，还将提供更为广泛的指数订制、研究、咨询等相关服务，为证券市场的稳定发展服务。

①中证流通指数。中证指数有限公司于 2006 年 2 月 27 日正式发布中证流通指数,指数名称为中证流通指数,简称"中证流通",指数代码:000902(沪市)、399902(深市)。中证流通指数以 2005 年 12 月 30 日为基日,以该日所有样本股票的调整市值为基期,基点为 1 000 点。中证流通指数的样本股包括:已实施股权分置改革、股改前已经全流通以及新上市全流通的沪、深两市上市公司 A 股股票。

指数计算采用派许加权方法,按照样本股的调整股本为权数加权计算。中证流通股指数采用"除数修正法"修正。当样本股名单、股本结构发生变化或样本股本的市值出现非交易因素的变动时,采用"除数修正法"修正原固定除数,以保证指数的连续性。

②沪深 300 指数。为反映中国证券市场股票价格变动的概貌和运行状况,并能够作为投资业绩的评价标准,为指数化投资及指数衍生产品创新提供基础条件,中证指数公司编制并发布了沪深 300 统一指数。

沪深 300 指数简称"沪深 300",上海行情代码为 000300,深圳行情使用代码为 399300。指数基日为 2004 年 12 月 31 日,基点为 1 000 点。

指数成分股的选择空间是:上市交易时间超过 1 个季度;非 ST、*ST 股票,非暂停上市股票;公司经营状况良好,最近 1 年无重大违法违规事件、财务报告无重大问题;股票价格无明显的异常波动或市场操纵;剔除其他经专家委员会认定的不能进入指数的股票。这样的标准是以选取规模大、流动性好的股票作为样本股。这样的方法是先计算样本股票最近 1 年的日均总市值、日均流通市值、日均流通股份数、日均成交金额和日均成交股份数 5 个指标,再将上述指标的比重按 2:2:2:1:1 进行加权平均,然后将计算结果从高到低排序,选取排名在前 300 的股票。

指数的计算方法是以调整股本为权重,采用派许加权综合价格指数公式计算。其中,调整股本根据分级靠档方法获得。

沪深 300 指数按规定作定期调整。原则上指数成分股每半年进行一次调整,一般为 1 月初和 7 月初实施调整,调整方案提前两周公布。每次调整的比例定为不超过 10%。样本调整设置缓冲区,排名在 240 名内的新样本优先进入,排名在 360 名之前的老样本优先保留。最近一次财务报告亏损的股票原则上不进入新选样本,除非该股票影响指数具有代表性。

③中证规模指数。中证规模指数包括中证 100 指数、中证 200 指数、中证 500 指数、中证 700 指数、中证 800 指数。

中证指数有限公司 2006 年 5 月 29 日发布中证 100 指数。指数以沪深 300 指数样本股作为样本空间,样本数量 100 只,选样方法是根据总市值对样本空间内股票进行排名,原则上挑选排名前 100 名的股票组成样本,但经专家委员会认定不宜作为样本的股票除外。指数以 2005 年 12 月 30 日为基日,基点为 1 000 点。

中证 100 指数计算采用派许加权方法,按照样本股的调整股本为权数加权计算。计算方式与沪深 300 指数相同。调整股本数为采用分级靠档法对成分股进行调整后的股本。分级靠档方法以自由流通股本为权数。自由流通股比例是指公司总股本中剔除以下不流通的股份后的股本比例：公司创建者、家族和高级管理者长期持有的股份；国有股；战略投资者持股；冻结股份；受限的员工持股；交叉持股等。

中证100指数成分股原则上每半年调整一次。每次调整的样本比例一般不超过10%。样本调整设置缓冲区，排名在80名以内的新样本优先进入，排名在120名之前的老样本优先保留。特殊情况下，将对中证100指数样本进行临时调整。发生临时调整时，由过去最近一次指数定期调整时的备选名单中排名最高的股票替代被剔除的股票。

中证100指数采用"除数修正法"修正。当样本股名单、股本结构发生变化或样本股本的市值出现非交易因素的变动时，采用"除数修正法"修正原固定除数，以保证指数的连续性。需要修正的情况包括除息、除权、停牌、摘牌、股本变动、停市；修正公式、修正的方法与中证流通指数相同。

中证指数公司于2007年1月15日正式发布中证200指数、中证500指数、中证700指数、中证800指数。上述指数的基日为2004年12月31日，基点为1000点。这些指数与沪深300指数、中证100指数共同构成中证规模指数体系。其中，中证100指数定位于大盘指数，中证200指数为中盘指数，沪深300指数为大中盘指数，中证500指数为小盘指数，中证700指数为中小盘指数，中证800指数则由大中小盘指数构成。新指数的推出，构筑了以沪深300指数为基础，包括了大盘、中盘、小盘、大中盘、中小盘、大中小盘指数的完整系列，从而能反映市场上不同规模特征股票的整体表现，不仅丰富、完善了中证指数体系，为市场提供了丰富的分析工具和业绩基准，也为包括指数基金、ETF在内的指数产品的研究开发奠定了基础。

指数的样本空间是上市时间超过1个季度，除非该股票在上市以来的日均A股总市值在全部沪、深A股中排在前30位；非ST、*ST、非暂停上市股票；公司经营状况良好，最近1年无重大违法违规事件、财务报告无重大问题；股票价格无明显的异常波动或市场操纵；剔除其他经专家委员会认定不能进入指数的股票。

指数的选样方法是，沪深300指数成分股中非中证100指数样本股的200家公司股票构成中证200指数样本股。中证500指数样本股的选择步骤：步骤1，样本空间内股票扣除沪深300指数样本股及最近1年日均总市值排名前300名的股票；步骤2，将步骤1中剩余股票按照最近1年(新股为上市以来)的日均成交金额由高到低排名，剔除排名后20%的股票；步骤3，将步骤2中剩余股票按照日均总市值由高到低排名，选取排名在前500名的股票作为中证500指数样本股。中证500和中证200样本股构成中证700指数样本股。中证500和沪深300样本股构成中证800指数样本股。

中证500指数的样本股原则上每半年调整一次，每次调整的样本比例一般不超过10%。样本调整设置缓冲区，排名在400名内的新样本优先进入，排名在600名之前的老样本优先保留。特殊情况下将对中证500指数样本进行临时调整。发生临时调整时，由过去最近一次指数定期调整备选名单中排名最高的股票替代被剔除的股票。当沪深300、中证100、中证500指数调整样本时，中证200、中证700和中证800指数随之进行样本股的调整。

证券投资分析

ZHENGQUAN TOUZI FENXI

中证 200、中证 500、中证 700 和中证 800 指数的计算方法和指数修正方法同沪深 300 指数。

④沪深 300 行业指数。中证指数公司于 2007 年 7 月 2 日发布 10 只沪深 300 行业指数。这 10 只行业指数分别是沪深 300 能源指数、沪深 300 原材料指数、沪深 300 工业指数、沪深 300 可选消费指数、沪深 300 主要消费指数、沪深 300 医药卫生指数、沪深 300 金融地产指数、沪深 300 信息技术指数、沪深 300 电信业务指数和沪深 300 公用事业指数。各行业指数的基日均为 2004 年 12 月 31 日,基点均为 1 000 点。沪深 300 行业指数样本空间由沪深 300 指数 300 只成分股组成。行业分类方法为借鉴国际主流行业分类标准,并结合我国上市公司的特点进行调整,将上市公司分为 10 个行业。沪深 300 行业指数的计算与修正方法同沪深 300 指数。当沪深 300 指数调整成分股时,沪深 300 行业指数成分股随之进行相应调整。

⑤沪深 300 风格指数系列。为综合反映沪、深证券市场不同风格特征股票的整体表现,中证指数有限公司于 2008 年 1 月 21 日正式发布沪深 300 风格指数系列,该指数系列共有 4 只指数,包括沪深 300 成长指数和沪深 300 价值指数,沪深 300 相对成长指数和沪深 300 相对价值指数。沪深 300 风格指数系列均以 2004 年 12 月 31 日为基期,基点为 1 000 点。

沪深 300 风格指数系列采用 7 个因子来衡量样本公司的成长和价值特征。衡量成长特征的因子有:过去 3 年主营业务收入增长率、过去 3 年净利润增长率和内部增长率。衡量价值特征的因子有:股息收益率、每股净资产与价格比率、每股净现金流与价格比率、每股收益与价格比率。

沪深 300 成长指数和沪深 300 价值指数的样本数量均固定为 100 只。沪深 300 成长指数由沪深 300 指数样本股中成长特征最显著的 100 只股票组成,沪深 300 价值指数由沪深 300 指数样本股中价值特征最显著的 100 只股票组成。沪深 300 相对成长指数和沪深 300 相对价值指数则由沪深 300 指数全部样本股组成,样本股的市值按照一定的风格权重分配到相对成长与相对价值指数中。

沪深 300 风格指数的计算与修正方法同沪深 300 指数。当沪深 300 指数调整成分股时,沪深 300 风格指数成分股随之进行相应调整。

(2)上海证券交易所股价指数

①样本指数类。

a.上证成分指数。上证成分指数简称"上证 180 指数",是从上海证券交易所对原上证 30 指数进行调整和更名产生的指数。上证成分股指数的编制方案是在结合中国证券市场的发展现状并借鉴国际经验,在原上证 30 指数编制方案的基础上作进一步完善后形成的。

上证成分股指数样本股共有 180 只股票,选择样本股的原则:行业代表性;流通市值规模(总市值、流通市值)、流通性(成交金额、换手率)、行业代表性三项指标,即选取规模较大、流动性较好且具有行业代表的股票作为样本。上证成分指数的样本空间是在剔除上市时间不足1个季度、暂停上市、经营状况异常或最近财务报告严重亏损、股价波动较大、市场表现明显受到操纵等的股票范围内选择的。样本股的选择方法:首先,根据总市值、流动市值、成交金额和换手率对股票进行综合排名。其次,按照各行业流通市值比例分配样本指数。再次,按照行业的样本分配指数在行业内选取排名靠前的股票。最后,对各行业选取的样本作进一步调整,使成分股总数为180家。上证成分股指数依据样本稳定性和动态跟踪的原则,每年调整一次成分股,每次调整比例一般不超过10%,特殊情况下也可对样本股进行临时调整。

上证成分股指数采用派许加权综合价格指数公式计算,以样本股的调整股本数为权数,并采用流通股本占总股本比例分级靠档加权计算方法。当样本股名单发生变化或样本股的股本结构发生变化或股价出现非交易因素的变动时,采用“除数修正法”修正原固定除数,以维护指数的连续性。上证180指数是1996年7月1日正式发布的上证30指数的延续,2002年7月1日正式发布,基点为2006年6月28日上证30指数的收盘点数3 299.05点。

b. 上证50指数。2004年1月2日,上海证券交易所发布了上证50指数。上证50指数根据流通市值、成交金额对股票进行综合排名,从上证180指数样本中选择排名前50位的股票组成样本。指数以2003年12月31日为基日,以该日50只成分股的调整市值为基期,基数为1 000点。上证50指数采用派许加权方法,按照样本股的调整股本数为权数进行加权计算。

调整样本数采用流通股本占总股本比例分级靠档的方法对成分股股本进行调整。当样本股名单发生变化,样本股的股本结构发生变化或股价出现非交易因素的变动时,采用“除数修正法”修正原固定除数,以维护指数的连续性。

c. 上证红利指数。上证红利指数简称“红利指数”,由上海证券交易所编制。上证红利指数挑选在上证所上市的现金股息率高、分红比较稳定,具有一定规模及流动性的50只股票作为样本,以反映上海证券市场高红利股票的整体状况和走势。满足以下3个条件的上海A股股票构成上证红利指数的样本空间:过去两年内连续现金分红而且每年的现金股息率(税后)均大于0;过去1年内日均流通市值排名在上海A股的前50%;过去1年内日均成交金额排名在上海A股的前50%。在满足规模和流动性条件的基础上,按照过去两年平均税后股息率进行排名,挑选排名最前的50只股票组成样本股。上证红利指数以2004年12月31日为基日,基点为1 000点,于2005年首个交易日发布。

上证红利指数采用派许加权方法,按照样本股的调整股本数为权数进行加权计算。调整样本数采用分级靠档的方法对成分股股本进行调整。当成分股名单发生变化或成分股的股本结构发生变化以及成分股的调整市值出现非交易因素的变动时,采用“除数修正法”修正原固定除数,以保证指数的连续性。上证红利指数每年末调整样本一次,特殊情况下也可进行临时调整,调整比例一般不超过20%。

d. 上证180金融股指数。上海证券交易所与中证指数有限公司于2007年12月10日正式发布上证180金融股指数。上证180金融股指数以上证180指数样本股作为样本空间,从样本空间中选择银行、保险、证券以及信托等行业股票构成样本股。指数基日为2002年6月28日,基点为1 000点。指数采用派许加权综合价格指数公式进行计算,并对个股设置15%的权重上限。指数修正同上证180指数。当上证180指数调整样本股时,上证180金融股指数随之进行相应调整。

e. 上证公司治理指数。上海证券交易所与中证指数有限公司于2008年1月2日正式发布上证公司治理指数。上证公司治理指数以上证公司治理板块中的所有股票作为样本股,基日为2007年6月29日,以该日所有股票样本的调整市值为基期,基点为1 000点。指数的计算与修正同上证180指数。每年5至6月,上证公司治理板块进行重新评选,中证指数有限公司根据重新评选结果于7月初对上证公司治理指数样本进行调整。在指数运行期间,出现不符合公司治理板块条件的,将立即予以剔除,上证公司治理指数同时进行相应调整。

②综合类指数。

a. 上证综合指数。上海证券交易所从1991年7月15日起编制并公布上海证券交易所股份指数,它以1990年12月19日为基期,以全部上市股票为样本,以股票发行量为权数,按加权平均计算。遇新股上市、退市或上市公司增资扩股时,采用"除数修正法"修正原固定除数,以保证指数的连续性。2007年1月上海证券交易所宣布,新股于上市第11个交易日开始计入上证综指、新综指及相应上证A股、上证B股、上证分类指数,从而进一步完善指数编制规则,使指数更真实地反映市场的平均收益。

b. 新上证综合指数。新上证综合指数简称为"新综指",指数代码:000017,于2006年1月4日首次发布。新综指选择已完成股权分置改革的沪市上市公司组成的样本,实施股权分置改革的股票在方案实施后的第2个交易日纳入指数。新上证综合指数是一个全市场指数,不仅包括A股市值,对于含B股的公司,其B股市值同样计算在内。新综指以2005年12月30日为基日,以该日所有样本股票的总市值为基准,基点为1 000点。新上证综指采用派许加权方法,以样本股的发行股本数为权数进行加权计算。当成分股名单发生变化或成分股的股本结构发生变化或成分股的市值出现非交易因素的变动时,采用"除数修正法"修正原固定除数,以保证指数的连续性。

③分类指数类。上证分类指数有A股指数、B股指数及工业类指数、商业类指数、地产类指数、公用事业类指数和综合分类指数,共7类。

上证A股指数以1990年12月19日为基期,设基期指数为100点,以全部上市的A股为样本,以市价总值加权平均法编制。上证B股指数以1992年2月21日为基期,设基期指数为100点,以美元为计价单位,以全部上市的B股为样本,以市价总值加权平均法编制。

上海证券交易所按全部上市公司的主营范围、投资方向及产出分别计算工业类指数、商业类指数、地产类指数、公用事业类指数和综合类指数。上证工业类指数、商业类指数、地产类指数、公用事业类指数、综合类指数均以1993年4月30日为基期,基期指数设为1 358.78点,于1993年6月1日正式对外公布。以在上海证券交易所上市的全部工业类股票、商业类股票、地产类股票、公用事业类股票、综合类股票为样本,以全部发行股数为权数进行计算。

(3)深圳证券交易所股价指数

①样本指数类。

a.深圳成分指数。深圳成分指数由深圳证券交易所编制,通过对所有在深圳证券交易所上市的公司进行考察,按一定标准选取40家有代表性的上市公司作为成分股,以成分股的可流通股数为权数,采用加权平均法编制而成。成分指数以1994年7月20日为基日,基日指数为1 000点,起始计算日为1995年1月25日。深圳证券交易所选取成分股的原则:有一定的上市交易时间、有一定的上市规模,以每家公司一段时期内的平均可流通市值和平均总市值为衡量标准,交易活跃,以每家公司一段时期内的总成交额和转手率作为衡量标准。根据以上标准,再结合下列各项因素选出成分股。公司股票在一段时间内的平均市盈率、公司的行业代表性及所属行业的发展前景,公司近年来的财务状况、盈利记录、发展前景及管理素质等,公司的地区、板块代表性等。

b.深圳A股指数。深圳A股指数以成分A股为样本,以成分A股的可流通股数为权数,采用加权平均法编制而成。

成分A股指数以1994年7月20日为基日,基日指数为1 000点,起始计算日为1995年1月25日。

c.深圳B股指数。深圳B股指数以成分B股为样本,以成分B股的可流通股数为权数,采用加权平均法编制而成。成分B股指数以1994年7月20日为基准,基日指数为1 000点,起始计算日为1995年1月25日。

d.深证100指数。深圳信息有限公司于2003年初发布深圳100指数。深证100指数成分股的选取主要考察A股上市公司流通市值和成交金额两项指标,在深交所上市的股票中选取100只A股作为成分股,以成分股的可流通A股数为权数,采用派许综合法编制。根据市场动态跟踪和成分股稳定性原则,深证100指数将每半年调整一次成分股。深圳100指数以2002年12月31日为基准日,基准指数定为1 000点,从2003年第1个交易日开始编制和发布。深证100指数采用派许加权法编制。

e.深证创新指数。深证创新指数由深圳证券信息有限公司编制,于2006年2月27日正式发布。深证创新指数简称"深证创新",指数代码为399331,样本股由被认为具备自主创新能力的40只深市上市公司股票构成,其中主板公司34家,中小板公司6家,样本股流通市值超过700亿元。深证创新指数以2002年12月31日为基期,基日点位为1 000点。

②综合指数类。

a.深证综合指数。深圳证券交易所综合指数包括:深证综合指数、深证A股指数、深证B股指数。它们分别以在深圳证券交易所上市的全部股票、全部A股、全部B股为样本股,以1991年4月3日为综合指数和A股指数的基期,以1992年2月28日为B股指数的基期,基期指数为100,以指数股计算日股份数为权数进行加权平均计算。当有新股票上市时,在其上市后第二天纳入指数计算。当某一股票暂停买卖时,将其暂时剔除于指数计算之外。若某一只股票在交易中突然停牌,将取其最后成交价计算即时指数,直至收市。当指数股的股本结构或股份名单发生改变时,改用变动前一营业日为基准日,并用"连锁"方法对指数计算进行调整,以维护指数的连续性。

b. 深证新指数。深交所 2006 年 2 月 26 日正式编制和发布深证新指数,代码:399100。该指数的样本股由在深圳证券交易所上市的、完成股权分置改革的、正常交易的各类行业的股票组成。样本股剔除了 ST 股票以及被管理层认为经营有重大异常的公司,符合全流通定义的 A 股预计将涵盖占市场市值 80% ~ 90% 的各行业股票。深证新指数采取自由流通股数为加权权重,以 2005 年 12 月 30 日为基准,基点日为 1 107.23 点,这是以深市巨潮系列指数的统一起点 2002 年 12 月 31 日为参考点,以 2005 年 12 月 30 日当日所有符合选股条件的 G 股股票集合为样本的收市点位。新指数将成为深市新的市场基准指数。

c. 中小企业板指数。中小企业板指数简称"中小板指数",代码:399101,由深交所编制。中小企业板指数以全部在中小企业板上市后并正常交易的股票为样本,新股于次日起纳入指数计算。中小板指数以最新自由流通股本数为权重,即以扣除流通受限制的股份后的股本数量作为权重,以计算期加权法计算,并以逐日连锁计算的方法得出实时指数的综合指数。中小板指数以第 50 只中小企业板股票上市交易的日期 2005 年 6 月 7 日为基准日,设定基点为 1 000 点,以 2005 年 11 月 30 日计算发布点位,于 2005 年 12 月 1 日起正式对外发布。

③深证分类指数。深证分类指数包括农林牧渔指数、采掘业指数、制造业指数、水电煤气指数、建筑业指数、运输仓储指数、信息技术指数、批发零售指数、金融保险指数、房地产指数、社会服务指数、传播文化指数、综企类指数共 13 类。其中,制造业指数又分为食品饮料指数、纺织服装指数、木材家具指数、造纸印刷指数、石化塑胶指数、电子指数、金属非金属指数、机械设备指数、医药生物指数 9 类。

深证分类指数以 1994 年 4 月 3 日为基期,基期指数设为 1 000 点,起始计算日:2001 年 7 月 2 日。

(4)香港恒生指数的主要股价指数

①恒生指数。恒生指数是由香港恒生银行于 1969 年 11 月 24 日起编制公布、系统反映香港股票市场行情变动最有代表性和影响最大的指数。它挑选了 33 种有代表性的上市股票为成分股,用加权平均法计算。成分股主要根据以下 4 个标准选定:a. 股票在市场上的重要程度;b. 股票成交额对投资者的影响;c. 股票发行在外的数量能应付市场的旺盛需求;d. 公司的业务以香港为基地。这 33 只成分股包括:金融业 4 种;公用事业 6 种;地产业 9 种;其他工商业 14 种。这些股票分布在香港主要行业,都是最具代表性和实力雄厚的大公司。它们的市价总值要占香港所有上市股票市价总值的 70% 左右。恒生指数的成分股并不固定,自 1969 年以来,已作了 10 多次调整,从而使成分股更具有代表性,使恒生指数更能准确地反映市场变动状况。

恒生指数最初以股市交易较正常的 1964 年 7 月 31 日为基期,令基值为 100,后来因为恒生指数按行业增设了 4 个分类指数,将基期改为 1984 年 1 月 13 日,并将该日收市指数的 975.47 点定为新基期指数。由于恒生指数具有基期选择恰当、成分股代表性强、计算频率高、指数连续性好等特点,因此一直是反映和衡量香港股市变动趋势的主要指标。

香港恒生指数成分股编制沿用了 37 年,于 2006 年 2 月提出改制,首次将 H 股纳入恒生指数成分股。上市标准是以 H 股形式于香港上市的我国内地企业,公司的股本以全流通形式于香港联交所上市;H 股公司已完成股权分置,且无非上市股本;或者新上市的 H 股公司无非上市股本。恒生指数服务公司表示,恒生指数会增加成分股数目,由目前 33 只成分股逐步增至 38 只,新增加的 5 只将全部是国企股。截至 2006 年年底,中国建设银行、中国石化、中国银行已入选恒生指数成分股,恒生指数成分股由原来的 33 只增至 36 只。2007 年 3 月 12 日起,工商银行、中国人寿也被纳入恒生指数,至此,恒生指数成分股增至 38 只。这也意味着上证综指的前四大权重股工商银行、中国人寿、中国银行和中国石化全部进入恒生指数系列。除首度将 H 股纳入恒指成分股外,恒生指数的编制方法也将出现变动:由总市值加权法改为以流通市值调整计算,并为成分股设定 15% 的比重上限。近年来,国企股占港股总市值和成交额的比重不断上升,变动后的恒生指数更能全面反映市况,更具市场代表性。

②恒生综合指数系列。恒生银行 2001 年 10 月 3 日推出恒生综合指数系列。恒生综合指数包括 200 家市值最大的上市公司,并分为两个独立指数系列,即地域指数系列和行业指数系列。地域指数分为恒生香港综合指数和恒生中国内地指数。其中,恒生香港综合指数包括 123 家在香港上市而营业收益主要来自中国内地以外地方的公司,又分为恒生香港大型股指数、恒生香港中型股指数和恒生香港小型股指数。恒生中国内地指数包括 77 家在香港上市而营业收益主要来自中国内地的公司,又分为恒生中国企业指数(H 股指数)和恒生中资企业指数(红筹股指数)。恒生综合行业指数分为资源矿产业指数、工业制造业指数、消费品制造业指数、服务业指数、公用事业指数、金融业指数、地产建筑业指数、咨询科技业指数、综合企业指数。

③恒生流通综合指数。2002 年 9 月 23 日推出恒生流通综合指数,以恒生综合指数系列为编制基础,与恒生综合指数相同,有 200 只成分股,并对成分股流通量作出调整。在指数编制过程中,整个指数系列均经过流通量市值及市值比重上限调整。流通市值调整的目的是在指数编制中剔除由策略性股东长期持有并不在市场流通的股份。以下 3 类股份被视为策略性持有的股份:a. 策略性股东持有的股权,由一位或多位策略性股东单独或共同持有超过 30% 的股权;b. 董事持有的股权,个别董事持有超过 5% 的股权;c. 互控公司持有的股权,由一家香港上市公司所持有并超过 5% 的股权。流通市值调整的依据是公开资料,包括公司年报和香港交易所提供的公开信息。流通量调整系数(流通系数)是流通股份占总发行股份的百分率。各成分股的发行股票数量用流通系数调整后才用以编制指数。流通系数将调整至最接近的 5% 或 10% 的整位数,各成分股占指数的比重均调至不超过 15%。恒生流通综合指数系列以 2000 年 1 月 3 日为基期,并以 2 000 点为基值。

④恒生流通精选指数系列。恒生流通精选指数系列于 2003 年 1 月 20 日推出。恒生

流通精选指数系列由"恒生50""恒生香港25"和"恒生中国内地25"组成,这3只指数分别为"恒生流通综合指数""恒生香港流通指数"和"恒生中国内地流通指数"属下的分组指数。

"恒生50"包括恒生指数33只成分股内的30只股票、14只H股票和6只其他股票。"恒生香港25"的成分股从"恒生香港流通指数"中挑选按流通市值计算最大的25家于香港上市而营业收益主要来自中国内地以外地方的公司,是一个香港大型股指标。除采用流通市值外,还限制各成分股在指数内的比重。"恒生中国内地25"是包括25只H股和红筹股在内的中国大型股指数。成分股从"中国内地流通指数"中挑选按流通市值计算最大的25家于香港上市而营业收益来自中国内地的公司,用以反映在香港上市的中国大型股的表现。除采用流通市值外,还限制各成分股在指数内的比重。"恒生50""恒生香港25"和"恒生中国内地25"指数以每只成分股的流通市值计算,流通股份的定义及个别成分股的流通系数均与恒生流通指数系列相同,指数中各成分股占每一指数的比重不超过15%。恒生流通精选指数的基日为2000年1月3日,基值为2 000点,成分股调整周期为半年。

2)我国的债券指数

(1)中证全债指数

中证指数有限公司于2007年12月17日发布中证全债指数。该指数的样本债券种类是在上海证券交易所、深圳证券交易所及银行间市场上市的国债、金融债及企业债。债券的信用级别为投资级以上。债券币种为人民币。债券的剩余期限为1年以上。付息方式为固定利率付息和一次还本付息。指数基日为2002年12月31日,基点为100点。指数以样本债券的发行量为权数,采用派许加权综合价格指数公式计算。当成分债券的市值出现非交易因素变动时,采用除数修正法修正原固定除数,以保证指数的连续性。符合基本条件的债券自下个月第1个交易日起计入指数。每月最后一个交易日将剩余期限不到1年或信用级别投资级以下的债券剔除。

中证全债指数体系还包括4只分年期指数和3只分类别指数。分年期指数是在全债指数样本集合中挑选剩余期限1~3年、3~7年、7~10年及10年以上的样本构成相应的指数。

中证指数有限公司于2008年1月28日正式发布中证国债指数、中证金融债指数、中证企业债指数3只中证分类债券指数。3只指数以中证全债指数样本券为选样空间,分别挑选国债、金融债及企业债组成样本券,其中,中证国债指数是选取银行间和交易所市场所有满足选样条件的国债组成的样本券,中证金融债指数是选取银行间和交易所市场所有满足选样条件的金融债组成样本券,中证企业债指数是选取银行间及交易所市场所有满足选样条件的企业债组成样本券,以综合反映我国债券市场国债、金融债及企业债的整体表现。3只指数的基日均为2002年12月31日,基点均为100点。

(2)上证国债指数

上海证券交易所自2003年1月2日起发布上证国债指数。上证国债指数以在上海证券交易所上市的、剩余期限在1年以上的固定利率国债和一次还本付息为样本,按照国债发行量加权计算,基日为2002年12月31日,基点为100点。

上证国债指数采用派许法计算加权综合价格指数,以样本国债的发行量为权数。当成分国债的市值出现非交易因素的变动时,采用除数修正法修正原固定除数,以保证指数的连续性。当出现以下情况时,国债指数需要修正:

①新上市国债自第2个交易日起计入指数;

②国债付息在除息日前修正指数;

③当某一成分国债暂停交易时,不作调整,用该国债暂停交易的前一交易日收盘价计算指数;

④凡有成分国债发生发行量变动,在成分国债的发行量变动日前修正指数。在每月的最后一个交易日,将剩余期限不到1年的国债从指数样本中剔除,指数作相应调整。

（3）上证企业债指数

上海证券交易所于2003年6月9日起发布企业债指数。该指数以沪、深证券交易所上市交易的固定利率付息和一次性还本付息、剩余期限在1年以上(含1年)、信用评级为投资级(BBB)以上的非股权类连接企业债券为样本,以2002年12月31日为基准日,基日指数为100点,采用派许加权综合价格指数公式计算。当成分企业债的市值出现非交易因素变动时,采用除数修正法修正原除数,以保证指数的连续性。需要修正指数的几种情况是:企业债新上市、暂停交易、发行量变动等。每月最后1个交易日对指数进行调整,将剩余期限不到1年的企业债剔除,加入投资等级满足最低信用评级要求的企业债,剔除不满足最低信用评级要求的企业债。

（4）中国债券指数

2002年12月31日,中央国债登记结算有限责任公司开始发布中国债券指数系列,该指数体系包括国债指数、企业债指数、政策性银行金融债指数、银行间国债券指数、交易所债券指数、中短期债券指数和长期国债指数等,覆盖了交易所市场和银行间市场所有发行额在50亿元人民币以上,待偿期限在1年以上的债券,指数样本债券每月末调整一次。

该指数系列以2001年12月31日为基日,基期指数为100,每工作日计算一次。样本债券价格选取日终全价。当债券有交易结算时,对银行间债券市场中流通债券选取该债券的当日日终加权平均结算价格(剔除远期价格和协议价格),对交易所债券选取每日交易收盘价;当银行间债券市场债券没有交易结算发生时,取该券种双边报价中的最优申买价。若既无结算价也无报价时,通过信息网上的询价窗口询价或直接询价;对没有市场价格的样本债券,则采用模型定价。以债券发行规模的市值为权重并对单只债券品种对债券指数的贡献进行流动性调整,随着样本中债券的加入和退出,权重结构相应调整。为反映债券市场交投不活跃的特点,在指数计算中加入了流动性调整,反映在指数权重中。债券流动性指标在每两个月的月末进行重新确定。债券利息再投资的处理方法是将利息按原来的权重投资于债券指数本身。中国债券指数采用市值加权法计算。

1.4.3　国际主要股票市场及价格指数

1）道-琼斯工业股价平均数

道-琼斯工业股价平均数是世界上最早、最享盛誉和最有影响的股票价格平均数,由美国道-琼斯公司编制并在《华尔街日报》上公布。早在1884年7月3日,道-琼斯公司的创始人查尔斯·亨利·道和爱德华·琼斯根据当时美国有代表性的11种股票编制股票价格平均数,并发表于该公司编制出版的《每日通迅》上。以后,道-琼斯股价平均数的样本股逐渐扩大至65种,编制方法也有所改进,《每日通讯》也于1889年改为《华尔街日报》。现在人们所说的道-琼斯指数实际上是一组股价平均数,包括5组指标:

①工业股价平均数。以美国埃克森石油公司、通用汽车公司和美国钢铁公司等30家著名大工商业公司股票为编制对象,能灵敏反映经济发展水平和变化趋势。平时所说的道-琼斯指数就是指道-琼斯工业股价平均数。

②运输业股价平均数。以美国泛美航空公司、环球航空公司、国际联运公司等20家具有代表性的运输业公司股票为编制对象的运输业股价平均数。

③公用事业股价平均数。以美国电力公司、煤气公司等15种具有代表性的公用事业大公司股票为编制对象的公用事业股价平均数。

④股价综合平均数。以上述65家公司股票为编制对象的股价综合平均数。

⑤道-琼斯公正市价指数。以700种不同规模或实力的公司股票作为编制对象的道-琼斯公正市价指数,该指数于1988年10月首次发表。由于该指数所选的股票不但考虑了广泛的行业分布,而且兼顾了公司的不同规模和实力,因而具有相当的代表性。

道-琼斯股价平均数以1928年10月1日为基期,基期指数为100。道-琼斯指数的编制方法原为简单算术平均法,由于这一方法的不足,从1928年起采用除数修正的简单平均法,使平均数能连续、真实地反映股价变动情况。

长期以来,道-琼斯股价平均数被视为最具权威性的股价指数,被认为是反映美国政治、经济和社会状况最灵敏的指标。究其原因,主要是由于该指数历史悠久,采用的65种股票都是世界上第一流大公司的股票,在各自的行业中都居举足轻重的主导地位,而且不断地以新生的更有代表性的股票取代那些已失去原有活力的股票,使其更具代表性,能较好地与在纽约证券交易所上市的2 000多种股票变动同步,指数由最有影响的金融报刊《华尔街日报》及时而详尽报道等。

2）金融时报证券交易所指数（FTSE 100）

金融时报证券交易所指数（也译为"富时指数"）是英国最具权威性的股价指数,原由《金融时报》编制和公布,现由《金融时报》和伦敦证券交易所共同拥有的富时集团编制。这一指数包括3种:一是金融时报工业股票指数,又称30种股票指数。该指数包括30种最优良的工业股票价格,其中有烟草、食油、电子、化学药品、金属机械、原油等。由于这30家公司股票的市值在整个股市中所占的比重大,具有一定的代表性,因此该指数是反映伦敦证券市场股票行情变化的重要尺度。它以1935年7月1日为基期,基期指数为100。二是100

种股票交易指数,又称"FT-100 指数"。该指数自 1984 年 1 月 3 日起编制并公布。这一指数挑选了 100 家有代表性的大公司的股票,又因它通过伦敦股票市场自动报价计算机系统可随时得出股票市价,并每分钟计算一次,因此能迅速反映股市行情的每一变动,自公布以来受到人们的广泛重视。为了便于期货交易和期权交易,该指数基值定为 1 000。三是综合精算股票指数。该指数从伦敦股市上精选 700 多种股票作为样本股加以计算。它自 1962 年 4 月 10 日起编制和公布,并以这一天为基期,令基数为 100。这一指数的特点是统计面宽、范围广,能较全面地反映整个股市的状况。

3)日经 225 股价指数

日经 225 股价指数是日本经济新闻社编制和公布的反映日本股票市场价格变动的股价指数。该指数从 1950 年 9 月开始编制,最初根据在东京证券交易所第一市场上市的 225 种股票计算修正平均股价,命名为"东证修正平均股价"。1975 年 5 月 1 日日本经济新闻社向道-琼斯公司买进商标,采用道琼斯修正指数法计算,指数也改称为"日经道式平均股价指标"。1985 年 5 月合同期满,经协商,更名为"日经股价指数"。

现在日经股价指数分成两组:一是日经 225 种股价指数。这一指数以在东京证券交易所第一市场上市的 225 家股票为样本股,包括 150 家制造业,15 家金融业,14 家运输业和 46 家其他行业。样本股原则上固定不变,以 1950 年计算出的平均股价 176.21 元为基数。由于该指数从 1950 年起连续编制,具有较好的可比性,成为反映和分析日本股票市场长期变动趋势最常用和最可靠的指标。二是日经 500 种股价指数。该指数从 1982 年 1 月 4 日起开始编制,样本股扩大到 500 种,约占东京证券交易所第一市场上市股票总数的 50%,因而更具有代表性。该指数的特点是采样不固定,每年根据各公司前 3 个结算年度的经营状况、股票成交量、成交金额、市价总额等情况对样本股票进行更换。正因为如此,该指数不仅能较全面地反映日本股市的行情变化,还能如实反映日本产业结构变化和市场变化情况。

4)NASDAQ 市场及其指数

NASDAQ 的中文全称是全美证券交易商自动报价系统,于 1971 年正式启用。它利用现代电子计算机技术,将美国 6 000 多个证券商网点连接在一起,形成了一个全美统一的场外二级市场。1975 年又通过立法,确定这一系统在证券二级市场中的合法地位。目前有不少国家和地区模仿美国 NASDAQ,建立"第二交易系统"或"二板"市场,如欧洲的 EASDAQ 市场、日本的 JASDAQ 市场、新加坡的 SESDAQ 市场、马来西亚的 MESDAQ 市场、韩国的 KOSDAQ 市场、罗马尼亚的 RASDAQ 市场等,但都不太成功。中国于 1992 年 7 月建立的全国证券交易商自动报价系统(STAQ)和 1993 年 4 月中国证券交易系统有限公司建立的全国电子交易系统(NET),也有类似的性质。NASDAQ 采取的模式是孪生式或附属式,即把创业板市场分为两个部分:一个是 NASDAQ 全国市场,它是 NASDAQ 市场的主要部分,占总市值的 95% 左右。在全国市场上市的公司都是成交活跃、市场形象好并符合严格财务标准和公司治理标准的公司,最有代表性的公司是微软、雅虎、因特尔等。另一个是 NASDAQ 小型资本市场,它是为一些有发展潜力的小型公司准备的。它的市值占总市值的 5% 左右。在小型资本市场上市的财务要求较低,但公司治理标准和全国市场一样。在小型资本市场上市的公司规模小、股价低,但发展壮大后可转移到全国市场上市。

NASDAQ 市场设立了 13 种指数,分别为:NASDAQ 综合指数、NASDAQ-100 指数、NASDAQ 金融-100 指数、NASDAQ 银行指数、NASDAQ 生物指数、NASDAQ 计算机指数、NASDAQ 工业指数、NASDAQ 保险指数、NASDAQ 其他金融指数、NASDAQ 通信指数、NASDAQ 运输指数、NASDAQ 全国市场综合指数和 NASDAQ 全国市场工业指数。

NASDAQ 综合指数是以在 NASDAQ 市场上市的、所有本国和外国的上市公司的普通股为基础计算的。该指数按每个公司的市场价值来设权重,这意味着每个公司对指数的影响是由其市场价值所决定的。市场总价是所有已公开发行的股票在每个交易日的卖出价的总和。现在 NASDAQ 综合指数包括 3 300 多家公司,远远超过其他市场指数。正因为有如此大的计算范围,使得该指数成为 NASDAQ 的主要市场指数。该指数是在 1971 年 2 月 5 日启用的,基准点为 100 点。

1.5 证券投资的收益与风险

1.5.1 证券投资收益

人们投资证券,是为了获得投资收益。投资收益是未来的,而且一般情况下事先是难以确定的。未来收益的不确定性就是证券投资的风险。投资者总是既希望回避风险,又希望获得较高的收益。但是,收益和风险是并存的,通常收益越高,风险越大。投资者只能在收益和风险之间加以权衡,即在风险相同的证券中选择收益较高的,或在收益相同的证券中选择风险较小的进行投资。

1)股票收益

股票投资的收益是指投资者从购入股票开始到出售股票为止整个持有期间的收入,它由股息收入、资本利得和公积金转增股本组成。

(1)股息收入

股息是股票持有者依据所持股票从发行公司分取的盈利。通常,股份有限公司在会计年度结算后,将一部分净利润作为股息分配给股东。其中,优先股股东按照规定的固定股息率优先取得固定股息,普通股股东则根据余下的利润分取股息。股东在取得固定的股息以后又从股份有限公司领取的收益,称为红利。由此可见,红利是股东在公司按规定股息率分派后所取得的剩余利润。但在概念的使用上,人们对股息和红利并未予以严格的区分。

股息的来源是公司的税后净利润。公司从营业收入中扣减各项成本和费用支出、应偿还的债务及应缴纳的税金后,余下的即为税后利润。通常,公司的税后净利润按以下程序分配:如果有未弥补亏损,首先用于弥补亏损;按《公司法》的规定提取法定公积金;如果有优先股,按固定股息率对优先股股东分配;经股东大会同意,提取任意公积金;剩余的按股东持有的股份比例对普通股股东分配。可见,税后净利润是公司分配股息的基础和最高限额,但因要作必要的公积金和公益金的扣除,公司实际分配的股息总是少于税后净利润。

股息作为股东的投资收益,以股份为单位的货币金额表示,但股息的具体形式可以有以下几种:

①现金股息。现金股息是以货币形式支付的股息和红利,是最普通、最基本的股息形式。分派现金股息既可以满足股东预期的现金收益目的,又有助于提高股票的市场价格,以吸引更多的投资者。在公司留存收益和现金足够的情况下,现金股息分发的多少取决于董事会对影响公司发展的诸多因素的权衡,并要兼顾公司和股东两者的利益。一般来说,股东更偏重于目前利益,希望得到比其他投资形式更高的投资收益;董事会更偏重于公司的财务状况和长远发展,希望保留足够的现金扩大投资或用于其他用途。但是由于股息的高低会直接影响公司股票的市价,而股价的涨跌又关系到公司本身信誉的高低及筹资能力的大小,因此董事会在权衡公司的长远利益和股东的近期利益后,会制订出较为合理的现金股息发放政策。

②股票股息。股票股息是以股票的方式派发的股息,通常由公司用新增发的股票或一部分库存股票作为股息代替现金分派给股东。股票股息原则上是按公司现有股东持有股份的比例进行分配的,采用增发普通股并发放给普通股股东的形式,实际上是将当年的留存收益资本化。也就是说,股票股息是股东权益账户中不同项目之间的转移,对公司的资产、负债、股东权益总额毫无影响,对得到股票股息的股东在公司中所占权益的份额也不会产生影响,仅仅是股东持有的股票数比原来多了。发放股票股息既可使公司保留现金,解决公司发展对现金的需要,又可使公司股票数量增加,股价下降,有利于股票的流通。股东持有股票股息在大多数西方国家可免征所得税,出售增加的股票又可转化为现实的货币,有利于股东实现投资收益,因而是兼顾公司利益和股东利益的两全之策。

③财产股息。财产股息是公司用现金以外的其他财产向股东分派股息。最常见的是公司持有的其他公司或子公司的股票、债券,也可以是实物。分派财产股息可减少现金支出,满足公司对现金的需要,有利于公司的发展。在现金不足时,用公司产品以优惠价格充作股息,可扩大其产品销路。当公司需要对其他公司控股时,可有意将持有的其他公司的股票作为股息,采用内部转移方式分派给股东,以继续维持控股公司的地位。

④负债股息。负债股息是公司通过建立一种负债,用债券或应付票据作为股息分派给股东。这些债券或应付票据既是公司支付的股息,也可满足股东的获利需要。负债股息一般是在已宣布发放股息,但又面临现金不足、难以支付的情况下,不得已采取的权宜之计,董事会往往更愿意推迟股息发放日期。

⑤建业股息。建业股息又称建设股息,是指经营铁路、港口、水电、机场等业务的股份公司,由于其建设周期长,不可能在短期内开展业务并获得盈利,为了筹集到所需资金,在公司章程中明确规定并获得批准后,公司可以将一部分股本作为股息派发给股东。建业股息不

同于其他股息,它不是来自于公司的盈利,而是对公司未来盈利的预分,实质上是一种负债分配,也是无盈利无股息原则的一个例外。建业股息的发放有严格的法律限制,在公司开业后,应在分配盈余前抵扣或逐年抵扣冲销,以补足资本金。

（2）资本利得

上市股票具有流动性,投资者可以在股票交易市场上出售持有的股票收回投资,赚取盈利,也可以利用股票价格的波动低买高卖来赚取差价收入。股票买入价与卖出价之间的差额就是资本利得,或称资本损益。资本利得可正可负,当股票卖出价大于买入价时,资本利得为正,此时可称为资本收益;当卖出价小于买入价时,资本利得为负,此时可称为资本损失。由于上市公司的经营业绩是决定股票价格的重要因素,因此资本损益的取得主要取决于股份公司的经营业绩和股票市场的价格变化,同时与投资者的投资心态、投资经验及投资技巧也有很大关系。

（3）公积金转增股本

公积金转增股本也采取送股的形式,但送股的资金不是来自于当年可分配盈利,而是公司提取的公积金。公司提取的公积金有法定公积金和任意公积金。

法定公积金的来源有以下 5 项:①股票溢价发行时,超过股票面值的溢价部分,要转入公司的法定公积金;②依据《公司法》的规定,每年从税后净利润中按比例提存部分法定公积金;③股东大会决议后提取的任意公积金;④公司经过若干年经营以后资产重估增值部分;⑤公司从外部取得的赠予资产,如从政府部门、国外部门及其他公司等得到的赠予资产。我国《公司法》规定,公司分配当年税后利润时,应当提取利润的 10% 列入公司法定公积金。公司法定公积金累计额为公司注册资本的 50% 以上的,可以不再提取。公司的法定公积金不足以弥补以前年度亏损的,在提取法定公积金之前,经股东大会决议,可以从税后利润中提取任意公积金。股份有限公司以超过股票票面金额的发行价格发行股份所得的溢价款以及国务院财政部门规定列入资本公积金的其他收入,应当列为资本公积金。公司的公积金用于弥补公司亏损。股东大会决议将公积金转为资本时,按股东原有股份比例派送红股或增加每股面值,但法定公积金转为资本时,所留成的该项公积金不得少于注册资本的 25%。

2）债券的收益

债券的投资收益来自 3 个方面:一是债券的利息收益。这是债券发行时就决定了的,除了保值贴补债券和浮动利率债券,债券的利息收入不会改变,投资者在购买债券前就可得知。二是资本利得。资本利得受债券市场价格变动的影响。三是再投资收益。再投资收益受以周期性利息收入作再投资时市场收益率变化的影响。由于资本利得和再投资收益具有不确定性,投资者在作投资决策时计算的到期收益和到期收益率只是预期的收益和收益率,只有当投资期结束时才能计算实际收益和实际到期收益率。

（1）债券的利息收益

债券的利息收益取决于债券的票面利率和付息方式,债券的票面利率是指 1 年的利息占票面金额的比率。票面利率的高低直接影响着债券发行人的筹资成本和投资者的投资收益,一般是由债券发行人根据债券本身的性质和市场条件的分析决定的。通常,首先要考虑投资者的接受程度。发行人往往是参照了其他相似条件债券的利率水平后,在多数投资者能够接受的限度内,以最低利率来发行债券。其次,债券的信用级别是影响债券票面利率的重要因素。再次,利息的支付方式和计息方式也是决定票面利率要考虑的因素。最后,还要考虑证券主管部门的管理和指导。一旦债券的票面利率确定后,在债券的有效期限内,无论市场上发生什么变化,发行人都必须按确定的票面利率向债券持有人支付利息。

债券的付息方式是指发行人在债券的有效期间内,何时或分几次向债券持有者支付利息。付息方式既影响债券发行人的筹资成本,也影响债券投资者的收益。一般把债券利息的支付分为一次性付息和分期付息两大类。一次性付息的方式有:单利付息、复利付息和贴现付息3种方式。分期付息债券又称附息债券或息票债券,是在债券到期以前按约定的日期分次按票面利率支付利息,到期再偿还债券本金。付息可以按一季度、半年、一年等多种方式。对投资者来说,在票面利率相同的条件下,分次付息可获取利息再投资收益,或享有每年获得现金利息便于支配的流动性好处。

(2)资本利得

债券投资的资本利得是指债券买入价与卖出价以及买入价与到期偿还额之间的差额。同股票的资本利得一样,债券的资本利得可正可负:当卖出价或偿还额大于买入价时,资本利得为正,此时可称为资本收益;当卖出价或偿还额小于买入价时,资本利得为负,此时可称为资本损失。投资者可以在债券到期时将持有的债券兑现,或是利用债券市场价格的变动低买高卖从中取得资本收益,当然,也有可能遭受资本损失。

(3)再投资收益

再投资收益是投资债券所获现金流量再投资的利息收入。对于附息债券而言,投资期间的现金流是定期支付的利息,再投资收益是将定期所获得的利息进行再投资而得到的利息收入。

对于投资附息债券的投资者来说,只有将债券持有至到期日,并且各期利息都能按照到期收益率进行再投资,才能实现投资债券时预期的收益率;反之,如果未来的再投资收益率低于购买债券时预期的到期收益率,则投资者将面临再投资风险。

决定再投资收益的主要因素是债券的偿还期限、息票收入和市场利率的变化。在给定债券息票利率和到期收益率的情况下,债券的期限越长,再投资收益对债券总收益的影响越大,再投资风险越大。在给定偿还期限和到期收益率的情况下,债券的息票利率越高,再投资收益对债券总收益的影响越大。当市场利率变化时,再投资收益率可能大于或小于到期收益率,使投资总收益发生相应变化。但是,对于无息票债券而言,由于投资期间并无利息收入,因而也不存在再投资风险,持有无息票债券直至到期所得到的收益就等于预期的到期收益。

1.5.2 证券投资的风险

证券投资是一种风险性投资。一般而言,风险是指对投资者预期收益的背离,或者说是证券收益的不确定性。证券投资的风险是指证券预期收益变动的可能性及变动幅度。在证券投资活动中,投资者投入一定数量的本金,目的是希望能得到预期的若干收益。从时间上看,投入本金是当前的行为,其数额是确定的,而取得收益是在未来的时间。在持有证券这段时间内,有很多因素可能使预期收益减少甚至使本金遭受损失,因此,证券投资的风险是普遍存在的。与证券投资相关的所有风险称为总风险,总风险可分为系统风险和非系统风险两大类。

1）系统风险

系统风险是指由于某种全局性的共同因素引起的投资收益的可能变动,这种因素以同样的方式对所有证券的收益产生影响。在现实生活中,所有企业都受全局性因素的影响,这些因素包括社会、政治、经济等各个方面。由于这些因素来自企业之外,是单一证券无法抗拒和回避的,因此又叫不可回避风险。这些共同的因素会对所有企业产生不同程度的影响,不能通过多样化投资而分散,因此又称为不可分散风险。系统风险包括政策风险、经济周期性波动风险、利率风险和购买力风险等。

（1）政策风险

政策风险是指政府有关证券市场的政策发生重大变化或是有重要的法规、举措出台,引起证券市场的波动,从而给投资者带来的风险。

政府对本国证券市场的发展通常有一定的规划和政策,借以指导市场的发展和加强对市场的管理。证券市场政策应当是在尊重证券市场发展规律的基础上,充分考虑证券市场在本国经济中的地位、与社会经济其他部门的联系、整体经济发展水平、证券市场发展现状及对投资者保护等多方面因素后制定的。政府关于证券市场发展的规划和政策应是长期稳定的,在规划和政策既定的前提条件下,政府应运用法律手段、经济手段和必要的行政管理手段引导证券市场健康、有序的发展。但是,在某些特殊情况下,政府也可能会改变发展证券市场的战略部署,出台一些扶持或抑制市场发展的政策,制定出新的法令或规章,从而改变市场原先的运行轨迹。特别是在证券市场发展初期,对证券市场发展的规律认识不足、法规体系不健全、管理手段不充分,更容易较多地使用政策手段来干预市场。由于证券市场政策是政府指导、管理整个证券市场的手段,一旦出现政策风险,几乎所有的证券都会受到影响,因此属于系统风险。

（2）经济周期性波动风险

经济周期性波动风险是指证券市场行情周期性变动而引起的风险。这种行情变动不是指证券价格的日常波动和中级波动,而是指证券行情长期趋势的改变。

证券行情变动受多种因素影响,但决定性的因素是经济周期的变动。经济周期是指社会经济阶段性的循环和波动,是经济发展的客观规律。经济周期的变化决定了企业的发展前景和效益,从而从根本上决定了证券行情,特别是股票行情的变动趋势。证券行情随经济周期的循环而起伏变化,总的趋势可分为看涨市场或称多头市场、牛市,以及看跌市场或称空头市场、熊市两大类型。在看涨市场,随着经济回升,股票价格从低谷逐渐回升,随着交易量的扩大,交易日渐活跃,股票价格持续上升并可维持较长一段时间;待股票价格升至很高水平,资金大量涌入并进一步推动股价上升,但成交量不能进一步放大时,股票价格开始盘旋并逐渐下降,标志着看涨市场的结束。看跌市场从经济繁荣的后期开始,伴随着经济衰退,股票价格也从高点开始一直呈下跌趋势,并在达到某个低点时结束。看涨市场和看跌市场是指股票行情变动的大趋势。实际上,在看涨市场中,股价并非直线上升,而是大涨小跌,不断出现盘整和回档行情;在看跌市场中,股价也并非直线下降,而是小涨大跌,不断出现盘整和反弹行情。但在这两个变动趋势中,一个重要的特征:在整个看涨行市中,几乎所有的股票价格都会上涨;在整个看跌行市中,几乎所有的股票价格都不可避免地有所下跌,只是涨跌程度不同而已。

(3)利率风险

利率风险是指市场利率变动引起证券投资收益变动的可能性。市场利率的变化会引起证券价格变动,并进一步影响证券收益的确定性。利率与证券价格呈反方向变化,即利率提高,证券价格水平下跌;利率下降,证券价格水平上涨。利率从两方面影响证券价格:一是改变资金流向。当市场利率提高时,会吸引一部分资金流向银行储蓄、商业票据等其他金融资产,减少对证券的需求,使证券价格下降;当市场利率下降时,一部分资金流回证券市场,增加对证券的需求,刺激证券价格上涨。二是影响公司的盈利。利率提高,公司融资成本提高,在其他条件不变的情况下净盈利下降,派发股息减少,引起股票价格下降;利率下降,融资成本下降,净盈利和股息相应增加,股票价格上涨。

利率政策是中央银行的货币政策工具,中央银行根据金融宏观调控的需要来调节利率水平。当中央银行调整利率时,各种金融资产的利率和价格都会灵敏地作出反应。除了中央银行的货币政策以外,利率还受金融市场供求关系的影响:当资金供求宽松时,利率水平稳中有降;当资金供求紧张时,利率水平逐渐上升。

利率风险对不同证券的影响是不相同的,主要表现在以下几个方面:

①利率风险是固定收益证券的主要风险,特别是债券的主要风险。债券面临的利率风险由价格变动风险和息票利率风险两方面组成。当市场利率提高时,以往发行又尚未到期的债券利率相对偏低,此时投资者若继续持有债券,在利息上要受损失;若将债券出售,又必须在价格上作出让步,要受损失。可见,此时投资者无法回避利率变动对债券价格和收益的影响,而且这种影响与债券本身的质量无关。

②利率风险是政府债券的主要风险。债券依发行主体的不同可分为政府债券、金融债券、公司债券、企业债券等。对公司债券和企业债券来说,除了利率风险以外,重要的还有信用风险和购买力风险。政府债券没有信用问题和偿债的财务困难,它面临的主要风险是利率风险和购买力风险。

③利率风险对长期债券的影响大于短期债券。在利率水平变动幅度相同的情况下,长期债券价格变动幅度大于短期债券,因此长期债券的利率风险大于短期债券。债券的价格是将未来的利息收益和本金按市场利率折算成的现值,债券的期限越长,未来收入的折扣率就越大,所以债券的价格变动风险随着期限的增加而增大。

普通股票和优先股票也会受利率风险影响。股票价格对利率变动是极其敏感的,当利率变动时,股票价格会迅速发生反向变动,其中优先股因其股息率固定受利率风险影响较大。对普通股来说,其股息和价格主要由公司经营状况和财务状况决定,而利率变动仅是影响公司经营和财务状况的部分因素,所以利率风险对普通股的影响不像债券和优先股那样没有回旋的余地,从长期看,取决于上市公司对利率变动的化解能力。

(4)购买力风险

购买力风险又称通货膨胀风险,是由通货膨胀、货币贬值给投资者带来实际收益水平下降的风险。在通货膨胀情况下,物价普遍上涨,社会经济秩序混乱,企业生产经营的外部条件恶化,证券市场也深受其害,所以购买力风险是难以回避的。在通货膨胀条件下,随着商品价格的上涨,证券价格也会上涨,投资者的货币收入有所增加,会使他们忽视购买力风险的存在并产生一种货币幻觉。其实,由于货币贬值,货币购买力水平下降,投资者的实际收益不仅没有增加,反而有所减少。一般来讲,可通过计算实际收益率来分析购买力风险:

实际收益率=名义收益率-通货膨胀率

这里的名义收益率是指债券的票面利息率或股票的股息率。如某投资者买了1张年利率为10%的债券,其名义利率为10%。若1年中通货膨胀率为5%,投资者的实际收益率为5%;当年通货膨胀率为10%时,投资者的实际收益率为0;当年通货膨胀率超过10%时,投资者不仅没有得到收益,反而有所亏损。可见,只有当名义收益率大于通货膨胀率时,投资者才有实际收益。

购买力风险对不同证券的影响是不相同的,最容易受其损害的是固定收益证券,如优先股、债券。因为它们的名义收益率是固定的,当通货膨胀率升高时,其实际收益率就会明显下降,所以固定利息率和股息率的证券购买力风险较大。同样是债券,长期债券的购买力风险又要比短期债券大。相比之下,浮动利率债券或保值贴补债券的购买力风险较小。普通股股票的购买力风险也相对较小。当发生通货膨胀时,由于公司产品价格上涨,股份公司的名义收益会增加,特别是当公司产品价格上涨幅度大于生产费用的涨幅时,公司净盈利增加,此时股息会增加,股票价格也会随之提高,普通股股东可得到较高收益,可部分减轻通货膨胀带来的损失。

需要指出的是,购买力风险对不同股票的影响是不同的。在通货膨胀不同阶段,对股票的影响也是不同的。这是因为公司的盈利水平受多种因素影响,产品价格仅仅是其中的一个因素。在通货膨胀情况下,由于不同公司产品价格上涨幅度不同,上涨时间先后不同,对生产成本上升的消化能力不同,受国家有关政策的控制程度不同等原因,会出现相同通货膨胀水平条件下不同股票的购买力风险不尽相同的情况。一般来说,率先涨价的商品、上游商品、热销或供不应求商品的股票购买力风险较小,国家进行价格控制的公用事业、基础产业和下游商品等股票的购买力风险较大。在通货膨胀之初,企业消化生产费用上涨的能力较强,又能利用人们的货币幻觉提高产品价格,股票的购买力风险相对小些。当出现严重通货膨胀时,各种商品价格轮番上涨,社会经济秩序紊乱,企业承受能力下降,盈利和股息难以增加,股价即使上涨也很难赶上物价上涨,此时普通股也很难抵偿购买力下降的风险了。

2)非系统风险

非系统风险是指只对某个行业或者个别公司的证券产生影响,它通常由某一特殊因素引起,与整个证券市场的价格不存在系统全面的影响,而只对少数或者个别的证券收益产生影响。这种因行业或企业自身因素改变而带来的证券价格变化与其他证券的价格、收益没有必然的内在联系,不会因此而影响其他证券的收益,这种风险可以通过投资组合来规避。若投资者持有多样化的不同证券,当某些证券价格下跌、收益减少时,另一些证券可能价格正好上升、收益增加,这样就使风险相互抵消。非系统风险是可以抵消回避的,因此又称为可分散风险或可回避风险。非系统风险包括信用风险、经营风险、财务风险等。

(1)信用风险

信用风险又称违约风险,指证券发行人在证券到期时无法还本付息而使投资者遭受损失的风险。证券发行人如果不能支付债券利息、优先股股息或偿还本金,哪怕仅仅是延期支付,都会影响投资者的利益,使投资者失去再投资和获利的机会,遭受损失。信用风险实际上揭示了发行人在财务状况不佳时出现违约和破产的可能,它主要受证券发行人的经营能力、盈利水平、事业稳定程度及规模大小等因素影响。债券、优先股、普通股都可能有信用风险,但风险程度有所不同。债券的信用风险就是债券不能到期还本付息的风险。信用风险是债券的主要风险,政府债券的信用风险最小,一般认为中央政府债券几乎没有风险,其他债券的信用风险依次从低到高排列为地方政府债券、金融债券、公司债券,但大金融机构或跨国公司债券的信用风险有时会低于某些政局不稳的国家的政府债券。投资于公司债券首先要考虑的就是信用风险,产品市场需求的改变、成本变动、融资条件变化等都可能削弱公司偿债能力,特别是公司资不抵债、面临破产时,债券的利息和本金都可能化为泡影。股票没有还本要求,普通股股息也不固定,但仍有信用风险。不仅优先股股息有缓付、少付甚至不付的可能,而且如果公司不能按期偿还债务,会立即影响股票的市场价格,更不用说当公司破产时,该公司股票价格会接近于零,无信用可言。在债券和优先股发行时,要进行信用评级,投资者回避信用风险的最好办法是参考证券信用评级的结果。信用级别高的证券信用风险小,信用级别低,违约的可能性越大。

(2)经营风险

经营风险是指公司的决策人员与管理人员在经营管理过程中出现失误而导致公司盈利水平变化,从而使投资者预期收益下降的可能。

经营风险来自内部因素和外部因素两个方面。企业内部的因素主要有:一是项目投资决策失误,未对投资项目作可行性分析,草率上马;二是不注意技术更新,使企业在行业中的竞争地位下降;三是不注意市场调查,不注意开发新产品,仅满足于目前公司产品的市场占有率和竞争力,满足于目前的利润水平和经济效益;四是销售决策失误,过分地依赖大客户、老客户,没有注重打开新市场,寻找新的销售渠道。还有公司的主要管理者因循守旧、不思进取、机构臃肿、人浮于事,对可能出现的天灾人祸没有采取必要的防范措施等。外部因素是公司以外的客观因素,如政府产业政策的调整、竞争对手的实力变化使公司处于相对劣势地位等,引起公司盈利水平的相对下降。但经营风险主要还是来自公司内部的决策失误或管理不善。

公司的经营状况最终表现于盈利水平的变化和资产价值的变化,经营风险主要通过盈利变化产生影响,对不同证券的影响程度也有所不同。经营风险是普通股股票的主要风险,公司盈利的变化既会影响股息收入,又会影响股票价格。当公司盈利增加时,股息增加,股价上涨;当公司盈利减少时,股息减少,股价下降。经营风险对优先股的影响要小些,因为优先股的股息率是固定的,盈利水平的变化对价格的影响有限。公司债的还本付息受法律保障,除非公司破产清理,一般情况下不受企业经营状况的影响,但公司盈利的变化同样可能使公司债的价格呈同方向变动,因为盈利增加使公司的债务偿还更有保障,信用提高,债券价格也会相应上升。

(3)财务风险

财务风险是指公司财务结构不合理、融资不当而导致投资者预期收益下降的风险。负债经营是现代企业应有的经营策略,通过负债经营可以弥补自有资金的不足,还可以用借贷来实现盈利。股份公司在营运中所需的资金一般来自发行股票和债务两个方面,其中债务(包括银行贷款、发行企业债券、商业信用)的利息负担是一定的。如果公司资金总量中债务比重过大,或是公司的资金利润率低于利息率,就会使股东的可分配盈利减少,股息下降,使股票投资的财务风险增加。例如,当公司的资金利润率为10%,公司向银行贷款的利率或发行债券的票面利率为8%时,普通股股东所得权益将高于10%;如果公司的资金利润率低于8%时,公司须按8%的利率支付贷款或债券利息,普通股股东的收益就将低于资金利润率。实际上公司融资产生的财务杠杆作用犹如一把双刃剑,当融资产生的利润大于债息率时,给股东带来的是收益增长的效应;反之,就是收益减少的财务风险。对股票投资者来讲,财务风险中最大的风险当属公司亏损风险。公司亏损风险虽然发生的概率不是很高,但却是投资者常常面临的最大风险。投资股票就是投资于公司,投资者的股息收益和通过股票价格变动获得的资本利得与公司的经营效益密切相关。所以,股票的风险将直接取决于公司的经营效益。但是,公司未来的经营是很难预测的,这使投资者买了股票之后,很难准确地预期自己未来的收益。

一般而言,只要公司经营不发生亏损,投资股票始终有收益,存在的问题只是收益的高低,但投资者却有可能遭遇公司亏损。而一旦公司发生亏损,投资者将在两个方面产生风险:一是投资者将失去股息收入;二是投资者将损失资本利得。因为在公司亏损时,股票的价格必然下跌;更有甚者,如果公司亏损严重以致资不抵债,投资者可能血本无归,股票将成为一张废纸。

1.5.3　收益与风险的关系

在证券投资中,收益和风险形影相随,收益以风险为代价,风险用收益来补偿。投资者投资的目的是为了得到收益,与此同时,又不可避免地面临着风险,证券投资的理论和实战技巧都围绕着如何处理这两者的关系而展开。

收益与风险的基本关系:收益与风险相对应。也就是说,风险较大的证券,其要求的收益率相对较高;反之,收益率较低的投资对象,风险相对较小。但是,绝不能因为收益与风险有着这样的基本关系,就盲目地认为风险越大,收益就一定越高。收益与风险相对应的原理只是揭示收益与风险的这种内在本质关系:风险与收益共生共存,承担风险是获取收益的前提;收益是风险的成本和报酬。风险和收益的上述本质联系可以表述为下面的公式:

$$预期收益率=无风险利率+风险补偿$$

预期收益率是投资者承受各种风险应得的补偿。无风险收益率是指把资金投资于某一没有任何风险的投资对象而能得到的收益率,这是一种理想的投资收益,我们把这种收益率作为一种基本收益,再考虑各种可能出现的风险,使投资者得到应有的补偿。现实生活中不可能存在没有任何风险的理想证券,但可以找到某种收益变动小的证券来代替。美国一般将联邦政府发行的短期国库券视为无风险证券,把短期国库券利率视为无风险利率。这是因为美国短期国库券由联邦政府发行,联邦政府有征税权和货币发行权,债券的还本付息有可靠保障,因此没有信用风险。政府债券没有财务风险和经营风险,同时,短期国库券以91天期为代表,只要在这期间没有发生严重的通货膨胀,联邦储备银行没有调整利率,也几乎没有购买力风险和利率风险。短期国库券的利率很低,其利息可以视为投资者牺牲目前消费、让渡货币使用权的补偿。在短期国库券无风险利率的基础上,可以发现以下几个规律:

①同一种类型的债券,长期债券利率比短期债券高。

这是对利率风险的补偿。如同政府债券,都没有信用风险和财务风险,但长期债券的利率要高于短期债券,这是因为短期债券没有利率风险,而长期债券却可能受到利率变动的影响,两者之间利率的差额就是对利率风险的补偿。

②不同债券的利率不同,这是对信用风险的补偿。

通常,在期限相同的情况下,政府债券的利率最低,地方政府债券利率稍高,其他依次是金融债券和企业债券。在企业债券中,信用级别高的债券利率较低,信用级别低的债券利率较高,这是因为它们的信用风险不同。

③在通货膨胀严重的情况下,债券的票面利率会提高或会发行浮动利率债券。这是对购买力风险的补偿。

④股票的收益率一般高于债券。

这是因为股票面临的经营风险、财务风险和经济周期波动风险比债券大得多,必须给投资者相应的补偿。在同一市场上,许多面值相同的股票也有迥然不同的价格,这是因为不同股票的经营风险、财务风险相差甚远,经济周期波动风险也有差别。投资者以出价和要价来评价不同股票的风险,调节不同股票的实际收益,使风险大的股票市场价格相对较低,风险小的股票市场价格相对较高。

当然,收益与风险的关系并非如此简单。证券投资除以上几种主要风险以外,还有其他次要风险,引起风险的因素以及风险的大小程度也在不断变化中;影响证券投资收益的因素也很多。所以这种收益率对风险的替代只能粗略地、近似地反映两者之间的关系,更进一步说,只有加上证券价格的变化才能更好地反映两者的动态替代关系。

第2章 证券市场投资工具

2.1 股 票

2.1.1 股票概述

1) 股票的定义

股票是一种有价证券,它是股份有限公司签发的、证明股东所持股份的凭证。

股份有限公司的资本划分为股份,每一股金额相等。公司的股份采取股票的形式。股份的发行实行公平、公正的原则,同种类的每一股份应具有同等权利。股票一经发行,持有者即为发行股票的公司的股东,股东凭借股票可以获得公司的股息和红利,参与股东大会并行使自己的权利,同时也承担相应的责任和风险。

股票作为一种所有权凭证,有一定的格式。从股票的发展历史看,最初的股票票面格式既不统一,也不规范,由各发行公司自行决定。随着股份制度的发展和完善,许多国家对股票票面格式作了规定,提出票面应载明的事项和具体要求。我国《公司法》规定,股票采用纸面形式或国务院证券监督管理机构规定的其他形式。股票应载明的事项主要有:公司名称、公司成立的日期、股票种类、票面金额以及代表的股份数、股票的编号。股票由法定代表人签名,公司盖章。发起人的股票应当标明"发起人股票"字样。

2) 股票的性质

(1) 股票是有价证券

有价证券是财产价值和财产权利的统一表现形式,一方面代表一定量的财产;另一方面可以行使所代表的权利。股票是一种代表财产权的有价证券,一是它包含着股东拥有依其持有的股票要求股份公司按规定分配股息和红利的请求权;二是股票与它代表的财产权有不可分离的关系,它们两者合为一体。换言之,行使股票所代表的财产权,必须以持有股票为条件,股东权利的转让应与股票占有的转让同时进行,股票的转让就是股东权的转让。

(2) 股票是要式证券

真实全面载明法律(《公司法》)规定内容,如果缺少规定的要件,股票就无法律效力。而且,股票的制作和发行须经国务院证券监督管理机构的核准,任何个人或者团体不得擅自印制、发行股票。

（3）股票是证权证券

证券可分为设权证券和证权证券。设权证券是指证券所代表的权利本来不存在，而是随着证券的制作而产生，即权利的发生是以证券的制作和存在为条件的。证权证券是指证券是权利的一种物化的外在形式，它是权利的载体，权利是已经存在的。股票代表的是股东权利，它的发行是以股份的存在为条件的，股票只是把已存在的股东权利表现为证券的形式，它的作用不是创造股东的权利，而是证明股东的权利。所以说，股票是证权证券。

（4）股票是资本证券

股份公司发行股票是一种吸引认购者投资以筹措公司自有资本的手段，对于认购股票的人来说，购买股票就是一种投资行为。因此，股票是投入股份公司资本份额的证券化，属于资本证券。但是，股票又不是一种现实的资本，股份公司通过发行股票筹措的资金，是公司用于营运的真实资本。股票独立于真实资本之外，是一种虚拟资本。

（5）股票是综合权利证券

股票既不是物权证券，也不是债权证券，而是一种综合权利证券。物权证券是指证券持有者对公司的财产有直接支配处理权的证券；债权证券是指证券持有者为公司债权人的证券。股票持有者作为股份公司的股东，享有独立的股东权利。换言之，当公司股东将出资交给公司后，股东对其出资财产的所有权就转化为股东权了。股东权是一种综合权利，股东依法享有资产收益、重大决策、选择管理者等权利。股东虽然是公司财产的所有人，享有种种权利，但对于公司的财产不能直接支配处理，而对财产的直接支配处理是物权证券的特征，所以股票不是物权证券。另外，一旦投资者购买了公司股票，即成为公司部分财产的所有人，但该所有人在性质上是公司内部的构成分子，而不是与公司对立的债权人，所以股票也不是债权证券。

3）股票的特征

（1）收益性

收益性是股票最基本的特征，它是指股票可以为持有人带来收益的特性。持有股票的目的在于获取收益。股票收益来源可分成两类：一是来自股份公司。认购股票后，持有者即对发行公司享有经济权益，这种经济权益的实现形式是从公司领取股息和分享公司的红利，其大小取决于公司的经营状况和盈利水平。二是来自股票流通。股票持有者可以持股票到依法设立的证券交易场所进行交易，其收益大小是买卖股票的价差，又称资本得利。

（2）风险性

风险性是指持有股票可能产生经济利益损失的特征。股票的风险性是与股票的收益性相对应的。认购了股票，投资者既有可能获取较高的投资收益，同时也要承担较大的投资风险。

（3）流动性

流动性是指股票可以在依法设立的证券交易所上市交易或在经批准设立的其他证券交易场所转让的特征。股票转让意味着转让者将其出资金额以股价的形式收回，而将股票所代表的股东身份及各种权益让渡给了受让者。

（4）永久性

永久性是指股票所载有权利的有效性是始终不变的,因为它是一种无期限的法律凭证。它反映股东与公司之间比较稳定的经济关系。股票代表着股东的永久性投资,当然股票持有者可以出售股票而转让其股东身份,而对于股份公司来说,由于股东不能要求退股,所以通过发行股票所募集的资金在公司存续期间是一笔稳定的自有资本。

（5）参与性

参与性是指股票持有人有权参与公司重大决策的特性。股票的持有者是发行股票的公司的股东,有权出席股东大会,选举公司的董事会、参与公司的经营决策。股票持有者的投资意志和享有的经济利益,通常是通过股东参与权的行使而实现的。股东参与公司经营决策的权力大小,取决于其所持有的股份的多少。

4）股票的分类

股票的种类很多,分类方法也有差异。常见的股票类型有以下几种:

（1）普通股票和优先股票

按股东享有的权利不同:股票可分为普通股票和优先股票。

①普通股票。普通股票是最基本、最常见的一种股票,持有者享有股东最基本的权利和义务。其权力大小随公司盈利水平的高低变化,股东在公司盈利和剩余财产的分配顺序上,列在债权人和优先股票股东之后,故其承担的风险也较高。与优先股票相比,普通股票是标准的股票,也是风险较大的股票。

②优先股票。优先股票是一种特殊的股票,在其股东权利、义务中附加某些特别的条件。优先股票的股息率是固定的,其持有者的股东权利受到一定限制,但在公司盈利和剩余财产的分配上优先于普通股东。

（2）记名股票和无记名股票

按是否记载股东姓名（股票记载方式上的差别）,股票可分为记名股票和无记名股票。

①记名股票。记名股票是指在股票票面和股份公司的股东名册上记载股东姓名的股票。一般来说,如果股票是归某人单独所有,则应记载持有人的姓名;如果股票是归国家授权投资的机构或者法人所有,则应记载国家授权投资的机构或者法人的名称;如果股票持有者因故改名换姓,就应到公司办理变更姓名或者名称的手续。我国《公司法》规定,公司发行的股票可以为记名股票,也可以为无记名股票。股份有限公司向发起人、法人发行的股票,应当为记名股票,并应当记载该发起人、法人的名称或者姓名,不得另立户名或以代表人姓名记名。公司发行记名股票的,应当置备股东名册,记载以下事项:股东姓名、名称以及住所;所持有的股份数、股票编号;取得股票的日期。记名股票有如下4个特点:

a. 股东权利归属于记名股东。对于记名股票来说,只有记名股东或其正式委托授权的代理人才能行使股东权。除了记名股东以外,其他持有者（非经记名股东转让和经股份公司过户的）不具有股东资格。

b. 可以一次或分次缴纳出资。缴纳股款是股东基于认购股票而承担的义务。一般来说,股东应在认购时一次缴足股款。但是,基于记名股票所确定的记名股东与股份公司之间的特定关系,有些国家也规定允许记名股东在认购股票时可以无须一次缴足股款。我国《公司法》规定,设立股份有限公司的条件之一是发起人认购和募集的股本达到法定资本最低限额。采取发起设立方式设立股份有限公司的,注册资本为在公司登记机关登记的全体发起人认购的股本总额。发起人应当书面认足公司章程规定其认购的股份;一次缴纳的,应当缴纳全部出资;分期缴纳的,应到缴纳首期出资。全体发起人首次出资额不得低于注册资本的20%,其余部分由发起人自公司成立之日起两年内缴足。以募集方式设立股份有限公司的,发起人认购的股份不得少于公司总数的35%。

c.转让股份相对复杂或者受到限制。转让必须依据公司章程和法律程序,必须将受让人的信息记载于公司股东名册。

d.便于挂失,相对安全。遗失股票后,股东的资格和权利关系并不消失,可以依照法定程序向公司挂失,要求补发新的股票(我国需要经过法院公示环节)。

②无记名股票。无记名股票是指在股票票面和股份公司股东名册上均不记载股东姓名的股票。无记名股票也称不记名股票,一般留有存根联,包括股票主体(即公司名称、股票代表的股份数)和股息票(用来进行股息结算以及行使增资权利)。《公司法》规定还要登载股票编号以及日期。

无记名股票具有以下4个特点:

a.股东权利归属股票持有人。我国《公司法》规定,发行无记名股票的公司应当于股东大会会议召开前30日公告会议召开的时间、地点和审议事项。无记名股票持有人出席股东大会会议的,应当于会议召开5日前至股东大会闭幕时将股票交存于公司。

b.认购股票时要求一次缴纳出资。

c.转让相对简单。持有人向受让人交付股票,不需要办理过户手续。

d.安全性差。无记名股票一旦遗失,原股票持有者便丧失股东权利,且无法挂失。

(3)有面额股票和无面额股票

按是否在股票票面上标明金额,股票可分为有面额股票和无面额股票。

①有面额股票。有面额股票是指在股票票面上记载一定金额的股票,这个金额又称为票面金额、票面价值或股票面值。票面金额一般可以用资本总额除以股份数得到,而很多国家对此直接规定,一般限定最低票面金额,要求同次发行的股票票面金额等同,票面金额以国家主币为单位。

有面额股票具有以下两个特点:

第一,可以明确表示每一股代表的股权比例。例如,某股份公司发行1 000万元的股票,每股面额为1元,则每股代表着公司净资产千万分之一的所有权。

第二,为股票发行价格的确定提供依据。我国《公司法》规定,股票发行价格的最低界限为票面金额,也可以超过票面金额,但不得低于票面金额。这样,有面额股票的票面金额就成为股票发行价格的最低界限。

②无面额股票。无面额股票是指在股票票面不记载股票面额,只记载股数以及占总股本的比例,又被称为比例股票或股份股票,股票仍然有价值,价值的高低取决于股份公司资

产的价值,较多国家仍然不允许发行这种股票。

无面额股票具有以下两个特点:

第一,发行或转让价格灵活。由于没有票面金额,因而发行价格不受票面金额的限制。在转让时,投资者也不易受股票票面金额影响,而更注重分析每股的实际价值。

第二,便于股票分割。如果股票有面额,分割时就需要办理面额变更手续。由于无面额股票不受票面金额的约束,发行该股票的公司能比较容易地进行股票分割。

2.1.2　股票价值

有关股票的价值有多种提法,它们在不同场合有不同含义,需要加以区分。

1)股票票面价值

股票的票面价值又称面值,即在股票票面上标明的金额,该种股票称为有面额股票。股票的票面价值在初次发行时有一定的参考意义。如果以面值作为发行价,称为平价发行,此时公司发行股票募集的资金等于股本的总和,也等于面值总和。发行价格高于面值称为溢价发行,募集的资金中等于面值总和的部分记入资本账户,以超过股票票面金额的发行价格发行股份所得的溢价款列为公司资本公积金。随着时间的推移,公司的净资产会发生变化,股票面值与每股资产逐渐背离,与股票的投资价值之间也没有必然的联系。尽管如此,票面价值代表了每一股份占总股的比例,在确定股东权益时仍有一定的意义。

2)股票的账面价值

股票的账面价值又称股票净值或每股资产,是每股股票所代表的实际资产的价值。在没有优先股的情况下,每股账面价值是以公司净资产除以发行在外的普通股票的股数求得。公司的净资产是公司运营的基础。在盈利水平相同的前提下,账面价值越高,股票的收益越高,股票就越有投资价值。因此,账面价值是股票投资价值分析的重要指标,在计算时,股票的账面价值等于公司净资产除以发行在外的普通股股数。公司的净资产是公司营运的基础。

3)股票的清算价值

股票的清算价值是公司清算时每一股份所代表的实际价值。从理论上说,股票的清算价值应与账面价值一致,实际上并非如此。只有当清算时公司资产实际出售价款与财务报表上的账面价值一致时,每一股份的清算价值才与账面价值一致。但在公司清算时,其资产往往只能压低价格出售,再加上必要的清算费用,所以大多数公司的实际清算价值低于其账面价值。

4)股票的内在价值

股票的内在价值即理论价值,也即股票未来收益的现值。股票的内在价值决定股票的市场价格,股票的市场价格总是围绕其内在价值波动。研究和发现股票的内在价值,并将内在价值与市场价格相比较,进而决定投资策略是证券分析师的主要任务。由于未来收益及市场利率的不确定性,各种价值模型计算出来的"内在价值"只是股票真实的内在价值的估计值。经济形势的变化、宏观经济政策的调整、供求关系的变化等都会影响股票未来的收益,引起内在价值的变化。

(1)股票理论价格

股票价格,又称股票行市,是指股票在证券市场上买卖的价格。股票之所以有价格,是因为它代表着收益的价值,即能给它的持有者带来股息红利。股票交易实际上是对未来收益权的转让买卖,股票价格就是对未来收益的评定。

股票及其他有价证券的理论价格是根据现值理论而来的。现值理论认为,人们之所以愿意购买股票和其他证券,是因为它能够为它的持有人带来预期收益,因此,它的价值取决于未来收益的大小。可以认为,股票的未来股息收入、资本利的收入是股票的未来收益,也可以称为期值。将股票的期值按照必要的收益率和有效期限折算成今天的价值,即为股票的现值。股票的现值就是股票未来收益的当前价值,也就是人们为了得到股票的未来收益愿意付出的代价。可见,股票及其他有价证券的理论价格就是以一定的必要收益率计算出来的未来收入的现值。股票的理论价格用公式表示:

$$股票理论价格 = \frac{预期股息}{必要收益率}$$

(2)股票市场价格

股票的市场价格一般是指在二级市场上交易的价格。股票的市场价格由股票的价值决定,但同时受许多其他因素的影响,其中供求关系是最直接的影响因素,其他因素都是通过作用于供求关系而影响股票价格的。由于影响股票价格的因素复杂多变,所以股票的市场价格呈现出高低起伏的波动性特征。

2.1.3　影响股价变动的基本因素

在自由竞价的股票市场中,股价不断变动。引起股价变动的直接原因是供求关系的变化。在供求关系的背后还有一系列更深层次的原因,除股份公司本身的经营状况以外,任何经济、政治、军事、社会因素的变动都会影响股票市场的供求关系,进而影响股价的涨跌。

1)公司经营状况

股份公司的经营状况是股票价格的基石。从理论上分析,公司经营状况与股票价格成正比。主要有:公司资产净值,盈利水平,公司派息政策,股票分割,增资和减资,销售收入,原材料供应及价格变化,主要经营者更替,公司改组或合并,意外灾害。

(1)公司资产净值

资产净值或称净资产是公司现有的实际资产,是总资产减去总负债的净值。资产净值是全体股东的权益,也决定股价的重要基准。股票作为投资的凭证,每一股份代表一定数量的净值。一般而言,每股净值应与股价保持一定比例,即净值增加,股价上涨;净值减少,股价下跌。

(2)盈利水平

公司业绩好坏集中表现于盈利水平的高低,公司的盈利水平是影响股价的基本因素之一。在一般情况下,公司盈利增加,股息也会相应增加,股价上涨;公司盈利减少,股息相应减少,股价下降。通常股价的变化要先于盈利的变化,股价的变动幅度也要大于盈利的变化幅度。

（3）股份公司派息政策

股份公司派息政策直接影响股价。股息与股票价格成正比，通常股息高，股价涨；股息低，股价跌。股息来自于公司的税后盈利，公司盈利的增加只为股息派发提供了可能，并非盈利增加，股息就一定增加。公司为了将盈利合理地分配于扩大再生产和回报股东支付股息，会制定一定的派息政策。派息政策体现了公司的发展战略和经营思路，不同的派息政策对各期股息收入有不同影响。此外，公司对股息的派发方式（如是派发现金股息，还是派送股票股息，或是在送股的同时再派息）也会给股价波动带来影响。投资股票的目的之一是要领取股息，因此，每年在公司公布分配方案到除息除权前后是股价波动最大的阶段。

（4）股票分割

股票分割又称拆股、拆细，是将1股股票均等地拆成若干股。股票分割一般在年度决算月份进行，通常会刺激股价上升。股票分割给投资者带来的不是现实的利益，但是投资者持有的股票数增加了，给投资者带来了今后可多分股息和获得更高收益的希望，因此，股票分割往往比增加股息派发对股价上涨的刺激作用更大。

（5）增资和减资

公司因业务发展需要增加资本额而发行新股，在没有产生相应效益前减少每股净资产，会促成股价下跌。但增资对不同公司股票价格的影响不尽相同，对那些业绩优良、财务结构健全、具有发展潜力的公司而言，增资意味着增加公司经营实力，会给股东带来更多的回报，股价不仅不会下跌，可能还会上涨。当公司宣布减资时，多半是因为经营不善、亏损严重，需要重新整顿，所以股价会大幅下降；但如果公司为缩小规模、调整主业而减资，则有提高业绩、刺激股价上涨的效果。

（6）销售收入

公司的盈利来自销售收入，销售收入增加，说明公司销售能力增强，在其他条件不变的情况下，将使利润增加，股价随之上涨。值得注意的是，销售收入增加并不意味着利润一定会增加，还要分析成本、费用和负债状况。另外，股价的变动一般也先于销售额变动。

（7）原材料供应及价格变化

原材料是公司成本的重要项目，原材料供应情况及价格变化也会影响股价的变动，特别是所需原料是稀缺资源或是依赖国外进口的公司，其原材料供应情况及价格变化对股价影响更大，如石油价格的变化会立即引起世界各国股价迅速变动。

（8）主要经营者更替

公司主要经营管理者的更换会改变公司的经营方针、管理水平、财务状况和盈利水平。一个锐意进取、管理有方的经营者可能使一个濒临破产的公司起死回生；而一个因循守旧、不谙管理的经营者也可能使有过辉煌业绩的公司江河日下。

（9）公司改组或合并

公司改组或合并有多种情况，有的是为了扩大规模、增强竞争能力而改组或合并，有的是为了消灭竞争对手，有的是为了控股，也有的是为了操纵市场而进行恶意兼并。公司改组或合并会引起股价剧烈波动,但要分析此举对公司的长期发展是否有利,改组或合并后是否能够改善公司的经营状况,这是决定股价变动方向的重要因素。

(10)意外灾害

因发生不可预料和不可抵抗的自然灾害或不幸事件,给公司带来重大财产损失而又得不到相应赔偿,股价会下跌。

2)宏观经济因素

宏观经济发展水平和状况是影响股价的重要因素。宏观经济影响股价的特点是波及范围广、干扰程度深、作用机制复杂和股价波动幅度较大。主要有:经济增长、经济周期循环、货币政策、财政政策、市场利率、通货膨胀、汇率变化、国际收支状况。

(1)经济增长

一个国家或地区的社会经济是否能持续稳定地保持一定增长速度,是影响股价能否稳定上升的重要因素。当一国或地区经济运行势态良好,一般说来,大多数企业的经营状况也较良好,它们的股票价格会上升,反之股票价格会下降。

(2)经济周期循环

国民经济运行经常表现为扩张与收缩的周期性交替,每个周期一般都要经过高涨、衰退、萧条、复苏4个阶段,即景气循环。可以这么说,景气变动从根本上决定了股票价格的长期变动趋势。

通常经济周期变动与股价变动的关系:复苏阶段——股价回升;高涨阶段——股价上涨;危机阶段——股价下跌;萧条阶段——股价低迷。经济周期变动通过下列环节影响股价:经济周期变动——公司利润增减——股息增减——投资者心理和投资决策变化——供求关系变化——股价变化。在影响股价的各种经济因素中,景气循环是一个很重要的因素。

值得重视的是,股价的变动通常比实际经济的繁荣或衰退领先一步,即在经济高涨后期股价已率先下跌;在经济尚未全面复苏之际,股价已先行上涨。国外学者认为股价变动要比经济景气循环早4~6个月。这是因为股价是对未来收入的预期,所以先于经济周期的变动而变动,正因为如此,股价水平已成为经济周期变动的灵敏信号或称先导性指标。

(3)货币政策

中央银行的货币政策对股价有直接的影响。货币政策是政府重要的宏观经济政策,中央银行通常采用存款准备金制度,再贴现政策,公开市场业务等货币政策手段调控货币供应量,从而实现发展经济、稳定货币等政策目标。无论是中央银行采取的政策手段,还是最终的货币供应量变化,都会影响股价,这种影响主要通过以下3个途径:

①中央银行提高法定存款准备金率,商业银行可贷资金减少,市场资金趋紧,股价下降;中央银行降低法定存款准备金率,商业银行可贷资金增加,市场资金趋松,股价上升。

②中央银行通过采取再贴现的政策手段,提高再贴现率,收紧银根,使商业银行得到的中央银行贷款减少,市场资金趋紧;再贴现率又是基准利率,它的提高必定使市场利率随之提高,放松银根,一方面使商业银行得到的再贴现贷款增加,资金供应相对宽松;另一方面,再贴现率的下降必定使市场利率随之下降,股价相应提高。

③中央银行通过公开市场业务大量出售证券,收紧银根,在收回中央银行供应的基础货币的同时又增加证券的供应,使证券价格下降。中央银行放松银根时,在公开市场上大量买入证券,在投放中央银行的基础货币的同时又增加证券需求,使证券价格上升。

总之,中央银行放松银根、增加货币供应,资金面较为宽松,大量游资需要新的投资机会,股票成为最好的投资对象。一旦资金进入股市,引起对股票需求的增加,立即促使股价上升;反之,中央银行收紧银根,减少货币供应,资金普遍吃紧,流入股市资金减少,加上企业抛出持有的股票以获取现金,使股票市场的需求减少,交易萎缩,股价下跌。

(4)财政政策

财政政策也是政府的重要宏观经济政策。财政政策对股票价格的影响有两个方面:其一,通过扩大财政赤字、发行国债筹集资金增加财政支出,刺激经济发展;或通过增加财政盈余或降低赤字减少财政支出抑制经济增长,调节社会经济发展速度,改变企业生产的外部环境,进而影响企业利润水平和股息派发。其二,通过调节税率影响企业利润和股息。提高税率,企业税负增加,税后利润下降,股息减少;反之,企业税后利润和股息增加。

(5)市场利率

①绝大部分企业都负有债务,利率提高,利息负担加重,公司净利润和股息相应减少,股票价格下降。利率下降,利息负担减轻,公司净盈利和股息增加,股票价格上升。

②利率提高,其他投资工具收益相应增加,一部分资金会流向储蓄、债券等其他收益固定的金融工具,对股票需求减少,股价下降。若利率下降,对固定收益证券的需求减少,资金流向股票市场,对股票的需求增加,股价上升。

③利率提高,一部分投资者要负担较多的利息才能借到所需资金进行证券投资。如果允许进行信用交易,买空者的融资成本相应提高,投资者会减少融资和对股票的需求,股价下降。若利率下降,投资者能以较少的利息借到所需资金,增加融资和对股票的需求,股价上涨。

(6)通货膨胀

通货膨胀对股票价格的影响较复杂,它既有刺激股票市场的作用,又有抑制股票市场的作用。通货膨胀是因货币供应过多造成货币贬值、物价上涨。在通货膨胀之初,公司会因产品价格的提升和存货的增值而增加利润,从而增加可以分派的股息,并使股价上涨。在物价上涨时,股东实际股息收入下降,股份公司为股东利益着想,会增加股息派发,使股息名义收入有所增加,也会促使股价上涨。通货膨胀给其他收益固定的证券带来了不可回避的通货膨胀风险,投资者为了保值,增加购买收益不固定的股票,对股票的需求增加,股价也会上涨。但是当通货膨胀严重、物价居高不下时,企业因原材料、工资、费用、利息等各项支出增加,使得利润减少,引起股价下降。严重的通货膨胀会使社会经济秩序紊乱,使企业无法正常地开展经营活动,同时政府也会采取治理通货膨胀的紧缩政策和相应措施,此时对股票价格的负面影响更大。

(7)汇率变化

汇率的调整对整个社会经济影响很大,有利有弊。传统理论认为,汇率下降,即本币升值,不利于出口;汇率上升,即本币贬值,不利于进口而有利于出口。汇率变化对股价的影响要看对整个经济的影响而定。若汇率变化趋势对本国经济发展影响较为有利,股价会上升;反之,股价会下降。具体地说,汇率的变化对那些在原材料和销售两方面严重依赖国际市场的国家和企业的股价影响较大。

(8)国际收支状况

一般来说,若一国国际收支连续出现逆差,政府为平衡国际收支会采取提高国内利率和降低汇率的措施,以鼓励出口减少进口,股价就会下跌;反之,股价会上涨。

2.1.4　影响股价变化的其他因素

1)政治及其他不可抗力的影响

政治因素对股价的影响主要表现在以下几个方面:

①战争。战争是最有影响的政治因素。战争会破坏社会生产力,使经济停滞、生产凋敝、收入减少、利润下降。战争期间除了军火工业以外,大部分企业都会受到严重打击。战争又使投资者风险明显增大,在生命得不到保障的情况下,人们的投资愿望降到最低点。特别是全面的、长期的战争,会使股票市场受到致命打击,股价会长期低迷。

②政权更迭、领袖更替等政治事件。这些事件的爆发都会影响社会安定,进而影响投资者的心理状态和投资行为,引起股票市场的涨跌变化。

③政府重大经济政策出台、社会经济发展规划的制定、重要法规的颁布,这些会影响投资者对社会经济发展前景的预期,从而也会引起股价变动。

④国际社会政治、经济的变化。随着世界经济一体化进程,国家、地区之间的政治、经济关系更趋紧密,加之先进通信工具的运用,国际关系的细微变化都可能导致各国股市发生敏感的联动。

⑤因发生不可预料和不可抵抗的自然灾害或不幸事件,给公司带来重大财务损失而又得不到相应赔偿,股价会下跌。

2)心理因素

投资者的心理变化对股价变动影响很大。在大多数投资者对股市抱乐观态度时,会有意无意地夸大市场有利因素的影响,并忽视一些潜在的不利因素,从而脱离上市公司的实际业绩而纷纷买进股票,促使股价上涨;反之,在大多数投资者对股市前景过于悲观时,会对潜在的有利因素视而不见,而对不利因素特别敏感,甚至不顾发行公司的优良业绩大量抛售股票,致使股价下跌。当大多数投资者对股市持观望态度时,市场交易量就会减少,股价往往呈现盘整格局。股票市场中的中小投资者由于信息不灵,缺乏必要的专业知识和投资技巧,往往有严重的盲从心理,而有的人就利用这一盲从心理故意制造假象、渲染气氛,诱使中小投资者在股价上涨时盲目追涨,或者股价下跌时恐慌抛售,从而加大了股价涨跌的程度。

3)稳定市场的政策与制度安排

为保证证券市场的稳定,各国的证券监管机构和证券交易所会制订相应的政策措施和作出一定的制度安排。我国《证券法》规定,证券交易所依照证券法律、行政法规制订上市规则、交易规则、会员管理规则,并经国务院证券监督管理机构批准。因突发事件而影响证券交易的正常进行时,证券交易所可以采取技术性停牌的措施;因不可抗力的突发性事件或者为维护证券交易的正常秩序,证券交易所可以决定临时停市。证券交易所根据需要可以对出现重大异常交易情况的证券账户限制交易。有的证券交易所对每日股价的涨跌幅度有一定的限制,即涨跌停板规定,使股价的涨跌会大大平缓。另外,当股票市场投机过度或出现严重违法行为时,证券监督管理机构也会采取一定的措施以平抑股价波动。

4)人为操纵因素

人为操作往往会引起股价短期的剧烈波动。因大多数投资者不明真相,操纵者乘机浑水摸鱼,非法牟利。人为操纵会影响股票市场的健康发展,违背公开、公平、公正的原则,一旦查明,操纵者会受到行政处罚或法律制裁。

2.2 债 券

2.2.1 债券的定义、票面要素和特征

1)债券的定义

债券是一种有价证券,是社会各类经济主体为筹集资金而向债券投资者出具的、承诺按一定利率定期支付利息的,并到期偿还本金的债权债务凭证。债券所规定的借贷双方的权责关系:①借贷货币的数额;②贷款时间;③在借贷时间的资金成本或应有的补偿(即债券的利息)。

债券所规定的借贷双方的权利义务关系的含义:①发行人是借入资金的经济主体;②投资者是出借资金的经济主体;③发行人需要在一定时期付息还本;④债券反映了发行者和投资者之间的债权、债务关系,而且是这一关系的法律凭证。

债券的基本性质:

①债券属于有价证券。首先,债券反映和代表一定的价值。债券本身有一定的面值,通常它是债券投资者投入资金的量化表现;另外,持有债券可按期取得利息,利息也是债券投资者收益的价值表现。其次,债券与其代表的权利联系在一起,拥有债券就拥有了债券所代表的权利,转让债券也就将债券代表的权利一并转移。

②债券是一种虚拟资本。债券尽管有面值,代表了一定的财产价值,但它也是一种虚拟资本,而非真实资本。因为债券的本质是证明债权债务关系的证书,在债权债务关系建立时所投入的资金已被债务人占用,债券是实际运用的真实资本的证书。债券的流动并不意味着它所代表的实际资本也同样流动,债券独立于实际资本之外。

③债券是债权的表现。债券代表债券投资者的权利,这种权利不是直接支配产权,也不以资产所有权表现,而是一种债权。拥有债券的人是债权人,债权人不同于公司股东,是公

司的外部利益相关者。

2)债券的票面要素

债券作为证明债权、债务关系的凭证,一般以一定格式来表现。通常,债券票面上有4个基本要素。

(1)债券的票面价值

债券的票面价值是债券票面标明的货币价值,是债券发行人承诺在债券到期日偿还给债券持有人的金额。在债券的票面价值中,首先要规定票面价值的币种,即以何种货币作为债券价值的计量标准。确定币种主要考虑债券的发行对象。一般来说,在国内发行的债券通常以本国货币作为面值的计量单位;在国际金融市场筹资,则通常以债券发行地所在国家的货币或以国际通用货币为计量标准。此外,确定币种还应考虑债券发行者本身对币种的需求。币种确定后,则要规定债券的票面金额。票面金额大小不同,可以适应不同的投资对象,同时也会产生不同的发行成本。票面金额定得较小,有利于小额投资者购买,持有者分布面广,但债券本身的印刷及发行工作量大,费用可能较高;票面金额定得较大,有利于少数大额投资者认购,且印刷费用等也会相应减少,但使小额投资者无法参与。因此,债券票面金额的确定也要根据债券的发行对象、市场资金供给情况及债券发行费用等因素综合考虑。

(2)债券的到期期限

债券偿还期限是指债券从发行之日起至偿清本息之日止的时间,也是债券发行人承诺履行合同义务的全部时间。各种债券有不同的偿还期限,短则几个月,长则几十年,习惯上有短期债券、中期债券和长期债券之分。在确定债券期限时,要考虑的主要有以下3个因素:

①资金使用方向。债务人借入资金可能是为了弥补临时性资金周转之短缺,也可能是为了满足对长期资金的需求。在前者情况下可以发行短期债券,在后者情况下可以发行中长期债券。这样安排的好处是既能保证发行人的资金需要,又不因占用资金时间过长而增加利息负担。

②市场利率变化。债券偿还期限的确定应根据市场利率的预期,相应选择有助于减少发行者筹资成本的期限。一般来说,当未来市场利率趋于下降时,应选择发行期限较短的债券,这样可以避免市场利率下跌后仍支付较高的利息;而当未来市场利率趋于上升时,应选择发行期限较长的债券,这样能在市场利率趋高的情况下保持较低的利息负担。

③债券变现能力。这一因素与债券流通市场发育程度有关。如果流通市场发达,债券容易变现,长期债券的销路就可能好一些;如果流通市场不发达,投资者买了长期债券而又急需资金时不易变现,长期债券的销售就可能不如短期债券。

(3)债券的票面利率

债券票面利率也称名义利率,是债券年利息与债券票面价值的比率,通常年利率用百分数表示。利率是债券票面要素中不可缺少的内容。

在实际经济生活中,债券利率有多种形式,如单利、复利和贴现利率等。债券利率也受很多因素影响,主要有以下3个:

①借贷资金市场利率水平。市场利率普遍较高时,债券的票面利率也相应较高,否则,投资者会选择投资而弃舍债券;反之,市场利率较低时,债券的票面利率也相应较低。

②筹资者的资信。如果债券发行人的资信状况好,债券信用等级高,投资者的风险小,债券票面利率可以定得低一些;如果债券发行人的资信状况差,债券信用等级低,投资者的风险大,债券票面利率就需要定得高一些。此时的利率差异反映了信用风险的大小,高利率是对高风险的补偿。

③债券期限的长短。一般来说,期限较长的债券,流动性差,风险相对较大,票面利率应该定得高一些;而期限较短的债券流动性强,风险相对较小,票面利率就可以定得低一些。但是,债券票面利率与期限的关系比较复杂,它们还受其他因素的影响,所以有时也会出现短期债券票面利率高而长期债券票面利率低的现象。

(4)债券发行者名称

债券发行者名称这一要素指明了该债券的债务主体,既明确了债券发行人应履行对债权人偿还本息的义务,也为债权人到期追索本金和利息提供了依据。

需要说明的是,以上4个要素虽然是债券票面的基本要素,但它们并非一定在债券票面上印制出来。在许多情况下,债券发行者是以公布条例或公告等形式向社会公开宣布某债券的期限与利率,只要发行人具备良好的信誉,投资者也会认可接受。此外,债券票面上有时还包括一些其他因素,如有的债券具有分期偿还的特征,在债券的票面上或发行公告中附有分期偿还时间表;有的债券附有一定的选择权,即发行契约中赋予债券发行人或持有人具有某种选择的权利,包括附有赎回选择权条款的债券,附有出售选择权条款的债券,附有可转换条款的债券,附有交换条款的债券,附有新股认购权条款的债券等。附有赎回条款选择权条款的债券表明债券发行人具有在到期日之前买回全部或部分债券的权利;附有出售选择权条款的债券表明债券持有人具有在指定的日期内以票面价值将债券卖回给发行人的权利;附有可转换条款的债券表明债券持有人具有按约定条件将债券转换成发行公司普通股股票的选择权;附有交换条款的债券是指债券持有人具有按约定条件将债券与债券发行公司以外的其他公司的普通股票交换的选择权;附有新股认购权条款的债券表明债券持有人具有按约定条件购买债券发行公司新发行的普通股股票的选择权。

3)债券的特征

(1)偿还性

偿还性是指债券有规定的偿还期限,债务人必须按期向债权人支付利息和偿还本金。债券的偿还性使资金筹措者不能无限期地占用债券购买者的资金,换言之,他们之间的借贷经济关系将随偿还期限结束、还本付息手续完毕而不复存在。这一特征与股票的永久性有很大的区别。在历史上,债券的偿还性也不例外,曾有国家发行过无期公债或永久性公债。这种公债无固定偿还期,持券者不能要求政府清偿,只能按期取息。当然,这只能视为特例,不能因此而否定债券具有偿还性的一般特征。

(2)流动性

流动性是指债券持有人可按自己的需要和市场的实际状况,灵活地转让债券,以提前收回本金和实现投资收益。流动性首先取决于市场为转让所提供的便利程度;其次取决于债券在迅速转变为货币时,是否在以货币计算的价值上蒙受损失。

(3)安全性

安全性是指债券持有人的收益相对稳定,不随发行者经营收益的变动而变动,并且可按期收回本金。一般来说,具有高度流动性的债券同时也是较安全的,因为它不仅可以迅速地转为货币,而且还可以按一个较稳定的价格转换。债券投资不能收回有以下两种情况:

①债务人不履行债务,即债务人不能按时足额按约定的利息支付或者偿还本金。不同的债务人不履行债务的风险程度是不一样的,一般政府债券不履行债务的风险最低。

②流通市场风险,即债券在市场上转让时因价格下跌而承受损失。许多因素会影响债券的转让价格,其中较重要的是市场利率水平。

(4)收益性

收益性是指债券能为投资者带来一定的收入,即债权投资的报酬。在实际经济活动中,债券收益可以表现为两种形式:一是利息收入,即债权人在持有债券期间按约定的条件分期、分次取得利息或者到期一次取得利息;二是资本损益,即债权人到期收回的本金与买入债券或中途卖出债券与买入债券之间的价差收入。从理论上说,如果市场利率在持有债券期间一直不变,这一价差就是自买入债券或是自上次付息至卖出债券这段时间的利息收益表现形式。但是,由于市场利率会不断变化,债券在市场上的转让价格将随市场利率的升降而上下波动。债券持有者能否获得转让价差、转让价差的多少,要视市场情况而定。

2.2.2 债券的分类

1)按发行主体分类

根据发行主体的不同,债券可以分为政府债券、金融债券和公司债券。

(1)政府债券

政府债券发行的主体是政府。中央政府发行的债券称为国债,其主要用途是解决由政府投资的公共设施或重点建设项目的资金需要和弥补国家财政赤字。根据不同的发行目的,政府债券有不同的期限,从几个月至几十年。政府债券的发行和收入的安排使用是从整个国民经济的范围和发展来考虑的。政府债券的发行规模、期限结构、未清偿余额,关系着一国政治、经济发展的全局。除了政府部门直接发行的债券外,有些国家把政府担保的债券也划归为政府债券体系,称为政府保证债券。这种债券由一些与政府有直接关系的公司或金融机构发行,并由政府提高担保。

(2)金融债券

金融债券的发行主体是银行或非银行的金融机构。金融机构一般有雄厚的资金实力,信用度较高,因此,金融债券往往也有良好的信誉。银行和非银行金融机构是社会信用的中介,它们的资金来源主要靠吸收公众存款和金融业务收入。它们发行债券的目的主要有:筹资用于某种特殊用途,改变本身的资产负债结构。对于金融机构来说,吸收存款和发行债券都是它的资金来源,构成了它的负债。存款的主动性在存款户,金融机构只能通过提供服务条件来吸引存款,而不能完全控制存款,是被动负债,而发行债券则是金融机构的主动负债,金融机构有更大的主动权和灵活性。金融债券的期限以中期较为多见。

(3)公司债券

公司债券是公司依照法定程序发行,约定在一定期限还本付息的有价证券。公司债券的发行主体是股份公司,但有些国家也允许非股份制企业发行债券,所以,归类时,可将公司债券和企业发行的债券合在一起,称为公司(企业)债券。公司发行债券的目的主要是为了满足经营需要。由于公司的情况千差万别,有些经营有方、实力雄厚、信誉高,也有一些经营较差,可能处于倒闭的边缘,因此,公司债券的风险性相对于政府债券和金融债券要大一些。公司债券有中长期的,也有短期的,视公司的需要而定。

2)按付息方式分类

根据债券发行条款中是否规定在约定期限向债券持有人支付利息,可分为零息债券、附息债券、息票累积债券和浮动利率债券4类。

(1)零息债券

零息债券也称零息票债券,指债券合约未规定利息支付的债券。通常,这类债券以低于面值的价格发行和交易,债券持有人实际上是以买卖(到期赎回)价差的方式取得债券利息。

(2)附息债券

附息债券的合约中明确规定,在债券存续期内,对持有人定期支付利息(通常每半年或每年支付一次)。按计息方式的不同,这类债券还可细分为固定利率债券和浮动利率债券两类。其中,有些附息债券可以根据合约条款推迟支付定期利率,故称为缓息债券。

(3)息票累积债券

与附息债券相似,这类债券也规定了票面利率,但是,债券持有人必须在债券到期时一次性获得本息,存续期间没有利息支付。

(4)浮动利率债券

浮动利率债券是指债券的利率在最低票面利率的基础上参照预先确定的某一基准利率予以定期调整。

3)按债券形态分类

债券有不同的形式,根据债券券面形态可以分为实物债券、凭证式债券和记账式债券。

(1)实物债券

实物债券是一种具有标准格式实物券面的债券。在标准格式的债券券面上,一般印有债券面额、债券利率、债券期限、债券发行人全称、还本付息方式等各种债券票面要素。有时债券利率、债券期限等要素也可以通过公告向社会公布,而不是在债券券面上注明。无记名国债就属于这种实物债券,它以实物券的形式记录债权、面值等,不记名,不挂失,可上市流通。实物债券是一般意义上的债券,很多国家通过法律或者法规对实物债券的格式予以明确规定。

（2）凭证式债券

凭证式债券的形式是债权人认购债券的一种收款凭证，而不是债券发行人制订的标准格式的债券。我国1994年开始发行凭证式国债。我国的凭证式国债通过各银行储蓄网点和财政部门国债服务部面向全社会发行，券面上不印制票面金额，而是根据认购者的认购额填写实际的缴款金额，是一种国家储蓄，可记名、挂失，以"凭证式国债收款凭证记录债权，不能上市流通，从购买之日起计息。在持有期内，持券人如遇特殊情况需要提取现金，可以到原购买点提前兑取。提前兑取时，除偿还本金外，利息按实际持有天数及相应的利率档次计算，经办机构按兑付本金的2‰收取手续费。

（3）记账式债券

记账式债券是没有实物形态的票券，利用证券账户通过计算机系统完成债券发行、交易及兑付的全过程。我国1994年开始发行记账式国债。目前上海证券交易所和深圳证券交易所已为证券投资者建立了电子证券账户，发行人可以利用证券交易所的交易系统来发行债券。投资者进行记账式债券买卖，必须在证券交易所设立账户。记账式国债可以记名、挂失，安全性较高，同时由于记账式债券的发行和交易均无纸化，所以发行时间短，发行效率高，交易方式简便，成本低，交易安全。

2.2.3　政府债券

1）政府债券的定义

政府债券是国家为了筹措资金而向投资者出具的，承诺在一定时期支付利息和到期还本的债务凭证。政府债券的举债主体是国家。从广义的角度看，社会上存在公共部门和私人部门两大部门，私人部门的财产归私人所有，而公共部门的财产归国家所有，因此，广义的政府债券属于公共部门的债务，与它相对应的是私人部门的债务。从狭义的角度看，政府是国家政权的代表，国家的债务就是政府的债务，因此，狭义的政府债券属于政府部门的债务，与它相对应的是非政府部门的债务。人们一般所指的政府债券大多是狭义的，即政府举措的债务。依政府债务发行主体的不同，又可分为中央政府债券和地方政府债券。中央政府发行的债券称为国债。

2）政府债券的性质

政府债券的性质主要从两个方面来表现：第一，从形式上看，政府债券也是一种有价证券，它具备了债券的一般性质。政府债券本身有面额，投资者投资于政府债券可以取得利息，因此，政府债券具备了债券的一般特征。第二，从功能上看，政府债券最初仅仅是政府弥补赤字的手段，但在现代商品经济条件下，政府债券已成为政府筹集资金、扩大公共开支的重要手段，并且随着金融市场的发展，逐渐具备了金融商品和信用工具的职能，成为国家实施宏观经济政策、进行宏观调控的工具。

3）政府债券的特征

（1）安全性高

政府债券是政府发行的债券，由政府承担还本付息的责任，是国家信用的体现。在各类债券中,政府债券的信用等级是最高的,通常被称为"金边债券"。投资者购买国家债券,是一种较安全的投资选择。

（2）流通性强

政府债券是一国政府的债务,其发行量一般较大。同时,由于政府债券的信用好,竞争力强,市场属性好,所以,许多国家政府债券的二级市场十分发达,一般不仅允许在证券交易所上市交易,还允许在场外市场进行买卖。发达的市场为政府债券的转让提供了便利的平台,使其流通性大大增强。

（3）收益稳定

投资者购买政府债券,可以得到一定的利息。政府债券的付息由政府保证,其信用度最高,风险最小,对于投资者来说,投资政府债券的收益是较稳定的。因此政府债券的本息大多数固定且有保障,所以交易价格一般不会出现大的波动,二级市场的交易双方均能得到相对稳定的收益。

（4）免税待遇

政府债券是政府自己的债务,为了鼓励人们投资政府债券,大多数国家规定,对于购买政府债券所获得的收益,可以享受免税待遇。《中华人民共和国个人所得税法》规定,个人的利息、股息、红利所得,应纳个人所得税,但国债和国家发行的金融债券利息收入可免纳个人所得税。因此,在政府债券与其他证券名义收益率相等的情况下,如果考虑税收因素,持有政府债券的投资者可以获得更多的实际投资收益。

2.2.4　金融债券

1）金融债券的定义

金融债券是指银行及非银行金融机构依照法定程序发行并约定在一定期限内还本付息的有价证券。20世纪60年代以前,只有投资银行、投资公司之类的金融机构才发行金融债券,因为这些机构一般不吸收存款,或者只吸收少量的长期存款,发行金融债券成为其筹集资金来源的一个重要手段。而商业银行等金融机构,因能吸收存款,有稳定的资金来源,一般不允许发行金融债券。20世纪60年代以后,商业银行等金融机构为改变资产负债结构或用于某种特定用途,纷纷加入发行金融债券的行列,从而打破了金融债券的发行格局。在欧美很多国家,由于商业银行和其他金融机构多采用股份公司这种组织形式,所以这些金融机构发行的债券与公司债券一样,受相同的法规管理,一般归类于公司债券。日本则有所不同,金融债券的管理受制于特别法规。从广义上讲,金融债券还应包括中央银行债券,只不过它是一种特殊的金融债券。其特殊性表现在:一是期限较短;二是为实现金融宏观调控而发行。

2）我国的金融债券

我国金融债券市场发展较快,金融债券品种不断增加,主要有中央银行票据、政策性银行金融债券。1999年以后,我国金融债券的发行主体集中于政策性银行,其中,以国家开发银行为主,金融债券已成为其筹措资金的主要方式。1999—2001年,国家开发银行累计在银行间债券市场发行债券达1万多亿元,是仅次于财政部的第二发债主体,通过金融债券所筹集的资金占其同期整个资金来源的92%。从1999年起,我国银行间债券市场以政策性银行为发行主体开始发行浮动利率债券。基准利率曾采用1年期银行定期存款利率和7天回购利率。从2007年6月起,浮息债券以上海银行间同业拆借利率(Shibor)为基准利率。

①商业银行债券。

a.商业银行次级债券。2004年6月24日,《商业银行次级债券发行管理办法》颁布实施。商业银行次级债券是指商业银行发行的本金和利息的清偿顺序列于商业银行其他负债之后,先于商业银行股权资本的债券。

b.混合资本债券。2006年9月6日中国人民银行发布《全国银行间债券市场金融债券发行管理办法》,就商业银行发行混合资本债券的有关事宜进行了规定。混合资本债券是一种混合资本工具,它比普通股票和债券更加复杂。

②证券公司债券。2003年8月29日,中国证监会发布《证券公司债券管理暂行办法》,并于2004年3月1日核准中信证券、海通证券、长城证券公司发行公司债券42.3亿元。证券公司债券是指证券公司依法发行的、约定在一定期限内还本付息的有价证券。

③保险公司次级债务。2004年9月29日,中国保监会发布了《保险公司次级定期债务管理暂行办法》。保险公司次级定期债务是指保险公司经批准定向募集的、期限在5年以上(含5年)、本金和利息的清偿顺序列于保单责任和其他负债之后、先于保险公司股权资本的保险公司债务。

④财务公司债券。2007年7月,中国银监会下发《企业集团财务公司发行金融债券有关问题的通知》,明确规定企业集团财务公司发行债券的条件和程序,并允许财务公司在银行间债券市场发行财务公司债券。

2.2.5 公司债券

1)公司债券的定义

公司债券是指公司依照法定程序发行的,约定在一定期限内还本付息的有价证券。公司债券是公司债的表现形式,基于公司债券的发行,在债券的持有人和发行人之间形成了以还本付息为内容的债权债务法律关系。因此,公司债券是公司向债券持有人出具的债务凭证。

2)公司债券的类型

(1)信用公司债

信用公司债是一种不以公司任何资产作担保而发行的债券,属于无担保证券范畴。一般来说,政府债券无须提供担保。金融债券大多数也可免除担保。少数大公司经营良好,信誉卓著,也发行信用公司债。信用公司债的发行人实际上是将公司信誉作为担保。信用公司债附有某些限制性条款,如公司债券不得随意增加,债券未清偿之前股东的分红要有限制等。

（2）不动产抵押公司债

不动产抵押公司债是以公司的不动产（如房屋、土地等）作抵押而发行的债券。用作抵押的财产价值不一定与发生的债务额相等，当某抵押品价值很大时，可分作若干次抵押，这样就有第一抵押债券、第二抵押债券等之分。在处理抵押品偿债时，要按顺序依次偿还优先一级的抵押债券。

（3）保证公司债

保证公司债是公司发行的由第三者作为还本付息担保人的债券，是担保证券的一种。一般由政府、金融机构或信誉良好的企业，也常见母公司对子公司的担保。一般来说，投资者比较愿意购买保证公司债券，因为一旦公司到期不能偿还债务，担保人将负清偿之责。

（4）收益公司债

收益公司债是一种具有特殊性质的债券，它与一般债券相似，有固定到期日，清偿时债权排列顺序先于股票。但另一方面它又与一般债券不同，公司债券的利息只有在公司盈利时才支付；若利息不能足额支付，未付利息可以累加；公司只有在利息付清后，公司股东才能分红。

（5）可转换公司债

可转换公司债是指发行人依照法定程序发行，在一定期限内依据约定的条件可以转换成股份的公司债券。这种债券附加转换选择权，在转换前是公司债券形式，转换后相当于增发了股票。可转换公司债券兼有债权投资和股权投资的双重优势。可转换公司债券与一般的债券一样，在转换前投资者可以定期得到利息收入，但此时不具有股东的权利；当发行公司的经营业绩取得显著增长时，可转换公司债券的持有人可以在约定期限内，按预定的转换价格转换成公司的股份，以分享公司业绩增长带来的收益。可转换公司债券一般要经股东大会或董事会的决议通过才能发行，而且在发行时，应在发行条款中规定转换期限和转换价格。

（6）附新股认购权公司债

附新股认股权公司债是公司发行的一种附有认购该公司股票权利的债券，这种债券的购买者可以按预先规定的条件在公司发行股票时享有优先购买权。预先规定的条件主要是指股票的购买价格、认购比例和认购期间。按照附新股认股权和债券本身能否分开来划分，这种债券有两种类型：一种是可分离型，即债券与认股权可以分开，可独立转让，即可分离交易的附认股权证公司债券；另一种是非分离型，即不能把认股权从债券上分离，认股权不能成为独立买卖的对象。按照行使认股权的方式，可以分为现金汇入型与抵缴型。现金汇入型指当持有人行使认股权时，必须再拿出现金来认购股票；抵缴型是指公司债券票面金额本身可按一定比例直接转股。

2.2.6　国际债券

1）国际债券的定义

国际债券是一国政府、金融机构、工商企业或国家组织为筹措和融通资金，在国外金融市场上发行的,以外国货币为面值的债券。国际债券的重要特征是发行者和投资者属于不同的国家,筹集的资金来源于国外金融市场。国际债券的发行和交易,既可用来平衡发行国的国际收支,也可用来为发行国政府或企业引入资金从事开发和生产。依发行债券所用货币与发行地点的不同,国际债券又可分为外国债券和欧洲债券。

2)国际债券的特征

国际债券是一种跨国发行的债券,涉及两个或两个以上的国家。同国内债券相比,具有一定的特殊性,主要表现在以下几个方面:

(1)资金来源范围广、发行规模大

发行国际债券是在国际证券市场上筹措资金,发行对象为各国的投资者,因此资金来源比国内债券广泛得多。

发行国际债券的目的之一就是要利用国际证券市场资金来源的广泛性和充足性。发行人进入国际债券市场的门槛比较高,必须由国际著名的资信评估机构进行债券信用级别评定,只有高信誉的发行人才能顺利筹资,因此,在发行人自信状况得到充分肯定的情况下,国际债券的发行规模一般都较大。

(2)存在汇率风险

发行国内债券,筹集和还本付息的资金都是本国货币,所以不存在汇率风险。发行国际债券,筹集到的资金是外国货币,汇率一旦发生波动,发行人和投资者都有可能蒙受意外缺失或获取意外收益,所以,汇率风险是国际债券的重要风险。

(3)有国家主权保障

在国际债券市场上筹集资金,有时可以得到一个主权国家政府最终偿债的承诺保证。若得到这样的承诺保证,各个国际债券市场都愿意向该主权国家开放,这也使得国际债券市场有较高的安全性。当然,代表国家主权的政府也要对本国发行人在国际债券市场上借债进行审查和控制。

(4)以自由兑换货币为计量货币

国际债券在国际市场上发行,因此其计价货币往往是国际通用货币,一般以美元、英镑、欧元、日元和瑞士法郎为主,这样,发行人筹集到的资金是一种可通用的自由外汇资金。

2.3 证券投资基金

2.3.1 证券投资基金概述

1)证券投资基金的概念

证券投资基金是指通过公开发售基金份额募集资金,由基金托管人托管,由基金管理人管理和运用资金,为基金份额持有人的利益,通过资产组合进行的证券投资方式。

证券投资基金称谓上的差异:美国称为"共同基金",英国与我国香港称为"单位信托基金",日本和我国台湾地区称为"证券投资信托基金"。基金起源于英国。英国政府1868年发行受托凭证。2006年底,美国共同基金的净资产总额已达10.4万亿美元,超过了商业银行的资产规模;2007年,达到12万亿美元。基金产业已经与银行业、证券业、保险业并驾齐驱,成为现代金融体系的四大支柱之一。

2)证券投资基金的特点

证券投资基金之所以在许多国家受到投资者的广泛欢迎,发展迅速,与证券投资基金本身的特点有关。作为一种现代化投资工具,证券投资基金具有突出的特点。

(1)集合投资

基金的特点是将零散的资金汇集起来,交给专业机构投资于各种金融工具,以谋取资产的增值。基金对投资的最低限额要求不高,投资者可以根据自己的经济能力决定购买数量,有些基金甚至不限制投资额大小,因此,基金可以广泛地吸收社会闲散资金,集腋成裘,汇成规模巨大的投资资金。在参与证券投资时,资本越雄厚,优势越明显,而且可能享有大额投资在降低成本上的相对优势,从而获得规模效益的好处。

(2)分散风险

以科学的投资组合降低风险、提高收益是基金的另一大特点。在投资活动中,风险和收益总是并存的,因此,"不能将鸡蛋放在一个篮子里"。但是,要实现投资资产的多样化,需要一定的资金实力。对小额投资者而言,由于资金有限,很难做到这一点,而基金则可以帮助中小投资者解决这个困难,即可以凭借其集中的巨额资金,在法律规定的投资范围内进行科学的组合,分散投资于多种证券,实现资产组合多样化。通过多元化的投资组合,一方面借助于资金庞大和投资者众多的优势使每个投资者面临的投资风险变小,另一方面又利用不同投资对象之间收益率变化的相关性,达到分散投资风险的目的。

(3)专业理财

将分散的资金集中起来以信托方式交给专业机构进行投资运作,既是证券投资基金的一个重要特点,也是它的一个重要功能。基金实行专业理财制度,由受过专门训练,具有比较丰富的证券投资经验的专业人员运用各种技术手段收集,分析各种信息资料,制订投资策略和投资方案,从而最大限度地避免投资失误,提高投资收益。对于那些没有时间,或者对市场不太熟悉的中小投资者来说,投资基金可以分享基金管理人在市场信息、投资经验、金融知识和操作技术等方面所拥有的优势,从而尽可能地避免盲目投资带来的损失。

2.3.2 证券投资基金的分类

1)契约型基金与公司型基金

契约型基金又称为单位信托基金,将投资者、管理人、托管人三者作为基金的当事人,通过签订基金契约的形式发行受益凭证而设立的一种基金。契约型基金起源于英国,后来在中国香港、新加坡、印度尼西亚等国家和地区十分流行。契约型基金是基于信托原理而组织起来的代理投资方式,没有基金章程,也没有公司董事会,而是通过基金契约来规范三方当事人的行为。基金管理人负责基金的管理操作;基金托管人作为基金资产的名义持有人,负责基金资产的保管和处置,对基金管理人的运作实行监督。

公司型基金是按照《公司法》以公司形式组成的,具有独立法人资格并以营利为目的的基金公司。基金以发行股份的方式募集资金,投资者购买基金公司的股份后,以基金持有人的身份成为基金公司的股东,凭其持有的股份依法享有投资收益。公司型基金在组织形式上与股份有限公司类似,由股东选举董事会,由董事会选聘基金管理公司,基金管理公司负责管理基金的投资业务。

(1)公司型基金的特点

①基金的设立程序类似于一般股份公司,基金本身为独立法人机构,但又不同于一般股份公司,它委托基金管理公司作为专业的财务顾问或管理人来经营、管理基金资产。

②基金的组织结构与一般股份公司类似,设有董事会和持有人大会。基金资产归基金所有。

(2)契约型基金与公司型基金的区别

①资金的性质不同。契约型基金的资金是通过发行基金份额筹集起来的信托财产;公司型基金的资金是公司法人的资本。

②投资者的地位不同。契约型基金的投资者购买基金份额后成为基金契约的当事人之一,投资者既是基金的托管人,又是基金的受益人,即享有基金的受益权。公司型基金的投资者购买基金公司的股票后成为该公司的股东,因此,公司型基金的投资者对基金运作的影响比契约型基金的投资者大。

③基金的营运依据不同。契约型基金依据基金契约营运基金,公司型基金依据基金公司章程营运基金。

由此可见,契约型基金和公司型基金在法律依据、组织形式以及有关当事人地位等方面是不同的,但它们都是把投资者的资金集中起来,按照基金设立时所规定的投资目标和策略,将基金资产分散投资于众多的金融产品上,获取收益后再分配给投资者的投资方式。

2)封闭式基金和开放式基金

封闭式基金是指经核准的基金合同期限内固定不变,在依法设立的证券交易场所交易,基金份额持有人不得申请赎回的基金。由于封闭式基金在封闭期内不能追加认购或赎回,投资者只能通过二级市场进行基金的买卖。封闭式基金的期限是指基金的存续期,即基金从成立起到终止之间的时间。决定基金期限长短的主要因素有两个:一是基金本身投资期限的长短。一般来说,如果基金的目标是进行中长期投资,其存续期就可以长一些;反之,如果基金的目标是进行短期投资(如货币市场基金),其存续期可短一些。二是宏观经济形势。一般来说,如果经济稳定增长,基金存续期可长一些,否则应相对短一些。当然,在现实中,存续期还应依据基金发起人和众多投资者的要求来确定。基金期限届满即为基金终止,管理人应组织清算小组对基金资产进行清产核资,清产核资后的基金净资产按照投资者的出资比例进行公正合理的分配。

开放式基金是指基金份额总额不固定,基金份额可以在基金合同约定的时间和场所申购或者赎回的基金。为了满足投资者赎回资金、实现变现的要求,开放式基金一般都从所筹资金中拨出一定比例,以现金形式保持这部分资产。这虽然会影响基金的盈利水平,但作为开放式基金来说是必需的。

封闭式基金与开放式基金主要有以下 7 个区别:

(1)期限不同

封闭式基金有固定的封闭期,通常在 5 年以上,一般为 10 年或 15 年,经受益人大会通过并经主管机关同意可以适当延长期限。开放式基金没有固定期限,投资者可随时向基金管理人赎回基金单位,若大量赎回甚至会导致清盘。

(2)发行规模限制不同

封闭式基金的基金规模是固定的,在封闭期限内未经法定程序认可不能增加发行。开放式基金没有发行规模限制,投资者可随时提出申购或赎回申请,基金规模随之增加或减少。

(3)基金份额交易方式不同

封闭式基金的基金份额在封闭期限内不能赎回,持有人只能在证券交易场所出售给第三者,交易在基金投资者之间完成。开放式基金的投资者则可以在首次发行结束一段时间后,随时向基金管理人或中介机构提出申购或赎回申请,绝大多数开放式基金不上市交易,交易在投资者与基金管理人或其代理人之间进行。

(4)基金份额的交易价格计算标准不同

封闭式基金和开放式基金的基金份额除了首次发行价都是按面值加一定百分比的购买费计算外,以后的交易计价方式不同。封闭式基金的买卖价格受市场供求关系的影响,常出现溢价或折价现象,并不必然反映单位基金份额的净资产值。开放式基金的交易价格则取决于每一基金份额净资产值的大小,其申购价一般是基金份额净资产值加一定的购买费,赎回价是基金份额净资产值减去一定的赎回费,不直接受市场供求影响。

(5)基金份额资产净值公布的时间不同

封闭式基金一般每周或更长时间公布一次,开放式基金一般在每个交易日连续公布。

(6)交易费用不同

投资者在买卖封闭式基金时在基金价格之外要支付手续费;投资者在买卖开放式基金时则要支付申购费和赎回费。

(7)投资策略不同

封闭式基金在封闭期内基金规模不会减少,因此可以进行长期投资,基金资产的投资组合能有效地在预订计划内进行。开放式基金因基金份额可随时赎回,为应付投资者随时赎回兑现,所募集的资金不能全部用来投资,更不能把全部资金用于长期投资,必须保持基金资产的流动性,在投资组合上需保留一部分现金和高流动性的金融工具。

3)国债基金、股票基金、货币市场基金、其他基金

(1)国债基金

国债基金是一种以国债为主要投资对象的证券投资基金。由于国债的年利率固定,又

有国家信用作为保证,因而这类基金的风险较低,适合于稳健型投资者。国债基金的收益会受市场利率的影响,当市场利率下调时,其收益会上升;反之,若市场利率上调时,其收益会下降。除此以外,汇率也会影响基金的收益,管理人在购买国际债券时,往往还需要在外汇市场上进行套期保值。

（2）股票基金

股票基金是指以上市股票为主要投资对象的证券投资基金。股票基金的投资目标侧重于追求资本利得和长期资本增值。基金管理人拟定投资组合,将资金投放到一个或几个国家,甚至全球的股票市场,已达到分散投资、降低风险的目的。

股票基金是最重要的基金品种之一,它的优点是资本的成长潜力较大,投资者不仅可以获得资本利得,还可以通过股票基金将较少的资金投资于各类股票,从而实现在降低风险的同时,保持较高收益的投资目标。按基金投资的分散化程度,可将股票基金划分为一般股票基金和专门化股票基金。前者分散投资与各种普通股票,风险较小;后者专门投资于某一行业、某一地区的股票,风险相对较大。由于股票投资基金聚集了巨额资金,几只甚至1只大规模的基金就可引发股市动荡,所以各国政府对股票基金的监管都十分严格,不同程度地规定了基金购买某一家上市公司的股票总额不得超过基金资产净值的一定比例,以防止基金过度投机和操纵股市。

（3）货币市场基金

货币市场基金是以货币市场工具为投资对象的一种基金,其投资对象期限在1年以内,包括银行短期存款、国库券、公司债券、银行承兑票据及商业票据等货币市场工具。货币市场基金的优点是资本安全性高、购买限额低、流动性强、收益较高、管理费用低,有些还不收取赎回费用。因此,货币市场基金通常被认为是低风险的投资工具。

对于货币市场基金的投资运作,我国证券监管部门作出了较为严格的规定。按照中国证监会发布的《货币市场基金管理暂行办法》以及其他有关规定,目前我国货币市场基金能够进行投资的金融工具主要包括:①现金;②1年以内(含1年)的银行定期存款、大额存单;③剩余期限在397天以内(含397天)的债券;④期限在1年以内(含1年)的债券回购;⑤期限在1年以内(含1年)的中央银行票据;⑥剩余期限在397天以内(含397天)的资产支持证券;⑦中国证监会、中国人民银行认可的其他具有良好流动性的货币市场工具。

货币市场基金不得投资于以下金融工具:①股票;②可转换债券;③剩余期限超过397天的债券;④信用等级在AAA级以下的企业债券;⑤国内信用评级机构评定的A-1级或相当于A-1级的短期信用级该标准以下的短期融资券;⑥流通受限的证券;⑦中国证监会、中国人民银行禁止投资的其他金融工具。

（4）指数基金

指数基金是20世纪70年代出现的新的基金品种。其投资组合等同于市场价格指数的权数比例,收益随着即期的价格指数上下波动。当价格指数上升时,基金收益增加;反之,收益减少。基金因始终保持即期的市场平均收益水平,因而收益不会太高,也不会太低。指数基金的优势:第一,费用低廉。第二,风险较小。由于指数基金的投资非常分散,可以完全消除投资组合的非系统风险,而且可以避免由于基金持股集中带来的流动性风险。第三,在以机构投资者为主的市场中,指数基金可获得市场平均收益率。第四,指数基金可以作为避险套利的工具。对于投资者尤其是机构投资者来说,指数基金是他们避险套利的重要工具。由于指数基金收益率的稳定性、投资的分散性以及高流动性,特别适于社保基金等数额较大、风险承受能力较低的资金投资。

(5)黄金基金

黄金基金是指以黄金或其他贵金属及相关产业的证券为主要投资对象的基金。其收益率一般随贵金属的价格波动而变化。

(6)衍生证券投资基金

衍生证券投资基金是一种以衍生证券为投资对象的基金,包括期货基金、期权基金、认股权证基金等。这种基金风险大,因为衍生证券一般是高风险的投资品种。

4)成长型基金、收入型基金和平衡型基金

(1)成长型基金

成长型基金是基金中最常见的一种,它追求的是基金资产的长期增值。信誉度较高、有长期成长前景或长期盈余的成长公司的股票。成长型基金又可分为稳健成长型基金和积极成长型基金。

(2)收入型基金

收入型基金主要投资于可带来现金收入的有价证券,以获取当期的最大收入为目的。收入型基金资产的成长潜力较小,损失本金的风险相对也较低,一般可分为固定收入型基金和股票收入型基金。固定收入型基金的主要投资对象是债券和优先股,因而尽管收益率较高,但长期成长的潜力很小,而且当市场利率波动时,基金净值容易受到影响。股票收入型基金的成长潜力比较大,但易受到市场波动的影响。

(3)平衡型基金

平衡型基金将资产分别投资于两种不同特性的证券上,并在以取得收入为目的的债券及优先股和以资本增值为目的的普通股之间进行平衡。一般将25%~50%的资产投资于债券及优先股,其余的投资于普通股。平衡型基金的主要目的是从其投资组合的债券中得到适当的利息收益,与此同时又可以获得普通股的升值收益。投资者既可获得当期收入,又可得到资金的长期增值。平衡型基金的特点是风险比较低,缺点是成长的潜力不大。

5)交易所交易的开放式基金

交易所交易的开放式基金是传统封闭式基金的交易便利性与开放式基金可赎回性相结合的一种新型基金。目前,我国沪、深交易所已经分别推出交易型开放式指数基金和上市开放式基金两类。

(1)交易型开放式指数基金(ETF)

ETF是英文Exchange Traded Funds的简称,常被译为"交易所交易基金",上海证券交易所则将其定名为"交易型开放式指数基金"。ETF是一种在交易所上市交易的、基金份额可变的一种基金运作方式。ETF结合了封闭式基金与开放式基金的运作特点,投资者一方面可以像封闭式基金一样在交易所二级市场进行 ETF 的买卖；另一方面又可以像开放式基金一样申购、赎回。不同的是，它的申购是用一揽子股票换取 ETF 份额，赎回时也是换回一揽子股票而不是现金。这种交易方式使该类基金存在一、二级市场之间的套利机制，可有效防止类似封闭式基金的大幅折价现象。

（2）上市开放式基金（LOF）

上市开放式基金（英文名称 Listed Open—ended Funds，简称 LOF），是一种可以同时在场外市场进行基金份额申购、赎回，在交易所进行基金份额交易，并通过份额转托管机制将场外市场与场内市场有机地联系在一起的一种新的基金运作方式。

尽管同样是交易所交易的开放式基金，但就产品特性看，深圳证券交易所推出的 LOF 在世界范围内具有首创性。ETF 与 LOF 相比，LOF 不一定采用指数基金模式，申购赎回均以现金进行。

2.3.3　证券投资基金的费用

1）基金管理费

基金管理费是指从基金资产中提取的、支付给为基金提供专业化服务的基金管理人的费用，也就是管理人为管理和操作基金而收取的费用。基金管理费通常按照每个估值日基金净资产的一定比率（年率）逐日计提，累计至每月月底，按月支付。管理费费率的大小通常与基金规模成反比，与风险成正比。基金规模越大，风险越小，管理费率就越低；反之，则越高。不同的国家及不同种类的基金，管理费率不完全相同。在美国，各种基金的年管理费通常在基金资产净值的 1% 左右。在各种基金中，货币市场基金的年管理费率为最低，为基金资产净值的 0.25% ~ 1%；其次为债券基金，为 0.5% ~ 1.5%；股票基金居中，为 1% ~ 1.5%；认股权证基金为 1.5% ~ 2.5%。我国基金的年管理费率最初为 2.5%，有逐步调低的倾向。目前，我国基金大部分按照 1.5% 的比例计提基金管理费，债券型基金的管理费率一般低于 1%，货币基金的管理费率为 0.33%。管理费通常从基金的股息、利息收益中或基金资产中扣除，不另向投资者收取。

2）基金托管费

基金托管费是指基金托管人为保管和处置基金资产而向基金收取的费用。托管费通常按照基金资产净值的一定比率提取，逐日计算并累计，按月支付给托管人。托管费从基金资产中提取，费率也会因基金种类不同而异，如香港怡富东方小型企业信托基金的托管费率为 0.20%；而香港渣打世界投资基金支付的托管年费分得更细，股票基金为基金资产净值的 0.25%，债券基金为基金资产净值的 0.125%。目前，我国封闭式基金按照 0.25% 的比例计提基金托管费，开放式基金根据基金合同的规定比例计提，通常低于 0.25%；股票型基金的托管费率要高于债券型基金及货币市场基金的托管费率。我国规定，基金托管人可磋商酌情调低基金托管费，经中国证监会核准后公告，无须召开基金持有人大会。

3）其他费用

证券投资基金的费用还包括封闭式基金上市费用；证券交易费用；基金信息披露费用；

基金持有人大会费用;与基金相关的会计师、律师等中介机构费用;基金分红手续费;清算费用;法律、法规及基金契约规定可以列入的其他费用。

上述费用由基金托管人根据法律、法规及基金合同的相应规定,按实际支出金额支付。

2.3.4 证券投资基金资产估值

1)基金资产净值

基金资产净值是指证券投资基金所拥有的各类证券的价值、银行存款本息、基金应收的申购基金款以及其他投资所形成的价值总和。基金资产净值是指基金资产总值减去负债后的价值。基金份额净值是指某一时点上某一投资基金每份基金份额实际代表的价值。基金资产净值和基金份额净值计算公式如下:

$$基金资产净值=基金资产总额-负债总额$$

$$基金份额净值=\frac{基金资产净值}{基金总份额}$$

基金资产净值是衡量一个基金经营业绩的主要指标,也是基金份额交易价格的内在价值和计算依据。一般情况下,基金份额价格与资产净值趋于一致,即资产净值增长,基金份额价格也随之提高,尤其是开放式基金,其基金份额的申购价格都直接按照基金份额资产净值计价。封闭式基金在证券交易所上市,其价格除取决于基金份额资产净值外,还受到市场供求状况、经济形势、政治环境等多种因素的影响,所以其价格与资产净值常发生偏离。

2)基金资产的估值

基金资产的估值是指计算、评估基金资产和负债的价值,以确定基金资产净值和基金份额净值的过程。

①估值的目的。估值的目的是客观、准确地反映基金资产的价值。经基金资产估值后确定的基金资产净值而计算出的基金份额净值,是计算基金份额转让价格尤其是计算开放式基金申购与赎回价格的基础。

②估值对象。估值对象为基金依法拥有的各类资产,如股票、债券、相对权证等。

③估值日的确定。基金管理人应于每个交易日当天对基金资产进行估值。

④估值暂停。基金管理人虽然必须按规定对基金净资产进行估值,但遇到以下5种特殊情况,可以暂停估值。

a.基金投资所涉及的证券交易场所遇法定节假日或因故暂停营业时;

b.因不可抗力或其他情形致使基金管理人、基金托管人无法准确评估基金资产价值时;

c.占基金相当比例的投资品种的估值出现重大转变,而基金管理人为保障投资人的利益,已决定延迟估值;

d.如出现基金管理人认为属于紧急事故的任何情况,会导致基金管理人不能出售或评估基金资产的;

e.中国证监会和基金合同认定的其他情形。

⑤估值基本原则。按照《企业会计准则》和中国证监会相关规定,估值的基本原则如下:

a. 对存在活跃市场的投资品种,如估值日有市价的,应采用市价确定公允价值。估值日无市价的,但最近交易日后经济环境未发生重大变化,应采用最近交易市价确定公允价值;估值日无市价的,且最近交易日后经济环境发生了重大变化的,应参考类似投资品种的现行市价及重大变化因素,调整最近交易市价,确定公允价值。有充分证据表明最近交易市价不能真实反映公允价值的(如异常原因导致长期停牌或临时停牌的股票等),应对最近交易的市价进行调整,以确定投资品种的公允价值。

b. 对不存在活跃市场的投资品种,应采用市场参与者普遍认同且被以往市场实际交易价格验证具有可靠性的估值技术确定公允价值。运用估值技术得出的结果,应反映估值日在公平条件下进行正常商业交易所采用的交易价格。采用估值技术确定公允价值时,应尽可能使用市场参与者在定价时考虑的所有市场参数,并应通过定期校验,确保估值技术的有效性。

c. 有充足理由表明按以上估值原则仍不能客观反映相关投资品种的公允价值的,基金管理公司应根据具体情况与托管银行进行商定,按最能恰当反映公允价值的价格估值。

2.4　金融衍生工具

2.4.1　金融衍生工具的概念和特征

1)金融衍生工具的概念

金融衍生工具,又称金融衍生产品,是与基础金融产品相对应的一个概念,指建立在基础产品或基础变量之上,其价格取决于后者价格(或数值)变动的派生金融产品。这里所说的基础产品是一个相对概念,不仅包括现货金融产品(如债券、股票、银行定期存款单等),也包括金融衍生产品。作为金融衍生工具基础的变量则包括利率、各类价格指数甚至天气(温度)指数。

在实践中,为了更好地确认衍生工具,各国及国际权威机构给衍生工具下了比较明确的定义。1998 年,美国财务会计准则委员会(FASB)所发布的第 133 号会计准则——《衍生工具与避险业务会计准则》是首个具有重要影响的文件,该准则将金融衍生工具划分为独立衍生工具和嵌入式衍生工具两大类,并给出了较为明确的识别标准和计量依据,尤其是所谓"公允价值"的应用,对后来各类机构制订衍生工具计量标准具有重大影响。2001 年,国际会计准则委员会发布的第 39 号会计准则——《金融工具:确认和计量》和 2006 年 2 月我国财政部颁布的《企业会计准则第 22 号——金融工具确认和计量》均基本沿用了 FASB133 号的衍生工具定义。

(1)独立衍生工具

独立衍生工具是相对于嵌入式衍生工具而言的,根据我国《企业会计准则第 22 号——

金融工具确认和计量》的规定,衍生工具包括远期合同、期货合同、互换和期权,以及具有远期合同、期货合同、互换和期权中一种或一种以上特征的工具,具有以下3个特征:

①其价值随特定利率、证券价格、商品价格、汇率、价格或利率指数、信用等级或信用指数或类似变量的变动而变动。变量为非金融变量的,该变量与合同的任一方不存在特定关系。

②不要求初始净投资,或与对市场条件变动具有类似反应的其他类型合同相比,要求较少的初始净投资。

③在未来某一日期结算。

(2)嵌入式衍生工具

嵌入式衍生工具是指嵌入非衍生工具(即主合同)中,使混合工具的全部或部分现金流量随特定利率、金融工具价格、商品价格、汇率、价格指数、费率指数信用等级,信用指数或其他类似变量的变动而变动的衍生工具。嵌入式衍生工具与主合同构成混合工具,如可转换公司债券。

衍生品定义不仅仅是单纯的学术问题,之所以要仔细讨论它,更重要的原因还在于,根据金融资产确认和计量的会计准则,一旦被确认为衍生产品或可分离的嵌入式衍生产品,相关机构就要把这一部分资产归入交易性资产类别,按照公允价格计价。特别的,若该产品存在活跃的交易市场,就要按照市场价格记账,还要将浮动盈亏计入当期损益。

2)金融衍生工具的基本特征

(1)跨期性

金融衍生工具是交易双方通过对利率、汇率、股价等因素变动趋势的预测,约定在未来某一时间按照一定条件进行交易或选择是否交易的合约。无论是哪一种金融衍生工具,都会影响交易者在未来一段时间内或未来时点上的现金流,跨期交易的特点十分突出。这就要求交易双方对利率、汇率、股价等价格因素的未来变动趋势作出判断,而判断的准确与否直接决定了交易者的交易盈亏。

(2)杠杆性

金融衍生工具交易一般只需支付少量的保证金或权利金就可签订远期大额合约或互换不同的金融工具。如期货交易保证金为合约金额的5%,则可以控制20倍于所投资金额合约资产,实现以小博大的效果。在收益可能成倍放大的同时,投资者所承担的风险与损失也会成倍放大,基础工具价格的轻微变动也许就会带来投资者的大盈大亏。金融衍生工具的杠杆效应一定程度上决定了它的高投机性和高风险性。

(3)联动性

联动性是指金融工具的价值与基础产品或基础变量紧密联系,规则变动。通常,金融衍生工具与基础变量相联系的支付特征由衍生工具合约规定,其联动关系既可以是简单的线性关系,也可以表达为非线性函数或者分段函数。

(4)不确定性和高风险

金融衍生工具的交易后果取决于交易者对基础工具(变量)未来价格(数值)的预测和

判断的准确程度。基础工具价格的变幻莫测决定了金融衍生工具交易盈亏的不稳定性,这是金融衍生工具高风险性的重要原因。基础金融工具价格不确定性仅仅是金融衍生工具风险性的一个方面,国际证监会组织在1994年7月公布的一份报告中,认为金融衍生工具还有以下6种风险:

①交易中对方违约,没有履行承诺造成损失的信用风险。

②因资产或指数价格不利变动可能带来损失的市场风险。

③因市场缺乏交易对手而导致投资者不能平仓或变现的流动性风险。

④因交易对手无法按时付款或交割可能带来的结算风险。

⑤因交易或管理员的人为错误或系统故障、控制失灵而造成的运作风险。

⑥因合约不符合所在国法律,无法履行或合约条款遗漏及模糊导致的法律风险。

2.4.2 金融衍生工具的分类

金融衍生工具可以按照基础工具的种类、风险-收益特性以及自身交易方法的不同而有不同的分类。

1)按照产品形态和交易场所分类

金融衍生工具按产品形态和交易场所可以分为以下3类:

(1)内置性衍生工具

内置性衍生工具是指嵌入非衍生合同(也称主合同)中的金融衍生工具,该衍生工具是主合同的部分或全部现金流量按照特定的利率、金融工具的价格、汇率、价格或利率指数、信用等级或信用指数,或类似变量的变动而发生调整。如目前公司债券条款中可能包含赎回条款、返售条款、转股条款、重设条款等。

(2)交易所交易的衍生工具

交易所交易的衍生工具是指在有组织的交易所上市交易的衍生工具。如在交易所交易的股票期权产品,在期货交易所和专门的期权交易所交易的各类期货合约、期权合约等。

(3)OTC交易的衍生工具

OTC交易的衍生工具是指通过各种通信方式,不通过集中的交易所,实行分散的、一对一交易的衍生工具。如金融机构之间、金融机构与大规模交易者之间进行的各类互换交易和信用衍生品交易。从近年来的发展看,这类衍生品的交易量逐年增大,已经超过交易所的交易额,市场流动性也得到增强,还发展出专业的交易商。

2)按照基础工具种类分类

金融衍生工具按基础工具分类可以划分为股权类产品金融衍生工具、货币衍生工具、利率衍生工具、信用衍生工具、其他衍生工具。

(1)股权式衍生工具

股权式衍生工具是指以股票或股票指数为基础工具的金融衍生工具。主要包括股票期货、股票期权、股票指数期货、股票指数期权以及上述合约的混合交易合约。

（2）货币衍生工具

货币衍生工具是指以各种货币作为基础工具的金融衍生工具，主要包括远期外汇合约、货币期货、货币期权、货币互换以及上述合约的混合交易合约。

（3）利率衍生工具

利率衍生工具是指以利率或利率载体为基础工具的金融衍生工具，主要包括远期利率协议、利率期货、利率期权、利率互换以及上述合约的混合交易合约。

（4）信用衍生工具

信用衍生工具是以基础产品所蕴含的信用风险或违约风险为基础变量的金融衍生工具，用于转移或防范信用风险，是 20 世纪 90 年代以来发展较为迅速的一类衍生产品，主要包括信用互换、信用联结票据等。

（5）其他衍生工具

除上述 4 类金融衍生工具以外，还有相当数量金融衍生工具是在非金融变量的基础上开发的。如用于管理气温变化风险的天气期货、管理政治风险的政治期货、管理巨灾风险的巨灾衍生产品等。

3）按照金融衍生工具自身交易的方法及特点分类

金融衍生工具从其自身交易的方法及特点，可以分为金融远期合约、金融期货、金融期权、金融互换、结构化金融衍生工具。

（1）金融远期合约

金融远期合约是指合约双方同意在未来日期按照固定价格买卖基础金融资产的合约。金融远期合约规定了将来交割的资产、交割的日期、交割的价格和数量，合约条款根据双方需求协商确定。金融远期合约主要包括远期利率协议、远期外汇合约和远期股票合约。

（2）金融期货

金融期货是指买卖双方在有组织的交易所内以公开竞价的形式达成的，在将来某一特定时间交收标准数量特定金融工具的协议。它主要包括货币期货、利率期货、股票指数期货和股票期货 4 种。近年来，不少交易所又陆续推出更多新型的期货品种。如房地产价格指数期货、通货膨胀指数期货等。

（3）金融期权

金融期权是指合约买方向卖方支付一定费用（称为期权费或期权价格），在约定日期内（或约定日期）享有按事先确定的价格向合约卖方买卖某种金融工具的权利的契约。它包括现货期权和期货期权两大类。除交易所交易的标准化期权、权证之外，还存在大量场外交易的期权，这些新型期权通常被称为"奇异型"期权。

（4）金融互换

金融互换是指两个或两个以上的当事人按共同商定的条件，在约定的时间内定期交换现金流的金融交易，可分为货币互换、利率互换、股权互换、信用违约互换等。

（5）结构化金融衍生工具

前述 4 种常见的金融衍生工具通常称为建构模块工具，而利用其结构化特性，通过相互结合或者与基础金融工具相互结合或者基础金融工具相结合,能够开发设计出更多具有复杂特性的金融衍生产品,通常被称为结构化金融衍生工具,或简称为结构化产品。例如,在股票交易所交易的各类结构化票据,目前我国各家商业银行推广的外汇结构化理财产品等都是其典型代表。

2.4.3 金融期货合约与金融期货市场

1)金融期货的定义和特征

(1)金融期货的定义

金融期货是期货交易的一种。期货交易是指交易双方在集中的交易所市场以公开竞价方式所进行的期货合约的交易。而期货合约则是由交易双方订立的、约定在未来某种商品的标准化协议。金融期货合约的基础工具是各种金融工具(或金融变量),如外汇、债券、股票价格指数等。换言之,金融期货是以金融工具(或金融变量)为基础工具的期货交易。

(2)金融期货交易的特征

①交易对象不同。金融期货交易的对象是某一具体形态的金融工具,通常,它是代表着一定所有权或债权关系的股票、债券或其他金融工具,而金融期货交易的对象是金融期货合约。金融期货合约是由期货交易所设计的一种对指定金融工具和种类、规格、数量、交收地点都作出统一规定的标准化书面协议。

②交易目的不同。金融工具现货交易的首要目的是筹资或投资,即为生产和经营筹集必要的资金,或为暂时闲置的货币资金寻找生息获利的投资机会。金融期货交易主要目的是套期保值,即为不愿意承担价格风险的生产经营者提供稳定成本的条件,从而保证生产经营活动的正常进行。与现货交易相似,金融期货交易也可以进行套利、投资活动,但通常金融期货交易具有更高的交易杠杆。

③交易价格的含义不同。金融现货的交易价格是在交易过程中通过公开竞价或协商议价形成的,这一价格是实时的成交价,代表在某一时点上供求双方均能接受的市场均衡价格。金融期货的交易价格也是在交易过程中形成的,但这一交易价格是对金融现货未来价格的预期,这相当于在交易的同时发现了金融现货基础工具(或金融变量)的未来价格。因此,从这个意义上看,期货交易过程也就是未来价格的发现过程。当然,价格发现并不是绝对的。学术界有很多证据表明,出于各种原因,期货价格与未来的现货价格之间可能存在一定的偏离。

④交易方式不同。金融工具现货交易一般要求在成交后的几个交易日内完成资金与金融工具的全额结算,成熟市场中通常也允许进行保证金买入或卖空,但所涉及的资金或证券缺口部分系由经纪商出借给交易者,要收取相应利息。期货交易则实行保证金交易和逐日盯市制度,交易者并不需要在成交时拥有或借入全部资金或基础金融工具。

⑤结算方式不同。金融现货交易通常以基础金融工具与货币的转手而结束交易活动。而在金融期货交易中,仅有极少数的合约到期进行实物交收,绝大多数的期货合约是通过做

相反交易实现对冲而平仓的。

（3）金融期货与普通远期交易之间的区别

①交易场所和交易组织形式不同。金融期货必须在有组织的交易所进行集中交易，而远期交易在场外市场进行双边交易。

②交易的监管制度不同。在世界各国，金融期货交易至少要受1家监管机构监管，交易品种、交易者行为均须符合监管要求，而远期交易则至少受到监管部门监管。

③金融期货交易是标准化交易，远期交易的内容可协商确定。金融期货交易中，基础资产的质量、合约时间、合约规模、交割安排、交易时间、报价方式、价格波动限制、持仓限额、保证金水平等内容都由交易所明确规定，金融期货合约具有显著的标准化特征。而远期交易的具体内容可由交易双方协商决定，具有较大的灵活性。

④保证金制度和每日结算制度导致违约风险不同。金融期货交易实行保证金制度和每日结算制度，交易者均以交易所（或期货清算公司）为交易对手，其基本不用担心交易违约。而远期交易通常不存在上述安排，存在一定的交易对手违约风险。

2）金融期货的种类

按基础工具划分，金融期货主要有外汇期货、利率期货等。另外，芝加哥期货交易所（CBOT）还开设有互换的期货，芝加哥商业交易所（CME）开设有消费者物价指数期货（该交易所将其归类为利率期货）和房地产价格指数期货。

（1）外汇期货

外汇期货又称货币期货，是以外汇为基础工具的期货合约，是金融期货中最先产生的品种，主要用于规避外汇风险。外汇风险又称汇率风险，是指由于外汇市场汇率的不确定性而使人们遭受损失的可能性。从其产生的领域分析，外汇风险可分为商业性汇率风险和金融性汇率风险两大类。

商业性汇率风险主要是指人们在国际贸易中因汇率变动而遭受损失的可能性，是外汇风险中最常见且最重要的风险。金融性汇率风险包括债权债务风险和储备风险。所谓债权债务风险，是指在国际借贷中心因汇率变动而使其中一方遭受损失的可能性；所谓储备风险，是指国家、银行、公司等持有的储备性外汇资产因汇率变动而使其实际价值减少的可能性。

（2）利率期货

利率期货是继外汇期货之后产生的又一个金融期货类别，其基础资产是一定数量的与利率有关的某种金融工具，主要是各类固定收益的金融工具。利率期货主要是为了规避利率风险而产生的。固定利率有价证券的价格受到现行利率和预期利率的影响，价格变化与利率变化一般呈反向关系。

利率期货品种主要包括以下3种：

①债券期货。以国债期货为主的债券期货是各主要交易所最重要的利率期货品种。以芝加哥期货交易所为例，目前交易的国债期货包括2年期、5年期、10年期国库票据期货和30年期国债期货，还开发了道-琼斯CBOT国债指数期货。芝加哥商业交易所除进行13周

美国国库券期货交易,还推出了墨西哥、日本等国的政府债券交易品种。与此相似,新加坡交易所、欧洲交易所等也有外国政府债券期货交易。

②主要参考利率期货。在国际金融市场上,存在若干重要的参考利率,它们是市场利率水平的重要指标,同时也是金融机构制定利率政策和设计金融工具的主要依据。除国债利率外,常见的参考利率包括伦敦银行间同业拆借利率(libor)、香港银行间同业拆借利率(hibor)、欧洲美元定期存款单利率、联邦基金利率等。为方便金融机构进行利率风险管理,有关期货交易所推出了采用这些利率的固定收益工具为基础资产的期货合约。

③股权类期货。股权类期货是以单只股票、股票组合或者股票价格指数为基础资产的期货合约。

a.股票价格指数期货。股票价格指数是反映整个股票市场上各种股票市场价格总体水平及其变动情况的统计指标,而股票价格指数期货即是以股票价格指数为基础变量的期货交易。

b.单只股票期货。单只股票期货是以单只股票作为基础工具的期货,买卖双方约定,以约定的价格在合约到期日买卖规定数量的股票。事实上,股票期货均实行现金交割,买卖双方只需要按规定的合约乘数乘以差价,盈亏以现金方式进行交割。单只股票期货交易最早出现于20世纪80年代末。

c.股票组合的期货。股票组合的期货是金融期货中最新的一类,是以标准化的股票组合为基础资产的金融期货,芝加哥商业交易所基于美国证券交易所的交易基金的期货最具代表性。目前,有3只交易所交易基金的期货在芝加哥商业交易所上市交易。

3)金融期货的功能

(1)套期保值功能

套期保值是指通过在现货市场与期货市场建立相反的头寸,从而锁定未来现金流的交易行为。

①套期保值原理。期货交易之所以能够套期保值,其基本原理在于某一特定商品或金融工具的期货价格和现货价格受相同经济因素的制约和影响,从而导致了它们的变动趋势大致相同。而且,现货价格与期货价格在走势上具有收敛性,即当期货合约临近到期日时,现货价格与期货价格将逐渐趋同。因此,若同时在现货市场和期货市场建立数量相同、方向相反的头寸,则到期时不论现货价格上涨或是下跌,两种头寸的盈亏恰好抵消,使套期保值者避免承担风险损失。

②套期保值的基本做法。套期保值的基本做法:在现货市场买进或卖出某种金融工具的同时,做一笔与现货交易品种、数量、期限相当但方向相反的期货交易,以期在未来某一时间通过期货合约的对冲,以一个市场的盈利来弥补另一个市场的亏损,从而规避现货价格变动带来的风险,实现保值的目的。

套期保值的基本类型有两种:一是多头套期保值,是指持有现货空头(如应付外汇账款)的交易者担心将来现货价格上涨(如外币升值)而给自己造成经济损失,于是买入期货合约(建立期货多头)。若未来现货价格果真上涨,则持有期货头寸所获得的盈利正好可以弥补现货头寸的损失。二是空头套期保值,是指持有现货多头(如应收外汇账款)的交易者担心未来现货价格下跌,在期货市场卖出期货合约(建立期货空头),当现货价格下跌时以期货市场的盈利来弥补现货市场的损失。

由于期货交易的对象是标准化产品,因此,套期保值者很可能难以找到与现货头寸在品种、期限、数量上均恰好匹配的期货合约。如果选用替代合约进行套期保值操作,不能完全锁定未来现金流,由此带来的风险称为"基差风险"。

例:股指期货空头套期保值。

2016年3月9日,某投资者持有价值为1 000万美元的SPDR(以S&P500指数为模版的交易所交易基金),为防范在6月之前出现系统性风险,可卖出芝加哥商业交易所的6月S&P500指数期货进行保值。3月9日,S&P500指数期货报价为1 282.25点。该合约名义金额为(1 282.25×250 = 320 562.5)美元,若卖出31张合约(10 000 000÷320 562.5 = 31.2),则基本可以规避6月之前S&P500指数大幅下跌的风险。

当然,在现实中,投资者更多是利用股指期货对投资组合的β系数进行修正。

（2）价格发现功能

价格发现功能是指在一个公开、公平、高效、竞争的期货市场中,通过集中竞价形成期货价格的功能。期货价格具有预期性、连续性和权威性的特点,能够较准确地反映出未来商品价格的变动趋势。期货市场之所以具有价格发现功能,是因为期货市场将众多影响供求关系的因素集中于交易所内,通过买卖双方公开竞价,集中转化为一个统一的交易价格。这一价格一旦形成,立即向世界各地传播,并影响供求关系,从而形成新的价格。如此循环往复,使价格不断趋于合理。

由于期货价格与现货价格的走势基本一致并逐渐趋同,所以,今天的期货价格可能就是未来的现货价格,这一关系使世界各地的套期保值者和现货经营者都利用期货价格来衡量相关现货商品的近、远期价格发展趋势,利用期货价格和传播的市场信息来制订各自的经营决策。这样,期货价格成了世界各地现货成交价的基础。当然,期货价格并非时时刻刻都能准确地反映市场的供求关系,但这一价格克服了分散、局部的市场价格在时间和空间上的局限性,具有公开性、连续性、预期性的特点。应该说它比较真实地反映了一定时期世界范围内供求关系影响下的商品或金融工具的价格水平。

价格发现并不意味着期货价格必然等于未来的现货价格,正好相反,多数研究表明,期货价格不等于未来现货价格才是常态。由于资金成本、仓储费用、现货持有便利等因素的影响,理论上说,期货价格要反映现货的持有成本,即使现货价格不变,期货价格也会与之存在差异。

（3）投机功能

与所有有价证券交易相同,期货市场上的投机者也会利用对未来期货价格走势的预期进行投机交易,预计价格上涨的投机者会建立期货多头,反之则建立空头。投机者的存在对维持市场流动性具有重大意义,当然,过度的投机必须受到限制。

（4）套利功能

套利的理论基础在于经济学中所谓的"一价定律"，即忽略交易费用的差异，同一商品只能有一个价格。严格意义上的期货套利是指利用同一合约在不同市场上可能存在的短暂价格差异进行买卖，赚取差价，成为"跨市场套利"。行业内通常也根据不同品种、不同期限的比价关系进行双向操作，分别称为"跨品种套利"和"跨期限套利"，但其结果不一定可靠。股票价格指数等品种还可以和成分股现货联系起来进行"指数套利"。期货套利机制的存在对于提高金融市场的有效性具有重要意义。

2.4.4　金融互换交易

金融互换是指两个或两个以上的当事人按共同商定的条件，在约定的时间内定期交换现金流的金融交易，可分为货币互换、利率互换、股权互换、信用互换等类别。从交易结构上看，可以将金融互换视为一系列远期交易的组合。自1981年美国所罗门兄弟公司为IBM和世界银行办理首笔美元与马克以及瑞士法郎之间的货币互换业务以来，互换市场的发展非常迅猛。目前，按名义金额计算的互换交易已经成为最大的衍生交易品种。

《关于开展人民币利率互换交易试点有关事宜的通知》发布当天，国家开发银行和中国光大银行完成首笔交易，协议的名义本金为50亿元人民币，期限10年，中国光大银行支付2.95%的固定利率，国家开发银行支付1年期定期存款利率（浮动利率）。

金融互换的主要用途是改变交易者资产或负债的风险结构，从而规避相应的风险。如上例中，如果国家开发银行发放了50亿元10年期固定利率按揭贷款，则通过互换交易，就可以将贷款收益转化为浮动利率，与其存款利率结构相匹配，在市场利率上升的情况下，可以规避利率风险。

2.4.5　金融期权

1）金融期权的定义

期权又称选择权，是指其持有者能在规定的期限内按交易双方商定的价格购买或出售一定数量的基础工具的权利。期权交易就是对这种选择权的买卖。

金融期权是指以金融工具或金融变量为基础工具的期权交易形式。具体地说，其购买者在向卖出者支付一定的期权费后，获得了能在规定期限内以某一特定价格向出售者买进或卖出一定数量的某种金融商品或金融期货合约的权利。

期权交易实际上是一种权利的单方面有偿让渡。期权的买方以支付一定数量的期权费为代价而拥有了这种权利，但不承担必须买进或卖出的义务；期权的卖方则在收取了一定数量的期权费后，在一定期限内必须无条件地服从买方的选择并履行成交时的允诺。

2）金融期权的特征

与金融期货相比，金融期权最主要的特征在于它仅仅是买卖权利的交换。期权的买方在支付了期权费后，就获得了期权合约所赋予的权利，即在期权合约规定的时间内，以事先确定的价格向期权的卖方买进或卖出某种金融工具的权利，但并没有必须履行该期权合约的义务。期权的买方可以选择行使他所拥有的权利;期权的卖方在收取期权费后就承担着在规定时间内履行该期权合约的义务。即当期权的买方选择行使权利时,卖方必须无条件地履行合约规定的义务,而没有选择的权利。

3)金融期货与金融期权的区别

(1)基础资产不同

金融期权与金融期货的基础资产不尽相同。一般来说,凡可作期货交易的金融工具都可作期权交易。然而,可作期权交易的金融工具却未必可作期货交易。在实践中,只有金融期货期权,而没有金融期权期货,即只有以金融期货合约为基础资产的金融期权交易,而没有以金融期权为基础资产的金融期货交易。一般来说,金融期权的基础资产多于金融期货的基础资产。

随着金融期权的日益发展,其基础资产还有日益增多的趋势,不少金融期货无法交易的金融产品均可作为金融期权的基础资产,甚至连金融期权合约本身也成了金融期权的基础资产,即复合期权。

(2)交易者权利与义务的对称性不同

金融期货交易双方权利与义务是对称的,对任何一方而言,都既有要求对方履约的权利,又有自己对对方履约的义务。而金融期权交易双方权利与义务是对称的,期权的买方只有权利没有义务,期权的卖方只有义务没有权利。

(3)履约保证不同

金融期货交易双方均需开立保证金账户,并按规定缴纳履约保证金。而在金融期权交易中,只有期权出售者,尤其是无担保期权的出售者才需开立保证金账户,并按规定缴纳保证金,以保证其履约的义务。至于期权的购买者,因期权合约未规定其义务,无须开立保证金账户,也无须缴纳保证金。

(4)现金流转不同

金融期货交易双方在成交时不发生现金收付关系,但在成交后,由于实行逐日结算制度,交易双方将因价格的变动而发生现金流转,即盈利一方的保证金账户余额将增加,而亏损一方的保证金账户余额将减少。当亏损方保证金账户余额低于规定的维持保证金时,亏损方必须按规定及时地缴纳追加保证金。因此,金融期货交易双方都必须保有一定的流动性较高的资产,以备不时之需。而在金融期权交易中,在成交时,期权购买者为取得期权合约所赋予的权利,必须向期权出售者支付一定的期权费,但在成交后,除了到期履约外,交易双方将不发生任何现金流转。

(5)盈亏特点不同

金融期货交易双方无权违约,也无权要求提前交割或推迟交割,到期前的任意时间通过反向交易实现对冲或到期进行实物交割。从理论上说,金融期货交易中双方潜在的盈利和亏损都是无限的。金融期权交易中的盈利和亏损也具有不对称性。理论上说,期权购买者在交易中的潜在亏损是有限的,仅限于期权购买者所支付的期权费,而期权购买者可能取得的盈利却是无限的;相反,期权出售者在交易中所取得的盈利是有限的,仅限于期权购买者所收取的期权费,而期权出售者可能遭受的损失却是无限的。

相反,在金融期权交易中,由于期权购买者与出售者在权利和义务上的不对称性,他们在交易中的盈利和亏损也具有不对称性。从理论上说,期权购买者在交易中的潜在亏损是有限的,仅限于他所支付的期权费,而他可能取得的盈利却是无限的;相反,期权出售者在交易中所取得的盈利是有限的,仅限于他所收取的期权费,而他可能遭受的损失却是无限的。

(6)套期保值的作用和效果不同

金融期权与金融期货都是人们常用的套期保值工具,但它们的作用与效果是不同的。人们利用金融期货进行套期保值,在避免价格不利变动造成的损失的同时,也必须放弃若价格有利变动可能获得的利益。人们利用金融期权进行套期保值,若价格发生不利变动,套期保值者可通过执行期权来避免损失;若价格发生有利变动,套期保值者又可通过放弃期权来保护利益。这样,通过金融期权交易,既可避免价格不利变动造成的损失,又可在相当程度上保住价格有利变动而带来的利益。但是,这并不是说金融期权比金融期货更有利。如从保值角度来说,金融期货通常比金融期权更有效,也更便宜,而且要在金融期权交易中真正做到既保值又获利,事实上也并非易事。

所以,金融期权与金融期货可谓各有所长,各有所短。在现实的交易活动中,人们往往将两者结合起来,通过一定的组合或搭配来实现某一特定目标。

4)金融期权的分类

根据不同的分类标准,可以将金融期权划分为很多类。以下从选择权性质、合约履行时间、期权基础资产性质来划分。

(1)买入期权与卖出期权

根据选择权的性质划分,金融期权可以分为买入期权和卖出期权。

买入期权又称看涨期权,指期权的买方具有在约定期限内按协定价格买入一定数量金融工具的权利。交易者之所以买入看涨期权,是因为估计这种金融工具的价格在合约期限内会上涨。如果判断正确,按协议定价买入该项金融工具并以市价卖出,可赚取市价和协议定价的差额;如果判断失误,则损失期权费。

卖出期权又称看跌期权,指期权的买方具有在约定期限内按协定价卖出一定数量金融工具的权利。交易者买入看跌期权,是因为他预期该项金融工具的价格在近期会下跌。如果判断正确,可从市场上以较低的价格买入该项金融工具,再按协定价卖给期权的卖方,将赚取协定价与市价的差额;如果判断失误,将损失期权费。

(2)欧式期权、美式期权和修正的关式期权

欧式期权只能在期权到期日执行;美式期权则可在期权到期日或到期日之前的任何一个营业日执行;修正的美式期权也称为百慕大期权或大西洋期权,可以在期权到期日之前的一系列规定日期执行。

(3)股权类期权、利率期权、货币期权、金融期货合约期权、互换期权等

①股权类期权。与股权类期货类似,股权类期权也包括3种类型:单只股票期权、股票

组合期权和股票指数期权。

a. 单只股票期权(简称"股票期权")指买方在交付了期权费后,即取得在合约规定的到期日或到期日以前按协定价买入或卖出一定数量相关股票的权利。

b. 股票组合期权是以一揽子股票为基础资产的期权,代表性品种是交易所交易基金的期权。

c. 股票指数期权以股票指数为基础资产,买方在支付了期权费后,即取得在合约有效期内或到期时以协定指数与市场实际指数进行盈亏结算的权利。股票指数期权没有可作实物交割的具体股票,只能采取现金轧差的方式结算。

②利率期权。利率期权指买方在支付了期权费后,即取得在合约有效期内或到期时以一定的利率(价格)买入或卖出一定面额的利率工具的权利。利率期权合约通常以政府短期、中期、长期债券,欧洲美元债券,大面额可转让存单等利率工具为基础资产。

③货币期权。货币期权又称外币期权、外汇期权,指买方在支付了期权费后,即取得在合约有效期内或到期时以约定的汇率购买或出售一定数额某种外汇资产的权利。货币期权合约主要以美元、欧元、日元、英镑、瑞士法郎、加拿大元及澳大利亚元等为基础资产。

④金融期货合约期权。金融期货合约期权是一种以金融期货合约为交易对象的选择权,它赋予其持有者规定时间内以协定价格买卖特定金融期货合约的权利。

⑤互换期权。金融互换期权是以金融互换合约为交易对象的选择权,它赋予其持有者在规定时间内以规定条件与交易对手进行互换交易的权利。

第3章 证券交易基础

3.1 证券交易的概念和基本要素

3.1.1 证券交易的概念及原则

1）证券交易的定义及其特征

证券交易是指已发行的证券在证券市场上买卖的活动。证券交易与证券发行有着密切的联系，两者相互促进、相互制约。一方面，证券发行为证券交易提供了对象，决定了证券交易的规模，是证券交易的前提；另一方面，证券交易使证券的流动性特征显示，从而有利于证券发行的顺利进行。证券交易的特征主要表现在3个方面，即证券的流动性、收益性和风险性。同时，这些特征又互相联系在一起。

2）证券交易的原则

证券交易必须遵循以下3个原则：公开、公平、公正。公开原则，是指证券交易是一种面向社会的，公开交易活动，其核心要求是实现市场信息的公开化。公平原则，指参与交易的各方应获得平等的机会。公正原则，指应当公正地对待证券交易的各方，以及公正地处理证券交易事务。

3.1.2 证券交易的种类

按照交易对象的品种划分，证券交易种类有股票交易、债券交易、基金交易以及其他金融衍生工具的交易等。

1）股票交易

股票是一种有价证券，是股份有限公司签发的证明股东所持股份的凭证。股票交易就是以股票为对象进行的流通转让活动。股票交易可以在证券交易所中进行，也可以在场外交易市场进行。前者通常称为"上市交易"，后者的常见形式是柜台交易。

交易场所在股票交易中接受报价的方式主要有3种：口头报价、书面报价、计算机报价。目前，我国通过证券交易所进行的股票交易均采用计算机报价方式。

2）债券交易

债券是一种有价证券，是社会各类经济主体为筹集资金而向债券投资者出具的、承诺按一定利率定期支付利息的、到期偿还本金的债券债务凭证。

根据发行主体的不同,债券主要有3类:政府债券、金融债券和公司债券。

政府债券是国家为了筹集资金而向投资者出具的,承诺在一定时期支付利息和到期还本的债务凭证。政府债券的发行主体是中央政府和地方政府。中央政府发行的债券称为"国债",地方政府发行的债券称为"地方债"。

金融债券是银行及非银行金融机构依照法定程序发行并约定在一定时期还本付息的有价证券。

公司债券是公司依照法定程序发行并约定在一定期限还本付息的有价证券。

3)基金交易

证券投资基金是指通过公开发售基金份额募集资金,由基金托管、基金管理和运用资金,为基金份额持有人的利益以资产组合方式进行证券投资活动的基金。因此,它是一种利益共享、风险共担的集合证券投资方式。基金交易是指以基金为对象进行的流通转让活动。从基金的基本类型来看,一般可分为封闭式与开放式两种。

对于封闭式基金来说,在成立后,基金管理公司可以申请其基金在证券交易所上市。如果获得批准,则投资者就可以像买卖股票、债券一样,在二级市场上买卖基金份额。其竞价原则和买卖股票、债券一样。对于封闭式基金来说,如果是非上市的,投资者可以通过基金管理公司和委托商业银行、证券公司等柜台,进行基金份额的申购和赎回外,也可以像买卖股票、债券一样进行交易。

另外,我国证券市场上还出现了交易型开放式指数基金。这种基金代表的是一揽子股票组合,追踪的是实际的股价指数。对于投资者而言,交易型开放式指数基金可以在证券交易所挂牌上市交易,并同时进行基金份额的申购和赎回。

4)金融衍生工具交易

股票、债券等属于基础性的金融产品。金融衍生工具又称"金融衍生产品",是与基础金融产品相对应的一个概念,指建立在基础产品或基础产品或基础变量之上,其价格取决于后者价格(或数值)变动的派生金融产品。金融衍生工具交易包括权证交易、金融期货交易、金融期权交易、可转换债券交易等。

(1)权证交易

权证是基础证券发行人或其以外的第三人发行的,约定持有人在规定的期间内或特定到期日,有权按约定价格向发行人购买或出售标的证券,或以现金结算方式收取结算差价的有价证券。权证根据不同的划分标准有不同的分类,如认股权证和备兑权证、认购权证和认沽权证、美式权证、欧式权证和百慕大式权证等。

(2)金融期货交易

金融期货交易是指以金融期货合约为对象进行流通转让的活动。金融期货合约是指由交易双方订立的,约定在未来某日期按成交时约定的价格交割一定数量的某种特定金融工具的标准化协议。在实践中,金融期货主要有外汇期货、利率期货、股权类期货(如股票价格指数期货和股票期货等)3种类型。

（3）金融期权交易

金融期权交易是指以金融期权和约为对象进行的流通转让活动。金融期权的基本类型是买入期权和卖出期权。前者指期权的买方具有在约定期限内按协定价格买入一定数量金融工具的权利,后者指期权的买方具有在约定期限内按协定价格卖出一定数量金融工具的权利。如果按照金融期权基础资产性质的不同,金融期权还可以分为股权类期权、利率期权、货币期权、金融期货合约期权、互换期权等。

（4）可转换债券交易

可转换债券交易是指其持有者可以在一定时期内按一定比例或价格将之转换成一定数量的另一种证券的证券。在通常情况下,可转换债券是转换成普通股票,因此它具有债权和期权的双重特性。一方面,可转换债券在发行时是一种债券,债券持有者拥有债权,持有期间可以获得利息,如果持有债券至期满还可以收回本金;另一方面,可转换持有者也可以在规定的转换期间内选择有利时机,要求发行公司按规定的价格和比例,将可转换债券转换为股票。此外,可转换债券持有者还可以选择在证券交易市场上将其抛售来实现收益。在我国,近年来还出现了分离交易的可转换公司债券。这种债券实际上是可分离交易的附认股权证公司债券,即该债券发行上市后,债券与其原来附带的认股权可以分开,分别独立交易。

3.1.3　证券投资者

证券投资者是买卖证券的主体,他们可以是自然人,也可以是法人。相应地,证券投资者可以分为个人投资者和机构投资者两大类。其中,机构投资者主要有政府机构、金融机构、企业和事业法人及各类基金等。

投资者买卖证券的基本途径主要有两条:一是直接进入交易场所自行买卖证券,如投资者在柜台市场上与对方直接交易;二是委托经纪人代理买卖证券。在我国,未成年人未经法定监护人的代理或许者、受破产宣告未经复权者、法人提出开户但未提供该法人授权开户证明者等,都不得成为证券交易的委托人。另外,证券交易所、证券公司和证券登记结算机构的从业人员、证券监督管理机构的工作人员以及法律、行政法规禁止参与股票交易的其他人员,在任期或者法定期内,不得直接或者以化名、借他人名义持有、买卖股票,也不得收受他人赠送的股票。

一般的境外投资者可以投资在证券交易所上市的外资股（B股）,而合格境外机构投资者则可以在经批准的投资额度内投资在交易所上市的除B股以外的股票、国债、可转换债券、企业债券、权证、封闭式基金、经中国证监会批准设立的开放式基金,还可以参与股票增发、配股、新股发行和可转换债券发行的申购。合格境外机构投资者应当委托境内商业银行作为托管人托管资产,委托境内证券公司办理在境内的证券交易活动。

3.1.4　证券公司

（1）《证券法》规定,设立证券公司,应具备下列条件:

①有符合法律、行政法规规定的公司章程。

②主要有股东具有持续赢利能力,信誉良好,最近 3 年无重大违法记录,净资产不低于人民币 2 亿元。

③有符合本法规的注册资本。

④董事、监事、高级管理人员具备任职资格,从业人员具有证券从业资格。

⑤有完善的风险管理与内部控制制度。

⑥有合格的经营场所和业务设施。

⑦法律、行政法规规定的和国务院批准的国务院证券监督管理机构规定的其他条件。

(2)经国务院证券监督管理机构批准,证券公司可以经营下列部分或者全部业务:

①证券经纪。

②证券投资咨询。

③与证券交易、证券投资活动有关的财务顾问。

④证券承销与保荐。

⑤证券资产管理。

⑥其他证券业务。

其中,证券公司经营上述第①项至第③项业务的,注册资本最低限额为人民币 5 000 万元;经营上述第④项至第⑦项业务之一的,注册资本最低限额为人民币 1 亿元;经营上述第④项至⑦项业务中两项以上的,注册资本最低限额为人民币 5 亿元。

3.1.5 证券交易场所

证券交易场所是供已发行的证券进行流通转让的市场。证券交易市场的作用在于:一是为各种类型的证券提供便利而充分的交易条件;二是为各种交易证券提供公开、公平、充分的价格竞争,以发现合理的交易价格;三是实施公开、公正和及时的信息披露;四是提供安全、便利、迅捷的交易与交易后服务。证券交易场所分为证券交易所和其他交易场所两大类。

1)证券交易场所

证券交易所是指在一定的场所、一定的时间,按一定的规则集中买卖已发行证券而形成的市场。证券交易场所的设立和解散由国务院决定。我国《证券交易所管理办法》将证券交易所定义为:"依本办法规定条件设立的,不以营利为目的,为证券的集中和组织的交易提供场所、设施,履行国家有关法律、法规、规章、政策规定的职责,实行自律性管理的法人。"

证券交易所作为进行证券交易的场所,其本身不持有证券,也不进行证券的买卖,当然更不能决定证券交易的价格。证券交易所应创造公开、公平、公正的市场环境,保证证券市场的正常运行。

证券交易所的职能包括:

①提供证券交易的场所和设施。

②制订证券交易所的业务规则。

③接受上市申请,安排证券上市。

④组织,监督证券交易。

⑤对会员进行监管。

⑥对上市公司进行监管。

⑦设立证券登记结算机构。

⑧管理和公布市场信息。

⑨中国证监会许可的其他职能。

证券交易所不得直接或者间接从事的事项包括:

①以营利为目的的业务。

②新闻出版业。

③发布对证券价格进行预测的文字和资料。

④为他人提供担保。

⑤未经中国证监会批准的其他业务。

证券交易所的组织形式有会员制和公司两种。我国上海证券交易所和深圳证券交易所都采用会员制,设会员大会、理事会和专门委员会。理事会是证券交易所的决策机构。证券交易所设总经理,负责日常事务。总经理由国务院证券监督管理机构任免。

2)其他交易所

其他交易所是指证券交易所以外的证券交易市场,又称"场外交易市场"。在证券交易市场发展早期,店头市场(又称"柜台市场")是场外交易市场的主要形式。柜台交易的转让价格一般由证券公司报出,并根据投资者的接受程度进行调整。

3.1.6　证券登记结算机构

我国《证券法》规定,证券登记结算机构是为证券交易提供集中登记,存管与结算服务,不以营利为目的的法人,设立证券登记结算机构必须经国务院证券监督管理机构批准。

(1)证券登记结算机构应履行下列职能。

①证券账户、结算账户的设立。

②证券的存管和过户。

③证券持有人名册登记。

④证券交易所上市证券交易的清算和交收。

⑤受发行人的委托派发证券机构批准的其他业务。

(2)证券登记结算机构要为证券市场提供安全、高效的证券登记结算服务,需采取以下措施保证业务的正常进行。

①要制定完善的风险防范制度和内部控制制度。

②要建立完善的技术系统,制定由结算参与共同遵守的技术标准和规范。

③要建立完善的结算参与人准入标准和风险评估体系。

④要对结算数据和技术系统进行备份,制订业务紧急应变程序和操作流程。

中国证券登记结算有限公司(简称"中国结算公司")是我国的证券登记结算机构,中国结算公司在上海和深圳两地各设一个分公司。其中,上海分公司(简称"中国结算上海分公司")主要针对上海证券交易所上市的证券,为投资者提供证券登记结算服务:深圳分公司(简称"中国结算深圳分公司")主要针对深圳证券交易所的上市证券,为投资者提供证券登记结算服务。

3.2　证券交易程序和交易机制

3.2.1　证券交易程序

所谓证券交易程序,也就是投资者在二级市场上买进或卖出已上市证券所应遵循的规定过程。在现行的技术条件下,许多国家的证券交易已采用电子化形式。在电子化交易情况下,证券交易的基本过程包括开户、委托、成交、结算等。

1)开户

开户分为两个方面,即开立证券账户和开立资金账户。由于采用电子化交易方式,证券和资金都可以记录在相应的账户中,投资者应开立实名账户。同一投资者开立的资金账户和证券账户的姓名或名称应当一致。

开立证券账户后,投资者还必须开立资金账户。资金账户用来记载和反映投资者买卖证券的货币收付和结存数额,从我国过去的情况看,投资者的资金账户一般是在经纪商那里开立的。通过开立资金账户,可以建立投资者和经纪商的委托关系。而从现阶段规范发展的角度来看,投资者交易结算资金已经实行第三方存管制度。

2)委托

投资者需要通过经纪商才能交易买卖证券。委托指令有多种形式。从各国情况看,一般根据委托订单的数量,有整数委托和零数委托:根据买卖证券的方向,有买卖委托和卖出委托。如果允许买卖卖空,则有买空委托和卖空委托。根据委托价格限制,有市价委托和限价委托。在有些国家,有止损订单和止损限价订单。根据委托时效限制有当日委托,当周委托、无期限委托、开市委托和收市委托等。证券交易所在证券交易中接受报价的方式主要有口头报价、书面报价和电话报价3种。目前,我国通过证券交易所进行的证券交易均采取用计算机报价方式。

3)成交

证券交易所交易系统主机接受申报后,要根据订单的成交规则进行撮合配对。在成交价格确定方面,如果是在竞价市场,买卖双方的委托由经纪商呈交到交易市场,交易市场按照一定的规则进行订单匹配,匹配成功后按投资者委托订单规定的价格成交。早做市商市场,证券交易价格由做市商报出;投资者接受做市商的报价后,即可与做市商进行买卖,完成交易。

在订单匹配原则方面,优先原则主要有:价格优先原则、时间优先原则、按比例分配原则、数量优先原则、客户优先原则、做市商优先原则和经纪商优先原则等。我国采用的是价格优先和时间优先原则。

4)结算

证券交易成交后,首先需要对买方在资金方面的应付额和在证券方面的应收种类和数量进行计算,同时也要对卖方在资金方面的应收额和在证券方面的应付种类和数量进行计算。这一过程属于清算,包括资金清算和证券清算。清算结束后,需要完成证券由卖方向买方转移和对应的资金由买方向卖方转移。这一过程属于交收。结算和交收是证券结算的两个方面。

对于不记名证券而言,完成了清算和交收,证券交易过程即告结束。对于记名证券而言,完成了清算和交收,还有一个登记过户的环节。完成了登记过户,证券交易过程才告结束。

3.2.2　证券交易机制

1)证券交易机制目标

(1)流动性

证券的流动性是证券市场生存的条件。证券市场的流动性包括两个方面的要求,即成交速度和成交价格。如果投资者能以合理的价格迅速成交,则市场的流动性好。反过来,单纯是成交速度快,并不能完全表示流动性好。

(2)稳定性

证券市场的稳定性是指证券价格的波动程度。一般来说,稳定性好的市场,其价格波动性比较小,或者说其调节平衡的能力比较强。证券市场的稳定性可以用市场指数的风险度来衡量。由于各种信息是影响证券价格的主要因素,因此,提高市场透明度是加强证券市场稳定性的重要措施。

(3)有效性

证券市场的有效性包括两个方面的要求:即证券市场的高效率和低成本。其中,高效率又包含两个方面:首先是证券市场的信息效率,即要求证券价格能准确、迅速、充分地反映各种信息。根据证券价格对信息的反映程度,可以将证券市场分为强势有效市场、半强势有效市场、弱势有效市场。其次是证券市场的运用效率,即证券交易系统硬件的工作能力,如交易系统的处理速度、容量等。低成本包含两个方面:即直接成本和间接成本。前者指佣金、交易税等,后者指搜索成本、延迟成本等。

2)证券交易机制种类

(1)定期交易系统和连续交易系统

在定期交易系统中,成交的时点是不连续的。在连续交易系统中,并非意味着交易一定是连续的,而是指在营业时间里订单匹配可以连续不断地进行。这两种交易机制有着不同的特点。

定期交易系统的特点:①批量指令可以提供价格的稳定性;②指令执行和结算的成本相对较低。连续交易系统的特点:①市场为投资者提供了交易的即时性;②交易过程中可以提供更多的市场价格信息。

(2)指令驱动系统和报价驱动系统

指令驱动系统是一种竞价市场,也称为"订单驱动市场"。在竞价市场中,证券交易价格是由市场上的买方订单和卖方订单共同驱动的。如果采用经纪商制度,投资者在竞价市场中将自己的买卖指令报给自己的经纪商,然后经纪商持买卖订单进入市场,市场交易中心以买卖双向价格为基准进行撮合。报价驱动系统是一种连续交易商市场,或称"做市商市场"。在这一市场中,证券交易的买价和卖价由做市商给出,做市商将根据市场的买卖力量和自身情况进行证券的双向报价。投资者之间并不直接成交,而是从做市商手中买进证券或向做市商卖出证券。做市商在其所报的价位上接受投资者的买卖要求,以其自有资金或证券与投资者交易。做市商的收入来源是买卖证券的差价。

3.3 证券账户管理、证券登记

3.3.1 证券账户管理

在我国,证券账户是指中国结算公司为申请人开出的记载其证券持有及变更的权利凭证。开立证券账户是投资者进行证券交易的先决条件。

1)证券账户的种类

目前,我国证券账户的种类有两种划分依据:一是按照交易场所划分,可分为上海证券账户和深圳证券账户;二是按照账户用途划分,可分为人民币普通股票账户、人民币特种股票账户、证券投资基金账户和其他账户等。

(1)人民币普通股票账户

人民币普通股票账户简称"A股账户",其开立仅限于国家法律法规和行政规章允许买卖A股的境内投资者。A股账户按持有人还可以分为:自然人证券账户,一般机构证券账户,证券公司自营证券账户和基金管理公司的证券投资基金专用证券账户等。

在实际运用中,A股账户是我国目前用途最广、数量最多的一种通用型证券账户,既可用于买卖人民币普通股票,也可用于买卖债券和证券投资基金。

(2)人民币特种股票账户

人民币特种股票账户简称"B股账户",是专为投资者买卖人民币特种股票而设置的。B股账户按持有人可分为境内投资者证券账户和境外投资者证券账户。

(3)证券投资基金账户

证券投资基金账户简称"基金账户",是只能用于买卖上市基金的一种专用型账户。该账户也用于买卖上市的国债。

2）开立证券账户的基本原则

开立证券账户应坚持合法性和真实性的原则。

（1）合法性

合法性是指只有国家法律允许进行证券交易的自然人和法人才能到指定机构开立证券账户。对国家法律法规不允许、不准开户的对象，中国结算公司及其代理机构不得予以开户。

（2）真实性

真实性是指投资者开立证券账户时所提供的资料必须真实有效，不得有虚假隐匿。目前，投资者在我国证券市场上进行证券交易是采用实名制。《证券法》规定，证券登记结算机构应当按照规定以投资者本人的名义为投资者开立证券账户。投资者申请开立户，必须持有证明中国公民身份或中国法人资格的合法证件。

3）开立证券账户的要求

自然人及一般机构开立证券账户，由开户代理机构受理；证券公司和基金管理公司等机构开立证券账户，由中国结算公司受理。

（1）境内自然人开户要求

境内自然人申请开立证券账户时，必须由本人前往开户代办点填写自然人证券账户注册申请表，并提交本人有效身份证明文件及复印件。委托他人代办的，则需要提供经公证的委托代办书、代办人的有效身份证明文件及复印件。

境内居民个人从事B股交易前，根据现行有关规定，先要开立B股资金账户，再开立B股账户。

（2）境内法人开户要求。

境内法人申请开立账户时，必须填写机构证券账户注册申请表，并提交有效的法人身份证明文件及复印件或加盖发证机关确认章的复印件、经办人有效身份证明文件、法定代表人证明书、法定代表人授权委托书、法定代表人的有效身份证明文件复印件。

（3）境外投资者开户要求

①一般境外投资者开户要求。一般境外投资者欲进入中国证券市场进行B股交易，必须开立B股账户。目前，可以买卖B股的投资者除了境内居民个人外，还包括外国法人、自然人和其他组织，中国香港、澳门和台湾地区的法人、自然人和其他组织，定居在国外的中国公民及符合有关规定的境内上市外资股其他投资者。境外从事B股交易的个人投资者申请开立B股账户时，必须填写和提供姓名、身份证或护照、国籍、通信地址、联系电话等内容和资料。境外投资者申请开立B股账户，必须通过具有B股代理开户资格的境内外名册登记代理机构，向中国结算公司办理登记手续。

境外投资者在办理名册登记时，还必须选择一家结算会员为其办理股票结算交收。与此同时，境外投资者须在选择的证券公司处办理开设外汇资金账户——在上海为美元账户，在深圳为港币账户。

②合格境外机构投资者开户要求。合格投资者应当在选定为其进行证券交易的境内证券公司后,委托托管人为其申请开立证券账户。

(4)特殊法人机构证券账户开立要求

证券公司申请开立多个自营账户的,不得超过按照证券公司每500万元注册资本开立1个证券账户的标准计算的证券账户数量。证券公司开展集合资产管理业务的,每设立1项集合资产管理计划开立1个专用证券账户。信托公司每设立1个信托产品开立1个专用证券账户。保险机构投资者每租用1个基金专用交易席位开立1个证券账户。证券投资基金每租用1个基金专用交易席位开立1个证券账户。

经有关部门批准,基金管理公司开展特定客户证券投资资产管理业务需要开立专门账户的,按照每一特定客户证券投资产品开立1个专用证券账户。

全国社会保障基金每设立1个投资组合开立1个证券账户。企业年金基金按照企业年金计划开立证券账户,单个企业年金计划最多可开立10个证券账户。经中国证监会与劳动和社会保障部另行批准的除外。

外国投资者以及我国香港特别行政区、澳门特别行政区、台湾地区的投资者对上市公司进行战略投资取得A股股份,可以持商务部和中国证监会出具的同意投资者对上市公司进行战略投资的相关批准文件及复印件,或者上市公司出具的持股证明以及证券登记结算机构要求的其他文件,向登记结算公司申请开立A股证券账户。

4)证券账户挂失与补办

投资者证券账户卡毁损或遗失,可向结算公司代理机构申请挂失与补办,或更换证券账户卡。代理机构可根据投资者选择补办原号或更换证券账户卡。

法人投资者应填写挂失补办证券账户卡申请表,并提交企业法人营业执照或注册登记证书的原件及复印件,或加盖发证机关确认章的复印件和业务经办人有效身份证明文件及复印件。

代理机构受理投资者申请挂失补办或更换证券账户卡时,应将申请材料的股东姓名或单位名称、身份证号或注册号与原开户资料核验相符。代理机构办理投资者挂失补办证券账户卡业务,应按规定标准收费。补办原号的证券账户卡只是原证券账户卡的复制;而更换新号码的证券账户卡包含了新开立证券账户和证券的非交易过户两项内容。

5)证券账户查询

证券账户持有人可以查询其注册资料、证券余额、证券变更及其他相关内容。证券账户持有人查询可在办理了指定交易或转托管的次日起,凭身份证和证券账户卡到指定交易或托管的证券营业部的计算机自助系统自行完成查询。登记结算公司及其代理机构可办理账户注册资料、证券余额、证券变更等所有内容的查询。

登记结算公司及其代理机构投资者申请查询开户资料免收费,查询其他内容则按规定标准收费。

目前,中国结算公司已提供投资者证券余额及变动记录的网络查询服务。

3.3.2 证券登记

证券登记是指证券登记结算机构为证券发行人建立和维护证券持有人名册的行为。证券登记按证券种类可划分为股份登记、基金登记和债券登记等,按性质可划分为初始登记、变更登记、推出登记等。证券登记实行证券登记申请人申报制。中国结算公司对证券登记申请人应保证其所提供的登记申请材料真实、准确、完整。2006 年 7 月,《中国证券登记结算有限公司证券登记规则》经中国证监会批准发布,并自发布之日起实施。

1)证券初始登记

证券初始登记包括股票首次公开发行登记、权证发行登记、基金募集登记、企业债券和公司债券发行登记、记账式国债发行登记以及股票增发登记、配股登记、基金扩募登记等。

(1)股份登记

股份登记包括首次公开发行登记、增发新股登记、送股(或转增股本)登记和配股登记等。

①股份首次公开发行和增发登记。在采用网上定价公开发行方式的情况下,投资者申购后,主承销商根据股票发行公告的有关规定确定认购股数,然后由登记结算公司在发行结束后根据成交记录或配售结果自动完成新股的股份登记。

另外,证券发行人应在发行结束后 2 个交易日内向登记结算公司申请办理股份发行登记。

②送股及公积金转增股本登记。送股是指股份公司将其拟分配的红利转增为股本。公积金转增股本是指股份公司将公积金的一部分按每股一定比例转增为股本。

③配股登记。配股是指股份公司以股东所持有的股份数为认购权,按一定比例向股东配售该公司新发行的股票。对配股的股份登记,是在配股登记日闭市后向证券公司传送投资者配股明细数据库。

(2)基金登记

证券投资基金网上发行和网下发行要进行基金登记。基金登记的办法是参照股份登记的相关内容来办理的。

(3)债券登记

记账式国债通过招标投标或其他方式发行后,登记结算公司根据财政部和证券交易所相关文件确认的结果,建立证券持有人名册。记账式国债在证券交易所挂牌分销或场外合同分销后,登记结算公司根据证券交易所确认的分销结果,办理记账式国债登记。

证券登记结算公司对证券发行人提供的证券登记申请材料审核通过后,根据其申报的证券登记数据,办理证券持有人名册的初始登记。

2)变更登记

变更登记是指由证券登记结算机构执行并确认记名证券的过户行为。

(1)证券过户登记

证券过户登记按照引发变更登记需求的不同可以分为证券交易所集中交易过户登记

（以下简称"集中交易过户登记"）和非集中交易过户登记（以下简称"非交易过户登记"）。

①集中交易过户登记。集中交易过户登记是指记名证券交易后，证券从出让人账户转移到受让人账户，从而完成证券登记变更的过程。

②非交易过户登记。非交易过户登记是指符合法律规定和程序的因股份协议转让、司法扣划、行政划拨、继承、赠予、财产分割、公司购并、公司回购股份和公司实施股权激励计划等原因，而发生的记名证券在出让人、受让人或账户之间的登记变更过程。

（2）其他变更登记

其他变更登记包括证券司法冻结、质押、权证创设与注销、权证行权、可转换公司债券转股、可转换公司债券赎回或回售、交易型开放式指数基金（ETF）申购或赎回等引起的变更登记。

3）退出登记

股票终止上市后，股票发行人或其代办机构应当及时到证券登记结算公司办理证券交易所市场的退出登记手续。按规定进入代办股份转让系统挂牌转让的，应当办理进入代办股份转让系统的有关登记手续。

股票发行人或其代办机构未按规定办理证券交易所市场退出登记手续的，证券登记结算公司可将其证券登记数据和资料送达该股票发行人或其代办机构，并由公证机关进行公证，视同该股票发行人证券交易所市场退出登记手续办理完毕。

债券提前赎回或到期兑付的，其证券交易所市场登记服务业务自动终止，视同债券发行人交易所市场退出登记手续办理完毕。

3.4　委托买卖

委托买卖是指证券经纪商接受投资者委托，代理投资者买卖证券，从中收取佣金的交易行为。委托买卖是证券经纪商的主要业务。

3.4.1　资金存取

投资者委托买入证券时，需事先在其证券交易结算资金账户中存入交易所需资金。投资者在资金账户中的存款可随时提取，并可按活期存款利率定期得到计付的利息。

按照现行《证券法》的规定，证券公司客户的交易结算资金应当存放在商业银行，以每个客户的名义单独立户管理。中国证监会已明确要求证券公司在 2007 年全面实施"客户交易结算资金第三方存管"。

客户交易结算资金第三方存管是指由证券公司负责客户的证券交易以及根据证券交易所和登记结算公司的交易结算数据清算客户的资金和证券；而由存管银行负责管理客户交易结算资金管理账户，向客户提供交易结算资金存取服务，并为证券公司完成与登记结算公司和场外交收主体之间的法人资金结算交收服务的一种客户资金存管制度。

第三方存管的主要特点:多银行制,券商是会计、银行是出纳,证银分别保存客户资金明细账,银行提供另路查询和负责总分核对,全封闭银证转账等。

在实行客户交易结算资金第三方存管方式的情况下,投资者可以在与证券公司有存管协议的若干家商业银行中选择一家银行,作为自己证券交易结算资金的存管银行,投资者、证券公司和该商业银行三方需要共同签署《客户交易结算资金银行存管协议书》。

3.4.2 委托指令与委托形式

1)委托指令

委托指令的内容有多项,如证券账户号码、证券代码、买卖方向、委托数量、委托价格等。以委托单为例,委托指令的基本要素包括以下几项。

(1)证券账号

投资者在买卖上海证券交易所上市的证券时,必须填写在中国结算上海分公司开设的证券账户号码;买卖深圳证券交易所上市的证券时,必须填写在中国结算深圳分公司开设的证券账户号码。

(2)日期

日期即投资者委托买卖的日期,填写年、月、日。

(3)品种

填写证券名称的方法有全称、简称和代码3种(有些证券品种没有全称和简称的区别,仅有一个名称)。上海证券代码和深圳证券代码都为一组6位数字。委托买卖的证券代码与简称必须一致。

(4)买卖方向

投资者在委托指令中必须明确表明委托买卖的方向,即是买进证券还是卖出证券。

(5)数量

数量是指买卖证券的数量,可分为整数委托和零数委托。目前,我国只有卖出证券时才有零数委托。

(6)价格

价格是指委托买卖证券的价格,是委托能否成交和盈亏的关键,一般分为市价委托和限价委托。

市价委托的优点:没有价格上的限制,证券经纪商执行委托指令比较容易,成交迅速且成交率高。市价委托的缺点:没有在委托执行后才知道实际的执行价格。

限价委托方式的优点:证券可以投资者预期的价格或更有利的价格成交,有利于投资者实现预期投资计划,谋求最大利益。限价委托成交速度慢,有时甚至无法成交。在证券价格变动较大时,投资者采用限价委托容易坐失良机,遭受损失。

《上海证券交易所交易规则》和《深圳证券交易所交易规则》规定,客户可以采用限价委托或市价委托的方式委托会员买卖证券。

《上海证券交易所交易规则》还规定,上海证券交易所接受会员的限价申报和市价申报。根据市场需要,上海证券交易所可以接受下列方式的市价申报。

①最优5档即时成交剩余撤销申报,即该申报在对手方实时最优5个价位内以对手方价格为成交价逐次成交,剩余未成交部分自动撤销。

②最优5档即时成交剩余转限价申报,即该申报在对手方实时最优5个价位内以对手方价格为成交价逐次成交,剩余未成交部分按本方申报最新成交价转为限价申报;如该申报无成交的,按本方最优报价转为限价申报;如无本方申报的,该申报撤销。

③上海证券交易所规定的其他方式。另外,市价申报只适用于有价格涨跌幅限制证券连续竞价期间的交易,上海证券交易所另有规定的除外。限价申报指令应当包括证券账号、营业部代码、证券代码、买卖方向、数量、价格等。市价申报指令应当包括申报类型、证券账号、营业部代码、证券代码、买卖方向、买卖方向、数量等。

《深圳证券交易所交易规则》同样规定,接受会员的限价申报和市价申报。深圳证券交易所根据市场需要,接受下列类型的市价申报:

①对手方最优价格申报。

②本方最优价格申报。

③最优5档即时成交剩余撤销申报。

④即时成交剩余撤销申报。

⑤全额成交或撤销申报。

⑥深圳证券交易所规定的其他类型。

不同证券的交易采用不同的计价单位。股票为"每股价格",基金为"每份基金价格",权证为"每份权证价格",债券为"每百元面值债券的价格",债券质押式回购为"每百元资金到期年收益",债券买断式回购为"每百元面值债券的到期购回价格"。

从2002年3月25日开始,根据财政部、中国人民银行和中国证监会《关于试行国债净价交易有关事宜的通知》,国债交易采用净价交易。实行净价交易后,采用净价申报和净价撮合成交,报价系统和行情发布系统同时显示净价价格和应计利息额。根据净价的基本原理,应计利息额的计算公式应为:

$$应计利息额 = 债券面值 \times 票面利率/365(天) \times 已计息天数$$

另外,上海证券交易所目前公司债券的现货交易也采用净价交易方式,但深圳证券交易所公司债券的现货交易仍采用全价交易。

⑦时间。这是检查证券经纪商是否执行时间优先原则的依据。

⑧有效期。我国现行规定的委托期为当日有效。

⑨签名。投资者签名以示对所做的委托负责。若预留印鉴,则应盖章。

⑩其他内容。其他内容涉及委托人的身份证号码、资金账号等。

2)委托形式

(1)柜台委托

柜台委托是指委托人亲自或由其代理人到证券营业部交易柜台,根据委托程序和必需的证件采用书面方式表达委托意向,由本人填写委托单并签章的形式。

(2)非柜台委托

非柜台委托主要有电话委托、传真委托和函电委托、自助终端委托、网上委托(即互联网委托)等。另外,如果投资者的委托指令是直接输入证券经纪商计算机系统并申报进场,而不通过证券经纪商人工环节申报,就可以称为"投资者自助委托"。根据中国证券业协会提供的《证券交易委托代理协议(范本)》的要求,投资者在使用非柜台委托方式进行证券交易时,必须严格按照证券公司证券交易委托系统的提示进行操作,因投资者操作失误造成的损失由投资者自行承担。对证券公司计算机系统和证券交易所交易系统拒绝受理的委托,均视为无效委托。

①电话委托。这是目前常见的自助委托形式。在实际操作中,电话委托又分为电话转委托与电话自动委托两种。

②传真委托和函电委托。它们是指委托人填写委托内容后,将委托书采用传真或函电方式表达委托意向,提出委托要求;证券经纪商接到传真委托书或函电委托后,代为填写委托书,并经核对无误以后,及时将委托内容输入交易系统申报进场,同时将传真件或函电作为附件附于委托书后。

③自动终端委托。这是指委托人通过证券营业部设置的专用委托计算机终端,凭证券交易磁卡和交易密码进入计算机交易系统委托状态,自行将委托内容输入计算机交易系统,以完成证券交易的一种委托形式。

④网上委托。网上委托是指证券公司通过互联网或移动通信网络的网上证券交易系统,向投资者提供用于下达证券交易指令,获取成交结果的一种服务方式,包括下载软件的客户端委托和无须下载软件,直接利用乙方所属证券公司网站的页面客户端委托。网上委托的上网终端包括计算机、手机等设备。

由于网上委托处于全开放的互联网之中,因此除了具有其他委托方式所共有的风险外,投资者还应充分了解和认识到其存在且不限于以下风险。

a.由于互联网和移动通信网路数据传输等原因,交易指令可能会出现中断、停顿、延迟、数据错误等情况。

b.投资者账号及密码信息泄露或客户身份可能被仿冒。

c.由于互联网和移动通信网路上存在黑客恶意攻击的可能性,网络服务器可能会出现故障及其他不可预测的因素,行情信息及其他证券信息可能会出现错误或延迟。

d.投资者的网络终端设备及软件系统可能会受到非法攻击或病毒感染,导致无法下达委托或委托失败。

e.投资者的网络终端设备及软件系统与证券公司所提供的网上交易系统不兼容,无法下达委托或委托失败。

f.如果投资者缺乏网上委托经验,可能因操作不当造成委托失败或委托失误。

g.由于网路故障,投资者通过网上证券交易系统进行证券交易时,投资者网络终端设备已显示委托成功,而证券公司服务器未接到其委托指令,从而存在投资者不能买入和卖出的风险。投资者网络终端设备对其委托未显示成功,于是投资者再次发出委托指令,而证券公司服务器已收到投资者两次委托指令,并按其指令进行了交易,使投资者由此产生重复买卖的风险。

3.4.3 委托受理

1)验证

验证主要对证券委托买卖的合法性和同一性进行审核。验证的合法性审查包括投资主体的合法性审查和投资程序的合法性审查。

投资主体的合法性审查,主要包括由证券营业部业务员验对投资者的相关证件,即验对投资者本人的居民身份证、证券账户卡等。非投资者本人委托的,还要检查代理人代为办理人的居民身份证及有效代理委托证件。

2)审单

审单主要是审查委托单的合法性及一致性,对全权委托或记名证券未办妥过户手续的委托,证券营业部一律不得受理。另外需要说明的是,如果投资者采用自助委托方式,则当其输入相关的账号和正确的密码后,即视同确认了身份。证券经纪商的交易系统还自动检验投资者的证券买卖申报数量和价格等是否符合证券交易所的交易规则。

3)验证资金及证券

投资者在买入证券时,证券营业部应查验投资者是否按规定已存入必需的资金;而在卖出证券时,必须查验投资者是否有相应的证券。

3.4.4 委托执行

证券营业部接受客户买卖证券的委托,应根据委托书载明的证券名称、买卖数量、出价方式、价格幅度等,按照证券交易所交易规则代理买卖证券。买卖成交后,应当规定制作买卖成交报告单交付客户。

1)申报原则

证券营业部将客户委托传送至证券交易所交易撮合主机,称为申报或报盘。

证券营业部接受投资者委托后应按"时间优先、客户优先"的原则进行申报竞价。

证券营业部在接受投资者委托、进行申报时还应做到:在交易市场买卖证券均必须公开申报兑价时,需一次完整地报明买卖证券的数量、价格及其他规定的因素;在同时接受两个以上委托与卖出委托且种类、数量、价格相同时,不得自行对冲完成交易,仍应向证券交易所申报竞价。

2)申报方式

(1)有形席位申报

在证券营业部采用有形席位申报进行交易的情况下,其业务员在受理投资者委托后,要按受托先后顺序用电话将委托买卖的有关内容通知场内交易员,由场内交易员通过场内计算机终端将委托指令输入证券交易所计算机主机。

（2）无形席位申报

在证券营业部采用无形席位申报进行交易的情况下,证券营业部的计算机系统要与证券交易所交易系统计算机主机联网。

3）申报时间

上海证券交易所和深圳证券交易所均规定,交易日为每周一至周五。上海证券交易所规定,接受会员竞价交易申报的时间为每个交易日的 9:15—9:25、9:30—11:30、13:00—15:00。每个交易日 9:20—9:25 的开盘集合竞价阶段,上海证券交易所交易主机不接受撤单申报。深圳证券交易所则规定,接受会员竞价交易申报的时间为每个交易日的 9:15—11:30、13:00—15:00。每个交易日的 9:00—9:25、14:57—15:00,深圳证券交易所交易主机不接受参与竞价交易的撤销申报处理。另外,上海证券交易所和深圳证券交易所认为必要时,都可以调整接受申报时间。

3.4.5　委托撤销

1）撤单的条件

在委托未成交之前,委托人有权变更和撤销委托。证券营业部申报竞价成交后,买卖即告成立,成交部分不得撤销。

2）撤单的程序

在委托未成交之前,委托人变更或撤销委托,在证券营业部采用有形席位申报的情况下,证券营业部柜台业务员需即刻通知场内交易员,经场内交易员操作确认后,立即将执行结果告知委托人。在证券营业部采用无形席位申报的情况下,证券营业部的业务员委托人可直接将撤单信息通过计算机终端告知证券交易所交易系统计算机主机办理撤单。对委托人撤销的委托,证券营业部须及时将冻结的资金或证券解冻。

3.5　竞价与成交

3.5.1　竞价原则

证券交易所内的证券交易按"价格优先、时间优先"原则竞价成交。

1）价格优先

成交价格优先的原则为:较高的价格买入申报优先于低价格买入申报,较低价格卖出申报优先于较高卖出申报。

2）时间优先

成交时间优先的原则为:买卖方向,价格相同的,先申报者优先于后申报者。先后顺序按交易主机接受申报的时间确定。

3.5.2 竞价方式

目前,我国证券市场所采用两种竞价方式:集合竞价方式和连续竞价方式。

上海证券交易所规定,采用竞价交易方式的,每个交易日的 9:15—9:25 为开盘集合竞价时间,9:30—11:30、13:00—15:00 为连续竞价时间。深圳证券交易所规定,采用竞价交易方式的,每个交易日的 9:15—9:25 为开盘集合竞价时间,9:30—11:30、13:00—14:57 为连续竞价时间,14:57—15:00 为收盘集合竞价时间。

1)集合竞价

所谓集合竞价,是指对在规定的一段时间内接受的买卖申报一次性集中撮合的竞价方式。根据我国证券交易所的相关规定,集合竞价确定成交价的原则为:

①可实现最大成交量的价格。

②高于该价格的买入申报与低于该价格的卖出申报全部成交的价格。

③与该价格相同的买方或卖方至少有一方全部成交的价格。

如有两个以上申报价格符合上述条件的,深圳证券交易所取得距前收盘价最近的价位为成交价。上海证券交易所规定使未成交量小的申报价格为成交价格,若还是有两个以上使未成交量最小的申报价格符合上述条件的,其中中间价为成交价。集合竞价的所有交易以同一价格成交。

然后,进行集中撮合处理。所有买方有效委托限价由高到低的顺序排列,限价相同者按进入交易系统计算机主机的时间先后排列。依序逐笔将排在前面的买方委托配对成交。

2)连续竞价

连续竞价,是指对买卖申报逐笔连续撮合的竞价方式。连续竞价阶段的特点是每一笔买卖委托输入计算机自动撮合系统后,当即判断并进行不同的处理:能成交者予以成交,不能成交者等待机会成交,部分成交者则让剩余部分继续等待。

按照我国证券交易所的有关规定,在无撤单的情况下,委托当日有效。另外,开盘集合竞价期间未成交的买卖申报,自动进入收盘集合竞价。深圳证券交易所还规定,连续竞价期间未成交的买卖申报,自动进入收盘集合竞价。

①连续竞价时,成交价格的确定原则有以下几条:

a.最高买入申报与最低卖出申报价为相同,以该价格为成交价。

b.买入申报价格高于即时揭示的最低卖出申报价格时,以即时揭示的最低卖出申报价格为成交价。

c.卖出申报价格低于即时揭示的最高买入申报价格时,以即时揭示的最高买入申报价格为成交价。

②实行涨跌幅限制的证券的有效申报范围。根据现行制度规定,无论买入或卖出,股票(含 A、B 股)、基金类在 1 个交易日内的交易价格相对上一交易日收市价格的涨跌幅不得超过 10%,其中 ST 股票和 *ST 股票价格涨跌幅比例都为 5%。涨跌幅价格的计算公式为(计算结果四舍五入至价格最小变动单位):

涨跌幅价格＝前收盘价×（1±涨跌幅比例）

买卖有价证券涨跌幅限制的证券,在价格涨跌幅限制内的申报为有效申报,超过涨跌幅限制的申报为无效申报。

在深圳证券交易所,买卖有价格涨跌幅限制的中小企业板块股票,连续竞价期间超过有效竞价范围的有效申报不能即时参加竞价,暂存于交易主机。当成交价格波动使其进入有效竞价范围时,交易主机自动取出申报,参加竞价。中小企业板股票连续竞价期间有效竞价范围为最近成交价的上下3%。开盘集合竞价期间没有产生成交的,连续竞价开始时有效竞价范围调整为前收盘价的上下3%,新股上市首日的股票价格不得高于发行价格的144%,且不得低于发行价格的64%。

3.5.3　竞价结果

竞价的结果有3种可能:全部成交、部分成交、不成交。

1)全部成交

委托买卖全部成交,证券公司应及时通知委托人按规定的时间办理交割手续。

2)部分成交

委托人的委托如果未能全部成交,证券公司在委托有效期内可继续执行,直到有效期结束。

3)不成交

委托人的委托如果未能成交,证券公司在委托有效期内可继续执行,等待机会成交,直到有效期结束。对委托人失效的委托,证券公司须及时将冻结的资金或证券解冻。

3.5.4　交易费用

投资者在委托证券时,需支付多项费用和税收,如佣金、过户费、印花税等。

1)佣金

佣金是投资者在委托买卖证券成交后按成交金额一定比例支付的费用,是证券公司为客户提供证券代理买卖服务收取的费用。此项费用由证券公司经纪佣金、证券交易所手续费及证券交易监管费等组成。佣金的收费标准因交易品种、交易所的不同而有所差异。从2002年5月1日开始,A股、B股、证券投资基金的交易佣金实行最高上限向下浮动制度。证券公司向客户收取的佣金(包括代收的证券交易监管费和证券交易所手续费等)不得高于证券交易金额的3%,也不得低于代收的证券交易监管费和证券交易所手续费等。A股、证券投资基金每笔交易佣金不足5元的,按5元收取;B股每笔交易佣金不足1美元或5港元的,按1美元或5港元收取。国债现券、企业债(含可转换债券)、国债回购以及以后出现的新的交易品种,其交易佣金标准由证券交易所制订并报中国证监会和国家发展和改革委员会备案,备案15天内无异议后实施。

2)过户费

过户费是委托买卖的股票、基金成交后,买卖双方为变更证券登记所支付的费用。这笔收入属于登记结算公司的收入,由证券公司在同投资者清算交收时代为扣收。

上海证券交易所和深圳证券交易所在过户费的收取上有所不同。在上海证券交易所,A 股的过户费为成交面额的千分之一,起点为 1 元;在深圳证券交易所,免收 A 股的过户费。

对于 B 股,这项费用称"结算费"。在上海证券交易所为成交金额的 0.5‰;在深圳交易所也为成交金额的 0.5‰,但最高不超过 500 港元。基金交易目前不收过户费。

2015 年 7 月 30 日,中国结算网站公布《关于调整沪股通交易过户费收费标准的通知》称,根据《关于调整 A 股交易过户费收费标准有关事项的通知》,自 2015 年 8 月 1 日起,沪股通交易过户费收费标准由原"按成交股份面值的 0.6‰计收(双向收取)"修改为"按成交金额 0.02‰计收(双向收取)"。沪港通其他登记结算收费安排及标准维持不变。

3)印花税

印花税是根据国家税法规定,在 A 股和 B 股成交后对买卖双方投资者按照规定的税率分别征收的税金。股票交易印花税对于中国证券市场,是政府增加税收收入的一个手段。

3.6　A 股、基金、债券等品种的清算与交收

3.6.1　清算与交收的概念

清算与交收是整个证券交易过程中必不可少的两个重要环节。清算一般有 3 种解释:一是指一定经济行为引起的货币资金关系应收、应付的计算;二是指公司、企业结束经营活动、收回债务、处置分配财产等行为的总和;三是银行同业往来中应付差额的轧抵。

证券交易的清算,是指在每一营业日中每个结算参与人成交的证券数量与价款分别予以轧抵,对证券和资金的应收或应付净额进行计算的处理过程。证券交易的交收,是指结算参与人根据清算的结果在事先约定的时间内履行合约的行为,即买方支付一定款项以获得所购证券,卖方交付一定证券以获得相应价款。交收的实质是依据清算结果实现证券与价款的收付,从而结束整个交易过程。

清算和交收两个过程统称为"结算"。

3.6.2　滚动交收和会计日交收

①从结算的时间安排来看,可以分为滚动交收和会计日交收。滚动交收要求某一交易日成交的所有交易有计划地安排距成交日相同营业日天数的某一营业日进行交收。

②我国目前存在两种滚动交收周期,即 $T+1$ 与 $T+3$。$T+1$ 滚动交收目前适用于我国的 A 股、基金、债券、回购交易等;$T+3$ 滚动交收适用于 B 股。

3.6.3　清算、交收的原则

1）净额清算原则

一般情况下,对于通过证券交易所达成的交易采取净额清算方式。净额清算又称"差额清算",就是在一个清算期中,对每个结算参与人价款的清算只计其各笔应收、应付款项相抵后的净额,对证券的清算只计每一种证券应收、应付相抵后的净额。净额清算又分为双边净额清算和多边净额清算。

2）共同对手方制度

共同对手方是指在结算过程中,同时作为所有买方和卖方的交收对手并保证交收顺利完成的主体。如果买卖中的一方不能按约定条件履约交收,结算机构也要依照结算规则向守约一方先行垫付其应收的证券或资金。

3）银货对付原则

银货对付又称"款券两讫""钱货两清"。银货对付指证券登记结算机构与结算参与人在交收过程中,当且仅当资金交付时给付证券、证券交付时给付资金。

4）分级结算原则

证券和资金结算实行分级结算原则。证券登记结算机构负责证券登记结算机构与结算参与人之间的集中清算交收;结算参与人负责办理结算参与人与客户之间的清算交收。但结算参与人与其他客户的证券划付,应当委托证券登记结算机构代为办理。

证券公司参与证券和资金的集中清算交收,应当向证券登记结算机构申请取得结算参与人资格;没有取得结算参与人资格的证券公司,应当与结算参与人签订委托结算协议,委托结算参与人代其进行证券和资金的集中清算交收。证券公司以外的机构经中国证监会批准,也可以申请成为结算参与人。

3.6.4　结算账户管理

（1）结算账户的开立

根据《中国证券登记结算有限责任公司结算备付金管理办法》(中国结算发字〔2004〕257号)结算参与人申请开立资金交收账户时,应当提交结算参与人资格证书;法定代表人授权委托书;开立资金交收账户申请表;资金交收账户印鉴卡;指定收款账户授权书等材料。

（2）结算账户的管理

①结算备付金账户计息。结算公司按照中国人民银行规定的金融同业活期存款利率向结算参与人计付结算备付金利息。结算备付金利息每季度结算一次。

②最低结算备付金限额。最低备付指结算公司为结算备付金账户设定的最低备付限额,结算参与人在其账户中至少应留足该限额的资金量。最低备付可用于完成交收,但不能划出。如果用于交收,次日必须补足,其公式如下:

$$最低结算备付金限额 = \frac{上月证券买入金额}{上月交易天数} \times 最低结算备付金比例$$

纳入最低备付计算的交易品种包括:A 股交易清算;基金交易清算;国债交易清算;企业债交易清算;国债回购交易清算;企业债回购交易清算。

(3)结算账户的撤销

结算系统参与人无对应交易席位且已结清与登记公司的一切债权、债务后,可申请终止在登记公司的结算业务,撤销结算账户。

中国证券登记结算有限责任公司上海分公司(简称"中国结算上海分公司")和深圳分公司("简称中国结算深圳分公司")A 股、基金、债券等品种的清算和交收模式大体相同。

3.6.5 上海市场 A 股、基金、债券等品种的清算与交收

结算参与人首先需以法人名义在中国结算上海分公司开立资金结算账户。中国结算上海分公司对各结算参与人的资金清算产生一个轧差净额,并直接在其结算备付金账户上进行交收。

上海证券交易所资金的清算、交收以结算参与人在该所取得的交易席位为明细核算单位。因此,结算参与人在开立结算备付金账户时应确认该账户核算的席位名单。

1)中国结算上海分公司同结算参与人之间的资金交收流程

①交易日(T日)闭市后,交易所将当日交易成交数据通过交易系统发送至中国结算上海分公司。

②中国结算上海分公司的登记结算系统按照净额结算原则,对所有结算单位当日的证券买卖进行轧差清算,并产生清算金额(清算金额=净卖金额-净买金额)。在净额结算方式中,中国结算上海分公司作为买卖各方的交收对手方。

③中国结算上海分公司在进行中央清算时同时计算有关费用,产生各结算单位的实际应收、应付金额,计算方法为:

$$实际应收、应付金额 = 清算金额 - 交易经手费 - 印花税 -$$
$$证管费 - 过户费 - 其他应付费用$$

④中国结算上海分公司在清算完成后,通过远程数据通信方式向各结算单位提供当日清算数据汇总表,列示结算单位当日对中国结算上海分公司的应收、应付资金数额,即中国结算上海分公司对结算单位发出结算指令。

⑤结算单位依据结算指令完成资金交收。

2)资金交收

资金交收首先满足二级市场交收,然后满足一级市场交收。资金交收具有终局性和不可逆转性,计算方法为:

$$账户可用余额=账户余额+(T+0 实收付)-冻结金额-最低备付限额$$

如可用余额小于零,结算参与人必须在 $T+1$ 交收前补足差额。可用余额大于零时,即为该账户当前可以划出的最大金额。

中国结算上海分公司在 $T+1$ 日 17:00 点进行 T 日交易的资金交收,由交收系统自动将结算系统参与人 T 日的应收金额贷记备付金账户,或将应付金额从备付金账户中扣除。

当日结算参与人资金划拨业务全部结束后,有以下两种情况。

①如(账户余额+上日 $T+0$ 实收付−冻结金额)>0, $T+1$ 交收完成后,账户余额则更新为实有金额。

②如(账户余额+上日 $T+0$ 实收付−冻结金额)<0, $T+1$ 交收完成后,则出现交收透支。

3)资金划拨

①划入资金。结算参与人交收头寸不足时,应及时向备付金账户补入资金。

②划出资金。结算参与人在中国结算上海分公司的备付金账户中有超额备付时,可根据需要将资金划到经授权的预留银行收款账号。结算参与人的划款主要通过 PROP 券商进行。

投资分析篇

第4章 证券投资分析与估值方法

4.1 证券投资主要分析方法和策略

4.1.1 证券投资分析的含义与目标

1）证券投资分析的含义

证券投资是指投资者（法人或自然人）购买股票、债券、基金券等有价证券以及这些有价证券的衍生品，以获取红利、利息及资本利得的投资行为和投资过程，是直接投资的重要形式。证券投资分析是指人们通过各种专业性分析方法，对影响证券价值或价格的各种信息进行综合分析以判断证券价值或价格及其变动的行为，是证券投资过程中不可或缺的一个重要环节。

2）证券投资分析的目标

（1）实现投资决策的科学性

投资决策贯穿于整个投资过程，其正确与否关系到投资的成败。尽管不同投资者投资决策的方法可能不同，但科学的投资决策无疑有助于保证投资决策的正确性。由于资金拥有量及其他条件的不同，不同的资金者会拥有不同的风险承受能力、不同的收益要求和不同的投资周期。同时，由于受到各种相关因素的影响，每一种证券的风险—收益特性并不是一成不变的。此外，由于证券一般具有可流通性，投资者可以通过证券流通市场买卖证券来满足自己的流动性需求。因此，在投资决策时，投资者应当正确认识每一种证券在风险性、收益性、流动性和时间性方面的特点，借此选择风险性、收益性、流动性和时间性同自己的要求相匹配的投资对象，并制订相应的投资策略。只有这样，投资者的投资决策才具有科学性，才能保障投资决策的正确性，使投资获得成功。进行证券投资分析正是投资者正确认知证券风险性、收益性、流动性和时间性的有效途径，是投资者科学决策的基础。因此，进行证券投资分析有利于减少投资决策的盲目性，从而提高投资决策的科学性。

（2）实现证券投资净效用最大化

证券投资的理想结果是证券投资净效用（即收益带来的正效用与风险带来的负效用的权衡）最大化。因此，在风险既定的条件下投资收益率最大化和在收益率既定的条件下风险最小化是证券投资的两大具体目标。证券投资的成功与否往往是看这两个目标的实现程度。但是,影响证券投资目标实现程度的因素很多,其作用机制也十分复杂。只有通过全面、系统和科学的专业分析,才能客观把握这些因素及其作用机制,并作出比较准确的预测。证券投资分析正是采用专业分析方法和分析手段对影响证券回报率和风险诸因素进行客观、全面和系统的分析,揭示这些因素影响的作用机制以及某些规律,用于指导投资决策,从而在降低投资风险的同时获取较高的投资收益。

正确评估证券的投资价值。投资者之所以对证券进行投资,是因为证券具有一定的投资价值。证券的投资价值受多方面因素的影响,并随着这些因素的变化而发生相应的变化。例如,债券的投资价值受市场利率水平的影响,并随着市场利率的变化而变化;影响股票投资价值的因素更为复杂,包括宏观经济、行业形势、公司经营管理和市场等多方面因素。所以,投资者在决定投资某种证券前,首先应该认真评估该证券的投资价值。只有当证券处于投资价值区域时,投资该证券才有利可图,否则可能导致投资失败。证券投资分析正是对可能影响证券投资价值的各种因素进行综合分析,来判断这些因素及其变化可能会对证券投资价值带来的影响,其有利于投资者正确评估证券的投资价值。

降低投资者的投资风险。投资者从事证券投资是为了获得投资回报(预期收益),但这种回报是以承担相应风险为代价的。从总体来说,预期收益水平和风险之间存在一种正相关关系。预期收益水平越高,投资者要承担的风险也就越大;预期收益水平越低,投资者要承担的风险也就越小。因此,对于某些具体证券而言,由于判断失误,投资者在承担较高风险的同时却未必能获得较高收益。理性投资者通过证券投资分析来考察每一种证券的风险、收益特性及其变化,可以较为准确地确定哪些证券是风险较大的证券,哪些证券是风险较小的证券,从而避免承担不必要的风险。从这个角度讲,证券投资分析有利于降低投资者的投资风险。

4.1.2 证券投资的主要分析方法

1)基本分析法

基本分析法又称"基本面分析法",是指证券分析师根据经济学、金融学、财务管理学及投资学等基本原理,对决定证券价值及价格的基本要素,如宏观经济指标、经济政策走势、行业发展状况、产品市场状况、公司销售和财务状况等进行分析,评估证券的投资价值,判断证券的合理价位,提出相应的投资建议的一种分析方法。基本分析法的理论基础在于:

任何一种投资对象都有一种可以称之为"内在价值"的固定基准,且这种内在价值可以通过对该种投资对象的现状和未来前景的分析而获得。

市场价格和内在价值之间的差距最终会被市场纠正,因此市场价格低于(或高于)内在价值之日,便是买(卖)机会到来之时。

基本分析流派是指以宏观经济形势、行业特征及上市公司的基本账务数据作为投资分析对象与投资决策基础的投资分析流派,是目前西方投资界的主流派别。基本分析流派的分析方法体系体现了以价值分析理论为基础、以统计方法和现值计算方法为主要分析手段的基本特征。它的两个假设为:股票的价值决定其价格和股票的价格围绕价值波动。因此,价值成为测量价格合理与否的尺度。基本分析的内容主要包括宏观经济分析、行业和区域分析、公司分析 3 大内容。

（1）宏观经济分析

宏观经济分析主要探讨各经济指标和经济政策对证券价格的影响。经济指标分为 3 类：

①先行性指标。这类指标可以对将来的经济状况提供预示性的信息，如利率水平、货币供给、消费者预期、主要生产资料价格、企业投资规模等。

②同步性指标。这类指标的变化基本上与总体经济活动的转变同步，如个人收入、企业工资支出、GDP、社会商品销售额等。

③滞后性指标。这类指标的变化一般滞后于国民经济的变化，如失业率、库存量、银行未收回贷款规模等。

经济政策主要包括货币政策、财政政策、信贷政策、债务政策、利率与汇率政策、产业政策、收入分配政策等。

（2）行业和区域分析

行业和区域分析是介于宏观经济分析与公司分析之间的中观层次的分析。行业分析主要分析行业所属的不同市场类型，所处的不同生命周期以及行业业绩对证券价格的影响。区域分析主要分析区域经济因素对证券价格的影响。一方面，行业的发展状况对该行业上市公司的影响是巨大的。从某种意义上说，投资某家上市公司实际上就是以某个行业为投资对象。另一方面，上市公司在一定程度上又受到区域经济的影响，尤其是我国各地区的经济发展极不平衡，产业政策也有所不同，从而对我国证券市场中不同区域上市公司的行为与业绩有着不同程度的影响。

（3）公司分析

公司分析是基本分析的重点，无论什么样的分析报告，最终都要落实在某家公司证券价格的走势上。如果没有对发行证券的公司状况进行全面的分析，就不可能准确预测其证券的价格走势。公司分析侧重对公司的竞争能力、盈利能力、经营管理能力、发展潜力、财务状况、经营业绩以及潜在风险等进行分析，借此评估和预测证券的投资价值、价格及其未来变化的趋势。

2）技术分析法

技术分析法是仅从证券的市场行为来分析证券价格未来变化趋势的方法。证券的市场行为可以有多种表现形式，其中证券的市场价格、成交量、价和量的变化以及完成这些变化所经历的时间是市场行为基本的表现形式。技术分析的理论基础是建立在 3 个假设之上的，即市场的行为包含一切信息、价格沿趋势移动、历史会重复。技术分析理论的内容就是市场行为的内容。

粗略地进行划分，可以将技术分析理论分为以下几类：K 线理论、切线理论、形态理论、技术指标理论、波浪理论和循环周期理论。技术分析理论经过长时间的发展和演化，形成自身的分析流派。技术分析流派认为，股票价格的波动是对市场供求均衡状态偏离的调整。

该流派以价格判断为基础、以正确的投资时机抉择为依据。从最早的直觉化决策方式,到图形化决策方式,再到指标化决策方式,直到最近的模型化决策方式以及正在研究开发中的智能化决策方式,技术分析流派投资分析方法的演进遵循了一条日趋定量化、客观化、系统化的发展道路。对投资市场的数量化与人性化理论之间的平衡,是技术分析流派面对的最艰巨的研究任务之一。

3)量化分析法

量化分析法是利用统计、数值模拟和其他定量模型进行证券市场相关研究的一种方法,具有"使用大量数据、模型和计算机"的显著特点,广泛应用于解决证券估值、组合构造与优化、策略制订、绩效评估、风险计量与风险管理等投资相关问题,是继传统的基本分析和技术分析之后发展起来的一种重要的证券投资分析方法。

4)证券投资分析应注意的问题

证券分析师进行证券投资分析时,应注意以下每种方法的适用范围及各种方法的结合使用。

基本分析法的优点主要能够从经济和金融层面揭示证券价格决定的基本因素及这些因素对价格的影响方式和影响程度。缺点主要是对基本面数据的真实、完整性具有较强依赖。短期价格走势的预测能力较弱。

技术分析法直接选取公开的市场数据,采用图表等方法对市场走势作出直观的解释。它缺乏牢固的经济金融理论基础。对证券价格行为模式的判断有很大随意性,受到学术界的批评。

量化分析法较多采用复杂的数理模型和计算机数值模拟,能够提供较为精细的分析结论。但它对使用者的定量分析技术有较高要求,不易为普通公众所接受。此外,量化分析法所采用的各种数理模型本身存在模型风险,一旦外部环境发生较大变化,原有模型的稳定性就会受影响。此外,量化分析法往往需要和程序化交易技术相结合,对交易系统的速度和市场数据的精确度有较高要求,这也在一定程度上限制了其应用范围。

事实上,并不存在完美的证券分析法,任何投资分析理论或分析方法都有其适用的前提和假设。投资分析是一种兼有科学性和艺术性的专业活动,对分析人员的知识、技能和经验都提出了很高的要求。

4.1.3　证券投资策略

证券投资策略是指导投资者进行证券投资时所采用的投资规则、行为模式、投资流程的总称,它综合地反映了投资者的投资目标、风险态度以及投资期限等主观、客观因素,通常包括资产配置、证券选择、时机把握、风险管理等。

1)根据投资决策的灵活性不同,分为主动型投资策略与被动型投资策略

(1)主动型投资策略

主动型投资策略的假设前提是市场有效性存在瑕疵,有可供选择的套利机会。它要求

投资者根据市场情况变动对投资组合进行积极调整,并通过灵活的投资操作获取超额收益,通常将战胜市场作为基本目标。根据板块轮动、市场风格转换调整投资组合就是一种常见的主动型投资策略。

（2）被动型投资策略

被动型投资策略是指根据事先确定的投资组合构成及调整规则进行投资,不根据市场环境的变化主动地实施调整。其理论依据主要是市场有效性假说。如果所有证券价格均充分反映了可获得的信息,则买入并持有证券,被动接受市场变化而不进行调整,更有可能获取市场收益,并避免了过多的交易成本和误判市场走势造成的损失。

在现实中,主动投资策略和被动投资策略是相对而言的,在完全主动和完全被动之间存在广泛的中间地带。通常将指数化投资策略视为被动投资策略的代表,但由此发展而来的各种指数增强型或指数优化型策略已经带有了主动投资的成分。

2）按照策略适用期限的不同,分为战略性投资策略和战术性投资策略

（1）战略性投资策略

战略性投资策略也称为战略性资产配置策略或长期资产配置策略,是指着眼较长投资期限,追求收益与风险最佳匹配的投资策略。因其着眼长期,故不会随市场行情的短期变化而轻易变动。常见的长期投资策略包括:

①买入持有策略。确定恰当的资产组合,并在 3～5 年的适当持有时间内保持这种组合。买入持有策略是一种典型的被动型投资策略,通常与价值型投资相联系,具有最小的交易成本和管理费用,但不能反映环境的变化。

②固定比例策略。保持投资组合中各类资产占总市值的比例固定不变。在各类资产的市场表现出现变化时应进行相应调整,买入下跌的资产,卖出上涨的资产。

③投资组合保险策略。投资组合保险策略是一大类投资策略的总称,这些策略的共性是强调投资人对最大风险损失的保障。其中,固定比例投资组合保险策略最具代表性。其基本做法是将资产分为风险较高和较低（通常采用无风险资产,如国债）两种,首先确定投资者所能承受的整个资产组合的市值底线,然后以总市值减去市值底线得到安全边际,将这个安全边际乘以事先确定的乘数就得到风险性资产的投资额。市场情况变化时,需要相应调整风险资产的权重。

例如,其投资者初始资金为 100 万元,市值底线为 75 万元,乘数为 2,则可以投资股票（高风险资产）的金额是 50 万元[=2×（100 万元−75 万元）]。其余 50 万元投资国债（无风险资产）。若股票下跌 20%（市值变为 40 万元）,国债价格不变,则总资产变为 90 万元,此时投资股票的金额相应变为 30 万元[=2×（90 万元−75 万元）],该投资者需要卖出 10 万元股票并将所得资金用于增加国债投资。反之,如果股票上涨 20%（市值变为 60 万元）,则投资者投资股票上的金额应变为 70 万元[=2×（110 万元−75 万元）]。投资者还需卖出 10 万元国债用于追加股票投资。其结果类似于"追涨杀跌"。

图 4.1 可以说明长期投资策略的异同。

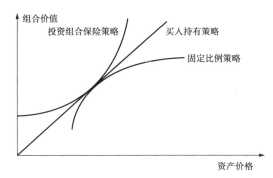

图 4.1 3 种长期投资策略比较

（2）战术性投资策略

战术性投资策略也称为"战术性资产配置策略"，通常是一些基于对市场前景预测的短期主动型投资策略。常见的战术性投资策略包括以下几个方面：

①交易型策略。根据市场交易中经常出现的规律性现象，制订某种获利策略。代表性策略包括均值-回归策略、动量策略或趋势策略。均值-回归策略通常假定证券价格或收益率走势存在一个正常值或均值，高于或低于此均值时会发生反向变动，投资者可以依据该规律进行低买高卖。动量策略也称"惯性策略"，其基本原理是"强者恒强"，投资者买入"赢家组合"（即历史表现优于大盘的组合），试图获取惯性高收益。趋势策略与动量策略的操作思路类似，只不过动量策略更侧重量化分析，而趋势策略往往会与技术分析相联系。

②多-空组合策略。此策略有时也称为"成对交易策略"，通常需要买入某个看好的资产或资产组合。同时卖空另外一个看淡的资产或资产组合，试图抵消市场风险而获取单个证券的阿尔法收益差额。

③事件驱动型策略。根据不同的特殊事件（例如公司结构变动、行业政策变动、特殊自然或社会事件等）制订相应的灵活投资策略。

3）股票投资策略、债券投资策略等

（1）股票投资策略

按照不同分类标准，可以把常见的股票投资策略分为以下几个类别：

①按照投资风格划分，可以区分为价值型投资策略、成长性投资策略和平衡型投资策略。

②按收益与市场比较基准的关系划分，可以分为市场中性策略、指数化策略、指数增强型策略以及绝对收益策略。

③按照投资决策的层次划分，可以分为配置策略、选股策略和择时策略。

（2）债券投资策略

债券投资策略种类较复杂，通常可以按投资的主动性程度，把债券投资策略分为消极投资策略和积极投资策略两类。

①消极投资策略。例如指数化投资策略、久期免疫策略、现金流匹配策略、阶梯形组合策略、哑铃型组合策略等。

②积极投资策略。例如子弹型策略、收益曲线骑乘策略、免疫策略、债券互换策略等。

4.1.4　证券投资分析的信息来源

信息在证券投资分析中起着十分重要的作用,是进行证券投资分析的基础。来自不同渠道的信息最终都将通过各种方式对证券的价格发生作用,导致证券价格的上升或下降,从而影响证券的收益率。因此,信息的多寡、信息质量的高低将直接影响证券投资分析的效果,影响分析报告的最终结论。从信息发布主体和发布渠道来看,证券市场上各种信息的来源主要有以下几个渠道。

1) 政府部门

政府部门是国家宏观经济政策的制定者,是一国证券市场上有关信息的主要来源。针对我国的实际情况,从总体上看,所发布的信息可能会对证券市场产生影响的政府部门主要包括国务院、中国证券监督管理委员会、财政部、中国人民银行、国家发展和改革委员会、商务部、国家统计局以及国务院国有资产监督管理委员会。

(1) 国务院

中华人民共和国国务院,即中央人民政府,是最高国家权力机关的执行机关,是最高国家行政机关。国务院根据《中华人民共和国宪法》和法律规定的各项行政措施、制定的各项行政法规、发布的各项决定和命令以及颁布的重大方针政策,会对证券市场产生全局性的影响。

(2) 中国证券监督管理委员会

中国证券监督管理委员会(简称"中国证监会")为国务院直属正部级事业单位,依照法律、法规和国务院授权,统一监督管理全国证券期货市场,维护证券期货市场秩序,保障其合法运行。中国证监会制定、颁发的有关发行上市、市场交易、信息披露、上市公司治理、证券经营机构业务管理等的各类部门规章、规范性文件,以及会同其他部、委、局发布的有关金融创新(如股票质押贷款)、证券市场收费行为(如证券交易佣金)的政策通知,乃至中国证监会针对个案作出的处罚决定或相关负责人发表的讲话等,往往对证券市场会产生直接或间接的引导作用。

(3) 财政部

财政部是国家主管财政收支、财税政策、国有资本金基础工作的宏观调控部门。该部主要负责拟定和执行财政和税收的发展战略、方针政策以及发展规划,参与制定各项宏观经济政策,拟订财政、国有资本金基础管理,财务、会计管理的法律法规草案,制定和执行财政、财务、会计管理的规章制度等事宜。根据 2003 年 3 月 10 日十届全国人大一次会议通过的《国务院机构改革方案》,财政部原有关国有资产管理的部分职能,转移至新设的国务院直属特设机构——国有资产监督管理委员会。

(4) 中国人民银行

中国人民银行作为我国的中央银行,是在国务院领导下制定和实施货币政策的宏观调控部门。其主要职责包括:依法制定和执行货币政策,发行人民币并管理人民币流通,持有、管理、经营国家外汇储备、黄金储备,经理国库,维护支付、清算系统的正常运行,负责金融业的统计、调查、分析和预测,依法从事有关的金融业务活动,从事有关的国际金融活动,管理国家外汇管理局,承办国务院交办的其他事项。根据 2003 年 3 月 10 日十届全国人大一次会议通过的《国务院机构改革方案》,中国人民银行原有的对银行、资产管理公司、信托投资公司及其他存款类金融机构的监管职能,如拟定有关银行业监管的政策法规、负责市场准入和运行监督、依法查处违法违规行为等职责,转移至新设的中国银行业监督管理委员会(简称"中国银监会")。

(5)国家发展和改革委员会

国家发展和改革委员会(简称"国家发改委")是根据 2003 年 3 月 10 日十届全国人大一次会议通过的《国务院机构改革方案》,由原国家发展计划委员会(简称"原国家计委")改组而来。原国家经济贸易委员会(简称"原国家经贸委")的行业规划,产业政策,经济运行调节,技术改造投资管理,多种所有制企业的宏观指导,促进中小企业发展以及重要工业品、原材料进出口计划等职能,也划归国家发改委。此外,原国务院经济体制改革办公室(简称"原国务院体改办")的职能并入国家发改委。作为综合研究拟定经济和社会发展政策、进行总量平衡、指导总体经济体制改革的宏观调控部门,国家发改委的主要职责包括:拟订并组织实施国民经济和社会发展战略、长期规划、年度计划、产业政策和价格政策,监测和调节国民经济运行,搞好经济总量平衡,优化重大经济结构,安排国家重大建设项目,指导和推进经济体制改革。国家发改委受国务院委托向全国人大作国民经济和社会发展计划的报告。

(6)商务部

商务部是根据 2003 年 3 月 10 日十届全国人大一次会议通过的《国务院机构改革方案》,整合原国家经贸委的内贸管理,对外经济协调和重要工业品、原材料进出口计划组织实施等职能,原国家计委的农产品进出口计划组织实施等职能,以及原对外贸易经济部的职能等而新组建的国务院所属部委之一。

作为主管国内外贸易和国际经济合作的部门,商务部的主要职责包括:研究拟定规范市场运行和流通秩序的政策法规,促进市场体系的建立和完善,深化流通体制改革,监测分析市场运行和商品供求状况,组织开展国际经济合作,负责组织协调反倾销、反补贴的有关事宜和组织产业损害调查等。

作为宏观调控部门,国家发改委、中国人民银行、财政部及商务部发布的有关信息,对分析具有"宏观经济晴雨表"功能的证券市场而言具有重要的意义。

(7)国家统计局

国家统计局是主管统计和国民经济核算工作的国务院直属机构。其主要职责是拟定统计工作法规、统计改革和统计现代化建设规划以及国家统计调查计划,组织领导和监督检查各地区、各部门的统计和国民经济核算工作,监督检查统计法律法规的实施。国家统计局定期对外发布的国民经济和社会发展中的有关统计数据,是证券投资分析中判断宏观经济运行状况、行业先进水平或平均水平等的重要数据类信息来源。

国务院国有资产监督管理委员会。国务院国有资产监督管理委员会(简称"国务院国资委")是根据 2003 年 3 月 10 日十届全国人大一次会议通过的《国务院机构改革方案》增设的国务院直属特设机构。其主要职责包括:根据国务院授权,依照《中华人民共和国公司法》(简称《公司法》)等法律和行政法规履行出资人职责,指导推进国有企业改革和重组;对所监管企业国有资产的保值增值进行监督,加强国有资产的管理工作;推进国有企业的现代企业制度建设,完善公司治理结构;推动国有经济结构和布局的战略性调整。国务院国资委制定的一系列关于国有资产监督管理的法规、政策,会直接或间接地影响诸如国有股减持等证券市场问题,也是证券分析的重要信息来源之一。

2)证券交易所

根据《中华人民共和国证券法》(简称《证券法》)的规定,证券交易所是为证券集中交易提供场所和设施,组织和监督证券交易、实行自律管理的法人。其主要负责是提供证券交易的场所和设施,制订证券交易所的业务规则,接受上市申请,安排证券上市,组织、监督证券交易,对会员、上市公司进行监管等事宜。其中,证券交易所向社会公布的证券行情,按日制作的证券行情表以及市场内成交情况编制的日报表、周报表、月报表与年报表等成为技术分析中的首要信息来源。

3)中国证券业协会

中国证券业协会是证券业的自律性组织,是社会团体法人。根据我国《证券法》的规定,证券公司应当加入中国证券业协会。中国证券业协会协助证券监督管理机构组织会员执行有关法律、维护会员的合法权益,为会员提供信息服务。

4)证券登记结算公司

证券登记结算公司是为证券交易提供集中登记、存管与结算服务,不以营利为目的的法人。证券登记结算业务采取全国集中统一的运营方式,由证券登记结算机构依法集中统一办理。证券登记结算机构实行行业自律管理。证券登记结算公司履行下列职能:证券账户、结算账户的设立和管理,证券的存管和过户,证券持有人名册登记及权益登记,证券和资金的清算交收及相关管理,受发行人的委托派发证券权益,依法提供与证券登记结算业务有关的查询、信息、咨询和培训服务。

5)上市公司

上市公司作为经营主体,其经营状况的好坏直接影响投资者对其价值的判断,从而影响其股价水平的高低。一般来说,上市公司通过定期报告(如年度报告和中期报告)和临时公告等形式向投资者披露其经营状况的有关信息,如公司盈利水平、公司股利政策、增资减资和资产重组等重大事宜。作为信息发布主体,它所公布的有关信息是投资者对其证券进行价值判断的重要来源。

6)证券中介机构

证券中介机构是指为证券市场参与者如发行人、投资者等提供各种服务的专职机构。按提供服务的内容不同,证券中介机构可以分为证券经营机构、证券投资咨询机构、证券登记结算机构以及可从事证券相关业务的会计师事务所、资产评估事务所、律师事务所、信用评级机构等。这些机构利用其人才、信息等方面的优势,为不同市场参与者提供相应的专业化服务,有助于投资者分析证券的投资价值,引导其投资方向。其中,由中介机构专业人员在资料收集、整理、分析的基础上撰写的,通常以有偿形式向使用者提供的研究报告,也是信息的一种重要形式。

7）媒体

媒体是信息发布的主体之一。由于影响证券市场的信息内容繁多,信息量极为庞大,因此,媒体便通过专门的人员对各种信息进行收集、整理、归类和汇总,并按有关规定予以公开披露,从而节省信息使用者的时间,大大提高了工作效率。其中,媒体专业人员通过实地采访与调研所形成的新闻报道或报告,是以媒体为发布主体的重要信息形式。

媒体也是信息发布的主要渠道之一。只要符合国家的有关规定,各信息发布主体都可以通过各种书籍、报纸、杂志、其他公开出版物以及电视、广播、互联网等媒介披露有关信息。这些信息包括国家的法律法规、政府部门发布的政策信息、上市公司的年度报告和中期报告等。作为信息发布的主渠道,媒体是连接信息需求者和信息供给者的桥梁。

8）其他来源

除上述信息来源以外,投资者还可通过实地调研、专家访谈、市场调查等渠道获得有关信息,也可通过家庭成员、朋友、邻居等获得有关信息,甚至包括内幕信息。对某些投资者来说,上述渠道有时可能是获取信息非常重要的渠道。但必须指出的是,根据有关证券投资咨询业务行为的规定,证券分析师从事面向公众的证券投资咨询业务时所引用的信息仅限于完整翔实的、公开披露的信息资料,并且不得以虚假信息、内幕信息或者市场传言为依据向客户或投资者提供分析、预测或建议。所以,证券分析师应非常谨慎地处理所获得的非公开信息。

4.2　证券估值基本原理

4.2.1　价值与价格的基本概念

证券估值是指对证券价值的评估。有价证券的买卖双方根据各自掌握的信息对证券价值分别进行评估,然后才能以双方均能接受的价格成交。从这个意义上说,证券估值是证券交易的前提和基础。另一方面,当证券的持有者参考市场上同类或同种证券的价格来给自己持有的证券进行估价时,我们发现,此时证券估值似乎又成为证券交易的结果。证券估值的复杂性很大程度上来源于人们对价格、价值等重要市场经济概念理解的多重性,从头梳理这些概念对讨论证券估值至为重要。

1）虚拟资本及其价格

随着信用制度的日渐成熟,产生了对实体资本的各种要求权,这些要求权的票据化就是有价证券,以有价证券形态存在的资本就称为"虚拟资本"。我们将要讨论的股票、债券均属虚拟资本的范畴。

作为虚拟资本载体的有价证券,本身并无价值,其交换价值或市场价格来源于其产生未来收益的能力。它们的价格运动形式具体表现为以下几条:

①其市场价值由证券的预期收益和市场利率决定,不随职能资本价值的变动而变动。

②其市场价值与预期收益的多少成正比,与市场利率的高低成反比。

③其价格波动,既决定于有价证券的供求,也决定于货币的供求。

2)市场价格、内在价值、公允价值与安全边际

(1)市场价格

有价证券的市场价格是指该证券在市场中的交易价格反映了市场参与者对该证券价值的评估。根据产生该价格的证券交易发生时间,通常又将其区分为历史价格、当前价格和预期市场价格。

(2)内在价值

市场价格对投资者至关重要,很多投资者仅仅因为预期市场价格上涨而买入证券,因预期市场价格下跌而卖出证券。与此同时,几乎所有投资者也常常会问这样的问题:"以这个价格买(卖),是不是合算,这个证券到底应该值多少钱?"换言之,投资者在心理上会假设证券都存在一个"由证券本身决定的价格",投资学上将其称为"内在价值"。这个概念大致有两层含义:

①内在价值是一种相对"客观"的价格,由证券自身的内在属性或基本面因素决定,不受外在因素(比如短期供求关系变动、投资者情绪波动等)影响。

②市场价格基本上是围绕着内在价值形成的。套用 20 世纪有名的犹太投资人安德烈·科斯托兰尼(Andre Kostolany)的妙喻,它们之间的关系犹如"小狗与牵着它的主人一般。小狗前前后后地跑,尽管不会离主人太远,但方向未必一致"。

现代金融学关于证券估值的讨论,基本上是运用各种主观的假设变量,结合相关金融原理或者估值模型,得出某种"理论价格",并认为那就是证券的"内在价值"。在这种理论的指导下,投资行为简化为:

市场价格<内在价值→价格被低估→买入证券

市场价格>内在价值→价格被高估→卖出证券

有趣的是,由于每个投资者对证券"内在"信息的掌握并不相同,主观假设(如未来市场利率、通货膨胀率、汇率等)也不一致,即便大家都采用相同的计算模型,每个人算出来的内在价值也不会一样。

(3)公允价值

投资者可以参考当前的市场价格来估计自己持有(或打算买入/卖出)的证券价值,也可以运用特定的估值模型计算证券的内在价值。在证券市场完全有效的情况下,证券的市场价格与内在价值是一致的,但是现实中的证券市场却并非完全有效。

多数情况下,两者存在差异,而且两者均存在以下缺陷:

①在某些情况下,某种证券可能没有活跃的市场价格(如股票停牌)。有些情况下,即便发生了交易,交易价格可能也未必真实。因此,采用市场价格来为证券估值不完全可靠。

②估值模型千差万别,相关变量和假设各不相同,"内在价值"并不具有唯一性。著名投资人巴菲特甚至宣称,很多情况下,"用模型定价"等于"用神话定价"。

为解决证券估值难题给投资业绩计算、企业会计处理、所得税征收、基金申购和赎回等带来的麻烦,实践中将市场价值和模型定价两者相结合,引入了"公允价值"概念。根据我国财政部颁布的《企业会计准则第 22 号——金融工具确认和计量》,如果存在活跃交易的市场,则以市场报价为金融工具的公允价值;否则,采用估值技术确定公允价值。特别指出:"估值技术包括参考熟悉情况并自愿交易的各方最近进行的市场交易中使用的价格,参照实质上相同的其他金融工具的当前公允价值、现金流量折现法和期权定价模型等。"

(4)安全边际

格雷厄姆和多德在其经典著作《证券分析》一书中数十次提及"安全边际"(Margin of safety)概念。按照他们的理论,安全边际是指证券的市场价格低于其内在价值的部分,任何投资活动均以之为基础。就债券或优先股而言,它通常代表盈利能力超过利率或者必要红利率,或者代表企业价值超过其优先索偿权的部分;对普通股而言,它代表了计算出的内在价值高于市场价格的部分,或者特定年限内预期收益或红利超过正常利息率的部分。

4.2.2　货币的时间价值、复利、现值与贴现

1)货币的时间价值

货币的时间价值是货币随时间的推移而发生的增值。

在介绍证券估值之前,我们先来研究一下最基本的金融工具——货币的价值。不妨作一个实验,如果给你两种选择:A. 现在给你 100 元钱;B. 1 年后给你 100 元钱,理性的人通常都会选 A。原因有以下 3 个:

①只要利率是正数,今天的 100 元存入银行(或进行其他无风险投资),1 年后收回的金额肯定大于 100 元。

②如果通货膨胀率是正数,今天 100 元所代表的购买力比明年的 100 元要大。

③100 元是肯定的,1 年后存在兑现风险。

这个例子说明,今天到手的资金比预期未来获得相同金额的资金更有价值,我们把这种现象称为"货币的时间价值"(Time Value of Money, TVM)。

2)复利

由于资金具有时间价值,如果将时间价值让渡给别人(把钱贷给别人),将会得到一定的报酬(利息)。

下面再来看一个例子。如果今天把 1 000 元钱贷给别人 1 年,约定年利率为 10%,则到期将收回:

到期值＝1 000 元×(1+10%)＝1 100 元

接下来,把收回的本利 1 100 元再按 10% 年息贷出 1 年,到期将收回:

到期值＝1 100 元×(1+10%)

　　　　＝1 000 元×(1+10%)×(1+10%)

　　　　＝1 000 元×(1+10%)²

　　　　＝1 210 元

同理,如果重复上述过程 5 年,到期将收回:

到期值＝1 000 元×(1+10%)⁵＝1 610.5 元

换言之,货币的时间价值的存在使得资金的借贷具有"利上加利"的特性,我们将其称之为复利。在复利条件下,一笔资金的期末价值(或称为终值、到期值)计算公式如下:

$$FV = PV \times (1 + i)^n \qquad (4.1)$$

式中　FV——终值;

　　　PV——本金(现值);

　　　i——每期利率;

　　　n——期数。

若每期付息 m 次,则到期本利和变为:

$$FV = PV \times \left(1 + \frac{i}{m}\right)^{mn} \qquad (4.2)$$

对投资者而言,利上加利的复利效果是个不能忽视的问题。

有一个有趣的例子,据说,1626 年荷兰人用价值约 60 荷兰盾(大约 24 美元)的物品从印第安人手中买下了面积为 57.91 平方千米的曼哈顿岛。今天,这个小岛已成为纽约的中心,价值无可估量。可是,也有人进行如下计算,如果当初荷兰人省下这 24 美元,并能按 10% 的年复利率进行投资,那么,到了 2012 年,这笔钱将变为:

24 美元 × $(1 + 10\%)^{386}$ ≈ 227 922 769 180 321 778 美元

这个数字折合地价约为 3 935 810 209 美元/平方米。这样看来,荷兰人出价还太高了!

3)现值和贴现

由前述资金借贷的例子可以发现,1 年后的 1 100 元才能与今天的 1 000 元等值,2 年后必须要 1 210 元才能与今天的 1 000 元等值……5 年后的 1 610.5 元才等于今天的 1 000 元。

于是,在这个例子中,1 年后 1 100 元、2 年后 1 210 元……5 年后 1 610.5 元的现值均为 1 000 元。而对给定的终值计算现值的过程,称为贴现。

现值(PV)计算公式为:

$$PV = \frac{FV}{(1 + i)^n} \qquad (4.3)$$

例如,计算 2 年后 1 210 元的现值:

现值＝1 210 元 ÷ $(1 + 10\%)^2$ ＝1 210 元 ÷ 1.21 ＝1 000 元

4)现金流贴现与净现值

投资项目、企业和有价证券都存在现金流。现金流,就是在不同时点上流入或流出相关投资项目(企业或有价证券)的一系列现金。从财务投资者的角度看,买入某个证券就等于买进了未来一系列现金流,证券估值也就等价于现金流估值。

我们通常用时间轴来描述有价证券的现金流。如某公司按面值(100 元)平价发行 5 年期公司债券,年息为 10% ,每年付息一次,到期还本。对于购买该债券的投资者而言,其现金流时间轴如图 4.2 所示。

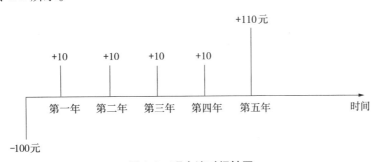

图 4.2　现金流时间轴图

在图 4.2 中,我们把投资者支出用于购买债券的 100 元画在时间轴的下方,用负号表示,即为初始现金流出。随后 4 年每年收到利息 10 元和第 5 年本息 110 元是因持有债券带来的现金流入,画在时间轴上方,用正号表示。

简单地看,投资者今天用 100 元的现金换回了未来 5 年总计 150 元的现金。可是,在了解货币时间价值之后,我们已经知道,不能把未来 5 年的现金流简单相加进行比较。正确做法是,根据一定的贴现率把所有未来现金流入的现值加在一起与今天的现金流出比较。

①如果年贴现率为 20% ,每年保持不变,则未来现金流入现值为:

$$\left(\frac{10}{1+20\%}+\frac{10}{(1+20\%)^2}+\frac{10}{(1+20\%)^3}+\frac{10}{(1+20\%)^4}+\frac{110}{(1+20\%)^5}\right)元 = 70.09\ 元$$

②如果年贴现率为 10% ,每年保持不变,则未来现金流现值为:

$$\left(\frac{10}{1+10\%}+\frac{10}{(1+10\%)^2}+\frac{10}{(1+10\%)^3}+\frac{10}{(1+10\%)^4}+\frac{110}{(1+10\%)^5}\right)元 = 100\ 元$$

③如果年贴现率为 5% ,每年保持不变,则未来现金流现值为:

$$\left(\frac{10}{1+5\%}+\frac{10}{(1+5\%)^2}+\frac{10}{(1+5\%)^3}+\frac{10}{(1+5\%)^4}+\frac{110}{(1+5\%)^5}\right)元 = 121.65\ 元$$

换言之,如果贴现率为 20% ,则投资者相当于花 100 元现金购买 5 年期债券换来 70.09 元现值,从现值角度看,亏了 29.91 元;若贴现率为 10% ,则现金流入与现金流出的现值正好相等;若贴现率为 5% ,则相当于赚了 21.65 元的现值。

我们也可以把现金流入的现值(正数)和现金流出的现值(负数)加在一起,得到该投资项目的净现值。在上例中,不同的贴现率条件下,购买该债券所获得的净现值分别为-29.91 元、0 元和 21.61 元。

公平交易要求投资者现金流出的现值正好等于现金流入的现值,或者说,该投资行为所产生的现金流的净现值等于 0。

4.2.3　证券估值方法

1）绝对估值

绝对估值是指通过对证券的基本财务要素的计算和处理得出该证券的绝对金额,各种基于现金流贴现的方法均属此类(表4.1)。

表4.1　贴现现金流估值法基本框架

模　型	现金流	贴现率
红利贴现模型	预期红利	必要回报率
企业自由现金流贴现模型	企业自由现金流	加权平均资本成本
股东现金流贴现模型	股东自由现金流	必要回报率
经济利润估值模型	经济利润	加权平均资本成本

2）相对估值

相对估值的哲学基础在于,不能孤立地给某个证券进行估值,而是参考可比证券的价格,相对地确定待估证券价值。通常需要运用证券的市场价格与某个财务指标之间存在的比例关系对证券进行估值。如常见的市盈率、市净率、市售率、市值回报增长比等均属相对估值方法(表4.2)。

表4.2　相对估值常用指标比较

指　标	指标简称	适　用	不适用
市盈率	P/E	周期性较弱企业、一般制造业、服务业	亏损公司、周期性公司
市净率	P/B	周期性公司、重组型公司	重置成本变动较大的公司、固定资产较少的服务行业
市销率	P/S	销售收入和利润率较稳定的公司	销售不稳定的公司
经济增加值与利息折旧摊销前收入比	EV/EBIDA	资本密集、准垄断或具有巨额商誉的收购型公司	固定资产更新变化较快的公司
市值回报增长比	PEG	IT等成长性行业	成熟行业

3）资产价值

根据企业资产负债表的编制原理,企业的资产价值、负债价值与权益价值三者之间存在下列关系:

$$权益价值＝资产价值－负债价值$$

因此,如果可以评估出3个因素中的两个,则剩下的一个也就可以计算出来了。常用方法包括重置成本法和清算价值法,分别适用于可持续经营的企业和停止经营的企业。

4）其他估值方法

在金融工程领域中,常见的估值方法还包括无套利定价和风险中性定价,它们在衍生产品估值中得到了广泛应用。

①无套利定价。无套利定价的理论基础是经济学的一价定律,指相同的商品在同一时刻只能以相同的价格出售,否则市场参与者就会低买高卖,最终导致价格趋同。根据这一原理,合理的金融资产价格应该消除套利机会。

②风险中性定价。在现实世界中,投资者会有不同的风险偏好,从而导致金融资产估值必须选择不同的贴现率。风险中性定价假设投资者不存在不同的风险偏好,对风险均持中性态度,从而简化了分析过程,可以采用无风险利率作为贴现率。

4.3　债券估值分析

4.3.1　债券估价原理

债券估值的基本原理就是现金流贴现。债券投资者持有债券,会获得利息和本金偿付。把现金流入用适当的贴现率进行贴现并求和,便可得到债券的理论价格。

1）债券现金流的确定

债券发行条款规定了债券的现金流。在不发生违约事件的情况下,债券发行人应按照发行条款向债券持有人定期偿付利息和本金。

（1）债券的面值和票面利率

除少数本金逐步摊还的债券外,多数债券在到期日按面值还本。票面利率通常采用年单利表示,票面利率乘以付息间隔和债券面值即得到每期利息支付金额。短期债券一般不付息,而是到期一次性还本,因此要折价交易。

（2）计付息间隔

债券在存续期内定期支付利息,我国发行的各类中长期债券通常每年付息1次,欧美国家则习惯半年付息1次。付息间隔短的债券,风险相对较小。

（3）债券的嵌入式期权条款

通常,债券条款中可能包含发行人提前赎回权、债券持有人提前返售权、转股权、转股修正权、偿债基金条款等嵌入式期权,这些条款极大地影响了债券的未来现金流模式。

一般来说,凡是有利于发行人的条款都会相应降低债券价值;反之,有利于持有人的条款则会提高债券价值。

（4）债券的税收待遇

投资者拿到的实际上是税后现金流,因此,免税债券（如政府债券）与可比的应纳税债券（如公司债券、资产证券化债券等）相比,价值要大一些。

（5）其他因素

债券的付息方式（浮动、可调、固定）、债券的币种（单一货币、双币债券）等因素都会影响债券的现金流。

2）债券贴现率的确定

根据定义，债券的贴现率是投资者对该债券要求的最低回报率，也称为必要回报率。其计算公式为：

债券必要回报率=真实无风险收益率+预期通货膨胀率+风险溢价

①真实无风险收益率，是指真实资本的无风险回报率，理论上由社会资本平均回报率决定。

②预期通货膨胀率，是对未来通货膨胀率的估计值。

③风险溢价，根据各种债券的风险大小而定，是投资者因承担投资风险而获得的补偿。债券投资的主要风险因素包括违约风险（信用风险）、流动性风险、汇率风险等。

投资学中，通常把前两项之和称为"名义无风险收益率"，一般用相同期限零息国债的到期收益率（称为即期利率或零利率）来近似表示。

4.3.2　债券报价与实付价格

1）报价形式

债券交易中，报价是指每100元面值债券的价格，以下两种报价较为普遍：

①全价报价。此时，债券报价即买卖双方实际支付价格。全价报价的优点是所见即所得，比较方便。缺点则是模糊了债券价格涨跌的真实原因。

②净价报价。此时，债券报价是扣除累积应付利息后的报价。净价报价的优点是把利息累积因素从债券价格中剔除，能更好地反映债券价格的波动程度；缺点是双方需要计算实际支付价格。

2）利息计算

计算累计利息时，针对不同类别债券，全年天数和利息累计天数的计算分别有行业惯例。

（1）短期债券

通常全年天数定为360天，半年定为180天。利息累计天数则分为按实际天数（ACT）计算（ACT/360、ACT/180）和按每月30天计算（30/360、30/180）两种。

例4.1　2015年3月5日，某年息6%、面值100元、每半年付息1次的1年期债券，上次付息为2014年12月31日。如市场净价报价为96元，则实际支付价格为：

①ACT/180。

累计天数（算头不算尾）=31天（1月）+28天（2月）+4天（3月）=63天

累计利息=100元×6%÷2×63÷180天=1.05元

实际支付价格=96元+1.05元=97.05元

②30/180。

累计天数(算头不算尾) = 30 天(1 月) + 30 天(2 月) + 4 天(3 月) = 64 天

累计利息 = 100 元×6% ÷2×64÷180 天 = 1.07 元

实际支付价格 = 96 元 + 1.07 元 = 97.07 元

(2)中长期附息债券

全年天数有的定为实际全年天数,也有的定为365天。累计利息天数也分为实际天数、每月按30天计算两种。

我国交易所市场对附息债券的计息规定是,全年天数统一按365天计算;利息累计天数规则是按实际天数计算,算头不算尾、闰年2月29日不计息。

例 4.2　2015 年 3 月 5 日,某年息 8%,每年付息 1 次,面值为 100 元的国债,上次付息日为 2014 年 12 月 31 日。如净价报价为 103.45 元,则按实际天数计算的实际支付价格为:

ACT/365:

累计天数(算头不算尾) = 31 天(1 月) + 28 天(2 月) + 4 天(3 月) = 63 天

累计利息 = 100 元×8%×63÷365 天 = 1.38 元

实际支付价格 = 103.45 元 + 1.38 元 = 104.83 元

(3)贴现式债券

我国目前对于贴现发行的零息债券按照实际天数计算累计利息,闰年2月29日也计利息,公式为:

$$应收利息额 = \frac{到期总付额 - 发行价格}{起息日至到期日天数} \times 起息日至结算日的天数$$

例 4.3　2015 年 1 月 10 日,财政部发行 3 年期贴现式债券,2018 年 1 月 10 日到期,发行价格为 85 元。2017 年 3 月 5 日,该债券净价报价为 87 元,则实际支付价格计算为:

$$累计利息 = \frac{100 - 85}{1\ 096} 元 \times 784 = 10.73 元$$

$$实际支付价格 = 87 元 + 10.73 元 = 97.73 元$$

4.3.3　债券估值模型

根据现金流贴现的基本原理,不含嵌入式期权的债券理论价格计算公式为:

$$P = \sum_{t=1}^{T} \frac{C_t}{(1 + y_t)^t} \tag{4.4}$$

式中　P——债券理论价格;

　　　　T——债券距到期日时间长短(通常按年计算);

　　　　t——现金流到达的时间;

　　　　C_t——现金流金额;

　　　　y——贴现率(通常为年利率)。

1)零息债券定价

零息债券不计利息,折价发行,到期还本,通常1年期以内的债券为零息债券。其定价

公式为:

$$P = \frac{FV}{(1 + y_T)^T} \tag{4.5}$$

式中 FV——零息债券的面值。

例 4.4 2015 年 1 月 1 日,中国人民银行发行 1 年期中央银行票据,每张面值为 100 元人民币,年贴现率为 4%。则理论价格为:

$$理论价格 = \frac{100}{1 + 4\%} 元 = 96.15 元$$

例 4.5 2015 年 6 月 30 日,前例所涉中央银行票据年贴现率变为 3.5%,则其理论价为:

$$P = \frac{100}{(1 + 3.5\%)^{0.5}} 元 = 98.33 元$$

2)附息债券定价

附息债券可以视为一组零息债券的组合。如一只年息 5%、面值 100 元、每年付息 1 次的 2 年期债券,可以分拆为:

面值为 5 元的 1 年期零息债券+面值为 105 元的 2 年期零息债券

因此,可以用零息债券定价公式(4.5)分别为其中每只债券定价,加总后即为附息债券的理论价格。也可以直接套用公式(4.4)进行定价。

例 4.6 2015 年 3 月 31 日,财政部发行的某期国债距到期日还有 3 年,面值 100 元,票面利率年息 3.75%,每年付息 1 次,下次付息日在 1 年以后。1 年期、2 年期、3 年期贴现率分别为 4%,4.5%,5%。该债券理论价格(P)为:

$$P = \frac{3.75}{1 + 4\%} + \frac{3.75}{(1 + 4\%)^2} + \frac{103.75}{(1 + 4\%)^3} 元 = 96.66 元$$

3)累息债券定价

与附息债券不同的是,累息债券也有票面利率,但是规定到期一次性还本付息。可将其视为面值等于到期还本付息额的零息债券,并按零息债券定价公式定价。

例 4.7 2015 年 3 月 31 日,财政部发行的 3 年期国债,面值 100 元,票面利率年息 3.75%,按单利计息,到期利随本清。3 年期贴现率 5%。计算如下:

到期还本付息=100 元×(1+3×3.75%)= 111.25 元

$$理论价格(P) = \frac{111.25}{(1 + 5\%)^3} 元 = 96.13 元$$

4.3.4 债券收益率

出于不同的用途,债券收益率计算方式种类繁多,以下主要介绍债券的当期收益率、到期收益率、零利率、持有期收益率、赎回收益率的计算。

1)当期收益率

在投资学中,当期收益率被定义为债券的年利息收入与买入债券的实际价格的比率。

其计算公式为：

$$Y = \frac{C}{P} \times 100\%　　　　　　　　　　　(4.6)$$

式中　Y——当期收益率；

　　　C——每年利息收益；

　　　P——债券价格。

例4.8　假定某投资者以940元的价格购买了面额为1 000元、票面利率为10%、剩余期限为6年的债券，那么该投资者的当期收益率（Y）为：

$$Y = 1\ 000\ 元 \times 10\% \div 940\ 元 \times 100\% = 11\%$$

当期收益率度量的是债券年利息收益占购买价格的百分比，反映每单位投资能够获得的债券年利息收益，但不反映每单位投资的资本损益。当期收益率的优点在于简便易算，可以用于期限和发行人均较为接近的债券之间进行比较。其缺点是：

①零息债券无法计算当期收益。

②不同期限附息债券之间，不能仅仅因为当期收益高低而评判优劣。

2）到期收益率

债券的到期收益率（Yield to Maturity，YTM）是使债券未来现金流现值等于当前价格所用的相同的贴现率，也就是金融学中的内部报酬率（Internal Return Rate，IRR）。

$$P = \sum_{t=1}^{T} \frac{C_t}{(1+y)^t}　　　　　　　　(4.7)$$

式中　P——债券价格；

　　　C——现金流金额；

　　　y——到期收益率；

　　　T——债券期限（期数）；

　　　t——现金流到达时间（期）。

公式（4.7）是一个关于y的高次方程，可以用插值法求出它的值。如果债券每年付息1次，每次付息金额为C，债券面值为F，则公式（4.7）可以写为：

$$P = \sum_{t=1}^{T} \frac{C_t}{(1+y)^t} + \frac{F}{(1+y)^T}　　　　　(4.8)$$

例4.9　某剩余期限为5年的国债，票面利率8%，面值100元，每年付息1次，当前市场价格为102元，则其到期收益率满足：

$$102 = \frac{8}{1+y} + \frac{8}{(1+y)^2} + \frac{8}{(1+y)^3} + \frac{8}{(1+y)^4} + \frac{8}{(1+y)^5}$$

这是一个关于到期收益率y的一元五次方程，插值法计算得到：

$$y = 7.505\ 6\%$$

比较公式（4.7）和（4.8），不难发现，债券的内在价值既可以表达为零利率的函数，也可以表达为到期收益率的函数。事实上，到期收益率是一系列不同期限零利率的某种复杂的平均数，而零利率则是单笔现金流的到期收益率。

在一些国家(如美国),债券通常每半年付息一次,且每次支付票面年息的一半,则公式(4.8)可以写为:

$$P = \sum_{t=1}^{2T} \frac{C_t/2}{(1+y/2)^t} + \frac{F}{(1+y/2)^{2T}} \tag{4.9}$$

例 4.10 某剩余期限为 5 年的国债,票面利率 8%,面值 100 元,每年付息 2 次,每次付息 4 元,当前市场价格为 102 元,则其到期收益率满足:

$$102 = \sum_{t=1}^{10} \frac{4}{(1+y/2)^t} + \frac{100}{(1+y/2)^{10}}$$

求解得:$y = 7.512\,8\%$

比较例 4.9 与例 4.10,不难发现,在年息票面利率相等的情况下,每半年付息一次的债券比每年付息一次债券的到期收益率略高。原因很简单,出于对货币时间价值的考虑,每半年付 4 元比 1 年付 8 元要多。

3)即期利率

即期利率也称零利率,是零息票债券到期收益率的简称。在债券定价公式中,即期利率就是用来进行现金流贴现的贴现率。反过来,我们也可以从已知的债券价格计算即期利率。

例 4.11 息票剥离法计算即期利率。

如表 4.3 所示,债券 A、B、C、D、E 相关信息已获知,需要计算 3 个月(0.25 年)~2 年的即期利率。

表 4.3　即期利率表

债　券	债券本金/元	距到期期限/年	年息票/元	债券价格/元
A	100	0.25	0	97.5
B	100	0.50	0	94.9
C	100	1.00	0	90.0
D	100	1.50	8	96.0
E	100	2.00	12	101.6

对于 A、B、C 3 只零息债券,即期利率分别满足:

0.25 年期利率:97.5 = 10.66%

0.5 年期利率:94.9 = 11.04%

1 年期利率:90 = 11.11%

计算 1.5 年期即期利率时会发现,此时能够获得的债券价格(D 债券)不能直接用于计算,因为 D 债券是附息债券。假设 D 债券每年付息 1 次,距下次付息正好半年,则可以将该债券下次付息视为本金为 8 元、半年后到期的零息债券,而 1.5 年后的还本付息(108 元)视为本金为 108 元、1.5 年后到期的零息债券。于是,债券 D 就分拆为两只零息债券,其价格也就等于两只零息债券的价格之和,于是有:

$$96 = \frac{8}{(1 + y_{0.5})^{0.5}} + \frac{108}{(1 + y_{1.5})^{1.5}}$$

$$= \frac{8}{(1 + 11.04)^{0.5}} + \frac{108}{(1 + y_{1.5})^{1.5}}$$

$$\Leftrightarrow y_{1.50} = 14.28\%$$

同理,对于 2 年期债券 E,有:

$$101.6 = \frac{12}{(1 + y_{1.0})^{1.0}} + \frac{112}{(1 + y_{2.0})^{2.0}}$$

$$= \frac{12}{(1 + 11.11\%)^{1.0}} + \frac{112}{(1 + y_{2.0})^{2.0}}$$

$$\Leftrightarrow y_{2.00} = 11.06\%$$

4)持有期收益率

持有期收益率是指买入债券到卖出债券期间所获得的年平均收益,它与到期收益率的区别仅仅在于末笔现金流是卖出价格而非债券到期偿还金额。计算公式为:

$$P = \sum_{t=1}^{T} \frac{C_t}{(1 + y_h)^t} + \frac{P_t}{(1 + y_h)^T} \tag{4.10}$$

式中　P——债券买入时价格;

　　　P_t——债券卖出时价格;

　　　y_h——持有期收益率;

　　　C_t——债券每期付息金额;

　　　T——债券期限(期数);

　　　t——现金流到达时间。

例 4.12　某投资者按 100 元价格平价购买了年息 8%、每年付息 1 次的债券,持有 2 年后按 106 元价格卖出,该投资者持有期收益率计算为:

$$100 = \frac{8}{(1 + y_h)} + \frac{8 + 106}{(1 + y_h)^2} \Leftrightarrow y_h = 10.85\%$$

5)赎回收益率

可赎回债券是指允许发行人在债券到期以前按某一约定的价格赎回已发行的债券。通常在预期市场利率下降时,发行人会发行可赎回债券,以便未来用低利率成本发行的债券替代成本较高的已发债券。可赎回债券的约定赎回价格可以是发行价格、债券面值,也可以是某一指定价格或是与不同赎回时间对应的一组赎回价格。对于可赎回债券,需要计算赎回收益率和到期收益率。赎回收益率的计算与其他收益率相同,是计算使预期现金流量的现值等于债券价格的利率。通常以首次赎回收益率为代表。首次赎回收益率是累计到首次赎回日止,利息支付额与指定的赎回价格加总的现金流量的现值等于债券赎回价格的利率。赎回收益率(y)可通过下面的公式用试错法获得:

$$P = \sum_{t=1}^{T} \frac{C}{(1 + y)^t} + \frac{M}{(1 + y)^n} \tag{4.11}$$

式中　P——发行价格；

　　　n——直到第一个赎回日的年数；

　　　M——赎回价格；

　　　C——每年利息收益。

例 4.13　某债券的票面价值为 1 000 元，息票利率为 5%，期限为 4 年，现以 950 元的发行价向全社会公开发行，2 年后债券发行人以 1 050 元的价格赎回，第一赎回日为付息日后的第一个交易日，则赎回收益率计算如下：

$$950 = \sum_{t=1}^{2} \frac{50}{(1+y)^t} + \frac{1\,050}{(1+y)^2}$$

用试错法计算，该债券的到期收益率 $y = 10.25\%$。

4.3.5　利率的风险结构与期限结构

1）利率的风险结构

不同发行人发行的相同期限和票面利率的债券，其市场价格会不相同，从而计算出的债券收益率也不一样，反映在收益率上的这种区别，称为利率的风险结构。实践中，通常采用信用评级来确定不同债券的违约风险大小，不同信用等级债券之间的收益率差（Yield Spread）则反映了不同违约风险的风险溢价，因此也称为信用利差。由于国债经常被视为无违约风险债券（简称"无风险债券"），我们只要知道不同期限国债的收益率，再加上适度的收益率差，就可以得出公司债券等风险债券的收益率，并进而作为贴现率为风险债券进行估值。

在经济繁荣时期，低等级债券与无风险债券之间的收益率差通常比较小，而一旦进入衰退或者萧条时期，信用利差就会急剧扩大，导致低等级债券价格暴跌。

2）利率的期限结构

由图 4.3 和表 4.4 可知，相同的发行人发行的不同期限债券其收益率也不一样，这种关系称为利率的期限结构。

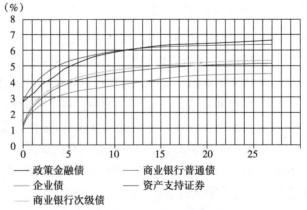

图 4.3　2010 年 3 月 17 日中国银行间政策金融债、企业债、

商业银行普通债和资产支持证券收益率差

（1）期限结构与收益率曲线

为更好地理解债券的收益率，我们引进"收益率曲线"这个概念。收益率曲线即不同期限即期利率的组合所形成的曲线。在实践中，由于即期利率计算较为烦琐，也有较多教科书和从业者采用到期收益率来表现利率的期限结构。

图4.3中每一条曲线就是该种债券的收益率曲线。

2010年3月17日中国银行间政策金融债、企业债、商业银行普通债和资产支持证券收益率差如表4.4所示。

表4.4 2010年3月17日中国银行间政策金融债、企业债、商业银行债和资产支持证券收益率差

期限	金融债/%	商行债/%	企业债/%	ABS/%	商行债金融债（bp）	企业债金融债（bp）	商行债-企业债（bp）	ABS金融债（bp）
0	1.199 4	1.391 0	2.688 6	2.672 9	19.16	148.92	129.76	147.35
0.5	1.703 3	1.967 3	3.293 1	2.969 6	26.401 6	158.981 6	132.58	126.632
1	2.033 0	2.418 1	3.728 4	3.179 6	38.512 5	169.542 5	131.03	114.663
2	2.511 3	2.983 8	4.370 2	3.827 8	47.253 9	185.893 9	138.64	131.654
3	2.819 3	3.441 3	4.845 3	4.150 2	62.197 3	202.597 3	140.4	133.087
4	3.046 1	3.707 7	5.135 1	4.608 8	66.155 1	208.895 1	142.74	156.265
5	3.227 0	3.947 1	5.354 7	4.895 7	72.012 4	212.772 4	140.76	166.872
7	3.469 7	4.272 7	5.660 0	5.429	80.3	219.03	138.73	195.96
10	3.727 3	4.591 9	5.977 7	5.835	86.456 3	225.036 3	138.58	210.766
15	4.158 6	4.833 1	6.267 2	6.265 8	67.45	210.855	143.405	210.72
20	4.408 5	4.996 0	6.439 5	6.321 5	58.75	203.1	144.35	191.3
30	4.550 0	5.272 6	6.729 1	6.400 4	72.26	217.91	145.65	185.04
mean	3.071 1	3.651 9	5.040 7	4.713	58.076	196.961	138.885	164.192

（2）收益率曲线的基本类型

从形状上来看，收益率曲线主要包括4种类型。在图4.4中，图（a）显示的是一条向上倾斜的利率曲线，表示期限越长的债券利率越高，这种曲线形状被称为"正向的"利率曲线。图（b）显示的是一条向下倾斜的利率曲线，表示期限越长的债券利率越低，这种曲线形状被称为"相反的"或"反向的"利率曲线。图（c）显示的是一条平直利率曲线，表示不同期限的债券利率相等，这通常是正利率曲线与反利率曲线转化过程中出现的暂时现象。图（d）显示的是拱形利率曲线，表示期限相对较短的债券，利率与期限呈正向关系；期限相对较长的债券，利率与期限呈反向关系。从历史资料来看，在经济周期的不同阶段可以观察到所有这4种利率曲线。

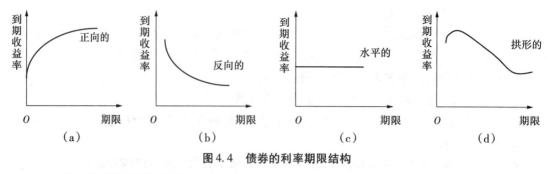

图4.4　债券的利率期限结构

（3）利率期限结构的理论

在任一时点上，都有以下3种因素影响期限结构的形状：对未来利率变动方向的预期、债券预期收益中可能存在的流动性溢价、市场效率低下或者资金从长期（或短期）市场向短期（或长期）市场流动可能存在的障碍。利率期限结构理论就是基于这3种因素分别建立起来的。

①市场预期理论。市场预期理论又称"无偏预期理论"，它认为利率期限结构完全取决于对未来即期利率的市场预期。如果预期未来即期利率上升，则利率期限结构呈上升趋势；如果预期未来即期利率下降，则利率期限结构呈下降趋势。

要注意的是，在市场预期理论中，某一时点的各种期限债券的收益率虽然不同，但是在特定时期内，市场上预计所有债券都取得相同的即期收益率，即长期债券是一组短期债券的理想替代物，长短期债券取得相同的利率，即市场是均衡的。

②流动性偏好理论。流动性偏好理论的基本观点是投资者并不认为长期债券是短期债券的理想替代物。这一方面是由于投资者意识到他们对资金的需求可能会比预期的早，因此他们有可能在预期的期限前被迫出售债券；另一方面，他们认识到，如果投资于长期债券，基于债券未来收益的不确定性，他们要承担较高的价格风险。因此，投资者在接受长期债券时就会要求将与较长偿还期限相联系的风险给予补偿，这便导致了流动性溢价的存在。

在这里，流动性溢价便是远期利率和未来的预期即期利率之间的差额。债券的期限越长，流动性溢价越大，体现了期限长的债券拥有较高的价格风险。在流动性偏好理论中，远期利率不再只是对未来即期利率的无偏估计，还包含了流动性溢价。因此，利率曲线的形状是由对未来利率的预期和延长偿还期所必需的流动性溢价共同决定的（图4.5）。

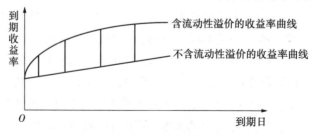

图4.5　流动性偏好下的期限结构

由于流动性溢价的存在，在流动性偏好理论中，如果预期利率上升，其利率期限结构是向上倾斜的；如果预期利率下降的幅度较小，其利率期限结构虽然是向上倾斜的，但两条曲线趋向于重合;如果预期利率下降较多,其利率期限结构是向下倾斜的。按照该理论,在预期利率水平上升和下降的时期大体相当的条件下,期限结构上升的情况要多于期限结构下降的情况。

③市场分割理论。市场预期理论和流动性偏好理论,都假设市场参与者会按照他们的利率预期从债券市场的一个偿还期部分自由地转移到另一个偿还期部分,而不受任何阻碍。市场分割理论的假设却恰恰相反。此理论认为,在贷款或融资活动进行时,贷款者和借款者并不能自由地在利率预期的基础上将证券从一个偿还期部分替换成另一个偿还期部分。在市场存在分割的情况下,投资者和借款人由于自身偏好或者某种投资期限习惯的制约,他们的贷款或融资活动总是局限于一些特殊的偿还期部分。在最严格的限制形式下,即使现行的利率水平说明如果他们进行市场间的转移会获得比实际要高的预期利率,投资者和借款人也不会离开自己的市场而进入另一个市场。这样的结果使市场划分为两大部分:一部分是短期资金市场;另一部分是长期资金市场。于是,在市场分割理论下,利率期限结构取决于短期资金市场供求状况与长期资金市场供求状况的比较,或者说取决于短期资金市场供需曲线交叉点的利率与长期资金市场供需曲线交叉点的利率对比。如果短期资金市场供需曲线交叉点利率高于长期资金市场供需曲线交叉点利率,利率期限结构则呈现向下倾斜的趋势。如果短期资金供需曲线交叉点利率低于长期资金市场供需曲线交叉点利率,利率期限结构则呈现向上倾斜的趋势。

总而言之,从这3种理论来看,期限结构的形成主要是由对未来利率变化方向的预期决定的,流动性溢价可起一定作用,但期限在1年以上的债券的流动性溢价大致是相同的,这使得期限1年或1年以上的债券虽然价格风险不同,但预期利率却大致相同。有时,市场的不完善和资本流向市场的形式也可能起到一定作用,使得期限结构的形状暂时偏离按对未来利率变化方向进行估计所形成的形状。

4.4　股票估值分析

4.4.1　影响股票投资价值的因素

1)影响股票投资价值的内部因素

一般来讲,影响股票投资价值的内部因素主要包括公司净资产、盈利水平、股利政策、股份分割、增资和减资以及资产重组等。

(1)公司净资产

净资产或资产净值是总资产减去总负债后的净值,它是全体股东的权益,是决定股票投资价值的重要基准。公司经过一段时间的营运,其资产净值必然有所变动。股票作为投资的凭证,每一股代表一定数量的净值。从理论上讲,净值应与股价保持一定比例,即净值增加,股价上涨;净值减少,股价下跌。

(2)公司盈利水平

公司业绩好坏集中表现于盈利水平高低。公司的盈利水平是影响股票投资价值的基本因素之一。在一般情况下,预期公司盈利增加,可分配的股利也会相应增加,股票市场价格上涨;预期公司盈利减少,可分配的股利相应减少,股票市场价格下降。但值得注意的是,股票价格的涨跌和公司盈利的变化并不完全同时发生。

(3)公司的股利政策

股份公司的股利政策直接影响股票投资价值。在一般情况下,股票价格与股利水平成正比。股利水平越高,股票价格越高;反之,股利水平越低,股票价格越低。股利来自于公司的税后盈利,但公司盈利的增加只为股利分配提供了可能,并非盈利增加股利就一定增加。公司为了合理地在扩大再生产和回报股东之间分配盈利,都会有一定的股利政策。股利政策体现了公司的经营作风和发展潜力,不同的股利政策对各期股利收入有不同影响。此外,公司对股利的分配方式也会给股价波动带来影响。

(4)股份分割

股份分割又称拆股或拆细,是将原有股份均等地拆成若干较小的股份。股份分割一般在年度决算月份进行,通常会刺激股价上升。股份分割给投资者带来的不是现实的利益,因为股份分割前后投资者持有的公司净资产和以前一样,得到的股利也相同。但是,投资者持有的股份数量增加了,给投资者带来了今后可多分股利和更高收益的预期,因此股份分割往往比增加股利分配对股价上涨的刺激作用更大。

(5)增资和减资

公司因业务发展需要增加资本额而发行新股的行为,对不同公司股票价格的影响不尽相同。在没有产生相应效益前,增资可能会使每股净资产下降,因而可能会促使股价下跌。但对那些业绩优良、财务结构健全、具有发展潜力的公司而言,增资意味着将增加公司经营实力,会给股东带来更多回报,股价不仅不会下跌,可能还会上涨。当公司宣布减资时,多半是因为经营不善、亏损严重,需要重新整顿,所以股价会大幅下降。

(6)公司资产重组

公司重组总会引起公司价值的巨大变动,因而其股价也随之产生剧烈的波动。但需要分析公司重组对公司是否有利,重组后是否会改善公司的经营状况,因为这些是决定股价变动方向的决定因素。

2)影响股票投资价值的外部因素

一般来讲,影响股票投资价值的外部因素主要包括宏观经济因素、行业因素及市场因素。

(1)宏观经济因素

宏观经济走向和相关政策是影响股票投资价值的重要因素。宏观经济走向包括经济周期、通货变动以及国际经济形势等因素。国家的货币政策、财政政策、收入分配政策和对证券市场的监管政策等都会对股票的投资价值产生影响。

（2）行业因素

产业的发展状况和趋势对于该产业上市公司的影响是巨大的,因而产业的发展状况和趋势、国家的产业政策和相关产业的发展等都会对该产业上市公司的股票投资价值产生影响。

（3）市场因素

证券市场上投资者对股票走势的心理预期会对股票价格走势产生重要的影响。市场中的散户投资者往往有从众心理,对股市产生助涨助跌的作用。

4.4.2　股票的绝对估值方法

股票的绝对估值方法主要是现金流贴现模型,除此之外,也有人采用实物期权定价方法、资产评估法等方法为股票估值,本书主要介绍现金流贴现模型和红利贴现模型、零增长模型等。

1）现金流贴现模型

现金流贴现模型是运用收入的资本化定价方法来决定普通股票内在价值的方法。按照收入的资本化定价方法,任何资产的内在价值是由拥有资产的投资者在未来时期所接受的现金流决定的。由于现金流是未来时期的预期值,因此必须按一定的贴现率返还成现值。也就是说,一种资产的内在价值等于预期现金流的贴现值。常用的现金流贴现模型有两类,一是红利贴现模型,二是自由现金流贴现模型。除此之外,还有一部分分析是采用经济利率贴现法。

2）红利贴现模型

（1）一般公式

对大多数股票投资者而言,投资股票主要是为了获取未来支付的红利以及买卖差价,预期现金流即为预期未来支付的股息以及未来的卖出价格。因此,贴现现金流模型的一般公式如下:

$$V = \frac{D_1}{1+k} + \frac{D_2}{(1+k)^2} + \frac{D_3}{(1+k)^3} + \cdots + \frac{D_\infty}{(1+k)^\infty}$$

$$= \sum_{t=1}^{\infty} \frac{D_t}{(1+k)^t} \tag{4.12}$$

式中　V——股票在期初的内在价值;

D——时期 t 末以现金形式表示的每股股息;

k——一定风险程度下现金流的适合贴现率,即必要收益率。

在公式（4.12）中,假定所有时期内的贴现率都是一样的。需要指出的是,股票期初的内在价值与该股票的投资者在未来时期是否中途转让无关。根据公式（4.12）,可以引出净现值的概念。净现值（NPV）等于内在值（V）与成本（P）之差,即:

$$NPV = V - P = \sum_{t=1}^{\infty} \frac{D_t}{(1+k)^t - P} \tag{4.13}$$

式中　P——在 $t=0$ 时购买股票的成本。

如果 NPV>0,意味着所有预期的现金流入的现值之和大于投资成本,即这种股票被低估价格,因此购买这种股票可行。

如果 NPV<0,意味着所有预期的现金流入的现值之和小于投资成本,即这种股票价格被高估,因此不可购买这种股票。

(2)内部收益率

内部收益率就是指投资净现值等于零的贴现率。如果用 k^* 代表内部收益率,根据内部收益率的定义可得下式:

$$NPV = V - P = \sum_{t=1}^{\infty} \frac{D_t}{(1 + k^*)^t} - P = 0$$

故
$$P = \sum_{t=1}^{\infty} \frac{D_t}{(1 + k^*)^t} \tag{4.14}$$

由此可见,内部收益率实际上是使未来股息流贴现值恰好等于股票市场价格的贴现率。

由公式(4.14)可以解出内部收益率 k^*。将 k^* 与具有同等风险水平股票的必要收益率 k 相比较:如果 $k^*>k$,则可以考虑购买这种股票;如果 $k^*<k$,则不要购买这种股票。运用现金流贴现模型决定普通股票内在价值存在一个困难,即投资者必须预测所有未来时期支付的股息。由于普通股票没有一个固定的生命周期,因此通常要给无穷多个时期的股息流加上一些假定,以便计算股票的内在价值。

这些假定始终围绕着股息增长率 g_t。一般假定相邻两个时期的股息 D_{t-1} 和 D_t 之间满足如下关系:

$$D_t = D_{t-1}(1 + g_t)$$

$$g_t = \frac{D_t - D_{t-1}}{D_{t-1}} \times 100\% \tag{4.15}$$

例 4.14　若预期在 $t=2$ 时每股股息是 5 元,$t=3$ 时每股股息是 5.5 元,即:

$$g_4 = (5.5 - 5) \div 5 \times 100\% = 10\%$$

不同股息增长率的假定派生出不同类型的贴现现金流模型。

(3)零增长模型

①公式。零增长模型假定股息增长率等于零,即 $g=0$。也就是说,未来的股息按一个固定数量支付。根据这个假定,我们用 D_0 来替换 D_t,得:

$$V = \sum_{t=1}^{\infty} \frac{D_0}{(1 + k)^t} = D_0 \sum_{t=1}^{\infty} \frac{1}{(1 + k)^t} \tag{4.16}$$

因为 $k>0$ 按照数学中无穷级数的性质,可知:

$$\sum_{t=1}^{\infty} \frac{1}{(1 + k)^t} = \frac{1}{k}$$

因此零增长模型公式为:

$$V = \frac{D_0}{k} \tag{4.17}$$

式中　V——股票的内在价值；

$\quad\quad D_0$——未来每期支付的每股股息；

$\quad\quad k$——到期收益率。

例4.15　假定某公司在未来每期支付的每股股息为3元，必要收益率为10%，运用零增长模型，可知该公司股票的价值为3元÷0.1=30元，而当每股股票价格为25元，每股股票净现值为30元－25元＝5元。这说明该股股票被低估5元，因此可以购买该种股票。

②内部收益率。零增长模型也可用于计算投资于零增长证券的内部收益率。用证券的当前价格P代替V，用k^*（内部收益率）替换k，零增长模型可变形为：

$$P = \sum_{t=1}^{\infty} \frac{D_t}{(1+k^*)^t} = \frac{D_0}{k^*} \tag{4.18}$$

进行转换，可得：

$$k^* = \frac{D_0}{P} \times 100\% \tag{4.19}$$

利用这一公式计算上例中公司股票的内部收益率，其结果是：

$$k^* = 3 \div 25 \times 100\% = 12\%$$

由于该股票的内部收益率大于其必要收益率（12.5%＞10%），表明该公司股票价格被低估了。

③应用。零增长模型的应用似乎受到相当多的限制，毕竟假定对某一种股票永远支付固定的股息是不合理的，但在特定的情况下，对于决定普通股票的价值仍然是有用的。在决定优先股的内在价值时这种模型相当有用，因为大多数优先股支付的股息是固定的。

（4）不变增长模型

①公式。不变增长模型可以分为两种形式：一种是股息按照不变的增长率增长；另一种是股息以固定不变的绝对值增长。相比之下，前者比后者更为常见。因此，我们主要对股息按照不变增长率增长这种情况进行介绍。假设股息永远按不变的增长率增长，就可以建立不变增长模型。假设时期t的股息为：

$$D_t = D_{t-1}(1+g_t) = D_0(1+g)^t$$

代入现金流贴现模型（4.12）式中，可得：

$$V = \sum_{t=1}^{\infty} \frac{D_0(1+g)^t}{(1+k)^t} = D_0 \sum_{t=1}^{\infty} \frac{(1+g)^t}{(1+k)^t}$$

运用数学中无穷级数的性质，如果$k>g$，可得：

$$\sum_{t=1}^{\infty} \frac{(1+g)^t}{(1+k)^t} = \frac{1+g}{k-g}$$

从而得出不变增长模型：

$$V = D_0 \frac{1+g}{k-g} \tag{4.20}$$

例4.16　2015年某公司支付每股股息为1.20元，预计在未来日子里该公司股票的股息按每年5%的速率增长。因此，预期下一年股息为1.26元[＝1.20×（1+5%）]。假定必要

收益率是 10%,根据不变增长模型(4.20)式可知,该公司股票的价值为:

1.20 元×(1+5%)÷(10% −5%)= 25.20 元

当前每股股票价格是 30 元,因此股票被高估了 4.80 元,投资者应该出售该股票。

②内部收益率。利用不变增长模型同样可以用于求解股票的内部收益率。首先,用股票的市场的价格 P 代替 V;其次用 k^* 代替 k,其结果是:

$$P = D_0 \frac{1 + g}{k^* - g} \tag{4.21}$$

经过变换,可得:

$$k^* = \left(D_0 \frac{1 + g}{P} + g \right) \times 100\% = \left(\frac{D_1}{P} + g \right) \times 100\%$$

用上述公式来计算上例公司股票的内部收益率,可得:

$$k^* = [1.80×(1+0.05)÷40+0.05]×100\% = 9.73\%$$

由于该公司股票的内在收益率小于其必要收益率(9.73% <11%),显示出该公司股票价格被高估。

③应用。零增长模型实际上是不变增长模型的一个特例。假定增长率 g 等于零,股息将永远按固定数量支付,这时不变增长模型就是零增长模型。从这两种模型来看,虽然不变增长的假设比零增长的假设有较小的应用限制,但是在许多情况下仍然被认为是不现实的。但由于不变增长模型是多元增长模型的基础,因此这种模型是极为重要的。

(5)可变增长模型、零增长模型、不变增长模型的关系

事实上,股息的增长率是变化不定的,因此,零增长模型和不变增长模型并不能很好地在现实中对股票的价值进行评估。下面,我们主要对可变增长模型中的二元增长模型进行介绍。

①公式。二元增长模型假定在时间 L 以前,股息以一个不变的增长速度 g_1 增长;在时间 L 后,股息以另一个不变的增长速度 g_2 增长。在此假定下,可以建立二元可变增长模型:

$$\begin{aligned} V &= \sum_{t=1}^{L} D_0 \frac{(1 + g_1)^t}{(1 + k)^t} + \sum_{t=L+1}^{\infty} D_L \frac{(1 + g_2)^{t-L}}{(1 + k)^t} \\ &= \sum_{t=1}^{L} D_0 \frac{(1 + g_1)^t}{(1 + k)^t} + \frac{1}{(1 + k)^L} \times \sum_{t=L+1}^{\infty} D_L \frac{(1 + g_2)^{t-L}}{(1 + k)^{t-L}} \\ &= \sum_{t=1}^{L} D_0 \frac{(1 + g_1)^t}{(1 + k)^t} + \frac{1}{(1 + k)} \frac{D_{L+1}}{(k - g_2)} \end{aligned}$$

$$D_{L+1} = D_0(1 + g_1)^t(1 + g_2)$$

例 4.17 贵州茅台目前股息为每股 5.50 元,预期回报率为7%,预计未来 3 年增长率为10%,3 年后的增长率为5%,计算贵州茅台股票的合理的定价。若当前贵州茅台的市场价格为 212 元,请分析合理定价与当前市场价格存在差异的原因。

$$V = \sum_{t=1}^{L} D_0 \frac{(1 + g_1)^t}{(1 + k)^t} + \frac{1}{(1 + k)} \frac{D_{L+1}}{(k - g_2)}$$

$$V = 5.5 \ \text{元} \times \sum_{t=1}^{3} \frac{(1 + 0.10)^t}{(1 + 0.07)^t} + \frac{1}{(1 + 0.07)^3} \times \frac{7.678}{(0.07 - 0.05)}$$

$$= 17.446 + 313.744$$

$$= 331.19 \ \text{元}$$

$$D_{L+1} = D_0 (1 + g_1)^t (1 + g_2)$$

$$= 5.50 \ \text{元} \times (1 + 0.1)^3 (1 + 0.05)$$

$$= 7.687 \ \text{元}$$

因此,A 公司股票的理论价值为 5.45 元。当市场价格高于 5.45 元时,投资者应该出售该股票;反之,若市场价格低于 5.45 元,则投资者应该买进该股票。

②内部收益率。在可变增长模型中,用股票的市场价格 P 代替 V,k^* 代替 k,同样可以计算出内部收益率 k^*。不过,由于可变增长模型相对较为复杂,不容易直接得出内部收益率,因此,主要采取试错法来计算 k^*。

试错法的主要思路:首先估计一个收益率水平 k_1^*,将其代入可变增长模型中。如果计算出在此收益率水平下股票的理论价值低于股票的市场价格,则认为估计的收益率水平高于实际的内部收益率 k^*。同理,如果计算出在此收益率水平下股票的理论价值低于股票的市场价格,则认为估计的收益率水平高于实际的内部收益率 k^*。这样,通过反复试错,所估计的收益率水平将逐步逼近实际的内部收益率水平。

③应用。从本质上来说,零增长模型和不变增长模型都可看成可变增长模型的特例。如在二元增长模型中,当两个阶段的股息增长率都为零时,二元增长模型就是零增长模型;当两个阶段的股息增长率相等且不为零时,二元增长模型就是不变增长模型。相对于零增长模型和不变增长模型而言,二元增长模型较为接近实际情况。然而,对于股票的增长形态,我们可以给予更细的分析,以更贴近实际情况。与二元增长模型相类似,我们还可以建立三元等多元增长模型,其原理、方法和应用方式与二元增长模型差不多,证券分析者可以根据自己的实际需要加以考虑。

3)自由现金流贴现模型

自由现金流量,就是企业产生的,在满足了再投资需求之后剩余的现金流量,这部分现金流量是在不影响公司持续发展的前提下可供分配各企业资本供应者(股东和债权人)的最大现金额。通常,可以将自由现金流分为企业自由现金流(FCFF)和股东自由现金流(FCFE)两种。

(1)企业自由现金流贴现模型

①企业自由现金流的计算。与红利贴现模型相似,也分为零增长、固定增长、多阶段几种情况,只是将各期红利改为各期企业自由现金流。企业自由现金流计算公式如下:

$$\text{FCFF} = \text{EBIT} \times (1 - T) + \text{D\&A} - \Delta\text{NWC} - \text{CapEx} + \text{Other} = \text{息税前利润} \times (1 - \text{所得税}) +$$
$$\text{折旧和摊销} - \text{净营运资本量} - \text{资本性投资} + \text{其他现金来源} \tag{4.22}$$

式中　EBIT:息税前利润(扣除所得税和利息前的利润);

　　　D&A:折旧和摊销;

　　　ΔNWC:净营运资本量。

②贴现率。企业自由现金流贴现模型采用企业加权平均资本成本(WACC)为贴现率。计算公式如下:

$$WACC = \frac{E}{E+D} \times K_E + \frac{E}{E+D} \times K_D \times (1-T)$$

式中　E——股票市值;

　　　D——负债市值(通常采用账面值);

　　　T——公司所得税税率;

　　　K_E——公司股本成本;

　　　K_D——公司负债成本。

③计算步骤。根据预期企业自由现金流数值,用加权平均资本成本作为贴现率,计算企业的总价值。然后减去企业的负债价值,得到企业股权价值。然后用企业股权价值除以发行在外的总股数,即可获得每股价格。

(2)股东自由现金流贴现模型

①股东自由现金流的定义与计算。股东自由现金流(FCFE),指公司经营活动中产生的现金流量,在扣除公司业务发展的投资需求和对其他资本的分配后,可分配给股东的现金流量。

计算公式如下:

FCFE = FCFF - 用现金支付的利息费用 + 利息税收抵减 - 优先股股利

②贴现率。采用股东要求的必要回报率作为贴现率。

③计算步骤。首先计算未来各期期望FCFE,确定股东要求的必要回报率,作为贴现率计算企业的权益价值VE,进而计算出股票的内在价值。

4.4.3　股票的相对估值方法

1)市盈率估价方法

市盈率(P/E)又称价格收益比或本益比,是每股价格与每股收益之间的比率,计算公式为:

$$市盈率 = \frac{股票市场价格}{每股收益} \tag{4.23}$$

如果能分别估计出股票的市盈率和每股收益,那么就能由此公式估计出股票价格。这种评价股票价格的方法就是市盈率估价方法。一般来说,对股票市盈率的估计主要有简单估计法和回归分析法。

(1)简单估计法

这一方法主要是利用历史数据进行估计。

①算术平均数法或中间数法。这种方法就是将股票各年的市盈率历史数据排成序列,

剔除异常数据(过高或过低者),求出算术平均数或是中间数,以此作为对未来市盈率的预测。这一方法适用于市盈率较稳定的股票。

②趋势调整法。这种方法是在方法①的基础上再进行调整。假设根据方法①已经求得市盈率的一个估计值,这时我们再分析市盈率时间序列的变化趋势。这种分析方法可以在坐标纸上进行,以画趋势线的方法求得一个增减趋势的量的关系式,然后对上面的市盈率的估计值进行修正。

③回归调整法。这种方法也是在方法①的基础上再进行调整的。先按方法①求出一个市盈率的估计值,据此认为该值是市盈率的正常值,根据异常值总是向正常值回归的趋势,我们对下一年的市盈率作如下预测:如果这一年的市盈率高于这个值,就认为下一年的市盈率值将会向下调整;反之,则认为会向上调整。

(2)市场决定法

①市场预期回报率倒数法。在不变增长模型中,可以进一步假定:第一,公司利润内部保留率为固定不变的 b;第二,再投资利润率为固定不变的 r,股票持有者的预期回报率与投资利润率相当。由第二个假设得到:

$$E_t = E_{t-1} + rI_{t-1} \tag{4.24}$$

式中　E——收益;

　　I——再投资。

再由第一个假设得到:

$$I_{t-1} = bE_{t-1}$$

代入前面的式子得到:

$$E_t = E_{t-1} + brE_{t-1} = E_{t-1}(1 + br)$$

这样,立刻可以得到收益的增长率(g_E):

$$g_E = \frac{E_t - E_{t-1}}{E_{t-1}} = br$$

由于第一个假设,股息的增长率(g)一定与收益的增长率相同,即:

$$g = g_D = g_E = br$$

因此,不变增长模型可以变形为:

$$P_0 = \frac{D_0(1 + g)}{k - br} \tag{4.25}$$

在股票持有者的预期回报率与投资利润率相当的假设下,即 $r=k$,则:

$$P_0 = \frac{D_0(1 + g)}{r - br} \tag{4.26}$$

$$r = k = \frac{D_0(1 + g)}{(1 - b)p_0} = \frac{D_1}{(1 - b)P_0} = \frac{E_1}{P_0}$$

从上面的分析中可以看出,在一定的假设条件下,股票持有者预期的回报率恰好是本益比的倒数。因此,我们就可以通过对各种股票市场预期回报率的分析来对市盈率进行预测。

②市场归类决定法。在有效市场的假设下,风险结构等类似的公司,其股票市盈率也应相同。因此,只要选取风险结构类似的公司求取市盈率的平均数,就可以此作为市盈率的估计值。

(3)回归分析法

回归分析法是指利用回归分析的统计方法,通过考察股票价格、收益、增长、风险、货币的时间价值和股息政策等各种因素变动与市盈率之间的关系,得出能够最好解释市盈率与这些变量间线性关系的方程,进而根据这些变量的给定值对市盈率大小进行预测的分析方法。

一般认为,市盈率与收益、股息政策、增长和风险等关系最密切。美国 Whitebeck 和 Kisor 用多重回归分析法发现,在 1962 年 6 月 8 日的美国股票市场中有以下规律:

市盈率 = 8.2 + 1.500 × 收益增长率 + 0.067 × 股息支付率 − 0.200 × 增长率标准差

这个公式描述了在某一时刻,这 3 个变量对于市盈率影响的估计。其中的系数表示了各变量的权重,正负号表示其对于市盈率影响的方向,而这些方向与我们的常识恰恰是吻合的。增长越快、股息越多、风险越低,则市盈率越大。具体来说,收益增长率增加 1%,则市盈率增大 1.500 个百分点;股息支付率增加 1%,则市盈率增大 0.067 个百分点;而增长率标准差增加 1%,将引起市盈率减少 0.200 个百分点。

只要将收益增长率、股息支付率和风险代入上式中,则可以得到任何股票市盈率的理论值。

20 世纪 60 年代以来,在美国的证券界,这样的模型出现了数百个,每一种可能的变量和变量的组合都考虑到了。所有这些模型的一个共同特点:它们能解释在某一时刻股价的表现,却很少能成功地解释较长时间内市场的复杂变化。导致这种缺陷的原因可能有如下 3 个:

①市场兴趣的变化。当市场兴趣发生变化时,表示各变量权重的那些系数将有所变化。

②数据的值的变化,如股票、收益增长率等随时间变化。

③尚有该模型所没有"捕捉"到的其他重要因素。从上面的分析中,可以清楚地看出,用回归分析法得出的有关市盈率估计方程具有很强的时效性,套用过去的方程是不现实的。如果投资者想利用这种方法来指导投资决策,那么最好是自己作一些研究,并在实践中不断加以改进。

2)市净率估值法

市净率(P/B)又称"净资产倍率",是每股市场价格与每股净资产之间的比率,计算公式为:

$$市净率 = \frac{股票市价}{每股净资产}$$

上述公式中的每股净资产又称"账面价值",是指每股股票所含的实际资产价值,是支撑股票市场价格的物质基础,也代表公司解散时股东可分得的权益,通常被认为是股票价格下跌的底线。每股净资产的数额越大,表明公司内部积累越雄厚,抵御外来因素影响的能力越强。正因为如此,市净率反映的是,相对于净资产,股票当前市场价格是处于较高水平还是较低水平。市净率越大,说明股价处于较高水平;反之,市净率越小,说明股价处于较低水平。市净率与市盈率相比,前者通常用于考察股票的内在价值,多为长期投资者所重视;后者通常用于考察股票的供求状况,更为短期投资者所关注。

市净率与市盈率之间存在如下关系:$(P/B)/(P/E) = E/B = ROE$,或者说,$P/B = P/E × ROE$。因此,在市盈率相同的情况下,公司的股权收益率(或称为净资产收益率)越高,该公司的市净率也就越高。

3)市售率估值法

市售率(P/S)为股票价格与每股销售收入之比,计算公式为:

$$市售率 = \frac{股票市价}{每股销售收入}$$

市净率定价通常用待估值股票的每股销售收入乘以可比公司市售率计算而得。对于一些无利润甚至亏损的公司,无法计算市盈率,对轻资产公司,市净率的参考价值也不大。对于一些成立时间不长、利润也不显著的公司股票,市售率定价有一定的合理性。

4)市值回报增长比

市值回报增长比(PEG)即市盈率对公司利润增长的倍数,计算公式为:

$$市值回报增长比 = \frac{市盈率}{增长率}$$

比如,一只股票当前的市盈率为 20 倍,其未来预期每股收益复合增长率为 20% ,那么这只股票的 PEC 就是 1。当 PEG 等于 1 时,表明市场赋予这只股票的估值可以充分反映其未来业绩的成长性。如果 PEG 大于 1,则这只股票的价值就可能被高估,或市场认为这家公司的业绩成长型会高于市场的预期。

通常,成长型股票的 PEC 都会高于 1,甚至在 2 以上,投资者愿意给予其高估值,表明这家公司未来很有可能会保持业绩的快速增长,这样的股票就容易有超出想象的市盈率估值。当 PEG 小于 1 时,要么是市场低估了这只股票的价值,要么是市场认为其业绩成长性可能比预期的要差。通常成长型股票的 PEG 都会高于 1,价值型股票的 PEG 都会低于 1。

4.5　金融衍生工具的投资价值分析

4.5.1　金融期货的价值分析

金融期货合约是约定在未来时间以事先协定的价格买卖某种金融工具的双边合约。在合约中对有关交易的标的物、合约规模、交割时间和标价方法等都有标准化的条款规定。金融期货的标的物包括各种金融工具,如股票、外汇、利率等。

1)金融期货的理论价格

由于期货合约是介于现在和将来之间的一种合约,因此期货价格反映的是市场对现货价格未来的预期。在一个理性的无摩擦的均衡市场上,期货价格与现货价格具有稳定的关系,即期货价格相当于交易者持有现货金融工具至到期日所必需支付的成本,也称为持有成本。理论上,期货价格有高于、等于或低于相应的现货金融工具价格。现货价格与期货价格之差称为基差,在期货合约到期之前,基差可能为正值,也可能为负值。期货合约临近到期时,期货价格趋同于现货价格,基差消失。

我们用一单利公式表述期货的理论价格。设 t 为现在时刻,T 为期货合约的到期日,F 为期货的当前价格,S_t 为现货的当前价格,则期货的理论价格 F_t 为:

$$F_t = S_t e^{(r-q)(T-t)} \tag{4.27}$$

式中　r——无风险利率;

　　　q——连续的红利支付率;

　　　$(T-t)$——从 t 时刻持有到 T 时刻。

2)影响金融期货价格的主要因素

从上面公式中可以看出,影响期货价格的主要因素是持有现货的成本和时间价值。在期货市场上,由于持有现货的成本和时间价值是无法预先确定的,比如影响现货金融工具价格的各种因素、市场上的供求关系、利率的变化等都会对持有成本和时间价值产生影响,因此,期货合约的理论价格实际上还是一个估计值。在期货市场上,金融期货的市场价格与其理论价格不完全一致,期货市场价格总是围绕着理论价格而波动。期货市场价格的变动与现货价格的变动之间也并不总是一致的,影响期货价格的因素比影响现货价格的因素要多得多,主要有市场利率、预期通货膨胀、财政政策、货币政策、现货金融工具的供求关系,期货合约的有效期,保证金要求,期货合约的流动性等。

4.5.2　金融期权的价值分析

金融期权是指其持有者能在规定的期限内按交易双方商定的价格购买或出售一定数量的某种金融工具的权利。具体地说,其购买者在向出售者支付一定费用后,就获得了能在规定期限内以某一特定价格向出售者买进或卖出一定数量的某种金融工具的权利。

金融期权是一种权利的交易。在期权交易中,期权的买方为获得期权合约所赋予的权利而向期权的卖方支付的费用就是期权的价格。期权价格受多种因素影响,但从理论上说,由两个部分组成,即内在价值和时间价值。

1)内在价值

金融期权的内在价值也称"履约价值",是期权合约本身所具有的价值,也就是期权的买方如果立即执行该期权所能获得的收益。一种期权有无内在价值以及内在价值的大小取决于该期权的协定价格与其标的物市场价格之间的关系。协定价格是指期权的买卖双方在期权成交时约定的、在期权合约被执行时交易双方实际买卖标的物的价格。根据协定价格与标的物市场价格的关系,可将期权分为实值期权、虚值期权和平价期权 3 种类型。

对看涨期权而言,若市场价格高于协定价格,期权的买方执行期权将有利可图,此时为实值期权;市场价格低于协定价格,期权的买方将放弃执行期权,为虚值期权。对看跌期权而言,市场价格低于协定价格为实值期权;市场价格高于协定价格为虚值期权。若市场价格等于协定价格,则看涨期权和看跌期权均为平价期权。从理论上说,实值期权的内在价值为正,虚值期权的内在价值为负,平价期权的内在价值为零。但实际上,无论是看涨期权还是看跌期权,也无论期权标的物的市场价格处于什么水平,期权的内在价值都必然大于零或等于零,而不可能为负值。这是因为期权合约赋予买方执行期权与否的选择权,而没有规定相应的义务,当期权的内在价值为负时,买方可以选择放弃期权。

如果以 EV_t 表示期权在 t 时点的内在价值,x 表示期权合约的协定价格,S_t 表示该期权标的物在 t 时点的市场价格,m 表示期权合约的交易单位,则每一看涨期权在 t 时点的内在价值可表示为:

每一看跌期权的内在价值可表示为:

$$EV_t = \begin{cases} (S_t - x) \cdot m & S_t > x \\ 0 & S_t \leq x \end{cases} \tag{4.28}$$

$$EV_t = \begin{cases} 0 & S_t \geq x \\ (x - S_t) \cdot m & S_t < x \end{cases} \tag{4.29}$$

2)时间价值

金融期权时间价值也称"外在价值",是指期权的买方购买期权而实际支付的价格超过该期权内在价值的那部分价值。在现实的期权交易中,各种期权通常是以高于内在价值的价格买卖的,即使是平价期权或虚值期权,也会以大于零的价格成交。期权的买方之所以愿意支付额外的费用,是因为希望随着时间的推移和标的物市场价格的变动,该期权的内在价值得以增加,使虚值期权或平价期权变为实值期权,或使实值期权的内在价值进一步提高。

期权的时间价值不宜直接计算,一般以期权的实际价格减去内在价值求得。

3)影响期权价格的主要因素

期权价格由内在价值和时间价值构成,因而凡是影响内在价值和时间价值的因素,就是影响期权价格的因素。

(1)协定价格与市场价格

协定价格与市场价格是影响期权价格主要的因素,这两种价格的关系不仅决定了期权有无内在价值及内在价值的大小,而且还决定了有无时间价值和时间价值的大小。一般而言,协定价格与市场价格间的差距越大,时间价值越小;反之,则时间价值越大。这是因为时间价值是市场参与者因预期标的物市场价格变动引起其内在价值变动而愿意付出的代价。当一种期权处于极度实值或极度虚值时,市场价格变动的空间已很小。只有在协定价格与市场价格非常接近或为平价期权时,市场价格的变动才有可能增加期权的内在价值,从而使时间价值随之增大。

(2)权利期间

权利期间是指期权剩余的有效时间,即期权成交日至期权到期日的时间。在其他条件不变的情况下,期权期间越长,期权价格越高;反之,期权价格越低。这主要是因为权利期间越长,期权的时间价值越大;随着权利期间缩短,时间价值也逐渐减少。在期权的到期日,权利期间为零,时间价值也为零。通常,权利期间与时间价值存在同方向但非线性的影响。

(3)利率

利率,尤其是短期利率的变动会影响期权的价格。利率变动对期权价格的影响是复杂的:一方面,利率变化会引起期权标的物的市场价格变化,从而引起期权内在价值的变化;另一方面,利率变化会使期权价格的机会成本变化,引起对期权交易的供求关系变化,因而从不同角度对期权价格产生影响。例如,利率提高,期权标的物如股票、债券的市场价格将下降,从而使看涨期权的内在价值下降,看跌期权的内在价值提高;利率提高,又会使期权价格的机会成本提高,有可能使资金从期权市场流向价格已下降的股票、债券等现货市场,减少对期权交易的需求,进而又会使期权价格下降。总之,利率对期权价格的影响是复杂的,应根据具体情况作具体分析。

(4)标的物价格的波动性

通常,标的物价格的波动性越大,期权价格越高;波动性越小,期权价格越低。这是因为标的物价格波动性越大,则在期权到期时,标的物市场价格涨至协定价格之上或跌至协定价格之下的可能性越大,因此期权的时间价值乃至期权价格都将随标的物价格波动的增大而提高,随标的物价格波动的缩小而降低。

(5)标的资产的收益

标的资产的收益将影响标的资产的价格。在协定价格一定时,标的资产的价格又必然影响期权的内在价值,从而影响期权的价格。由于标的资产分红付息等将使标的资产的价格下降,而协定价格并不进行相应调整,因此,在期权有效期内标的资产产生收益将使看涨期权价格下降,使看跌期权价格上升。

自从期权交易产生以来,人们一直致力于对期权定价问题的探讨。1973年,美国芝加哥大学教授布莱克和休尔斯提出第一个期权定价模型,在金融衍生工具的定价上取得了重大突破,在学术界和实务界引起强烈反响。1979年,罗斯和马克·鲁宾斯又提出二项式期权模型,以一种更为浅显易懂的方式导出期权定价模型,并使之更具有可操作性。

4.5.3　可转换证券的价值分析

一般来讲,可转换证券是指可以在一定时期内,按一定比例或价格转换成一定数量的另一种证券(简称"标的证券")的特殊公司证券。因此,可转换证券的价值与标的证券的价值有关。以下针对可以转换成公司普通股(简称"标的股票")的可转换证券或可转换优先股进行价值分析。

发行可转换证券时,发行人一般都明确规定"一张可转换证券能够兑换标的股票的股数"或"一张可转换证券按面额兑换成标的股票所依据的每股价格"。前者被称为"转换比例",后者被称为"转换价格"。显然,在转换比例和转换价格两者之中,只要规定了其中的一个,另一个也就随之确定了。两者之间的关系可用公式表示为:

$$转换比例 = \frac{可转换证券面额}{转换价格}$$

1）可转换证券的价值

由于可转换证券实际上赋予它的持有者具有按发行时规定的转换比例或转换价格将其转换成普通股的选择权,因此可转换证券的价值有投资价值、转换价值、理论价值及市场价值之分。

（1）可转换证券的投资价值

可转换证券的投资价值是指当它作为不具有转股选择权的一种证券的价值。估计可转换证券的投资价值,首先应估计与它具有同等资信和类似投资特点的不可转换证券的必要收益率,然后利用这个必要收益率折算出它未来现金流量的现值。

例4.18　以可转换债券为例,假定该债券的面值为1 000元,票面利率为8%,剩余期限为5年,同类债券的必要收益率为9%,到期时要么按面值还本付息,要么按规定的转换比例或转换价格转股,那么该可转换债券当前的投资价值为:

$$P = \sum_{t=1}^{5} \frac{80}{(1 + 0.09)^t} + \frac{1\,000}{(1 + 0.09)^5} 元 = 961.11 元$$

（2）可转换证券的转换价值

可转换证券的转换价值是指实施转换时得到的标的股票的市场价值,等于标的股票每股市场价格与转换比例的乘积,即:

$$转换价值 = 标的股票市场价格 \times 转换比例$$

例4.19　若假定例4.18中可转换债券的转换比例为40,实施转换时标的股票的市场价格为每股26元,那么该可转换债券的转换价值（CV）为:

$$CV = 26 元 \times 40 元 = 1\,040 元$$

（3）可转换证券的理论价值

可转换证券的理论价值,也称"内在价值",是指将可转换证券转股前的利息收入和转股时的转换价值按适当的必要收益率折算的现值。如假定投资者当前准备购买可转换证券,并计划持有该可转换证券到未来某一时期,且在收到最后一期利息后便立即实施转股,那么可用下述公式计算该投资者准备购买的可转换证券的当前理论价值:

$$P = \sum_{t=1}^{n} \frac{C}{(1 + r)^t} + \frac{CV}{(1 + r)^n} \tag{4.30}$$

式中　P——可转换证券的当前理论价值;

　　　t——时期数;

　　　n——持有可转换证券的时期总数;

　　　r——必要收益率;

　　　C——可转换证券每期支付的利息;

　　　CV——可转换证券在持有期期末的转换价值。

（4）可转换证券的市场价值

可转换证券的市场价值也就是可转换证券的市场价格。可转换证券的市场价值一般保持在可转换证券的投资价值和转换价值之上。如果可转换证券市场价值在投资价值之下，购买该证券并持有到期，就可获得较高的到期收益率；如果可转换证券市场价值在转换价值之下，购买该证券并立即转化为标的股票，再将标的股票出售，就可获得该可转换证券转换价值与市场价值之间的价差收益。因此，无论上述两种情况中的哪一种情况发生，投资者的踊跃购买行为都会使该可转换证券的价格上涨，直到可转换证券的市场价值不低于投资价值和转换价值为止。

2）可转换证券的转换平价

可转换证券的转换平价是指使可转换证券市场价值（即市场价格）等于该可转换证券转换价值时的标的股票的每股价格，即：

$$转换平价 = \frac{可转换证券的市场价格}{转换比例}$$

比较下述两个公式：

可转换证券的市场价格＝转换比例×转换平价

可转换证券的转换价值＝转换比例×标的股票市场价格

不难看出，当转换平价大于标的股票的市场价格时，可转换证券的市场价格大于可转换证券的转换价值，即可转换证券持有人转股前所持有的可转换证券的市场价值大于实施转股后所持有的标的股票资产的市价总值，如果不考虑标的股票价格未来变化，此时转股对持有人不利。相反，当转换平价小于标的股票的市场价格时，可转换证券的市场价格小于可转换证券的转换价值，即可转换证券持有人转股前所持有的可转换证券的市场价值小于实施转股后所持有的标的股票资产的市价总值，如果不考虑标的股票价格未来变化，此时转股对持有人有利。

正因为如此，转换平价可被视为已将可转换证券转换为标的股票的投资者的盈亏平衡点。由于可转换证券转股不具有可逆性，即转股后不能将标的股票再转为可转换证券，因此，对于已将可转换证券转换为标的股票的投资者来说，当初购买可转换证券价格的高低并不重要，重要的是依据购买价格计算出转换平价，并将转换平价与目前标的股票市场价格进行比较，以判断出目前持有的标的股票可否盈利。

当可转换证券的市场价格大于可转换证券的转换价值时，前者减后者所得的数值被称为可转换证券的转换升水，即有：

转换升水＝可转换证券的市场价格－可转换证券的转换价值

转换升水比率一般可用下述公式计算：

$$转换升水比率 = \frac{转换升水}{可转换证券的转换价值} \times 100\%$$

$$= \frac{转换平价 - 标的股票的市场价格}{标的股票的市场价格} \times 100\%$$

当可转换证券的市场价格小于可转换证券的转换价值时，后者减去前者所得到的数值被称为可转换证券的转换贴水，即：

转换贴水＝可转换证券的转换价值－可转换证券的市场价格

$$转换贴水比率 = \frac{转换贴水}{可转换证券的转换价值} \times 100\%$$

$$= \frac{标的股票的市场价格 - 转换平价}{标的股票的市场价格} \times 100\%$$

例 4.20 某公司的可转换债券,面值为 1 000 元,转换价格为 25 元,当前市场价格为 1 200 元,其标的股票当前的市场价格为 26 元,那么:

该债券转换比例 = 1 000 元 ÷ 25 元 = 40 股,该债券当前的转换价值 = 40 股 × 26 元 = 1 040 元,该债券当前的转换平价 = 1 200 元 ÷ 40 股 = 30 元;由于标的股票当前的市场价格(26 元)小于按当前该债券市场价格(1 200 元)计算的转换平价(30 元),所以按当前的 1 200 元价格购买该债券并立即转股对投资者不利。

由于该债券 1 200 元的市场价格大于其 1 040 元的转换价值,因此该债券当前处于转换升水状态:

$$该债券转换升水 = 1 200 元 - 1 040 元 = 160 元$$

$$\begin{aligned} 该债券转换升水比率 &= (160 \div 1 040) \times 100\% \\ &= (30 - 26) \div 26 \times 100\% \\ &= 15.38\% \end{aligned}$$

第5章 宏观经济分析与证券投资

5.1 宏观经济分析概述

5.1.1 宏观经济分析的意义和方法

1)宏观经济分析的意义

①判断证券市场的总体变动趋势。在证券投资领域中,宏观经济分析非常重要,只有把握经济发展的大方向,才能作出正确的长期决策;只有密切关注宏观经济因素的变化,尤其是货币政策和财政政策因素的变化才能抓住市场时机。

②把握整个证券市场的平均投资价值。证券市场的投资价值是与国民经济整体素质及其结构变动密切相关的。这里的证券市场的投资价值是指整个市场的平均投资价值。不同部门、不同行业与成千上万的不同企业相互影响、互相制约,共同作用于国民经济发展的速度和质量,是判断整个证券市场投资价值的关键。

③掌握宏观经济政策对证券市场的影响力度与方向。证券投资与国家宏观经济政策息息相关。在市场经济条件下,国家通过财政政策和货币政策来调节经济,或挤出泡沫,或促进经济增长,这些政策直接作用于企业,从而影响经济增长速度和企业效益。因此,证券投资必须认真分析宏观经济政策,这无论是对投资者、投资对象,还是对证券业本身乃至整个国民经济的快速健康发展都具有非常重要的意义。

④了解转型背景下宏观经济对股市的影响不同于成熟市场经济,了解中国股市表现和宏观经济相背离的原因。中国证券市场是新兴加转轨的市场,具有一定的特殊性。如股权分置,国有成分比重较大、行政干预较多、阶段性波动较大、投机性偏高、机构投资者力量不够强大。

2)宏观经济分析的基本方法及资料搜集

(1)总量分析法

总量分析法是指对影响宏观经济运行总量指标的因素及其变动规律进行分析,如对国民生产总值、消费额、投资额、银行贷款总额及物价水平的变动规律的分析等,进而说明整个经济的状态和全貌。总量分析主要是一种动态分析,因为它主要研究总量指标的变动规律。同时,也包括静态分析,因为总量分析包括考察同一时期内各总量指标的相互关系,如投资额、消费额和国民生产总值的关系等。

总量是反映整个社会经济活动状态的经济变量,包括两个方面:一是个量的总和,如国民收入是构成整个经济各单位收入的总和,总投资是指全社会私人投资和政府投资的总和,总消费是指参与经济活动各单位消费的总和。二是平均量或比例量,如价格水平是各种商品与劳务的平均水平并以某时期的基期计算的百分比。

(2)结构分析法

结构分析法是指对经济系统中各组成部分及其对比关系变动规律的分析。如国民生产总值中三次产业的结构及消费和投资的结构分析,经济增长中各因素作用的结构分析等。

结构分析主要是一种静态分析,即对一定时间内经济系统中各组成部分变动规律的分析。如果对不同时期内经济结构变动进行分析,则属于动态分析。

总量分析与结构分析的关系:总量分析侧重于总量指标速度的考察,它侧重分析经济运行的动态过程;结构分析则侧重于对一定时期经济整体中各组成部分相互关系的研究,它侧重分析经济现象的相对静止状态。总量分析非常重要,但它需要结构分析来深化和补充,而结构分析要服从于总量分析的目标。为使经济正常运行,需要对经济运行进行全面把握,将总量分析方法和结构分析方法结合起来使用。

(3)宏观分析资料的搜集与处理

宏观分析所需的有效资料一般包括政府的重点经济政策与措施、一般生产统计资料、金融物价统计资料、贸易统计资料、每年国民收入统计与景气动向、突发性非经济因素等。这些资料来源主要有:第一,从电视、广播、报纸、杂志等了解世界经济动态与国内经济大事。第二,政府部门与经济管理部门,省、市、自治区公布的各种经济政策、计划、统计资料和经济报告,各种统计年鉴,如《中国统计年鉴》《中国经济年鉴》《经济白皮书》等。第三,各主管公司、行业管理部门搜集和编制的统计资料。第四,部门与企业内部的原始记录。第五,各预测、情报和咨询机构公布的数据资料。第六,国家领导人和有关部门、省市领导报告或讲话中的统计数字和信息等。其中,数据资料是宏观分析与预测,尤其是定量分析预测的基础,无论是对历史与现状的总结,还是对未来的预测,都必须以它为依据。因此,对数据资料有一定的质量要求,如准确性、系统性、时间性、可比性、适用性等。需要注意的是,有时资料可能因口径不一致而不可比,或是存在不反映变量变化规律的异常值,此时还需对数据资料进行处理。

5.1.2 评价宏观经济形势的基本指标

1)国民经济总体指标

(1)国内生产总值(GDP)

国内生产总值是指一个国家(或地区)所有常住居民在一定时期内(一般按年统计)生产活动的最终成果。统计时,要将出口商品收入计算在内,但不计算商品进口。

区分国内生产和国外生产一般以常住居民为标准,只有常住居民在1年内生产的产品和提供劳务所得的收入才计算在本国的国内生产总值之内。常住居民是指居住在本国的公民、暂居外国的本国公民和长期居住在本国但未加入本国国籍的居民。因此,一国的国内生产总值是指在一国的领土范围内,本国居民和外国居民在一定时期内所生产的,以市场价格表示的产品和劳务的总值。从这个意义上讲,与以国民原则为核算标准的国民生产总值(GNP)相比,以国土原则为核算标准的国内生产总值不包含本国公民在国外取得的收入,但包含外国居民在国内取得的收入;相反,国民生产总值包含本国公民在国外取得的收入,但不包含外国居民在国内取得的收入。

$$GDP = GNP - 本国居民在国外的收入 + 外国居民在本国的收入$$

$$= GNP - (本国生产要素在国外取得的收入 - 本国付给外国生产要素的收入)$$

$$= GNP - 国外要素收入净额$$

在实践中,随着对外交往的增加,越来越多的国家(包括我国)在国民经济核算中选择使用 GDP 指标。

国内生产总值有 3 种表现形态,即价值形态、收入形态和产品形态。从价值形态看,它是所有常住居民在一定时期内生产的全部货物和服务价值超过同期中投入的全部非固定资产货物和服务价值的差额;从收入形态看,它是所有常住居民在一定时期内创造并分配给常住居民和非常住居民的初次收入分配之和;从产品形态看,它是所有常住居民在一定时期内最终使用的货物和服务价值与货物和服务净出口价值之和。

对应这 3 种表现形态,在实际核算中,国内生产总值有 3 种计算方法,即生产法、收入法和支出法。这 3 种方法分别从不同的方面反映国内生产总值及其构成。

以常用的支出法为例,统计 GDP 时要将出口计算在内,但不计算进口。其公式为:

$$GDP = C + I + G + (X - M)$$

式中　C——消费(即常住居民的个人消费。其中,所有房屋,包括居民住房的购买,都属于固定资本形成,而不属于消费性支出);

I——投资(包括净投资与折旧);

G——政府支出(包括政府购买,但不包括政府转移支付,以避免重复计算);

X——出口;

M——进口;

$(X-M)$——净出口。

国内生产总值的增长速度一般用来衡量经济增长率(也称"经济增长速度"),是反映一定时期经济发展水平变化程度的动态指标,也是反映一个国家经济是否具有活力的基本指标。对于发达国家来说,其经济发展总水平已经达到相当的高度,经济发展速度的提高相对来说较困难;对经济尚处于较低水平的发展中国家而言,由于发展潜力大,其经济发展速度可能是高速甚至超高速增长。这时就要警惕由此可能带来的通货膨胀、泡沫经济等问题,以避免造成宏观经济的过热。

因此,在宏观经济分析中,国内生产总值指标占有非常重要的地位,具有十分广泛的用途。国内生产总值的持续稳定增长是政府追求的目标之一。

值得注意的是,国内生产总值等总量指标的情况只能对国民经济形势有一个大致的判断,要深入掌握经济运行的内在规律,还必须对经济运行的变动特点进行分析。与对国内生产总值等总量指标的分析相比,对经济运行变动特点进行分析更偏重于对经济运行质量的研究,主要包括以下几方面:一是经济增长的历史动态比较,说明增长波动的特征,即所处经济周期的阶段特征;二是经济结构的动态比较,说明经济结构的变化过程和趋势;三是物价变动的动态比较,说明物价总水平的波动与通货膨胀状况,并联系经济增长、经济结构的发展变化等,说明物价变化的特点及其对经济运行主要方面的影响。

（2）工业增加值

工业增加值是指工业行业在报告期内以货币表现的工业生产活动的最终成果,是衡量国民经济的重要统计指标之一。

工业增加值有两种计算方法:一是生产法,即工业总产出减去工业中间投入。二是收入法,即从收入的角度出发,根据生产要素在生产过程中应得的收入份额计算,具体构成项目有固定资产折旧、劳动者报酬、生产税净额、营业盈余。这种方法也称"要素分配法"。

以常用的支出法为例,工业增加值等于工业总产值与中间消耗的差额。工业增加值率则是指一定时期内工业增加值占工业总产值的比重,反映降低中间消耗的经济效益。

测算工业增加值的基础来源于工业总产值,即以货币表现的工业企业在一定时期内生产的已出售或可供出售的工业产品总量,反映一定时间内工业生产的总规模和总水平。工业总产值采用"工厂法"计算,即以工业企业作为一个整体,按企业工业生产活动的最终成果来计算,企业内部不允许重复计算,不能把企业内部各个车间（分厂）生产的成果相加。但在企业之间、行业之间、地区之间存在着重复计算。

（3）失业率

失业率是指劳动力人口中失业人数所占的百分比。劳动力人口是指年龄在16岁以上具有劳动能力的人的全体。

目前,我国统计部门公布的失业率为城镇登记失业率,即城镇登记失业人数占城镇从业人数与城镇登记失业人数之和的百分比。城镇登记失业人数是指拥有非农业户口,在一定的劳动年龄内,有劳动能力,无业而要求就业,并在当地就业服务机构进行求职登记的人员数。

失业率上升与下降是以国内生产总值（GDP）相对于潜在GDP的变动为背景的,而其本身则是现代社会的一个主要问题。当失业率很高时,资源被浪费,人们收入减少,此时,经济问题还可能影响人们的情绪和家庭生活,进而引发一系列的社会问题。

但值得注意的是,通常所说的充分就业是指对劳动力的充分利用,但不是完全利用,因为在实际的经济生活中不可能达到失业率为零的状态。在充分就业的情况下也会存在一部分正常的失业,如由于劳动力的结构不能适应经济发展对劳动力的需求变动所引起的结构性失业。

（4）通货膨胀

通货膨胀是指一般物价水平持续、普遍、明显地上涨。零售物价指数又称消费价格指数（CPI），反映消费者为购买消费品而付出的价格的变动情况。生产者物价指数（PPI），是衡量工业企业产品出厂价格变动趋势和变动程度的指数。通货膨胀对社会经济产生的影响主要有：引起收入和财富的再分配，扭曲商品相对价格，降低资源配置效率，促发泡沫经济乃至损害一国的经济基础和政权基础。通货膨胀有被预期和未被预期之分，从程度上则有温和的、严重的及恶性的 3 种。温和的通货膨胀是指年通胀率低于 10% 的通货膨胀，严重的通货膨胀是指两位数的通货膨胀，恶性通货膨胀则是指 3 位数以上的通货膨胀。为抑制通货膨胀而采取的货币政策和财政政策通常会导致高失业和 GDP 的低增长。

通货膨胀产生的 3 种原因：需求拉上的通货膨胀、成本推进的通货膨胀及结构性通货膨胀。

（5）宏观经济运行景气指标——PMI

制造业 PMI 是一个综合指数，以百分比来表示，通常以 50% 作为经济强弱的分界点。当指数高于 50% 时，被解释为经济扩张的信号；当指数低于 50%，尤其是非常接近 40% 时，则有经济萧条的预兆和忧虑。按国际惯例，PMI 指数如连续多月沿同一方向变化，就可说明这种变化具有趋势性。

制造业 PMI 是一个综合指数，由 5 个扩散指数（分类指数）加权计算而成。即新订单指数（简称订单），权数为 30%；生产量指数（简称生产），权数为 25%；从业人员指数（简称雇员），权数为 20%；供应商配送时间指数（简称配送），权数为 15%；主要原材料库存指数（简称存货），权数为 10%。

PMI 具有明显的先导性，是经济的先行指标。是国际上通行的宏观经济监测指标体系之一，对国家经济活动的监测和预测具有重要作用。通常 50% 为经济强弱的分界点，PMI 高于 50%，反映制造业经济扩张；低于 50%，则反映制造业经济衰退。

（6）国际收支

国际收支是一国居民在一定时期内与非本国居民在政治、经济、军事、文化及其他往来中所产生的全部交易的系统记录。这里的居民是指在国内居住 1 年以上的自然人和法人。

国际收支包括经常项目和资本项目。经常项目主要反映一国的贸易和劳务往来状况，包括贸易收支、劳务收支和单方面转移，是最具综合性的对外贸易指标。

资本项目集中反映一国同国外资金往来的情况，反映一国利用外资和偿还本金的执行情况。资本项目一般分为长期资本和短期资本。

进出口总量及其增长是衡量一国经济开放程度的重要指标。

国际收支平衡需要避免国际收支的过度逆差或顺差。

2）投资规模

投资规模是指一定时期在国民经济各部门、各行业再生产中投入资金的数量。投资规模是否适度是影响经济稳定与增长的一个决定因素。投资规模过小，不利于为经济的进一步发展奠定物质技术基础;投资规模安排过大,超出了一定时期人力、物力和财力的可能,又会造成国民经济比例的失调,导致经济的大起大落。

全社会固定资产投资是衡量投资规模的主要变量。按经济类型划分,全社会固定资产投资包括国有经济单位投资、城乡集体经济单位投资、其他各种经济类型的单位投资和城乡居民个人投资;按我国现行管理体制划分,全社会固定资产投资包括基本建设、更新改造、房地产开发投资和其他固定资产投资4部分。固定资产投资是社会固定资产再生产的主要手段。固定资产投资额是以货币表现的建造和购置固定资产活动的工作量,是反映固定资产投资规模、速度、比例关系和使用方向的综合性指标。

随着我国改革开放的不断深入,投资主体呈现出多元化的趋势,主要包括政府投资、企业投资和外商投资3个方面:

①政府投资。政府投资是指政府以财政资金投资经济建设,其目的是改变长期失衡的经济结构,完成私人部门不能或不愿从事但对国民经济发展却至关重要的投资项目,如大型水利设施、公路建设和生态保护等。同时,政府投资也是扩大投资需求,促进经济增长的重要手段。

②企业投资。随着我国现代企业制度的建立,企业逐渐成为了投资主体之一,企业投融资的权力不断扩大。随着我国市场化改革的不断深入,企业投资需求将成为国内投资需求的主要部分,企业投资的规模和方向影响着一国经济未来的走向。

③外商投资。外商投资包括外商直接投资和外商间接投资。外商直接投资是指外国企业和经济组织或个人(包括华侨以及我国在境外注册的企业)按我国有关政策、法规,用现汇、实物、技术等在我国境内开办外商独资企业,与我国境内的企业或经济组织共同举办中外合资经营企业、合作经营企业或合作开发资源的投资(包括外商投资收益的再投资)以及经政府有关部门批准的项目投资总额内企业从境外借入的资金等。外商间接投资是指除对外借款(外国政府贷款、国际金融组织贷款、商业银行商业贷款、出口信贷以及对外发行债券等)和外商直接投资以外的各种利用外资的形式,包括企业在境内外股票市场公开发行的以外币计价的股票或人民币发行的总额,国际租赁进口设备的应付款,补偿贸易中外商提供的进口设备、技术、物料的价款,加工装配贸易中外商提供的进口设备、物料的价款。

3)消费指标

(1)社会消费品零售总额

社会消费品零售总额是指国民经济各行业通过多种商品流通渠道向城乡居民和社会集团供应的消费品总额。根据我国国家统计局的统计标准,社会消费品零售总额包括10项内容。简而言之,社会消费品零售总额包括各种经济类型的批发零售贸易业、餐饮业、制造业和其他行业售给城乡居民和社会集团的消费品零售额,以及农民售给非农业居民和社会集团的消费品零售额。

社会消费品零售总额按销售对象划分为两大部分,即对居民的消费品零售额和对社会集团的消费品零售额。对居民的消费品零售额针对售给城乡居民用于生活消费的商品;对社会集团的消费品零售额针对企业、事业和行政等各种类型单位用公款购买的用作非生产、非经营用的消费品。其中,居民的消费品零售额与国民经济核算中的居民消费之间具有密切的联系,前者中的大部分直接构成居民消费,是计算后者的主要资料来源之一。

社会消费品零售总额是研究国内零售市场变动情况,反映经济景气程度的重要指标。社会消费品零售总额的大小和增长速度也反映了城乡居民与社会集团消费水平的高低,居民消费意愿的强弱。社会消费品需求是国内需求的重要组成部分,对一国经济增长具有巨大促进作用。

(2)城乡居民储蓄存款余额

城乡居民储蓄存款余额是指某一时点城乡居民存入银行及农村信用社的储蓄金额,包括城镇居民储蓄存款和农民个人储蓄存款,不包括居民的手持现金和工矿企业、部队、机关、团体等单位存款。城乡居民储蓄存款是居民可支配收入扣除消费支出以后形成的。城乡居民储蓄量的大小首先决定于可支配收入的多少,同时又受可支配收入中消费支出比例的限制。在可支配收入一定时,消费支出多了,储蓄就会减少,是此多彼少的关系。当市场上人们的消费意愿增强时,储蓄相应缩小;市场消费意愿减弱时,储蓄相应增加。

居民储蓄增加以后,银行的资金来源扩大了,如果存贷比率不变,银行贷款投放也会相应增加,这就扩大了企业的资金使用,正常情况下就会扩大国内投资需求。所以,储蓄扩大的直接效果就是投资需求扩大和消费需求减少。

(3)居民可支配收入

居民可支配收入是居民家庭在一定时期内获得并且可以用来自由支配的收入。包括家庭成员所从事主要职业的工资以及从事第二职业、其他兼职和偶尔劳动得到的劳动收入;家庭成员从事生产经营活动所获得的净收入;家庭资产所获得的收入,如存款的利息、出租房屋收入、保险收益、股息与红利收入、知识产权收入;政府对个人收入转移的离退休金、失业救济金、赔偿等;单位对个人收入转移的辞退金、保险索赔、提取的住房公积金;家庭间的赠送金和赡养金。

居民可支配收入是通过居民家庭日常获得的总收入计算得来的。由于居民家庭总收入包括个人所得税、公积金、养老基金、医疗基金、失业基金等属于国家先发后征或居民家庭成员必须缴纳的刚性支出,因此这部分名义收入(居民不可自由支配的)必须予以扣除,余下的即为居民可以用来自由支配的收入。

居民可支配收入=城镇居民家庭总收入-缴纳所得税-个人缴纳的社会保障支出

家庭总收入包括工薪收入、经营净收入、财产性收入(如利息、红利、房租收入等)、转移性收入(如养老金、离退休金、社会救济收入等)。分析一国的消费能力时,应注意该国居民可支配收入占国民收入的占比及占比变化。

4)金融指标

(1)总量指标

①货币供应量。货币供应量是单位和居民个人在银行的各项存款和手持现金之和,其变化反映着中央银行货币政策的变化,对企业生产经营、金融市场尤其是证券市场的运行和

居民个人的投资行为有着重大的影响。中央银行一般根据宏观监测和宏观调控的需要,根据流动性的大小将货币供应量划分为不同的层次。

根据我国现行货币统计制度将货币供应量划分为 3 个层次。

a.流通中现金(M_0),指单位库存现金和居民手持现金之和。

b.狭义货币供应量(M_1),指 M_0 加上单位在银行的可开支票进行支付的活期存款。

c.广义货币供应量(M_2),指 M_1 加上单位在银行的定期存款和城乡居民个人在银行的各项储蓄以及证券公司的客户保证金。

M_2 与 M_1 的差额,通常称为准货币。

②金融机构各项存贷款余额。金融机构各项存贷款余额是指某一时点金融机构存款金额与金融机构贷款金额。金融机构主要包括商业银行和政策性银行、非银行信贷机构和保险公司。

③金融资产总量。金融资产总量是指手持现金、银行存款、有价证券、保险等其他资产的总和。

④社会融资总额。社会融资总额是指一定时期内实体经济从金融体系获得的全部资金总额。

社会融资总额的内涵主要体现在 3 个方面。

一是金融机构通过资金运用对实体经济提供的全部资金支持,即金融机构资产的综合运用,主要包括人民币各项贷款、外币各项贷款、信托贷款、委托贷款、金融机构持有的企业债券、非金融企业股票、保险公司的赔偿和投资性房地产等。

二是实体经济利用规范的金融工具,在正规金融市场通过金融机构服务所获得的直接融资,主要包括银行承兑汇票、非金融企业股票筹资及企业债的净发行等。

三是其他融资,主要包括小额贷款公司贷款、贷款公司贷款、产业基金投资等。

社会融资总额＝人民币各项贷款＋外币各项贷款＋委托贷款＋信托贷款＋银行承兑汇票＋企业债券＋非金融企业股票＋保险公司赔偿＋保险公司投资性房地产＋其他。

⑤外汇储备。外汇储备,又称为外汇存底,指一国政府所持有的国际储备资产中的外汇部分,即一国政府保有的以外币表示的债权。外汇储备是一国对外债权的总和,用于偿还外债和支付进口,是国际储备的一种。

一国的国际储备除了外汇储备之外,还包括黄金储备、特别提款权和在国际货币基金组织(IMF)的储备头寸。

外汇储备增加,本币需求增加,国内总需求增加。非储备外汇影响机制刚好相反。

⑥外汇占款。外汇占款是指受资国中央银行收购外汇资产而相应投放的本国货币。由于人民币是非自由兑换货币,外资引入后需兑换成人民币才能进入流通使用,国家为了外资换汇要投入大量的资金,增加了货币的需求量,形成了外汇占款。

银行购买外汇形成本币投放,所购买的外汇资产构成银行的外汇储备。

中央银行的外汇占款→央行持有的外汇储备→基础货币投放

银行体系收购外汇资产→全社会外汇储备→社会资金投放

（2）利率

利率（或称"利息率"）是指在借贷期内所形成的利息额与本金的比率。利率直接反映的是信用关系中债务人使用资金的代价，也是债权人出让资金使用权的报酬。从宏观经济分析的角度看，利率的波动反映出市场资金供求的变动状况。在经济发展的不同阶段，市场利率有不同的表现。在经济持续繁荣增长时期，资金供不应求，利率上升；当经济萧条市场疲软时，利率会随着资金需求的减少而下降。除了与整体经济状况密切相关之外，利率影响着人们的储蓄、投资和消费行为；利率结构也影响着居民金融资产的选择，影响着证券的持有结构。利率有存款利率、贷款利率、国债利率、回购利率、同业拆借利率之分。再贴现率和同业拆借利率是基准利率。随着市场经济的不断发展和政府宏观调控能力的不断加强，利率特别是基准利率已经成为中央银行行之有效的货币政策工具。

①贴现率与再贴现率。贴现是指银行应客户的要求，买进其未到付款日期的票据。或者说，购买票据的业务称为"贴现"。办理贴现业务时，银行向客户收取一定的利息，称为"贴现利息"或"折扣"，其对应的比率即贴现率。再贴现率是商业银行由于资金周转的需要，以未到期的合格票据再向中央银行贴现时所适用的利率。对中央银行而言，再贴现是买进票据，让渡资金；对商业银行而言，再贴现是卖出票据，获得资金。再贴现是中央银行的主要的货币政策工具。中央银行根据市场资金供求状况调整再贴现率，能够影响商业银行资金借入的成本，进而影响商业银行对社会的信用量，从而调节货币供给总量。如果中央银行提高再贴现率，就意味着商业银行向中央银行再融资的成本提高了，因此它们必然要调高对客户的贴现率或提高放款利率，从而带动整个市场利率上涨，这样借款人就会减少，起到紧缩信用的作用，市场货币供应量减少；反之，如果中央银行降低再贴现率，就可以起到扩大信用的作用。所以，再贴现率的变动对货币供应量起直接作用，进而对国内总需求产生影响。当再贴现率提高时，会降低总需求；当再贴现率降低时，会扩大总需求。

②同业拆借利率。同业拆借利率是指银行同业之间的短期资金借贷利率。同业拆借有两个利率，拆进利率与拆出利率。拆进利率表示银行愿意借款的利率，拆出利率表示银行愿意贷款的利率。一家银行的拆进（借款）实际上也是另一家银行的拆出（贷款）。同一家银行的拆进和拆出利率相比较，拆进利率永远小于拆出利率，其差额就是银行的收益。同业拆借中大量使用的利率是伦敦同业拆借利率（LIBOR）。LIBOR 是指在伦敦的第一流银行借款给伦敦的另一家第一流银行资金的利率。现在 LIBOR 已经作为国际金融市场中大多数浮动利率的基础利率，并作为银行从市场上筹集资金进行转贷的融资成本。贷款协议中议定的 LIBOR 通常是由几家指定的参考银行在规定的时间（一般是伦敦时间上午 11:00）报价的平均利率。使用最多的是 3 个月和 6 个月的 LIBOR。我国对外筹资成本是在 LIBOR 基础上加一定百分点，从 LIBOR 变化出来的。还有新加坡同业拆借利率、纽约同业拆借利率、香港同业拆借利率，等等。

中国人民银行借鉴国际经验而失去建立的报价制中国金融市场基准利率——上海银行间同业拆借利率（Shibor）于 2006 年 10 月 8 日起开始运行，2007 年 1 月 4 日正式对外发布。Shibor 是由信用等级较高的银行组成报价团，自主报出的人民币同业拆出利率计算确定的算术平均利率,是单利、无担保、批发性利率。Shibor 包括隔夜、1 周、2 周、1 个月、3 个月、6 个月、9 个月及 1 年 8 个品种。Shibor 报价银行团由 16 家商业银行组成。这些报价行是公开市场一级交易商或外汇市场做市商,在货币市场上交易相对活跃,信息披露比较充分。全国银行间同业拆借中心受权负责 Shibor 的报价计算和信息发布。该中心在每个交易日各报价行的报价,剔除最高、最低各 2 家报价,对其余报价进行算术平均后,得出每一期限品种的 Shibor,并于上午 11:30 对外发布。目前,以 Shibor 为基准的拆借、回购、转贴现的交易量正在不断扩大,对短期融资券、企业债券、浮息债券等债券产品定价的指导作用明显增强,市场推出的以 Shibor 为基础的金融创新产品已有债券远期利率协议、利率互换等。

③回购利率。回购是交易双方在全国统一同业拆借中心进行的以债券(包括国债、政策性金融债和中央银行融资券)为权利质押的一种短期资金融通业务,是指资金融入方(正回购方)在将债券出质给资金融出方(逆回购方)融入资金的同时,双方约定在将来某一日期由正回购方按某一约定利率计算的资金额向逆回购方返还资金,逆回购方向正回购方返还原出质债券的融资行为。该约定的利率即回购利率。全国银行间债券市场的回购交易是以国家主权级的债券作为质押品的交易。其回购利率可以说是一种无风险利率,可以准确反映市场资金成本和短期收益水平,比较真实地反映中国金融市场的资金供求情况,已成为中央银行制定货币政策、财政部和其他债券发行人制订发行策略、市场参与者进行资产管理的重要参考指标。

④各项存贷款利率。各项存贷款利率包括金融机构对客户存贷款利率,即城乡居民和企事业单位存贷款利率、中国人民银行对金融机构存贷款利率、优惠贷款利率。国务院批准和授权中国人民银行制定的各项利率为法定利率,具有法律效力,其他任何单位和个人无权变动,且法定利率的公布、实施由中国人民银行负责。

银行利率的变动不仅对银行存、贷款有直接影响,对债券利率也会产生影响,其他货币的市场价格也会随利率的变动而变动。所以,利率是对市场反应非常灵敏的一个经济变量。在对利率与总供需关系的研究中,应该对存款利率和贷款利率加以区别。存款利率主要调节存款,贷款利率主要调节贷款。一般情况下,两者之间的变动方向是一致的,但是有时候在变动幅度上可以不同,因而,存贷款利率之间的差额也可以成为调节供需关系的一种工具。

在其他条件不变时,由于利率水平上浮引起存款增加和贷款下降,使居民的消费支出减少,使企业生产成本增加,会同时抑制供给和需求;利率水平的降低则会引起需求和供给的双向扩大。

(3)汇率

汇率是外汇市场上一国货币与他国货币相互交换的比率。一般来说,国际金融市场上的外汇汇率是由一国货币所代表的实际社会购买力平价和自由市场对外汇的供求关系决定的。

汇率变动是国际市场商品和货币供求关系的综合反映。以外币为基准,当汇率上升时,本币贬值,国外的本币持有人就会抛出本币,或者加快从国内市场购买商品的速度。对于国内来说,一方面是流回国内的本币增多;另一方面是从国内流出的商品增多,出口量扩大,这就形成了国内需求的扩大和供给的减少。当汇率下降时,本币升值,国外对本币的需求增大以及流出增加,对国内的进口增加,这就使国内需求减少,使国内供给增加。总体效应就是:提高汇率会扩大国内总需求,降低汇率会缩减国内总需求。

一国的汇率会因该国的国际收支状况、通货膨胀率、利率、经济增长率等的变化而波动,同样,汇率波动又会影响一国的进出口额和资本流动,并影响一国的经济发展。特别是在当前国际分工异常发达,各国间经济联系十分密切的情况下,汇率的变动对一国的国内经济、对外经济以及国际间的经济联系都产生着重大影响。

5)财政指标

(1)财政收入

财政收入是指国家财政参与社会产品分配所取得的收入,是实现国家职能的财力保证。财政收入的内容几经变化,目前主要包括以下几条。

①各项税收。增值税、营业税、消费税、土地增值税、城市维护建设税、资源税、城市土地使用税、印花税、个人所得税、企业所得税、关税、农牧业税和耕地占用税等。

②专项收入。征收排污费收入、征收城市水资源费收入、教育费附加收入等。

③其他收入。基本建设贷款归还收入、基本建设收入、捐赠收入等。

④国有企业计划亏损补贴。这项为负收入,冲减财政收入。

(2)财政支出

财政支出是指国家财政将筹集的资金进行分配使用,以满足经济建设和各项事业的需要。可归类为两部分,即一部分是经常性支出,包括政府的日常性支出、公共消费产品的购买、经常性转移等;另一部分是资本性支出,就是政府的公共性投资支出,包括政府在基础设施上的投资、环境改善方面的投资以及政府储备物资的购买等。

经常性支出的扩大可以扩大消费需求,其中既有个人消费需要,也有公共物品的消费需求。资本性支出的扩大则扩大投资需求。在总量不变的条件下,两者是此多彼少的关系。扩大了投资,消费就必须减少;扩大了消费,投资就必须减少。所以在需求结构调整时,适当调整财政的支出结构就能很显著地产生效应。

(3)赤字或结余

财政收入与财政支出的差额即为赤字(差值为负时)或结余(差值为正时)。核算财政收支总额主要是为了进行财政收支状况的对比。财政收入大于支出表现为结余,财政收不抵支则出现赤字。如果财政赤字过大,就会引起社会总需求的膨胀和社会总供求的失衡。

同时,财政赤字或结余也是宏观调控中应用最普遍的一个经济变量。财政发生赤字的时候有两种弥补方式:一是通过举债即发行国债来弥补;二是通过向银行借款来弥补。

发行国债对国内需求总量是不会产生影响的。财政向银行借款弥补赤字,如果银行不因此而增发货币,只是把本来应该增加贷款的数量借给财政使用,那么财政赤字同样不会使需求总量增加,这是由债务本身的性质决定的。只有在银行因为财政的借款而增加货币发行量时,财政赤字才会扩大国内需求。

值得注意的是,为了更好地发挥财政政策的作用,财政政策应当和货币政策相互结合使用。

6) 主权债务

主权债务是指一国以自己的主权为担保向外(不管是向国际货币基金组织还是向世界银行或者向其他国家)借来的外债。主权债务危机的实质是国家债务信用危机。

主权债务危机——国家债务信用危机。其判断依据:国债负担率、债务依存度、偿债率。《马斯特里赫特条约》:国债负担率、赤字率。

主权债务危机一般会产生以下的负面影响:①导致新的贸易保护;②危机国财政紧缩、税收增加和失业率增加,社会矛盾激化;③危机国货币贬值,资金外流;④危机国国债收益率上升,筹资成本大幅增加,甚至无法发行国债。

5.2　宏观经济分析与证券市场

5.2.1　宏观经济运行分析

1) 宏观经济运行对证券市场的影响

证券市场有经济晴雨表之称,这表明证券市场是宏观经济的先行指标,也表明宏观经济的走向决定证券市场长期趋势。宏观经济因素是影响证券市场长期走势的唯一因素。

宏观经济运行通过4个途径影响证券市场:企业经营效益、居民收入水平、投资者对股价的预期、资金成本。

(1) 企业经营效益

无论是从长远还是近期看,宏观经济环境是影响公司生存、发展的基本因素。公司的经营效益会随着宏观经济运行周期、市场环境、宏观经济政策、利率水平和物价水平等宏观经济因素而变动。如当公司经营随宏观经济的趋好而改善,盈利水平提高,其股价自然上涨;当采取强有力的宏观调控政策,紧缩银根,公司的投资和经营受到影响,盈利下降,证券市场也会遭受重创。

(2) 居民收入水平

在经济周期处于上升阶段或在提高居民收入政策的情况下,居民收入水平提高,将不仅促进消费,改善企业经营环境,而且直接增加证券市场的需求,促使证券价格上涨。

(3) 投资者对股价的预期

投资者对股价的预期,也就是投资者的信心,即"人气指标",是宏观经济影响证券市场走势的重要途径。当宏观经济趋好时,投资者预期公司效益和自身的收入水平会上升,证券市场自然人气旺盛,从而推动证券价格上扬。

（4）资金成本

当国家经济政策发生变化，如采取调整利率水平、实施消费信贷政策、征收利息税等政策，居民、单位的资金持有成本随之变化，促使资金流向改变，影响证券市场的需求，从而影响证券市场的走向。

2）宏观经济变动与证券市场波动的关系

（1）国内生产总值变动

国内生产总值（GDP）是一国经济成就的根本反映。从长期看，在上市公司的行业结构与该国产业结构基本一致的情况下，股票平均价格的变动与GDP的变化趋势是吻合的。但不能简单地以为GDP增长，证券市场就必将伴之以上升的走势，实际上有时恰恰相反。我们必须将GDP与经济形势结合起来进行考察。

①持续、稳定、高速的GDP增长。在这种情况下，社会总需求与总供给协调增长，经济结构逐步合理，趋于平衡，经济增长来源于需求刺激并使得闲置的或利用率不高的资源得以更充分的利用，从而表明经济发展势头良好。这时证券市场将基于下述原因而呈现上升走势：一是伴随总体经济成长，上市公司利润持续上升，股息和红利不断增长，企业经营环境不断改善，产销两旺，投资风险也越来越小，从而公司的股票和债券全面得到升值，促使价格上扬。二是人们对经济形势形成了良好的预期，投资积极性得以提高，从而增加了对证券的需求，促使证券价格上涨。三是随着国内生产总值的持续增长，国民收入和个人收入都得到不断提高，收入增加也将增加证券投资的需求，从而促使证券价格上涨。

②高通胀下的GDP增长。当经济处于严重失衡下的高速增长时，总需求大大超过总供给，这将表现为高的通货膨胀率，这是经济形势恶化的征兆，如不采取调控措施，必将导致未来的"滞胀"（通货膨胀与经济停滞并存）。这时经济中的矛盾会突出地表现出来，企业经营将面临困境，居民实际收入也将降低，因而失衡的经济增长必将导致证券价格下跌。

③宏观调控下的GDP减速增长。当GDP呈失衡的高速增长时，政府可能采用宏观调控措施以维持经济的稳定增长，这样必然减缓GDP的增长速度。如果调控目标得以顺利实现，GDP仍以适当的速度增长而未导致GDP的负增长或低增长，说明宏观调控措施十分有效，经济矛盾逐步得以缓解，为进一步增长创造了有利条件，这时证券市场也将反映这种好的形势而呈平稳渐升的态势。

④转折性的GDP变动。如果GDP一段时期呈负增长，当负增长速度逐渐减缓并呈现向正增长转变的趋势时，表明恶化的经济环境逐步得到改善，证券市场走势也将由下跌转为上升。当GDP由低速增长转向高速增长时，表明低速增长中，经济结构得到调整，经济的"瓶颈"制约得以改善，新一轮经济高速增长已经来临，证券价格也将伴之以快速上涨之势。

证券市场一般提前对GDP变动作出反应，也就是说，证券市场是反映预期的GDP变动。而GDP的实际变动被公布时，证券市场只反映实际变动与预期变动的差别，因而对GDP变动进行分析时必须着眼于未来，这是最基本的原则。

股市指数与宏观经济走势之间的关联关系被不同程度地弱化，股市指数与国民经济增长速度经常呈现非正相关甚至负相关关系。

（2）经济周期变动

经济周期是一个连续不断的过程，表现为扩张和收缩的交替出现。某个时期产出、价格、利率、就业不断上升直至某个高峰——繁荣，之后可能是经济的衰退，产出、产品销售、利率、就业率开始下降，直至某个低谷——萧条。萧条阶段的明显特征是需求严重不足，生产相对严重过剩，销售量下降，价格低落，企业盈利水平极低，生产萎缩，大量企业破产倒闭，失业率增大。接下来则是经济重新复苏，进入一个新的经济周期。

证券市场综合了人们对于经济形势的预期，这种预期较全面地反映了人们对经济发展过程中表现出的有关信息的切身感受。这种预期又必然反映到投资者的投资行为中，从而影响证券市场的价格。既然股价反映的是对经济形势的预期，因而其表现必定领先于经济的实际表现（除非预期出现偏差，经济形势本身才对股价产生纠错反应）。当经济持续衰退至尾声即萧条时期，百业不振，投资者已远离证券市场，每日成交少。此时，那些有眼光而且在不停搜集和分析有关经济形势并作出合理判断的投资者已在默默吸纳股票，股价已缓缓上升。当各种媒介开始传播萧条已去、经济日渐复苏时，股价实际上已经升至一定水平。而那些有识之士在综合分析经济形势的基础上，认为经济将不会再创热潮时，就悄然抛出股票，股价虽然还在上涨，但供需力量已逐渐发生转变。当经济形势逐渐被更多的投资者所认识，供求趋于平衡直至供大于求时，股价便开始下跌。当经济形势发展按照人们的预期走向衰退时，与上述相反的情况便会发生。

上面描述了股价波动与经济周期相互关联的一个总体轮廓，这个轮廓给我们以下几点启示：

①经济总是处在周期性运动中，股价波动是永恒的。股价伴随经济相应地波动，但股价的波动超前于经济运动，股价波动是永恒的。

②收集有关宏观经济资料和政策信息，随时注意经济发展动向。正确把握当前经济发展处于经济周期的何种阶段，对未来作出正确判断，切忌盲目从众。

③把握经济周期，认清经济形势。不要被股价的"小涨""小跌"驱使而追逐小利或回避小失（这一点对中长期投资者尤为重要）。在把握经济周期的同时，配合技术分析的趋势线进行研究或许会大有收益。

（3）通货变动

在我国，通货就是指中国的法定货币，它的国内购买力水平是以可比物价变动情况来衡量的。一般在没有价格管制、价格基本由市场调节的情况下，通货变动与物价总水平是同义语。通货变动包括通货膨胀和通货紧缩。

①通货膨胀对证券市场的影响。通货膨胀对证券市场特别是个股的影响，没有一成不变的规律可循，完全可能产生相反方向的影响，应具体情况具体分析，分析的一般性原则共8点。

a. 温和的、稳定的通货膨胀对股价的影响较小。通货膨胀提高了债券的必要收益率，从而引起债券价格下跌。

b.如果通货膨胀在一定的可容忍范围内持续,而经济处于景气(扩张)阶段,产量和就业率都持续增长,那么股价也将持续上升。

c.严重的通货膨胀是很危险的,经济将被严重扭曲,货币加速贬值,这时,人们会囤积商品、购买房屋等进行保值。这可能从两个方面影响证券价格:一是资金流出证券市场,引起股价和债券价格下跌。二是经济扭曲和失去效率,企业筹集不到必需的生产资金;同时,原材料、劳务成本等价格飞涨,使企业经营严重受挫,盈利水平下降,甚至倒闭。

d.政府往往不会长期容忍通货膨胀的存在,因而必然会使用某些宏观经济政策工具来抑制通货膨胀,这些政策必然对经济运行造成影响。

e.通货膨胀时期,并不是所有价格和工资都按同一比率变动,而是相对价格发生变化。这种相对价格变化引致财富和收入的再分配,因而某些公司可能从中获利,而另一些公司可能蒙受损失。

f.通货膨胀不仅产生经济影响,还可能产生社会影响,并影响投资者的心理和预期,从而对股价产生影响。

g.通货膨胀使得各种商品价格具有更大的不确定性,也使得企业未来经营状况具有更大的不确定性,从而增加证券投资的风险。

h.通货膨胀对企业的微观影响表现为:通货膨胀之初,税收效应、负债效应、存货效应和波纹效应等都有可能刺激股价上涨,但长期严重的通货膨胀必然恶化经济环境、社会环境,股价将受大环境影响而下跌。

②通货紧缩对证券市场的影响。通货紧缩将挫伤消费者和投资者的积极性,造成经济衰退和经济萧条,与通货膨胀一样不利于币值稳定和经济增长。通货紧缩甚至被认为是导致经济衰退的"杀手"。从消费者的角度看,通货的持续紧缩,使消费者对物价的预期值下降,而更多地持币待购,推迟购买。对投资者来说,通货紧缩将使目前的投资在将来投产后,产品价格比现在的价格还低,并且投资者预期未来工资下降,成本降低,这些会促使投资者更加谨慎,或推迟原有投资计划。消费和投资的下降减少了总需求,使物价继续下降,从而步入恶性循环。从利率角度分析,通货紧缩形成了利率下调的稳定预期,由于真实利率为名义利率减通货膨胀率,下调名义利率降低了社会的投资预期收益率,导致有效需求和投资支出进一步减少,工资降低,失业增多,企业的效益下滑,居民收入减少,引致物价更大幅度的下降。可见,因通货紧缩带来的经济负增长,使得股票债券及房地产等资产价格大幅下降,银行资产状况严重恶化,而经济危机与金融萧条的出现反过来又大大影响了投资者对汇率与证券市场走势的信心。

5.2.2 宏观经济政策分析

1)财政政策

财政政策是政府依据客观经济规律制定的指导财政工作和处理财政关系的一系列方针、准则和措施的总称。财政政策是当代市场经济条件下国家干预经济、与货币政策并重的一项手段。

(1)财政政策的手段及其对证券市场的影响

财政政策有6个手段:国家预算、税收、国债、财政补贴、财政管理体制、转移支付制度。这些手段可以单独使用,也可以配合协调使用。

①国家预算。国家预算是财政政策的主要手段。作为政府的基本财政收支计划,国家预算能够全面反映国家财力规模和平衡状态,并且是各种财政政策手段综合运用结果的反映,因而在宏观调控中具有重要的功能作用。国家预算的支出方向可以调节社会总供求的结构平衡。财政投资主要运用于能源、交通及重要的基础产业、基础设施的建设,财政投资的多少和投资方向直接影响和制约国民经济的部门结构,因而具有造就未来经济结构框架的功能,也有矫正当期结构失衡状态的功能。

②税收。税收是国家凭借政治权力参与社会产品分配的重要形式。税收具有强制性、无偿性和固定性的特征,它既是筹集财政收入的主要工具,又是调节宏观经济的重要手段。首先,税制的设置可以调节和制约企业间的税负水平。税收还可以根据消费需求和投资需求的不同对象设置税种或在同一税种中实行差别税率,以控制需求数量和调节供求结构。进口关税政策和出口退税政策对于国际收支平衡具有重要的调节功能。

③国债。国债是国家按照有偿信用原则筹集财政资金的一种形式,同时也是实现政府财政政策,进行宏观调控的重要工具。国债可以调节国民收入的使用结构和产业结构,用于农业、能源、交通和基础设施等国民经济的薄弱部门和"瓶颈"产业的发展,能调整固定资产投资结构,促进经济结构的合理化。国债还可以调节资金供求和货币流通量。政府主要通过扩大或减少国债发行、降低或提高国债利率和贴现率以及中央银行的公开市场业务来调节资金供求和货币供应。

④财政补贴。财政补贴是国家为了某种特定需要,将一部分财政资金无偿补助给企业和居民的一种再分配形式。我国财政补贴主要包括:价格补贴、企业亏损补贴、财政贴息、房租补贴、职工生活补贴和外贸补贴等。

⑤财政管理体制。财政管理体制是在财政管理中划分各级政权之间以及国家与国营企业、事业单位之间的责任、权力和利益关系的制度。其主要功能是调节各地区、各部门之间的财力分配。

⑥转移支付制度。转移支付制度是中央财政将集中的一部分财政资金,按一定的标准拨付给地方财政的一项制度。其主要功能是调整中央政府与地方政府之间的财力纵向不平衡,以及调整地区间财力的横向不平衡。

财政预算政策、税收政策除了通过预算安排的松紧、课税的轻重影响财政收支的多少,进而影响整个经济的景气外,更重要的是对某些行业、某些企业带来不同的影响。如果财政预算对能源、交通等行业在支出安排上有所侧重,将促进这些行业的发展,从而有利于这些行业在证券市场上的整体表现。同样,如果国家对某些行业、某些企业实施税收优惠政策,诸如减税、提高出口退税率等措施,那么这些行业及其企业就会处于有利的经营环境,其税后利润增加,该行业及其企业的股票价格也会随之上扬。

（2）财政政策的种类及其对证券市场的影响

财政政策分为紧缩性财政政策、扩张性财政政策和中性财政政策。紧缩财政政策将使过热的经济受到控制，证券市场也将走弱，因为这预示着未来经济将减速增长或走向衰退；而扩张性财政政策刺激经济发展，证券市场则将走强，因为这预示着未来经济将加速增长或进入繁荣阶段。中性财政政策可以理解为收支平衡政策，不宜有大量的结余，也不允许有大量的赤字。

实施扩张性财政政策对证券市场的影响有：

①减少税收，降低税率，扩大减免税范围。其政策的经济效应：增加微观经济主体的收入，以刺激经济主体的投资需求，从而扩大社会供给，进而增加人们的收入，并同时增加了他们的投资需求和消费支出。对证券市场的影响：增加收入直接引起证券市场价格上涨，增加投资需求和消费支出又会拉动社会总需求，而总需求增加又反过来刺激投资需求，从而使企业扩大生产规模，增加企业利润；利润增加，又将刺激企业扩大生产规模的积极性，进一步增加利润总额，从而促进股票价格上涨。因市场需求活跃，企业经营环境改善，盈利能力增强，进而降低了还本付息风险，债券价格也将上扬。

②扩大财政支出，加大财政赤字。其政策效应是：扩大社会总需求，从而刺激投资，扩大就业。政府通过购买和公共支出增加商品和劳务需求，激励企业增加投入，提高产出水平，于是企业利润增加，经营风险降低，将使得股票价格和债券价格上升。同时居民在经济复苏中增加了收入，持有货币增加，经济景气的趋势更增加了投资者的信心，买气增强，证券市场趋于活跃，价格自然上扬。

③减少国债发行（或回购部分短期国债）。其政策效应是缩减证券市场上国债的供给量，从而对证券市场原有的供求平衡产生影响。国债是证券市场上重要的交易券种，国债发行规模的缩减，使市场供给量缩减，更多的资金转向股票、企业债券，推动证券价格上扬，从而使整个证券市场的总体价格水平趋于上涨。

④增加财政补贴。财政补贴往往使财政支出扩大，其政策效应是扩大社会总需求和刺激供给增加，从而使整个证券价格的总体水平趋于上涨。

紧缩财政政策的经济效应及其对证券市场的影响与上述情况相反。

2）货币政策

（1）货币政策及其作用

货币政策是指中央银行为实现既定的目标，运用各种工具调节货币供应量来调节市场利率，通过市场利率的变化来影响民间的资本投资，影响总需求来影响宏观经济运行的各种方阵措施。调节总需求的货币政策的3大工具为法定准备金率、公开市场业务和贴现政策。

①通过调控货币供应总量保持社会总供给与总需求的平衡。货币政策可通过调控货币供应量达到对社会总需求和总供给两方面的调节，使经济达到均衡。当总需求膨胀导致供求失衡时，可通过控制货币量达到对总需求的抑制；当总需求不足时，可通过增加货币供应量，提高社会总需求，使经济继续发展。同时，货币供给的增加有利于贷款利率的降低，可减少投资成本，刺激投资增长和生产扩大，从而增加社会总供给；反之，货币供给的减少将促使

贷款利率上升,从而抑制社会总供给的增加。

②通过调控利率和货币总量控制通货膨胀,保持物价总水平的稳定。无论通货膨胀的形成原因多么复杂,从总量上看,都表现为流通中的货币超过社会在不变价格下所能提供的商品和劳务总量。提高利率可使现有货币购买力推迟,减少即期社会需求,同时也使银行贷款需求减少;降低利率的作用则相反。中央银行还可以通过金融市场直接调控货币供应量。

③调节国民收入中消费与储蓄的比例。货币政策通过对利率的调节能够影响人们的消费倾向和储蓄倾向。低利率鼓励消费,高利率则有利于吸收储蓄。

④引导储蓄向投资的转化并实现资源的合理配置。储蓄是投资的来源,但储蓄不能自动转化为投资,储蓄向投资的转化依赖于一定的市场条件。货币政策可以通过利率的变化影响投资成本和投资的边际效率,提高储蓄转化的比重,并通过金融市场有效运作实现资源的合理配置。

(2)货币政策工具

货币政策工具是中央银行为达到货币政策目标而采取的手段。货币政策工具分为一般性工具和选择性工具。一般性政策工具包含3种:法定存款准备金率、再贴现政策、公开市场业务。在过去较长时期内,中国货币政策以直接调控为主,即采取信贷规模、现金计划等工具。1998年以后,主要采取间接货币政策工具调控货币供应总量。现阶段,中国的货币政策工具主要有公开市场操作、存款准备金、再贷款与再贴现、利率政策、汇率政策和窗口指导等。2013年11月6日央行网站新增"常备借贷便利(SLF)"栏目,并正式发布今年常备借贷便利开展情况,标志着这一新的货币政策工具的正式使用。

①一般性货币政策工具。

a.法定存款准备金率。法定存款准备金率是指中央银行规定的金融机构为保证客户提取存款和资金清算需要而准备的在中央银行的存款占其存款总额的比例。当中央银行提高法定存款准备金率时,商业银行可运用的资金减少,贷款能力下降,货币乘数变小,市场货币流通量便会相应减少。所以,在通货膨胀时,中央银行可提高法定存款准备金率;反之,则降低法定存款准备金率。

b.再贴现政策。再贴现政策是指中央银行对商业银行用持有的未到期票据向中央银行融资所作的政策规定。再贴现政策一般包括再贴现率的确定和再贴现的资格条件。再贴现率工具主要着眼于短期政策效应。中央银行根据市场资金供求状况调整再贴现率,以影响商业银行借入资金成本,进而影响商业银行对社会的信用量,从而调整货币供给总量。在传导机制上,商业银行需要以较高的代价才能获得中央银行的贷款,由此便会提高对客户的贴现率或提高放款利率,其结果就会使得信用量收缩,市场货币供应量减少,反之则相反。

c.公开市场业务。公开市场业务是指中央银行通过买进或卖出有价证券,吞吐基础货币,调节货币供应量的活动。与一般金融机构所从事的证券买卖不同,中央银行买卖证券的目的不是为了盈利,而是为了调节货币供应量。根据经济形势的发展,当中央银行认为需要收缩银根时,便卖出证券,相应地收回一部分基础货币,减少金融机构可用资金的数量;相反,当中央银行认为需要放松银根时,便买入证券,扩大基础货币供应,直接增加金融机构可用资金的数量。

从交易品种看,中国人民银行公开市场业务债券交易主要包括回购交易、现券交易和发行中央银行票据。其中回购交易分为正回购和逆回购,正回购为中国人民银行向一级交易商卖出有价证券,并约定在未来特定日期买回有价证券的交易行为,正回购为央行从市场收回流动性的操作,正回购到期则为央行向市场投放流动性的操作;逆回购为中国人民银行向一级交易商购买有价证券,并约定在未来特定日期将有价证券卖给一级交易商的交易行为,逆回购为央行向市场上投放流动性的操作,逆回购到期则为央行从市场收回流动性的操作。

②选择性货币政策工具。选择性货币政策工具是指中央银行针对某些特殊的经济领域或特殊用途的信贷而采用的信用调节工具。选择性政策工具包含两种:直接信用控制和间接信用指导。

a. 直接信用控制。直接信用控制是指以行政命令或其他方式,从质和量两个方面直接对金融机构尤其是商业银行的信用活动进行控制。其手段包括利率最高限、信用配额、流动性比率和直接干预等。

b. 间接信用指导。间接信用指导是指中央银行对商业银行和其他金融机构发出通告、指示或与各金融机构的负责人举行面谈,劝其遵守政府政策并自动采取贯彻政策的相应措施。窗口指导是指中央银行根据产业行情、物价趋势和金融市场动向,规定商业银行贷款近期的增减额,并要求其执行。

(3)货币政策的运作

货币政策的运作主要是指中央银行根据客观经济形势采取适当的政策措施调控货币供应量和信用规模,使之达到预定的货币政策目标,并以此影响整体经济的运行。通常,将货币政策的运作分为紧缩的货币政策和宽松的货币政策。

①紧缩的货币政策。紧缩的货币政策的主要手段:减少货币供应量,提高利率,加强信贷控制。从紧的货币政策主要体现在抑制通货膨胀,当通货膨胀时,经济增速过快出现泡沫,国家就会采取从紧的政策。此时通货膨胀的根源就是市场上流通的货币太多了,货币供过于求。

②宽松的货币政策。宽松的货币政策的主要手段:增加货币供应量,降低利率,放松信贷控制。宽松货币政策总的来说是增加市场货币供应量,如直接发行货币,在公开市场上买债券,降低准备金率和贷款利率等。货币量多了,需要贷款的企业和个人就更容易贷到款,这样一般能使经济更快发展,是促进繁荣或者是抵抗衰退的措施,如中央放出的大量信贷就是宽松货币政策的表现。

(4)货币政策对证券市场的影响

中央银行的货币政策对证券市场的影响,可以从利率、公开市场业务、调节货币供应量、选择性货币政策工具进行分析:

①利率。中央银行调整基准利率的调幅低,对证券价格产生影响。一般来说,利率下降时,股票价格就上升,而利率上升时,股票价格就下降。原因:第一,利率的上升,不仅会增加

公司的借款成本,而且还会使公司难以获得必需的资金,这样,公司就不得不削减生产规模,而生产规模的缩小又势必会减少公司的未来利润,因此,股票价格就会下降;反之,股票价格就会上涨。第二,利率上升时,一部分资金从投向股市转向到银行储蓄和购买债券,从而会减少市场上的股票需求,使股票价格出现下跌;反之,利率下降时,储蓄的获利能力降低,一部分资金就可能回到股市中来,从而扩大对股票的需求,使股票价格上涨。第三,利率是计算股票内在投资价值的重要依据之一。当利率水平上升,投资者据以评估股票价值所在的折现率也会上升,股票价值会因此下降,从而使股票价格相应下降;反之,利率下降时,股票价格就会上升。

上述利率与股价运动呈反向变化是一般情况,我们也不能将此绝对化。在股市发展的历史上,也有一些相对特殊的情形。当形势看好时,股票行情暴涨的时候,利率的调整对股价的控制作用就不会很大。同样,当股市处于暴跌的时候,即使出现利率下降的调整政策,也可能会使股价回升乏力。

美国在1978年就曾出现过利率和股票价格同时上升的情形。当时这种异常现象主要有两个原因:一是许多金融机构对美国政府当时维持美元在世界上的地位和控制通货膨胀的能力没有信心;二是当时股票价格已经下降到极低点,远远偏离了股票的实际价格,从而使大量的外国资金流向美国股市,引起了股票价格上涨。1981年在中国香港也曾出现过同样的情形。

②中央银行的公开市场业务对证券价格的影响。当政府倾向于实施较为宽松的货币政策时,中央银行就会大量购进有价证券,从而使市场上货币供给量增加。这会推动利率下调,资金成本降低,从而企业和个人的投资和消费热情高涨,生产扩张,利润增加,这又会推动股票价格上涨;反之,股票价格将下跌。之所以特别强调公开市场业务对证券市场的影响,还在于中央银行的公开市场业务的运作是直接以国债为操作对象,从而直接关系到国债市场的供求变动,影响到国债行市的波动。

③调节货币供应量对证券市场的影响。中央银行可以通过法定存款准备金率和再贴现政策调节货币供应量,从而影响货币市场和资本市场的资金供求,进而影响证券市场。如果中央银行提高法定存款准备金率,这在很大程度上限制了商业银行体系创造派生存款的能力,就等于冻结了一部分商业银行的超额准备。由于法定存款准备金率对应数额庞大的存款总量,并通过货币乘数的作用,使货币供应量更大幅度地减少,证券行情趋于下跌。

④选择性货币政策工具对证券市场的影响。为了实现国家的产业政策和区域经济政策,我国在中央银行货币政策通过贷款计划实行总量控制的前提下,对不同行业和区域采取区别对待的方针。一般说来,该项政策会对证券市场行情整体走势产生影响,而且还会因为板块效应对证券市场产生结构性影响。当直接信用控制或间接信用指导降低贷款限额、压缩信贷规模时,从紧的货币政策使证券市场行情呈下跌走势;但如果在从紧的货币政策前提下,实行总量控制,通过直接信用控制或间接信用指导区别对待,紧中有松,那么一些优先发展的产业和国家支柱产业以及农业、能源、交通、通信等基础产业及优先重点发展的地区的证券价格则可能不受影响,甚至逆势而上。总的来说,此时贷款流向反映当时的产业政策与

区域政策,并使证券市场价格的比价关系作出结构性的调整。

3)汇率

汇率也称外汇行市或汇价。一国货币兑换另一国货币的比率,是以一种货币表示另一种货币的价格。由于世界各国货币的名称不同,币值不一,所以一国货币对其他国家的货币要规定一个兑换率,即汇率。

从短期来看,一国(或地区)的汇率由对该国(或地区)货币兑换外币的需求和供给所决定。外国人购买本国商品,在本国投资以及利用本国货币进行投资会影响本国货币的需求。本国居民想购买外国产品,向外国投资以及外汇投机会影响本国货币供给。在长期中,影响汇率的主要因素主要有:相对价格水平、关税和限额、对本国商品相对于外国商品的偏好以及生产率。

(1)汇率制度

汇率制度是指一国货币当局对汇率制度、本国汇率变动的基本方式所作的一系列安排或规定。按照汇率变动的幅度,汇率制度主要分为4种:自由浮动汇率、有管理的浮动汇率、目标区间管理和固定汇率。

①自由浮动汇率。自由浮动汇率是指货币当局对汇率上下浮动不采取任何干预措施,完全听任外汇市场的供求变化自由涨落的一种浮动汇率制度。这种制度的缺点是名义(和实际)汇率的大幅波动可能扭曲资源配置,汇率的随机性和通货膨胀偏向较大。

②有管理的浮动汇率。有管理的浮动汇率是指一国货币当局按照本国经济利益的需要,不时地干预外汇市场,以使本国货币汇率升降朝有利于本国的方向发展的汇率制度。在有管理的浮动汇率制下,汇率在货币当局确定的区间内波动。

③目标区间管理。汇率目标区间管理是指政府设定本国货币对其他货币的中心汇率并规定汇率上下浮动幅度的一种汇率制度。

④固定汇率。固定汇率是指一国货币与另一国家货币的兑换比率基本固定的汇率。固定汇率并非汇率完全固定不动,而是围绕一个相对固定的平价的上下限范围波动,该范围最高点叫"上限",最低点叫"下限"。当汇价涨或跌到上限或下限时,政府的中央银行要采取措施,使汇率维持不变。在19世纪初到20世纪30年代的金本位制时期,第二次世界大战后到20世纪70年代初以美元为中心的国际货币体系,都实行固定汇率制。

(2)汇率变化对证券市场的影响

①汇率变化及对证券市场的影响。汇率变化主要包含两方面:一是汇率水平波动,二是汇率制度变动,后者往往在短期内导致前者的发生并加剧其波动程度。在浮动汇率制下,汇率水平处于经常性波动之中。如资本可自由流动,国外名义利率提高将导致本国货币贬值,引起国内实际利率上升,影响投资需求。而对固定汇率进行制度性变革,也将造成汇率水平波动;加上相应地放松资本管制,短期内,将强化该货币升值或贬值的预期,促使资本流动方向、规模和速度发生变化,诱发投机现象,影响证券市场走势。外汇市场对证券市场的影响随着资本开放度的提高更为明显,使得汇率风险成为证券市场的主要系统性风险之一。

②汇率变动影响证券市场的途径。一是通过影响证券市场决策行为来影响资本流动，最终影响证券市场价格。证券资产的供给与资产价格正相关。在一定价格水平下，证券资产的需求与资产价格同向变动。价格上涨，市场对该资产的需求不但不会减少，反而增加；反之亦然，表现出"强者恒强，弱者恒弱"的特点。但由于证券资产的供给弹性大于需求弹性，随价格持续上涨或下跌，需求将与价格呈负相关关系。因此，价格越高，需求量越少；反之亦然。证券资产的供给与需求的这种背离，说明二者之间的均衡关系被完全破坏，价格将被迫发生逆转，导致市场大幅波动。如外汇市场对本国货币形成升值预期，将在短期内吸引国际资本流入，以获得以本币计值资产升值的收益，导致证券资产价格上涨，并吸引更多国际资本流入，进一步加大升值压力，推动证券价格上涨。加上证券市场助涨助跌的特点，极易形成市场泡沫。反之，如果外汇市场产生本币贬值预期，则资本大量流出，造成证券价格剧烈波动，并加剧货币贬值。如果市场的上述预期因汇率制度变革而实现，那么这种预期将得以强化，推动汇率水平进一步上涨或下跌。

二是影响上市公司进出口及收益水平。本币贬值短期内可刺激出口、限制进口。同时，为避免本币大幅贬值，政府则会提高利率以支持本币汇率水平，公司经营成本就会上升，利润将会减少，证券价格也会下跌。反之，升值则可提高本币购买力，降低进口成本，可以较低价格收购国外企业，扩大对外投资；同时，会抑制出口，造成通胀。总之，相关企业业绩将因此受较大影响，上市公司资产价值变化，促使国际投资者调整投资策略。

其次，汇率变动对不同的上市公司收益率产生不同影响。收入中外汇与人民币比重不同，人民币升值对上市公司收益率的影响也不同。人民币占收入比重越多，正面影响越大；而外汇收入占总收入越多，负面影响越大。相应地，不同企业的市场定价也将发生变化。对汇率变动的预期可能改变部分企业的投融资计划。在境内美元债务越多的公司从人民币升值中获得的好处越大。如人民币升值一定比例，其财务费用负担就可减少相应比例。这显然将影响公司业绩及股价。

最后，汇率变动对贸易品进口的冲击是普遍的、持久的、实质性的。在人民币升值的情况下，我国内地生产成本和价格越高的产业，与境外差距越大，或者说内地厂家对进口商品的优势越小，则进口冲击对上市公司业绩的影响越大，而那些与境外价格接轨程度较高的产业所受影响则要小些。而另一方面，机场、港口、铁路、高速公路、电力、供水和房地产等非贸易品将因需求扩张而出现价格上涨，市场定价将上调。总之，汇率变动将导致上市公司的资产价格进行结构性调整。

三是通过公开市场、外汇市场等领域操作影响证券市场。本币贬值时，为稳定汇率水平，政府可动用国际储备抛售外汇，减少本币供应量，导致证券价格下跌。另一方面，也可利用债市与股市的联动关系进行操作，如抛售外汇，同时回购国债，使国债市场价格上扬，既抑制本币升势（贬值），又不减少本币供应量。

4）收入政策

（1）收入政策概述

收入政策是国家为实现宏观调控总目标和总任务，针对居民收入水平高低、收入差距大小在分配方面制定的原则和方针。收入政策具有更高层次的调节功能,制约着财政政策和货币政策的作用方向和作用力度,最终也要通过财政政策和货币政策来实现。

收入政策目标包括收入总量目标和收入结构目标。收入总量目标着眼于近期的宏观经济总量平衡,着重处理积累和消费、人们近期生活水平改善和国家长远经济发展的关系,以及失业和通货膨胀的问题。收入结构目标则着眼于处理各种收入的比例,以解决公共消费和私人消费、收入差距等问题。

收入总量调控政策主要通过财政、货币机制来实施,还可以通过行政干预和法律调整等机制来实施。财政机制通过预算控制、税收控制、补贴调控和国债调控等手段贯彻收入政策;货币机制通过调控货币供应量、调控货币流通量、调控信贷方向和数量、调控利息率等贯彻收入政策,因而收入总量调控通过财政政策和货币政策的传导对证券市场产生影响。

(2)我国收入政策的变化及其对证券市场的影响

我国个人收入分配实行以按劳分配为主体,多种分配方式并存的收入分配政策。在以劳动收入为主体的前提下,国家依法保护法人和居民的一切合法收入和财产,鼓励城乡居民储蓄和投资,允许属于个人的资本等生产要素参与分配。

5.2.3　国际金融市场环境分析

国际金融市场按经营业务的种类划分,可分为货币市场、证券市场、外汇市场、黄金市场和期权期货市场,这些市场是一个整体,各个市场相互影响。证券市场仅仅是国际金融市场的一部分,国际金融市场对一国证券市场的影响是通过该国国内其他金融市场的传导而发生的。如20世纪80年代初,发展中国家难以在国际证券市场上筹集到资金,导致国内资金市场上资金短缺,利率上升,从而影响本国证券市场的发展。国际金融市场对我国证券市场影响的途径有以下几条:

1)国际金融市场通过人民币汇率预期影响证券市场

一般而言,汇率上升,本币贬值,本国产品竞争力强,出口型企业将增加收益,因而企业的股票和债券价格将上涨;相反,依赖于进口的企业成本增加,利润受损,股票和债券价格将下跌。同时,汇率上升,本币贬值,将导致资本流出本国,资本的流失将使得本国证券市场需求减少,从而使证券价格下跌。另外,汇率上升时,本币表示的进口商品价格提高,进而带动国内物价水平上涨,引起通货膨胀。通货膨胀对证券市场的影响须根据当时的经济形势和具体企业以及政策行为进行分析。

2)国际金融市场动荡通过宏观面间接影响我国证券市场

国际金融市场动荡加大了我国宏观经济增长目标的执行难度,从而在宏观面和政策面上间接影响我国证券市场的发展。改革开放以来,我国国民经济的对外依存度大大提高,国际金融市场动荡导致出口增幅下降、外商直接投资下降,从而影响经济增长率,失业率随之上升。宏观经济环境的恶化导致上市公司业绩下降和投资者信心不足,最终使证券市场证券价格下跌。

3)国际金融市场动荡通过微观面直接影响我国证券市场

随着证券市场日益开放,A股与H股的关联性还将进一步加强:①股权置改革的顺利完成将加速 A—H 股价值的接轨进程。②在套利机制的作用下趋于消失,使得两者股份逐步融合。③会使很多的大型上市公司同时出现在 A 股与 H 股市场。

5.3　证券市场的供求关系

从长期来看,证券的价格由其内在价值决定,但就中、短期的价格分析而言,证券的市场交易价格由供求关系决定。成熟市场的供求关系是由资本收益率引导的供求关系,即资本收益率水平对证券价格有决定性影响,而我国的证券价格在很大程度上由证券的供求关系决定。

5.3.1　证券市场的供给方和需求方

1)供给方

证券市场的供给主体是公司(企业)、政府与政府机构以及金融机构。

自 1990 年我国设立证券交易所以来,上市公司的数目逐年增加。在沪、深证券交易所上市公司增加的同时,我国企业在国内外资本市场的筹资也保持持续增长的趋势。

2)需求方

(1)个人投资者

个人投资者为自然人,指从事证券买卖的居民。

(2)机构投资者

机构投资者包括开放式基金、封闭式基金、社保基金,也包括参与证券投资的保险公司、证券公司,还包括一些投资公司和企业法人。

机构投资者的资金与人才实力雄厚,投资理念成熟,抗风险能力强。

机构投资者是市场主要参与者,是市场成熟的一个标志。

根据投资证券市场的不同目的,可以把投资者分为长期投资者和短期投资者。

前者是为了获得分红和长期增值;后者是为了获得短期资本差价。

5.3.2　证券市场供给的决定因素与变动特点

股票市场供给方面的主体是上市公司,上市公司的数量和质量构成了股票市场的供给方。决定上市公司数量的主要因素是上市公司的质量和上市公司的数量:

1)上市公司的质量

上市公司的质量状况影响股票市场的前景、投资者的收益及投资热情、个股价格及大盘指数变动,这些因素将直接或间接影响股票市场的供给,是影响股票市场供给的最直接、最根本的因素。总的来看,上市公司的数量和质量将随国家的宏观经济形势的变化、股票市场主管部门对股票市场实施的政策以及上市公司的整体质量等因素的变化而变化。由于我国的股票市场规模还小,企业上市筹资的需求仍然很大,股票市场的供给增加将是必然趋势。在今后相当长的一段时期内,我国股票市场的供给量仍然会比较大。

2)上市公司的数量

影响上市公司的数量的主要因素有以下3个:

(1)宏观经济环境

如果宏观经济运行良好,投资扩张的企业必然增多,融资的需求必然增加,这时将有更多的企业申请公开发行股票,同时投资者良好的预期会促使其积极参与认购,上市公司的数量也会随之增加。这样,上市流通股份的数量就会增加,股票市场的供给也会相应增加。

(2)制度因素

影响股票市场供给的制度因素主要有发行上市制度、市场设立制度、股权流通制度。

随着《证券法》的颁布实施,股票发行制度逐步走向市场化,采用了由承销商推荐并辅导企业,再由各方专家组成的发行审核委员会审核的股票发行制度。这一制度的变化有利于提高上市公司的质量。目前我国的股票市场交易场所有上海和深圳两个证券交易所,一般企业都在这两个股票市场交易场所之中的一个上市。股票的供给受市场的容量和上市速度等因素制约,如果增设创业板市场,则必然会带来更多新的上市公司,这样,上市公司数量即股票市场的供给方将随之增加。

(3)市场因素

股票市场是广大投资者交易上市公司股票的场所,也是上市公司进行直接融资的场所。当股票市场处于牛市的情况下,大量的场外资金流入股市,为上市公司的增发、配股提供了资金支持,也为非上市公司的首次公开募股(IPO)营造了良好的市场氛围,进而能够增加市场上的股票供给量。反之,当股票市场处于熊市的时候,市场的资金面压力增大,从而不利于股票有效供给的增加。

5.3.3 证券市场需求的决定因素与变动特点

1)宏观经济环境

如果宏观经济运行良好,银根较松,整个社会的资金供给会呈现出比较充裕的局面。同时由于宏观经济形势向好,作为微观主体的上市公司业绩的预期会得到相应的改善,也将吸引投资者资金进一步进入股票市场,从而增加对股票的需求,有效增加股票市场资金的供给量。

2)政策因素

政策因素包括市场准入政策、融资融券政策、金融监管政策甚至货币与财政政策在内的一系列政策因素。在中国股票市场还处于不太成熟的发展阶段,有关部门为了防范股票市场的风险,对进入股票市场的投资主体有着严格的规定,一些不符合规定的资金不能进入股票市场。利率是在不断变化之中的,利率调整会影响投资者投资股票市场的意愿。

3)居民金融资产结构的调整

居民的金融资产主要由股票、债券及银行存款等构成。中国居民以前的金融资产的绝大部分是银行储蓄,证券投资尤其是股票投资占金融资产的比例相当小。但是,随着人民生活水平的不断提高、金融投资意识的加强,不断有居民将原先的银行储蓄转化为股票投资,股票占个人金融资产的比例会不断提高,而且这种变化趋势是长期的。但总的来讲,目前股票投资占中国居民金融资产的比例仍然偏低,可以预计,在居民金融资产结构的调整过程中,股票投资的比例将不断提高,进而给股票市场带来大量的增量资金,增加我国股票市场的资金供应量。

4)机构投资者的培育和壮大

第一阶段是 1991 年至 1997 年。

主要机构投资者是证券公司、信托公司、老基金和企业法人。

第二阶段是 1998 年至 2000 年。

1998 年,证券投资基金(封闭式)的出现开创了我国机构投资时代的新篇章。

第三阶段是 2001 年至今。

2001 年 9 月 22 日,第一只华安创新开放式基金宣告成立,从而使基金的发展跨入新的历史时期,同时也标志着我国证券市场真正开始步入机构投资者时代。

2002 年 11 月 15 日,中国证监会和中国人民银行联合发布《合格境外机构投资者境内证券投资管理暂行办法》,打开了合格境外机构投资者(QFII)直接投资 A 股的大门。

2011 年 12 月 16 日,中国证监会、中国人民银行、国家外汇管理局联合发布《基金管理公司、证券公司人民币合格境外机构投资者境内证券投资试点办法》(简称《试点办法》),开启了人民币合格境外机构投资者的试点。经审批的境内基金管理公司、证券公司的香港子公司,可以运用在香港募集的人民币资金投资境内证券市场。

5)资本市场的逐步对外开放

资本市场开放包括:服务性开放和投资性开放。

2001 年 11 月我国正式加入 WTO,我国政府在入世谈判中对资本市场的逐步开放作出了实质性的承诺,这些承诺包括:B 股业务;合资证券经营机构;资产管理服务。

5.3.4　影响我国证券市场供求关系的基本制度变革

1)股权分置改革

股权分置问题的由来和发展可分为 3 个阶段。

第一阶段,股权分置问题的形成。

第二阶段,通过国有股变现解决国企改革和发展资金需求的尝试,开始触动股权分置问题。2001 年 6 月 12 日,国务院颁布《减持国有股筹集社会保障资金管理暂行办法》。

第三阶段,2004 年 1 月 31 日,国务院发布《国务院关于推进资本市场改革开放和稳定发展的若干意见》。

中国证监会于 2005 年 4 月 29 日发布了《关于上市公司股权分置改革试点有关问题的通知》,标志着股权分置改革正式启动。三一重工、紫江企业、清华同方和金牛能源 4 家上市公司为首批股权分置改革的试点公司。

股权分置改革的影响与意义:

①不同股东之间的利益行为机制在股改后趋于一致化。

②股权分置改革有利于上市公司定价机制的统一,市场的资源配置功能和价值发现功能进一步得到优化。

③股权分置改革完成后,大股东违规行为将被利益牵制,理性化行为趋于突出。

④股权分置改革有利于建立和完善上市公司管理层的激励和约束机制。

⑤股权分置改革后上市公司整体目标趋于一致,长期激励将成为战略规划的重要内容。

⑥股权分置改革之后金融创新进一步活跃,上市公司重组并购行为增多。

⑦股权分置改革之后市场供给增加,流动性增强。

股改之后,市场上逐渐受到受限股到期解禁流通所产生的压力。受限股有三大类:第一类是股改所产生的受限股,第二类是"新老划断"后新的 IPO 公司产生的受限股,第三类是上市公司再融资(如增发等)产生的受限股。

按照中国证监会 2005 年 9 月 4 日颁布的《上市公司股权分置改革管理办法》,第一类受限股首次公开发行前,股东持有股份超过 5% 的股份在股改结束 12 个月后,解禁流通量为 5%,24 个月流通量不超过 10%,在其之后成为全部可上市流通股,该类股份被市场称为"大非"。股东持股数低于 5% 的称为"小非"。"小非"在股改完成后 12 个月即可上市流通。

按照中国证监会 2006 年 5 月 8 日和 5 月 18 日分别公布的《上市公司证券发行管理办法》和《首次公开发行股票并上市管理办法》,第二类受限股有 3 种:①首次公开发行前公司持有的股份自发行人股票上市之日起 36 个月内不得流通;②战略投资者配售的股份自本次公开发行的股票上市之日起 12 个月内不得流通;③特定机构投资者网下配售股份自本次公开发行的股票上市之日起 3 个月内不得流通。

根据中国证监会 2008 年 5 月 6 日公布的《上市公司证券发行管理办法》规定,针对非公开发行受限股,发行对象属于下列情形之一的,认购的股份自股票发行结束之日起 36 个月内不得转让:

①上市公司的控股股东、实际控制人或其控制的关联人;②通过本次发行的股份取得上市公司实际控制权的投资者;③董事会拟引入的境内外战略投资者。发行对象属于以上规定以外的投资者认购的股份自发行结束之日起 12 个月内不得转让。

2)《证券法》和《公司法》的重新修订

2005 年 10 月 27 日,第十届全国人大常委会第十八次会议审议通过了新修订的《中华人民共和国证券法》和《中华人民共和国公司法》。修订后的两法于 2006 年 1 月 1 日开始施行。两部法律的修订出台,标志着我国证券市场法制建设迈入一个新的历史阶段。

两法修订的主要内容和基本精神:

①积极稳妥推进市场创新;

②切实加大对投资者的保护力度;

③完善上市公司治理和监管;

④促进证券公司的规范和发展;

⑤完善证券发行、上市制度。

3）融资融券业务

融资融券业务是指向客户出借资金供其买入上市证券或者出借上市证券供其卖出，并收取担保物的经营活动。融资融券交易包括券商对投资者的融资、融券和金融机构对券商的融资、融券3种形式。市场通常说的"融资融券"，一般指券商为投资者提供的融资和融券交易。

2011年10月26日，中国证监会颁布《转融通业务监督管理试行办法》。该办法中转融通业务：证券金融公司将自有或者依法筹集的资金和证券出借给证券公司，以供其办理融资融券业务的经营活动。

融资融券制度的积极影响主要表现在以下几个方面：

①作为一种新的交易工具，融资融券业务特别是融券的推出将在我国证券市场形成做空机制，改变目前证券市场只能做多不能做空的"单边市"现状。

②融资融券业务将增加资金和证券的供给，增强证券市场的流动性和连续性，活跃交易，大大提高证券市场的效率。

③融资融券业务的推出将连通资本市场和货币市场，有利于促进资本市场和货币市场之间资源的合理有效配置，增加资本市场资金供给。

④融券的推出有利于投资者利用衍生工具的交易进行避险和套利，进而提高市场效率。

⑤融资融券有利于提高监管的有效性。

然而，融资融券又是一把"双刃剑"。它在促进市场完善、提高市场有效性的同时，也带来一定的风险。主要表现在以下几个方面：

a.融资融券业务对标的证券具有助涨助跌的作用。

b.融资融券业务的推出使证券交易更容易被操纵。

c.融资融券业务可能会对金融体系的稳定性带来一定威胁。

第6章 上市公司分析

6.1 上市公司分析概述

6.1.1 公司与上市公司的含义

公司是指一般依法设立的,有独立的法人财产,以营利为目的的企业法人。根据现行中国《公司法》(2005),其两种主要形式为有限责任公司和股份有限公司。

从经济学角度,公司是指依法设立的从事经济活动并以营利为目的的企业法人。从立法角度,我国《公司法》有关条款所揭示的公司本质特征,我国的公司应指全部资本由股东出资构成,股东以其出资额或所持股份为限对公司承担责任,公司以其全部财产对公司债务承担责任的依《公司法》成立的企业法人。按是否上市流通分为:上市公司、非上市公司。根据我国《公司法》规定,我国的上市公司是指其股票在证券交易所上市交易的股份有限公司。

本书中的公司分析的对象主要是指上市公司。

6.1.2 公司分析的意义

①对于具体投资对象的选择最终都将落实在微观层面的上市公司分析上(市场指数投资除外)。

②通过对公司财务、经营、管理等方面的状况进行分析,预测公司股东收益和现金流各项因素的基础,并作为具体投资建议的依据之一。

③就投资者个人而言,宏观面分析与中观面分析难度较大,不具备分析基础,而相对简单、直接且行之有效的就是公司分析。

公司分析中最重要的是公司财务状况分析。财务报表通常被认为是最能够获取公司有关信息的工具。

6.2 上市公司基本分析

6.2.1 公司行业地位分析

行业地位分析的目的是判断公司在所处行业中的竞争地位。如是否为领导企业,在价格上是否具有影响力,是否具有竞争优势等。在大多数行业中,无论其行业平均盈利能力如何,总有一些企业具有更强的获利能力。企业的行业地位决定了其盈利能力是高于还是低于行业平均水平,决定了其在行业内的竞争地位。衡量公司行业竞争地位的主要指标是产品的市场占有率。

6.2.2 公司经济区位分析

经济区位是指地理范畴上的经济增长点及其辐射范围。处在好的经济区位内的上市公司,一般具有较高的投资价值。

上市公司区位包括3方面内容:

1)区位内的自然条件与基础条件

自然和基础条件包括矿产资源、水资源、能源、交通、通信设施等,它们在区位经济发展中起着重要作用,也对区位上市公司的发展起着重要的限制或促进作用。分析区位内的自然条件与基础条件,有利于分析该区位内上市公司的发展前景。如果上市公司所从事的行业与当地的自然和基础条件不符,公司的发展可能会受到很大制约。

2)区位内政府的产业政策

为了促进区位经济的发展,当地政府一般都会制定相应的经济发展战略规划,提出相应的产业政策,确定区位优先发展和扶植的产业,并给予相应的财政、信贷及税收等诸多方面的优惠措施。这些措施有利于引导和推动相应产业的发展,相关产业内的公司将因此受益。

3)区位内的经济特色

经济特色,是指区位内经济与区位外经济的联系和互补性、龙头作用及其发展活力与潜力的比较优势。符合当地特色的企业比其他区位主营业务相同的上市公司具有更大的竞争优势和发展空间。

6.2.3 公司产品竞争能力分析

1)成本优势

成本优势是指公司的产品依靠低成本获得高于同行业其他企业盈利的能力。成本优势是决定竞争优势的关键因素。成本优势可通过规模经济、专有技术、优惠的原材料、低廉的劳动力、科学的管理、发达的营销网络等实现。由资本的集中度决定的规模效益是决定产品生产成本的基本因素。

2)技术优势

技术优势是指公司拥有比其他竞争对手更强的技术实力及其研究与开发新产品的能力,主要体现在公司的生产技术水平和产品技术含量上面。公司新产品的研究与开发能力是决定公司竞争成败的关键因素。

其实现方式:产品创新和人才创新。

产品创新包括4种方式:一是通过核心技术研发,开发出一种新产品或提高产品质量;二是通过新工艺研究,降低现有生产成本,开发出一种新的生产方式;三是根据细分市场进行产品细分,实行产品差别化生产;四是通过研究产品要素新组合,获得一种原材料或半成品的新的供给来源等。

3)质量优势

质量优势是指公司的产品以高于其他公司同类产品的质量赢得市场,从而取得竞争优势。由于公司技术能力及管理等诸多因素的差别,不同公司间相同产品的质量是有差别的。消费者在进行购买选择时,产品的质量始终是影响他们购买倾向的一个重要因素。当一个公司的产品价格溢价超过了其为追求产品的质量优势而附加的额外成本时,该公司就能获得高于其所属行业平均水平的盈利。换句话说,在与竞争对手成本相等或成本近似的情况下,具有质量优势的公司往往在该行业中占据领先地位。

4)产品的市场占有情况

产品的市场占有情况在衡量公司产品竞争力方面占有重要地位。通常可以从两个方面进行考察:其一,公司产品销售市场的地域分布情况。公司销售市场可分为地区型、全国型和世界范围型。市场地域的范围能大致估计一家公司的经营能力和实力。其二,公司产品在同类产品市场上的占有率。市场占有率是对公司实力和经营能力较精确的估计。市场占有率是指公司某产品销售量占该类产品整个市场销售总量的比例。市场占有率越高,表示公司的经营能力和竞争力越强,公司的销售和利润水平越好、越稳定。

5)产品的品牌战略

品牌是一个商品名称和商标的总称,可以用于辨别一个卖者或者卖者集团的货物或劳务,以便同竞争者的产品相区别。品牌竞争是产品竞争的延伸和深化;产业进入成熟阶段后,品牌就成为产品及企业竞争力的一个越来越重要的因素。品牌的3种功能:一是创造市场的功能;二是联合市场的功能;三是巩固市场的功能。

6.2.4 公司经营能力分析

1)公司法人治理结构

公司法人治理结构有狭义和广义两种定义,狭义上的公司法人治理结构是指有关公司董事会的功能、结构和股东的权利等方面的制度安排;广义上的法人治理结构是指有关企业控制权和剩余索取权分配的一整套法律、文化和制度安排,包括人力资源管理、收益分配和激励机制、财务制度、内部制度和管理等。健全的公司法人治理结构体现在以下7

个方面：

（1）规范的股权结构

股权结构是公司法人治理结构的基础，许多上市公司的治理结构出现问题都与不规范的股权有关。规范的股权结构包括三层含义：一是降低股权集中度，改变"一股独大"局面；二是流通股股权适度集中，发展机构投资者、战略投资者，发挥他们在公司治理中的积极作用；三是股权的流通性。

（2）有效的股东大会制度

股东大会制度是确保股东充分行使权力的最基础的制度安排，能否建立有效的股东大会制度是上市公司建立健全公司法人治理机制的关键。根据 2002 年 1 月 7 日中国证监会与国家经济贸易委员会联合颁布的《上市公司治理准则》，有效的股东大会制度应包括：具备规范的召开与表决程序，股东大会应给予每个提案合理的讨论时间，董事会的授权原则、授权内容应明确具体，股东大会会议时间、地点的选择应有利于让尽可能多的股东参加会议，充分运用现代信息技术手段扩大股东参与股东大会的比例等。

（3）董事会权力的合理界定与约束

董事会作为公司的决策机构，对于公司法人治理机制的完善具有重要作用。股东大会应赋予董事会合理充分的权力，但也要建立对董事会权力的约束机制。根据《上市公司治理准则》，合理的董事会制度应制订规范、透明的董事选聘程序；在董事的选举过程中，应充分反映中小股东的意见，并积极推进累积投票制度；董事应根据公司和全体股东的最大利益，忠实、诚信、勤勉地履行职责；上市公司治理结构应确保董事会能够按照法律法规和公司章程的规定行使职权，公平对待所有股东，并关注公司其他利益相关者的利益；董事会授权董事长在董事会闭会期间行使董事会部分职权的，上市公司应在公司章程中明确规定授权原则和授权内容，凡涉及公司重大利益的事项应由董事会集体决策等。

（4）完善的独立董事制度

在董事会中引入独立董事制度，可以加强公司董事会的独立性，有利于董事会对公司的经营决策作出独立判断。2001 年 8 月，中国证监会发布了《关于在上市公司建立独立董事制度的指导意见》，要求上市公司在 2002 年 6 月 30 日之前建立独立董事制度。这对于我国上市公司独立董事制度的建立无疑具有重大的指导意义。

（5）监事会的独立性和监督责任

一方面，应该加强监事会的地位和作用，增强监事会的独立性和加强监督的力度，限制大股东提名监事候选人和作为监事会召集人。另一方面，应该加大监事会的监督责任，对公司的经营管理进行全面的监督，包括调查和审查公司的业务状况，检查各种财务情况，并向股东大会或监事会提供报告，对公司高管的行为实行监督。

（6）优秀的职业经理层

优秀的职业经理层是保证公司治理结构规范化、高效化的人才基础。形成高效运作的职业经理层的前提是建立一套科学化、市场化、制度化的选聘制度和激励制度。

（7）相关利益者的共同治理

相关利益者包括员工、债权人、供应商和客户等主要利益相关者。相关利益者共同参与的共同治理可以有效建立公司外部治理结构，弥补内部治理的不足。

2）公司经理层素质

素质，是指个人品质、性格、学识、能力、体质5个方面特性的总和。在一定意义上，是否有卓越的企业经理人员和经理层，直接决定着企业的经营成果。一般而言，公司经理人员应该具备的素质：从事管理工作的愿望，专业技术能力，良好的道德品质修养，人际关系协调能力。

3）公司从业人员素质和创新能力

公司业务人员的素质对公司的发展起到很重要的作用。公司业务人员应该具有的素质：专业技术能力，对企业的忠诚度、责任感，团队合作精神和创新能力等。对员工的素质进行分析，可以判断公司发展的持久力和创新能力。

6.2.5 公司盈利能力和公司成长性分析

1）公司盈利预测

对公司盈利进行预测，是判断公司估值水平及投资价值的重要基础。盈利预测是建立在对公司深入了解和判断之上的，通过对公司基本面进行分析，进而对公司的预测作出假设。所作假设应该与公司、行业和宏观经济环境相符，且与以往年度各项经济指标比率的变化相符。盈利预测的假设主要包括以下几个方面：

（1）销售收入预测

销售收入预测包括销售收入的历史数据和发展趋势，公司产品的需求变化，市场占有率和销售网络，主要产品的存货情况，销售收入的明细等方面。销售收入预测的准确性也是公司盈利预测中最为关键的因素。

（2）生产成本预测

生产成本预测包括生产成本的结构，主要原材料的价格走势和每年所需原材料的总量，成本变动和销售情况变动，能否将上涨的成本转嫁给下游，毛利率的变化情况等。

（3）管理和销售费用预测

管理和销售费用预测包括销售费用和销售费用占销售收入的比例，管理费用的变化，新市场的拓展，每年的研究和开发费用占销售收入的比例等。

（4）财务费用预测

财务费用预测包括新增长期贷款和短期贷款等。

（5）其他费用预测

其他费用预测包括主营业务利润占税前利润的百分比，非经常项目及其他利润占税前利润的比例，到目前为止利润的完成情况等。

销售收入预测的准确性是公司盈利预测中最为关键的因素，如表6.1所示。

表6.1 公司盈利预测指标 单位:万元

	2014 年	2015 年	2016 年
一、营业收入	2 308.94	2 893.75	3
减:营业成本	1 756.41	2 197.22	2 793.83
二、营业毛利	552.53	696.53	996.98
减:营业税费	17.55	25.75	37.91
销售费用	196.72	150.76	189.54
管理费用	157.70	231.79	227.45
财务费用	138.54	160.60	199.78
资产减值损失	0.00	0.00	0.00
加:公允价值变动净收益	0.00	0.00	0.00
投资净收益	2.87	34.31	50.00
三、营业利润	44.89	161.92	392.31
加:营业外收入	118.37	121.57	177.40
减:营业外支出	2.78	16.53	20.00
其中:非流动资产处置净损失	0.00	0.00	0.00
四、利润总额	160.48	266.96	549.71
减:所得税费用	23.56	48.45	55.52
五、净利润	136.92	218.51	494.19
归属于母公司所有者的利润	127.73	201.43	458.69
少数股东损益	9.19	17.08	35.50

在对2017年公司盈利进行预测时,首先预测销售收入,再根据毛利率、费用率、税率等的预测得出其他各项指标。销售收入的预测是关键。

2)公司经营战略分析

经营战略是企业面对激烈的变化与严峻挑战的环境,为求得长期生存和不断发展而进行的总体性谋划。经营战略是企业战略思想的集中体现,是企业经营范围的科学规定,也是制定规划的基础。经营战略是在符合和保证实现企业使命的条件下,在充分利用环境中存在的各种机会和创造新机会的基础上,确定企业同环境的关系,规定企业从事的经营范围、成长方向和竞争对策,合理地调整企业结构和分配企业的资源。经营战略具有全局性、长远性、纲领性的特征,它从宏观上规定了公司的成长方向、成长速度及其实现方式。

3)公司规模变动特征及扩张潜力分析

公司规模变动特征和扩张潜力一般与其所处的行业发展阶段、市场结构、经营战略密切

相关,是从微观方面具体考察公司的成长性。公司成长性可以从以下5个方面分析:

①公司规模扩张的推动因素(是供给推动还是需求拉动,是创造需求还是满足需求,是技术进步还是其他生产要素,找出企业发展的内在规律)。

②纵向比较公司历年销售、利润、资产规模,把握趋势。

③横向比较公司的销售、利润和资产规模及其增长率与行业平均水平及主要竞争对手的数据进行比较,了解其行业地位的变化。

④预测产品的未来前景和未来市场份额,分析公司的投资项目,预计其销售和利润水平。

⑤分析财务状况以及公司的投资和筹资潜力。

6.2.6 公司偿债能力分析

公司的偿债能力是指公司用其资产偿还长期债务与短期债务的能力。公司有无支付现金的能力和偿还债务能力,是公司能否生存和健康发展的关键。公司偿债能力是反映公司财务状况和经营能力的重要标志。偿债能力是公司偿还到期债务的承受能力或保证程度,包括偿还短期债务和长期债务的能力。公司偿债能力,静态地讲,就是用公司资产清偿公司债务的能力;动态地讲,就是用公司资产和经营过程创造的收益偿还债务的能力。公司有无现金支付能力和偿债能力是公司能否健康发展的关键。公司偿债能力分析是公司财务分析的重要组成部分。公司偿债能力分析通常包括短期偿债能力分析和长期偿债能力分析。

短期偿债能力是指企业以流动资产偿还流动负债的能力,它反映企业偿付日到期债务的能力。对债权人来说,企业要具有充分的偿还能力才能保证其债权的安全,按期取得利息,到期取回本金;对投资者来说,如果企业的短期偿债能力发生问题,就会促使企业经营的管理人员耗费大量精力去筹集资金,以应付还债,还会增加企业筹资的难度,或加大临时紧急筹资的成本,影响企业的盈利能力。

长期偿债能力是指企业对债务的承担能力和对偿还债务的保障能力。长期偿债能力分析是企业债权人、投资者、经营者和与企业有关联的各方面等都十分关注的重要问题。

6.2.7 公司基本分析在上市公司调研中的实际运用

1)公司调研的目的

公司调研的目的:核实信息;考察和咨询重大事项及重大影响的会计科目;了解公司基本素质和管理层的战略设想;考察承建和工地,清醒认识开工率和员工精神面貌;深入了解风险;提高盈利预测模型中相关参数确定的准确性。

2)公司调研的对象

公司调研的对象并不限于上市公司本身,还包括公司管理层及员工、公司总部及子公司、公司车间及工地、公司所处行业协会、公司供应商、公司客户、公司产品零售网点。总之,一切关系到盈利的对象都应当关注。

3）公司调研的分类内容及重点

根据调研所涉及问题的广度不同，可以分为全面调查和专项调查。

全面调查：覆盖上市公司经营活动的各个层面，适于重点上市公司的深度研究或为发行股票和债券、兼并、重组等重大事项而进行的实地尽职调查。

专项调查：调研对象和范围有较明确的指向性，或针对敏感信息、特定信息和重大因素等。

具体来看，公司基本情况（包括重大股权变动、重大重组、主要股东及相关利益人情况、历史沿革及独立情况、商业信用等）、业务与技术（包括行业优势与竞争、购产销环节、核心技术与研发情况等）、同业竞争与关联交易（包括关联方情况）、高级管理人员信息（包括高级管理人员变动及持股投资情况等）、组织结构与内部控制、财务与会计信息、业务发展目标（包括发展战略、经营理念及模式、发展计划执行及实现情况、募集资金投向及使用情况等），以及公司风险因素及其他重要事项，在结合特定或非特定的公司调研目标下，将不同程度地成为公司调研的重点内容。

4）公司调研的流程

①资料分析与收集等案头工作。

②编写调研计划，申请领导批准。

③实地调研，包括访谈、考察、笔录。其中，访谈是目前上市公司实地调查中最常用的方法。

④编写调查报告，包括调研成果与投资建议。

⑤发表报告。

5）公司调研所涉及的防止披露内幕信息及分析师职业道德问题

①不得披露未公开信息。根据《关于进一步做好上市公司公平信息披露工作的通知》，上市公司及其工作人员接受调研过程中不得披露任何未公开的信息（法律法规有规定的情形除外）。调研过程及会谈内容须形成书面记录，由接受调研的人员与来访调研人员共同亲笔签字确认，并由上市公司董事会秘书通过交易所网站"上市公司专区"进行报备。（2014年的中信证券医药业微信事件）

②加强职业修养，坚守职业道德，避免利益冲突。

③通过自身分析得出的判断不属于内幕信息，可以披露。

6.3 公司财务分析

6.3.1 公司主要的财务报表

财务报表是以会计准则为规范编制的，向所有者、债权人、政府及其他有关各方及社会公众等外部反映会计主体财务状况和经营的会计报表。财务报表包括资产负债表、损益表、现金流量表或财务状况变动表、附表和附注。财务报表是财务报告的主要部分,不包括董事报告、管理分析及财务情况说明书等列入财务报告或年度报告的资料。

1)资产负债表

资产负债表是反映企业在某一特定日期财务状况的会计报表,它表明企业在某一特定日期所拥有或控制的经济资源、所承担的现有义务和所有者对净资产的要求权。

总资产=负债+净资产(资本、股东权益、所有者权益)

资产	负债+所有者权益
流动资产 非流动资产	流动负债 非流动负债 }负债总额 所有者权益
总资产	负债+所有者权益

资产负债表分为左方和右方,左方列示资产各项目,右方列示负债和所有者权益各项目。

2)利润及利润分配表

利润表是反映企业一定时期内经营成果的会计报表,表明企业运用所拥有的资产进行获利的能力。利润表如表6.2所示(以SA公司为例),把一定期间的营业收入与其同一会计期间相关的营业费用进行配比,以计算企业一定时期的净利润(或净亏损)。我国一般采用多步式利润表格式。

表6.2 利润表

编制单位:SA公司××××年 单位:万元

项 目	本期金额	上期金额
一、营业收入	234 419	80 260
减:营业成本	195 890	63 599
营业税金及附加	6	160
销售费用	13 077	10 596
管理费用	8 574	5 247
财务费用	3 539	2 507
资产减值损失	0	0
加:公允价值变动收益(损失以"-"号填列)	72	0
投资收益(损失以"-"号填列)	63	5 657
其中:对联营企业和合营企业的投资收益	0	0

续表

项　目	本期金额	上期金额
二、营业利润(亏损以"－"号填列)	13 468	3 808
加:营业外收入	19	301
减:营业外支出	88	3
其中:非流动资产处置损失	29	－131
三、利润总额(亏损总额以"－"号填列)	13 399	4 106
减:所得税费用	2 395	434
四、净利润(净亏损以"－"号填列)	11 004	3 672
五、每股收益		
(一)基本每股收益		
(二)稀释每股收益		
六、其他综合收益		
七、综合收益总额		

利润表反映以下 7 项内容:
①构成营业收入的各项要素。
②构成营业利润的各项要素。
③构成利润总额(或亏损总额)的各项要素。
④构成净利润(或净亏损)的各项要素。
⑤每股收益。
⑥其他综合收益。直接计入所有者权益的利得和损失。
⑦综合收益总额。

3)现金流量表

现金流量表是反映一定时期内(如月度、季度或年度)企业经营活动、投资活动和筹资活动对其现金及现金等价物所产生影响的财务报表。现金流量表是原先财务状况变动表或资金流动状况表的替代物。它详细描述了由公司的经营、投资与筹资活动所产生的现金流。这张表由财务会计标准委员会于 1987 年批准生效,因而有时被称为 FASB95 号表。这份报告显示资产负债表如何影响现金和等同现金,以及根据公司的经营、投资和融资角度作出分析。现金流量表反映企业一定期间现金的流入和流出,表明企业获得现金和现金等价物的能力。现金流量表分为:经营活动、投资活动和筹资活动产生的现金流量。经营活动产生的现金流量通常可以采用间接法和直接法两种方法来反映。间接法针对净利润利用非现金交易进行调整后得到经营现金流;直接法直接通过现金收入和现金支出的主要类别列示经营活动的现金流量。

在我国,现金流量表也可以按直接法编制,但在现金流量表的补充资料中还要单独按照间接法反映经营活动现金流量的情况。现金流量表的投资活动比通常所指的短期投资和长期投资范围要广。

4)所有者权益变动表

所有者权益变动表是反映公司本期(年度或中期)内至截至期末所有者权益变动情况的报表。其中,所有者权益变动表应当全面反映一定时期所有者权益变动的情况,如表6.3所示。

在所有者权益变动表中,企业还应当单独列示下列信息:①所有者权益总量的增减变动;②所有者权益增减变动的重要结构性信息;③直接计入所有者权益的利得和损失。

所有者权益变动包括以下内容:

①净利润;

②直接计入所有者权益的利得和损失项目及其总额;

③会计政策变更和差错更正的累积影响金额;

④所有者投入资本和向所有者分配的利润等;

⑤按照规定提取的盈余公积;

⑥实收资本(或股本)、资本公积、盈余公积、未分配利润的期初和期末余额及其调节情况。

6.3.2 公司财务报表分析的目的与方法

1)主要目的

从共性的角度来看,财务报表分析的目的是向有关各方提供可以用来作出决策的信息。但具体而言,公司财务报表的使用主体不同,其分析的目的也不完全相同,表现在以下几个方面。

(1)公司的经理人员

通过分析财务报表判断公司的现状及可能存在的问题,以便进一步改善经营管理。

(2)公司的现有投资者及潜在投资者

公司的现有投资者及潜在投资者主要关心公司的财务状况、盈利能力。

(3)公司的债权人

公司的债权人主要关心自己的债权能否收回。财务报表的一般目的可以概括为:评价过去的经营业绩;衡量现在的财务状况;预测未来的发展趋势。

(4)公司雇员与供应商

公司雇员评估企业的稳定性和盈利能力,关心企业是否有能力提供报酬和养老金。供应商关心企业是否能如期支付到期货款。

编制单位:SA公司

表6.3 公司 2015 年所有者权益变动表

单位:元

项　目	行次	实收资本（或股本）	资本公积	减:库存股	盈余公积	一般风险准备	未分配利润	外币报表折算差额	所有者权益合计
一、上年年末余额	1	2 514 705 000.00	188 564 602.67		81 861 249.27	0.00	(5 263 027 272.46)	0.00	(2 477 896 420.52)
加:会计政策变更	2								0.00
前期差错更正	3								0.00
二、本年年初余额	4	2 514 705 000.00	188 564 602.67		81 861 249.27		(5 263 027 272.46)	0.00	(2 477 896 420.52)
三、年初至报告期末增减变动金额	5						795 402 680.19	(1 398 709.23)	794 003 970.96
（一）净利润	6						795 402 680.19	(1 398 709.23)	794 003 970.96
（二）直接计入所有者权益的利得和损失	7								0.00
1. 可供出售金融资产公允价值变动净额	8								0.00
（1）计入所有者权益的金额	9								0.00
（2）转入当期损益的金额	10								0.00
2. 现金流量套期工具公允价值变动净额	11								0.00
（1）计入所有者权益的金额	12								0.00
（2）转入当期损益的金额	13								0.00
（3）计入被套项目初始确认金额中的金额	14								0.00
3. 权益法下被投资单位其他所有者权益变动的影响	15								0.00

续表

项　目	行次	实收资本（或股本）	资本公积	减：库存股	盈余公积	一般风险准备	未分配利润	外币报表折算差额	所有者权益合计
4.与计入所有者权益项目相关的所得税影响	16								0.00
5.其他（外币报表折算差额）	17								0.00
上述（一）（二）小计	18	0.00							0.00
（三）所有者投入和减少的资本	19	2 623 617 456.00					1 868 956 100.00		4 492 573 556.00
1.所有者投入资本	20	913 424 500.00							913 424 500.00
2.股份支付计入所有者权益的金额	21								0.00
3.其他	22	1 710 192 956.00					1 868 956 100.00		3 579 149 056.00
（四）利润分配	23								0.00
1.提取盈余公积	24								0.00
2.提取一般风险准备	25								0.00
3.对所有者（或股东）的分配	26								0.00
4.其他	27								0.00
（五）所有者权益内部结转	28	(1 868 956 100.00)							(1 868 956 100.00)
1.资本公积转增资本	29								0.00
2.盈余公积转增资本	30								0.00
3.盈余公积弥补亏损	31								0.00
4.一般风险准备弥补亏损	32								0.00
5.其他	33	(1 868 956 100.00)							(1 868 956 100.00)
四.期末余额	34	3 269 366 356.00	188 564 602.67	0.00	81 861 249.27	0.00	(2 598 668 492.27)	(1 398 709.23)	939 725 006.44

2) 分析方法与原则 (熟悉功能、方法和原则)

(1) 财务报表的比较分析法和因素分析法

财务报表的比较分析法是指对两个或几个有关的可比数据进行对比,揭示财务指标的差异和变动关系,是财务报表分析中最基本的方法。财务报表的因素分析法是依据分析指标和影响因素的关系,从数量上确定各因素对财务指标的影响程度。

最常用的比较分析方法有 3 种:单个年度的财务比率分析、不同时期的财务报表比较分析、与同行业其他公司之间的财务指标比较分析。

其功能:单个年度的财务比率分析可以判断年度内偿债能力、资产管理效率、经营效率、盈利能力等;不同时期的财务报表分析,可以对公司持续经营能力、财务状况变动趋势、盈利能力作出分析,从一个较长时期来动态分析公司状况;与同行业其他公司的比较可以了解公司各种指标的优劣,在群体中判断个体。

(2) 财务报表分析的原则

① 坚持全面原则。将多个指标、比率综合在一起得出全面客观的评价。

② 坚持考虑个性原则。各公司具体经营管理活动采取的不同方式会在财务报表中体现,要考虑公司的特殊性,不能简单地与同行业公司直接比较。

6.3.3　公司财务比率分析

财务比率指同一张财务报表的不同项目、不同类别之间,在同一年度不同财务报表的有关项目之间,各会计要素的相互关系。财务比率分类:变现能力分析、营运能力分析、长期偿债能力分析、盈利能力分析、投资收益分析、现金流量分析等。财务比率的基准:公司过去的最好水平、公司当年的计划预测水平、同行业的先进水平或平均水平。比率分析可以从当年实际比率与以上基准比较后得出结论。

1) 变现能力分析

变现能力是公司产生现金的能力,它取决于可以在近期转变为现金的流动资产的多少,是考察公司短期偿债能力的关键。主要包括:流动比率、速动比率、保守速动比率。

(1) 流动比率

$$流动比率 = \frac{流动资产}{流动负债}$$

它反映公司在流动资产中有多大比例可以用来偿付短期负债。流动比率可以反映短期偿债能力,生产型公司合理的最低流动比率是 2。因为变现能力最差的存货一般占流动资产总额的一半。影响流动比率的因素是营业周期、流动资产中的应收账款、存货的周转速度。

计算出来的流动比率,只有和同行业平均流动比率、本公司历史的流动比率进行比较,才能知道这个比率是高还是低。

(2) 速动比率

$$速动比率 = \frac{流动资产 - 存货}{流动负债}$$

在计算速动比率时,要把存货从流动资产中剔除的原因:在流动资产中,存货的变现能力最差;由于某种原因,部分存货可能已损失报废,还没作处理;部分存货已抵押给某债权人;存货估价还存在着成本与当前市价相差悬殊的问题。速动比率是比流动比率更进一步的有关变现能力的比率指标。

一般认为,其合理标准是 1,速动比率低于 1 被认为是短期偿债能力偏低。但也由于行业不同而有很大差别。影响速动比率可信度的重要因素是应收账款的变现能力,其他在财务报表中没有反映出的因素也会影响速动比率。

(3)保守速动比率

除扣除存货外,还可以去掉其他可能与当期现金流量无关的项目(如待摊费用等)形成保守速动比率(超速动比率)。其计算公式如下:

$$保守速动比率 = \frac{现金+交易性金融资产+应收账款+应收票据}{流动负债}$$

2)营运能力分析

营运能力是指公司经营管理中利用资金运营的能力,一般通过公司资产管理比率来衡量,主要表现为资产管理及资产利用的效率。营运能力通常是指公司的营销系统,包括的部门有市场部、销售部、统计部、票务部、售后服务部等,是社会生产力在企业中的微观表现,是企业各项经济资源,包括人力资源、生产资料资源、财务资源、技术信息资源和管理资源等。它是基于环境约束与价值增值目标,通过配置组合与相互作用而生成的推动企业运行的物质能量。广义的营运能力是企业所有要素所能发挥的营运作用。狭义的营运能力是指企业资产的营运效率,不直接体现人力资源的合理使用和有效利用。营运能力主要包括存货周转率、应收账款周转率、流动资产周转率和总资产周转率等。

(1)存货周转率和存货周转天数

$$存货周转率 = \frac{销售成本}{平均存货}(次)$$

$$存货周转天数 = \frac{360}{存货周转率}(天)$$

公式中的"销售成本"数据来自于利润表,"平均存货"数据来自资产负债表中"存货"期初数与期末数的平均数。存货周转率是衡量和评价公司购入存货、投入生产、销售收回等各环节管理状况的综合性指标。

一般来说,存货周转速度越快,存货的占用水平越低,流动性越强,存货转化为现金或应收账款的速度越快。存货周转天数指标的好坏反映存货管理水平,不仅影响公司的短期偿债能力,也是整个公司管理的重要内容。

存货结构:

$$原材料周转率 = \frac{耗用原材料成本}{平均原材料存货}$$

$$在产品周转率 = \frac{制造成本}{平均在产品存货}$$

（2）应收账款周转率和应收账款周转天数

$$应收账款周转率 = \frac{销售收入}{平均应收账款}（次）$$

$$应收账款周转天数 = \frac{360}{应收账款周转率}（天）$$

$$= \frac{平均应收账款 \times 360}{营业收入}（天）$$

公式中的营业收入数据来自利润表。平均应收账款是指未扣除坏账准备的应收账款金额，是资产负债表中的应收账款期初数与期末数及对应坏账准备的平均数。

应收账款周转率越高，平均收账期越短，说明应收账款的收回越快。

影响因素：季节性经营；大量使用分期付款结算方式；大量使用现金结算的销售；年末销售的大幅度增加或下降。

（3）流动资产周转率

$$流动资产周转率 = \frac{销售收入}{平均流动资产}（次）$$

平均流动资产总额是指企业流动资产总额的年初数与年末数的平均值。通过该指标的对比分析，可以促进企业加强内部管理，充分有效地利用流动资产，如降低成本，调动暂时闲置的货币资金用于短期投资创造收益等，还可以促进企业采取措施扩大销售，提高流动资产的综合使用效率。一般情况下，该指标越高，表明企业流动资产周转速度越快，利用越好。

（4）总资产周转率

总资产周转率是考查企业资产运营效率的一项重要指标，体现了企业经营期间全部资产从投入到产出的流转速度，反映了企业全部资产的管理质量和利用效率。

$$总资产周转率 = \frac{销售收入}{平均资产总额}（次）$$

通过该指标的对比分析，可以反映企业本年度以及以前年度总资产的运营效率和变化，发现企业与同类企业在资产利用上的差距，促进企业挖掘潜力、积极创收、提高产品市场占有率、提高资产利用效率。一般情况下，该数值越高，表明企业总资产周转速度越快，销售能力越强，资产利用效率越高。

总之，各项资产的周转指标用于衡量公司运用资产赚取收入的能力，经常与反映盈利能力的指标结合在一起使用，可全面评价公司的盈利能力。

3）长期偿债能力分析

长期偿债能力是指公司偿付到期长期债务的能力，通常以反映债务与资产、净资产的关系的负债比率来衡量。主要包括资产负债率、产权比率、有形资产净值债务率、已获利息倍数、长期债务与营运资金比率等。

（1）资产负债率

资产负债率是负债总额除以资产总额的百分比，也就是负债总额与资产总额的比例关系。资产负债率反映在总资产中有多大比例是通过借债来筹资的,也可以衡量企业在清算时保护债权人利益的程度。

$$资产负债率 = \frac{负债总额}{资产总额} \times 100\%$$

公式中的负债总额包括短期负债(公司总是长期性占用着短期负债,可以视为长期资本来源的一部分)和长期负债。资产总额是扣除累计折旧后的净额。这项指标反映债权人所提供的资本占全部资本的比例,也被称为举债经营比率,它有以下几个方面的含义。

首先,从债权人的立场看,他们最关心的是贷给公司款项的安全程度,也就是能否按期收回本金和利息。他们希望债务比例越低越好,公司偿债有保证,贷款不会有太大的风险。

其次,从股东的立场看,在全部资本利润率高于借款利息率时,负债比例越大越好;否则相反。

最后,从经营者的立场看,如果举债规模很大,超出债权人心理承受程度,则被认为是不保险的,公司就借不到钱。如果公司不举债,或负债比例很小,说明公司畏缩不前,对前途信心不足,利用债权人资本进行经营活动的能力很差。借款比率越大(当然不是盲目地借款),越是显得公司具有活力。

(2)产权比率

产权比率是负债总额与所有者权益总额的比率,是指股份制企业、股东权益总额与企业资产总额的比率,是评估资金结构合理性的一种指标。

$$产权比率 = \frac{负债总额}{股东权益} \times 100\%$$

产权比率反映了债权人提供的资本与股东提供的资本的相对关系,反映了公司基本财务结构是否稳定。一般来说,股东资本大于借入资本比较好,但也不能一概而论。如从股东来看,通胀加剧时,公司多借债可以将风险和损失转嫁给债权人;在经济繁荣时,公司多借债可以通过财务杠杆获得额外的利润;在经济萎缩时,少借债可减少利息负担和财务风险。产权比率是高风险、高报酬的财务结构;相反,则是低风险、低报酬的。资产负债率与产权比率具有相同的经济意义,可以相互补充。

(3)有形资产净值债务率

有形资产净值债务率是企业负债总额与有形净值的百分比。有形净值是所有者权益减去无形资产净值后的净值,即所有者具有所有权的有形资产净值。有形净值债务率用于揭示企业的长期偿债能力,表明债权人在企业破产时的被保护程度。

$$有形资产净值债务率 = \frac{负债总额}{股东权益 - 无形资产净值} \times 100\%$$

从长期偿债能力看,有形资产净值债务率越低越好。有形资产净值债务率指标实质上是产权比率指标的延伸,其更为谨慎、保守地反映了公司清算时债权人投入的资本受到股东权益的保障程度,因为该指标不考虑无形资产——商誉、商标、专利权以及非专利技术等的价值,而这些事项不一定能用来还债。

（4）已获利息倍数

已获利息倍数,也称利息保障倍数,是指上市公司息税前利润相对于所需支付债务利息的倍数,可用来分析公司在一定盈利水平下支付债务利息的能力。

$$已获利息倍数 = \frac{税息前利润}{利息费用}(倍)$$

与资产负债率共同测试债权人投入资本的风险。公式中的"税息前利润"是指利润表中未扣除利息费用和所得税之前的利润,它可以用"利润总额加利息费用"来测算。"利息费用"是指本期发生的全部应付利息,不仅包括财务费用中的利息费用,还应包括计入固定资产成本的资本化利息。在我国,一般以利润总额加财务费用来估计税息前利润。

已获利息倍数的重点是衡量公司支付利息的能力,没有足够大的税息前利润,利息的支付就会发生困难。要合理评价公司的已获利息倍数,不仅需要与其他公司,特别是本行业平均水平进行比较,而且从稳健性角度出发,分析、比较本公司连续几年的该项指标水平,并选择最低指标年度的数据作为标准。

与此同时,结合这一指标,公司还可以测算长期负债与营运资金的比率,它是用公司的长期债务与营运资金相除计算的,其计算公式如下:

$$长期债务与营运资金比率 = \frac{长期负债}{流动资产 - 流动负债}$$

一般情况下,长期债务不应超过营运资金,长期债务会随时间延续不断转化为流动负债,并需运用流动资产来偿还。保持长期债务不超过营运资金,就不会因这种转化而造成流动资产小于流动负债,从而使长期债权人和短期债权人感到贷款有安全保障。

（5）影响长期偿债能力的其他因素

①长期租赁。在融资租赁形式下,租入的固定资产作为公司的固定资产入账进行管理,相应的租赁费用作为长期负债处理。这种资本化的租赁,在分析长期负债能力时已经包括在债务比率指标计算中。

在经营租赁形式下,租入的固定资产并不作为固定资产入账,相应的租赁费作为当期的费用处理。当公司的经营租赁量比较大、期限比较长或具有经常性时,则构成一种长期性筹资,这种长期性筹资虽然不包括在长期负债之内,但到期时必须支付租金,会对公司的偿债能力产生影响。因此,如果公司经常发生经营租赁业务,应考虑租赁费用对偿债能力的影响。

②担保责任。由于担保期长短不一,有的担保项目涉及公司的长期负债,有的涉及公司的短期负债。在分析公司长期偿债能力时,应根据有关资料判断担保责任带来的潜在长期负债问题。

③或有项目。或有项目的特点是现存条件的最终结果不确定,对它的处理方法要取决于未来的发展。

4）盈利能力分析

盈利能力就是公司赚取利润的能力。一般只涉及正常的营业状况,应排除以下因素:证券买卖等非正常项目,已经或将要停止的营业项目,重大事故或法律更改等特别项目,会计准则和财务制度变更带来的累积影响等。

反映公司盈利能力的指标很多,通常使用的主要有营业净利率、营业毛利率、资产净利率、净资产收益率等。

(1)营业净利率

营业净利率的计算公式为:

$$营业净利率 = \frac{净利润}{销售收入} \times 100\%$$

净利润,或称净利,在我国会计制度中是指税后利润。该指标反映每 1 元营业收入带来的净利润是多少,表示营业收入的收益水平。从营业净利率的指标关系看,净利额与营业净利率成正比关系,而营业收入额与营业净利率成反比关系。

(2)营业毛利率

营业毛利率的计算公式为:

$$营业毛利率 = \frac{营业收入 - 营业成本}{营业收入} \times 100\%$$

它表示每一元营业收入扣除营业成本后,有多少钱可以用于各项期间费用和形成盈利。营业毛利率是营业净利率的基础,没有足够高的毛利率便不能盈利。

(3)资产净利率

资产净利率是一个综合指标,资产净利率的计算公式为:

$$资产净利率 = \frac{净利润}{平均资产总额} \times 100\%$$

资产净利率是公司净利润与平均资产总额的百分比。该指标表明公司资产的利用效果,指标越高,表明资产的利用效果越好,说明公司在增收节支和加速资金周转方面取得了良好效果。影响因素主要有产品价格、单位成本高低、产品产量和销售数量、资金占用量大小等。

(4)净资产收益率

净资产收益率又称股东权益报酬率、净值报酬率、权益报酬率、权益利润率。净资产利润率是净利润与平均股东权益的百分比,是公司税后利润除以净资产得到的百分比率。该指标反映股东权益的收益水平,用以衡量公司运用自有资本的效率。指标值越高,说明投资带来的收益越高。该指标体现了自有资本获得净收益的能力。一般来说,负债增加会导致净资产收益率的上升。

企业资产包括两部分,一是股东的投资,即所有者权益(它是股东投入的股本,企业公积金和留存收益等的总和),二是企业借入和暂时占用的资金。企业适当运用财务杠杆可以提高资金的使用效率,借入的资金过多会增大企业的财务风险,但一般可以提高盈利;借入的资金过少会降低资金的使用效率。净资产收益率是衡量股东资金使用效率的重要财务指标。

按照《公开发行证券公司信息披露编报规则第 9 号——净资产收益率和每股收益的计算及披露》(2010 年修订)规定,目前我国上市公司须根据归属于公司普通股股东的净利润,扣除非经常性损益后归属于公司普通股股东的净利润,分别计算和披露加权平均净资产收

益率,以反映报告期中各种权益要素的综合收益水平。计算公式为:

$$加权平均净资产收益率 = \frac{P_0}{E_0 + N_P/2 + E_i \cdot M_i/M_0 - E_j \cdot M_j/M_0 \pm E_k \cdot M_k/M_0} \times 100\%$$

式中　　P_0——归属于公司普通股股东的净利润或扣除非经常性损益后归属于公司普通股股东的净利润;

　　　　N_P——归属于公司普通股股东的净利润;

　　　　E_0——归属于公司普通股股东的期初净资产;

　　　　E_i——报告期发行新股或债转股等新增的、归属于公司普通股股东的净资产;

　　　　E_j——报告期回购或现金分红等减少的、归属于公司普通股股东的净资产;

　　　　M_0——报告期月份数;

　　　　M_i——新增净资产次月起至报告期期末的累计月数;

　　　　M_j——减少净资产次月起至报告期期末的累计月数;

　　　　E_k——因其他交易或事项引起的、归属于公司普通股股东的净资产增减变动;

　　　　M_k——发生其他净资产增减变动次月起至报告期期末的累计月数。

以 SA 公司为例,已知 SA 公司为上市公司,公司年末净资产为 276 867 万元,年初净资产为 265 863 万元,年度净利润为 11 004 万元。会计年度内,除未分配利润外,其他所有者权益项目均无变化。

①假定××××年公司利润表中除公允价值变动收益、投资收益、营业外收入和营业外支出为非经常性损益外,其余均为经常性损益。根据上述公式以及公司普通股股东的净利润和扣除非经常性损益后归属于公司普通股股东的净利润,分别计算 SA 公司××××年平均净资产收益率。

以公司普通股股东净利润为分子:

加权平均净资产收益率 = 11 004 ÷ (265 863 + 11 004 ÷ 2) × 100% = 4.06%

以扣除非经常性损益后归属于公司普通股股东的净利润为分子:

加权平均净资产收益率 = (11 004 − 72 − 63 − 19 + 88) ÷ (265 863 + 11 004 ÷ 2) × 100% = 4.03%

②若 SA 公司其他条件不变,假定其××××年 10 月通过定向增发新增股东权益 30 000 万元,有关加权平均净资产收益率指标应计算如下:

以公司普通股股东净利润为分子:

加权平均净资产收益率 = 11 004 ÷ (265 863 + 11 004 ÷ 2 + 30 000 × 2 ÷ 12) × 100% ≈ 3.98%

以扣除非经常性损益后归属于公司普通股股东的净利润为分子:

加权平均净资产收益率 = (11 004 − 72 − 63 − 19 + 88) ÷ (265 863 + 11 004 ÷ 2 + 30 000 × 2 ÷ 12) × 100% ≈ 3.96%

净资产收益率反映公司所有者权益的投资报酬率,具有很强的综合性。美国杜邦公司最先采用的杜邦财务分析法(因素分析法的典型)就是以净资产收益率为主线,将公司在某一时期的销售成果以及资产营运状况全面联系在一起,层层分解,逐步深入,构成一个完整的分析体系,如图6.1 所示。

5）投资收益分析

（1）每股收益

每股收益即每股盈利（EPS），又称每股税后利润、每股盈余，指税后利润与股本总数的比率。是普通股股东每持有一股所能享有的企业净利润或需承担的企业净亏损。每股收益通常被用来反映企业的经营成果，衡量普通股的获利水平及投资风险，是投资者等信息使用者据以评价企业盈利能力、预测企业成长潜力，进而作出相关经济决策的重要的财务指标之一。

$$每股收益 = \frac{净利润}{期末发行在外普通股总数}$$

每股收益是衡量上市公司盈利能力最重要的财务指标，它反映普通股的获利水平。

使用每股收益指标分析投资收益时要注意以下问题：

①每股收益不反映股票所含有的风险。

②不同股票的每一股在经济上不等量，它们所含有的净资产和市价不同，即换取每股收益的投入量不同，限制了公司间每股收益的比较。

③每股收益多，不一定意味着多分红，还要看公司的股利分配政策。

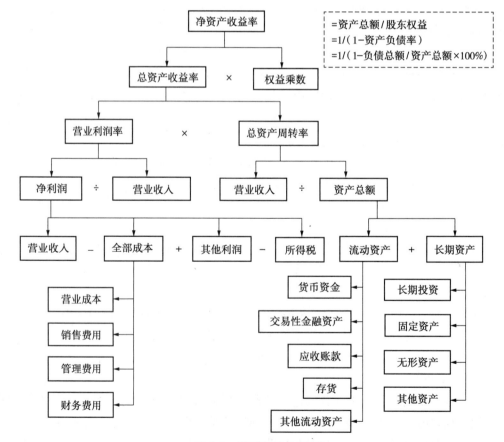

图 6.1　杜邦财务分析图

（2）市盈率

市盈率是（普通股）每股市价与每股收益的比率,计算公式为:

$$市盈率 = \frac{每股市价}{每股收益}$$

市盈率反映投资者对每 1 元净利润愿支付的价格,可以用来估计公司股票的投资报酬和风险。该指标是衡量上市公司盈利能力的重要指标,一般说来,市盈率越高,表明市场对公司的未来越看好。在市价确定的情况下,每股收益越高,市盈率越低,投资风险越小,反之亦然。在每股收益确定的情况下,市价越高,市盈率越高,风险越大,反之亦然。由于一般期望报酬率为 5% ~20%,通常认为正常的市盈率为 5 ~20 倍。

使用市盈率指标时应注意以下问题。

①该指标不能用于不同行业公司的比较,成长性好的新兴行业的市盈率普遍较高,而传统行业的市盈率普遍较低,这并不说明后者的股票没有投资价值。

②在每股收益很小或亏损时,由于市价不至于降为零,公司的市盈率会很高,如此情形下的高市盈率不能说明任何问题。

③市盈率的高低受市价的影响,观察市盈率的长期趋势很重要。

（3）股利支付率

股利支付率,也称股息发放率,是指净收益中股利所占的比重。它反映公司的股利分配政策和股利支付能力,计算公式为:

$$股利支付率 = \frac{每股股利}{每股收益} \times 100\%$$

由于普通股的获利包括两部分:一是股利收入;二是股票本身市价上升而导致的利得。因此,计算股票获利率时分子应采用两部分之和。

$$股票获利率 = \frac{普通股每股股利}{普通股每股收益} \times 100\%$$

股票获利率主要应用于非上市公司的少数股权。在这种情况下,股东难以出售股票,也没有能力影响股利分配政策,他们持有公司股票的主要动机在于获得稳定的股利收益。

（4）每股净资产

股票的净值又称为账面价值,也称为每股净资产,是用会计统计的方法计算出来的每股股票所包含的资产净值。股份公司的账面价值越高,则股东实际拥有的资产就越多。由于账面价值是财务统计、计算的结果,数据较精确而且可信度很高,所以它是股票投资者评估和分析上市公司实力的的重要依据之一,计算公式为:

$$每股净资产 = \frac{年末净资产}{发行在外的年末普通股股数}$$

这里的年末股东权益指扣除优先股权益后的余额。

该指标反映发行在外的每股普通股所代表的净资产成本,即账面权益。只能有限地使用这个指标(只反映历史成本,不能反映现在的变现价值和未来的产出能力价值)。每股净资产在理论上提供了股票的最低价值。

（5）市净率

市净率指的是市价与每股净资产之间的比值，比值越低意味着风险越低。

$$市净率 = \frac{每股市价}{每股净资产}$$

净资产代表了全体股东共同享有的权益，通过企业的经营过程逐年累积，净资产通常变化幅度不大，因此市净率更多取决于股价高低，股票价格则包含净资产和期权价值。由于市净率能反映市场对上市公司未来经营预期，通过评判市净率就能得知个股的风险状况。

6）现金流量分析

现金净流量是指现金流入与现金流出的差额。现金净流量可能是正数，也可能是负数。如果是正数，则为净流入；如果是负数，则为净流出。现金净流量反映了企业各类活动形成的现金流量的最终结果，即企业在一定时期内，是现金流入大于现金流出，还是现金流出大于现金流入。现金净流量是现金流量表要反映的一个重要指标。

（1）流动性分析

流动性，是指将资产迅速转变为现金的能力。真正能用于偿还债务的是现金流量，所以现金流量和债务的比较可以（比资产负债表确定的流动比率）更好地反映公司偿还债务的能力。

①现金到期债务比。

$$现金到期债务比 = \frac{经营现金净流量}{本期到期的债务}$$

公式中，经营现金净流量是现金流量表中的"经营活动产生的现金流量净额，本期到期的债务是指本期到期的长期债务和本期应付的应付票据。

本期到期的债务是指本期到期的长期债务和本期应付的应付票据。

②现金流动负债比。

现金流动负债比，是企业一定时期的经营现金净流量同流动负债的比率，它可以从现金流量角度来反映企业当期偿付短期负债的能力。

$$现金流动负债比 = \frac{经营现金净流量}{流动负债}$$

这一指标中，比率的值与现金偿债能力呈反比，即该比率偏低，说明企业依靠现金偿还债务的压力较大，若较高，则说明企业能轻松地依靠现金偿债。

③现金债务总额比。现金债务总额比是经营活动现金净流量总额与债务总额的比率。该指标旨在衡量企业承担债务的能力，是评估企业中长期偿债能力的重要指标，同时它也是预测企业破产的可靠指标。这一比率越高，企业承担债务的能力越强，破产的可能性越小。这一比率越低，企业财务灵活性越差，破产的可能性越大。

$$现金债务总额比 = \frac{经营现金净流量}{负债总额}$$

此项比值越高，表明公司承担债务的能力越强。同时，该比值也体现了企业最大付息能力。

（2）获取现金能力分析

获取现金能力分析主要是了解当期经营活动获取现金的能力,它是经营现金净流入与投入资源的比值,投入资源主要是业务收入、总资产、营运资金、净资产或普通股股数等。

①营业现金比率。

$$营业现金比率 = \frac{经营现金净流量}{营业收入}$$

该比率反映的是每1元营业收入得到的净现金,其数值越大越好。

②每股营业现金净流量。

$$每股营业现金净流量 = \frac{经营现金净流量}{普通股股数}$$

该指标反映公司最大的分派股利能力,超过此限度,就要借款分红。

③全部资产现金回收率。

$$全部资产现金回收率 = \frac{经营活动现金净流量}{期末资产总额}$$

该指标说明公司资产产生现金的能力。

（3）财务弹性分析

财务弹性是指公司适应经济环境变化和利用投资机会的能力,这种能力来源于现金流量和支付现金需要的比较。现金流量超过需要,有剩余的现金,适应性就强。

①现金满足投资比率。

$$现金满足投资比率 = \frac{近5年累计经营活动现金净流量}{近5年资本支出、存货增加、现金股利之和}$$

该比率越大,说明资金自给率越高。达到1时,说明公司可以用经营活动获取的现金满足扩充所需资金;若小于1,则说明公司是靠外部融资来补充。

②现金股利保障倍数。

$$现金股利保障倍数 = \frac{每股营业现金流量}{每股现金股利}$$

该比率越大,说明支付现金股利的能力越强。

（4）收益质量分析

收益质量是指报告收益与公司业绩之间的关系。收益质量分析是一个主观判断过程,其判断的正确性与分析者的经验、能力和风险偏好密切相关。分析者必须努力提高自己的专业素质并在实践中积累丰富的经验才能胜任这项工作。目前还没有一种比较客观、可以量化的统一评价方法。另外,收益质量分析仅仅是对一个上市公司整体投资质量评价过程中要考虑的因素之一,并非全部。因此,在对公司整体进行评价时,分析者应该将财务报表分析和公司的整体环境结合起来,根据各个公司的具体情况,灵活运用各种分析指标,不要生搬硬套各种指标和公式,才能得出恰当的评价。

收益质量分析主要是分析会计收益与现金流量的比率关系,主要财务比率是营运指数。

$$营运指数 = \frac{经营现金净流量}{经营所得现金}$$

$$经营所得现金 = 经营净收益 + 非付现费用$$
$$= 净利润 - 非经营收益 + 非付现费用$$

非经营收益涉及处置固定资产、无形资产和其他资产损失、固定资产报废损失、财务费用、投资损失等项目;非付现费用涉及计提的资产减值准备、固定资产折旧、无形资产摊销、长期待摊费用摊销、摊销费用减少、预提费用的增加等。

营运指数小于1,说明收益质量不够好:一是因为反映部分收益尚未取得现金,停留在实物或债权形态,而实物或债权资产的风险大于现金,应收账款能否足额变现是有疑问的,存货也有贬值的风险,因而这些资产的风险都要大于现金。二是它反映公司为了取得同样的收益占用了更多的营运资金,因而同样的收益代表着更差的业绩。应收账款增加或应付账款减少使现金额减少,影响公司的收益质量。应收账款若不能收回,已经实现的收益就会落空。即使延迟收现,其收益质量也低于已收现的收益。

6.3.4 会计报表附注分析

1)会计报表附注项目

会计报表附注是为了便于会计报表使用者理解会计报表的内容而对会计报表的编制基础、编制依据、编制原则和方法及主要项目等所作的解释。附注一般披露的内容包括以下16个方面:

①不符合会计核算前提的说明。

②重要会计政策和会计估计的说明。

③重要会计政策和会计估计变更的说明以及重大会计差错更正的说明。

④或有事项的说明。

⑤资产负债表日后事项的说明。

⑥对关联方关系及其交易的说明。

⑦重要资产转让及其出售的说明。

⑧企业合并、分立的说明。

⑨企业报表重要项目的说明。

⑩企业所有权益中,国家所有者权益各项目的变化数额及其变化原因。

⑪收入说明。

⑫所得税的会计处理方法。

⑬合并会计报表的说明。

⑭企业执行国家统一规定的各项改革措施、政策,对财务状况发生重大事项的说明。

⑮企业主辅分离辅业改制情况的说明。

⑯有助于理解和分析会计报表需要说明的其他事项。

2)对会计报表附注项目的分析

①重要会计政策和会计估计及其变更的说明。

②或有事项。企业一般不应确认或有负债和或有资产,但必须在报表中披露。

③资产负债表日后事项。自资产负债表日至财务报表批准报出日之间发生的需要告诉或说明的事项。

④关联方关系和交易的说明。了解关联交易进出的资产是否重要、是否带来一定的经济效益。

3)会计报表附注对基本财务比率的影响分析

(1)对变现能力比率的影响

变现能力比率主要有流动比率和速动比率,其分母均为流动负债,不包括或有负债。但或有负债是在会计报表附注中披露,不在会计报表中反映。

或有负债指过去的交易或者事项形成的潜在义务,其存在须通过未来不确定事项的发生或不发生予以证实;或过去的交易或者事项形成的现时义务,履行该义务不太可能导致经济利益流出企业或该义务的金额不能可靠计量。

或有事项准则规定,只有同时满足如下 3 个条件才能将或有事项确认为负债,列示于资产负债表上:

①该义务是企业承担的现时义务。

②该义务的履行很可能导致经济利益流出企业。

③该义务的金额能够可靠地计量。

或有事项准则规定必须在会计报表附注中披露的或有负债包括以下 4 项:

①已贴现商业承兑汇票形成的或有负债。

②未决诉讼、仲裁形成的或有负债。

③为其他单位提供债务担保形成的或有负债。

④其他或有负债(不包括极小可能导致经济利益流出企业的或有负债)。其他或有负债,包括售出产品可能发生的质量事故赔偿、尚未解决的税额争议可能出现的不利后果、污染环境可能支付的罚款和治污费用等,对于企业来说其可能性是经常存在的。

(2)对运营能力比率的影响

①对应收账款周转率的影响:

$$应收账款周转率 = \frac{营业收入}{平均应收账款}$$

平均应收账款指未扣除坏账准备的应收账款余额。

由于收入确认是一项重要的会计政策,因而本指标的分析不可避免地要参考会计报表附注。有关收入确认方法的规定包括行业会计制度和收入准则(目前仅适用上市公司)。对于同一笔业务是否确认收入,收入准则较行业会计制度要严格得多,因而对于同样的业务,按收入准则确认的收入一般较遵照行业会计制度确认的收入要少,因而其应收账款周转率也偏低。

②对存货周转率的影响:

$$存货周转率 = \frac{营业成本}{平均存货}$$

由于除了个别计价法外,存货的实物流转与价值流转并不一致,只有应用个别计价法计算出来的存货周转率才是"标准的"存货周转率。因而,其他存货流转假设(主要有先进先出法、后进先出法、加权平均法和移动加权平均法、计划成本计价法、毛利率法和零售价格法,其中为我国会计准则采纳的是先进先出法和加权平均法),都是采用一定技术方法在销售成本和期末存货之间进行分配。

营业成本和平均存货存在着此消彼长的关系,这种关系在应用先进先出法和后进先出法时表现得特别明显。在现实经济生活中,由于通货膨胀是不容忽视的全球性客观经济现象,物价普遍呈现持续增长的趋势,在先进先出法下销售成本偏低,而期末存货则高,这样计算出来的存货周转率毫无疑问偏低;而应用后进先出法则恰恰相反,存货周转率会偏高。

同时,按照企业会计准则,上市公司期末存货应按成本与可变现净值孰低法计价。在计提存货跌价准备的情况下,期末存货价值小于其历史成本。分母变小,存货周转率必然变大。

(3)对负债比率的影响

由于或有负债的存在,资产负债表确认的负债并不一定完整反映了企业的负债总额。因而分析资产负债率时,不得不关注会计报表附注中的或有事项。不考虑或有负债的资产负债率夸大了企业的偿债能力。

另外,还有一个重要因素影响企业的长期偿债能力,即长期租赁。当企业的经营性租赁量比较大、期限比较长或具有经常性时,则构成了一种长期性筹资,这种长期性筹资虽然不包括在长期负债之内,但到期时必须支付租金,会对企业的偿债能力产生影响。因此,如果企业经常发生经营租赁业务,应考虑租赁费用对偿债能力的影响,即会削弱企业的偿债能力。

(4)对盈利能力比率的影响

非正常的营业状况也会给企业带来收益或损失,但只是特殊状况下的个别结果,不能说明企业的盈利能力。主要包括以下几个方面:

①证券买卖等非经常项目。

②已经或将要停止的营业项目。

③重大事故或法律更改等特别项目。

④会计准则和财务制度变更带来的累积影响等因素。

除此之外,影响企业利润的因素主要有以下7个:

①存货流转假设。在物价持续上涨的情况下,采用先进先出法结转的营业成本较低,因而计算出的利润偏高。

②计提的损失准备。

③长期投资核算方法。在采用成本法的情况下,只有实际收到分得的利润或股利时才确认收益;而权益法则是一般情况下每个会计年度都要根据本企业占被投资单位的投资比例和被投资单位所有者权益变动情况确认投资损益。

④固定资产折旧是采用加速折旧法还是直线法。在加速折旧法下的前几期,其利润要

小于直线法;加速折旧法下末期的利润一般要大于直线法。

⑤收入确认方法。

⑥或有事项的存在。

⑦关联方交易。

6.3.5　公司财务状况的综合分析

1)沃尔评分法

财务状况综合评价的先驱之一是亚历山大·沃尔,在 20 世纪初他提出了信用能力指数的概念,把若干个财务比率用线性关系结合起来,以此评价公司的信用水平。选择 7 种财务比率,分别给定了其在总评价中所占的比重,总和为 100 分,如表 6.4 所示。

表 6.4　沃尔的比重分析表　　　　　　　　单位:%

财务比率	比重①	标准比率②	实际比率③	相对比率④=③/②	评分①×④
流动比率	25	2.0	2.33	1.17	29.25
净资产/负债	25	1.5	0.88	0.59	14.75
资产/固定资产	15	2.5	3.33	1.33	19.95
营业成本/存货	10	8.0	12.00	1.50	15.00
营业收入/应收账款	10	6.0	10.00	1.67	16.70
营业收入/固定资产	10	4.0	2.66	0.67	6.70
营业收入/净资产	5	3.0	1.63	0.54	2.70
合计	100				105.05

2)综合评价方法

公司财务评价的内容主要是盈利能力,其次是偿债能力,此外还有成长能力。它们之间大致可按 5:3:2(行业平均数)来分配比重。

综合评价方法的关键技术是"标准评分值"的确定和"标准比率"的建立。

$$每分比率差 = \frac{最高比率 - 标准比率}{最高评分 - 标准评分}$$

$$公司财务分数 = 标准评分 + \frac{实际比率 - 标准比率}{每分比率差}$$

6.3.6　EVA——业绩评价的新指标

EVA 或经济增加值最初由美国学者 Stewart 提出,并由美国著名咨询公司 Stern Stewart & Co. 在美国注册。

EVA 也称"经济利润",它衡量了减除资本占用费用后企业经营产生的利润,是企业经营效率和资本使用效率的综合指标。

1）EVA 与传统会计方法的区别

传统会计方法没有全面考虑资本的成本，而忽略了股权资本的成本。

运用 EVA 指标衡量企业业绩和投资者价值是否增加的基本思路是：公司的投资者可以自由地将他们投资于公司的资本变现，并将其投资于其他资产，因此，投资者从公司至少应获得其投资的机会成本。这意味着，从经营利润中扣除按权益的经济价值计算的资本的机会成本之后，才是股东从经营活动中得到的增值收益。

2）EVA 的计算

$$EVA = 税后净营业利润（NOPAT）- 资本 \times 资本成本率$$

$$会计利润 \xrightarrow{调整} NOPAT$$

$$资产负债表资本 \xrightarrow{调整} EVA\ 资本$$

$$债务、股权成本 \xrightarrow{计算} 加权资本成本$$

$$EVA = NOPAT - EVA\ 资本 \times 加权资本成本$$

为了实现股东财富的最大化，需尽可能多地提高公司的 EVA。EVA 的计算公式表明，只有 4 种方式可以实现这一目标：一是削减成本，降低纳税，在不增加资金的条件下提高 NOPAT；二是从事有利可图的投资，即从事所有净现值为正的项目，这些项目带来的资金回报率高于资金成本，使得 NOPAT 增加额大于资金成本的增加额；三是对于某些业务，当资金成本的节约可以超过 NOPAT 的减少时，就要撤出资本；四是调整公司的资本结构，实现资金成本最小化。

3）市场增加值——MVA

市场增加值是公司为股东创造或毁坏了多少财富在资本市场上的体现，也是股票市值与累计资本投入之间的差额，即它是企业变现价值（市值）与原投入资金之间的差额，直接表明了一家企业累计为其投资者创造了多少财富。

$$市场增加值 = 市值 - 资本$$

$$市值 = 股票价格 \times 股票数量 + 债务资本市值$$

$$资本 = 权益资本账面值 + 债务资本账面值$$

MVA 是市场对公司未来获取经济增加值的预期反映。证券市场越有效，企业的内在价值和市场价值就越吻合，市场增加值就越能反映公司现在和未来获取经济增加值的能力。

4）应用

①对管理者，可作为企业财务决策工具、业绩考核和奖惩依据。

②对管理者，可作为企业内部财务和管理知识培训的手段，以便加强内部法人治理结构，提高管理水平。

③对于投资者，它是对企业基本面进行定量分析、评估业绩水平和企业价值的最佳理论依据和分析工具之一。

6.3.7　财务分析中应注意的问题

1）财务报表数据的准确性、真实性与可靠性

财务报表是按会计准则编制的,它们合乎规范,但不一定反映该公司的客观实际。

2）财务分析结果的预测性调整

公司的经济环境和经营条件发生变化后,原有的财务数据与新情况下的财务数据不具有直接可比性。必须预测公司经营环境可能发生的变化,对财务分析结果进行调整。比如市场消费习惯的改变。

3）公司增资行为对财务结构的影响

（1）股票发行增资对财务结构的影响

①配股增资对财务结构的影响（股东风险增加）。

配股融资后,由于净资产增加,而负债总额和负债结构都不会发生变化,因此公司的资产负债率和权益负债比率将降低,减少了债权人承担的风险,而股东所承担的风险将增加。

②增发新股对财务结构的影响。

增发新股后,公司净资产增加,负债总额和负债结构都不会发生变化,因此公司的资产负债率和权益负债比率将降低。

（2）债券发行增资对财务结构的影响

公司的负债总额将增加,同时总资产也增加,资产负债率将提高。

（3）其他增资行为对财务结构的影响

公司其他的增资方式还有向外借款,向外借款后公司的权益负债比率和资产负债率都将提高。

第7章　证券投资技术分析

7.1　证券投资技术分析概述

7.1.1　技术分析的基本假设与要素

1）技术分析含义

技术分析是对证券市场的市场行为所作的分析,其特点是通过对市场过去和现在的行为,应用数学和逻辑上的方法,归纳总结出典型的行为,从而预测证券市场未来的变化趋势。市场行为包括价格的高低、价格的变化,发生这些变化所伴随的成交量,以及完成这些变化所经过的时间。作为一门经验之学的技术分析是建立在合理的假设之上的。

2）技术分析的基本假设

作为一种投资工具,技术分析是以一定假设条件为前提的。这些假设包括市场行为涵盖一切信息、证券价格沿趋势移动和历史会重演。

（1）市场行为涵盖一切信息

市场行为涵盖一切信息这一假设是进行技术分析的基础,其主要思想是认为影响证券价格的所有因素——包括内在的和外在的都反映在市场行为中,不必对影响价格的因素具体内容作过多的关心。这个假设有一定的合理性。任何一个因素对市场的影响最终都体现在价格的变动上。如果某一消息公布后,价格同以前一样没有大的变动,这就说明这个消息不是影响市场的因素,尽管投资者可能都认为对市场有一定的影响力。作为技术分析人员,只关心这些因素对市场行为的影响效果,而不关心具体导致这些变化的东西究竟是什么。主要思想是任何一个影响证券市场的因素,最终都必然体现在股票价格变动上。

（2）证券价格沿趋势移动

证券价格沿趋势移动这一假设是进行技术分析最根本、最核心的因素。这个假设认为价格的变动是按一定规律进行的,价格有保持原来方向的惯性。由此,技术分析者们才花大力气寻找价格变动的规律。如果价格一直是持续上涨（下跌）,那么,今后如果不出意外,价格也会按这一方向继续上涨（下跌）,没有理由改变既定的运动方向。当价格的变动遵循一定规律,就能运用技术分析工具找到这些规律,对今后的投资活动进行有效的指导。主要思想是证券价格的变动是有一定规律的,即保持原来运动方向的惯性,而证券价格的运动方向是由供求关系决定的。

（3）历史会重演

历史会重演这一假设是从统计和人的心理因素方面考虑的。投资者在某一场合得到某种结果，那么，下一次碰到相同或相似的场合，这个人就认为会得到相同的结果，就会按同一方法进行操作；如果前一次失败了，后面这一次就不会按前一次的方法操作。过去的结果是已知的，这个已知的结果应该是用现在对未来作预测的参考。对重复出现的某些现象的结果进行统计，得到成功和失败的概率，对具体的投资行为也是有好处的。

3）技术分析的要素

证券市场中，价格、成交量、时间和空间是进行技术分析的要素，这几个因素的具体情况和相互关系是进行正确分析的基础。

（1）价格和成交量是市场行为最基本的表现

市场行为最基本的表现就是成交价和成交量。过去和现在的成交价和成交量涵盖了过去和现在的市场行为。在某一时点上的价和量反映的是买卖双方在这一时点上共同的市场行为，是双方的暂时均衡点，随着时间的变化，均衡会发生变化，这就是价量关系的变化。一般来说，买卖双方对价格的认同程度通过成交量的大小得到确认，认同程度大，成交量大；认同程度小，成交量小。

（2）时间和空间体现趋势的深度和广度

时间在进行行情判断时有着很重要的作用，是针对价格波动的时间跨度进行研究的理论。一方面，一个已经形成的趋势在短时间内不会发生根本改变。另一方面，一个形成了的趋势也不可能永远不变，经过一定时间又会有新的趋势出现。空间在某种意义上讲，可以认为是价格的一方面，它指的是价格波动能够达到的从空间上考虑的限度。

7.1.2 技术分析的理论基础——道氏理论

1）形成过程

道氏理论是技术分析的理论基础，许多技术分析方法的基本思想都来自于道氏理论，该理论的创始人是美国人查尔斯·亨利·道。为了反映市场总体趋势，他与爱德华·琼斯创立了著名的道-琼斯平均指数。他们在《华尔街日报》上发表了有关证券市场的文章，经后人整理，成为人们今天看到的道氏理论。

2）主要原理

（1）市场平均价格指数可以解释和反映市场的大部分行为

市场平均价格指数反映了无数投资者的综合市场行为，包括那些有远见力的以及消息灵通人士。平均指数在其每日的波动过程中包容消化了各种已知的可预见的事情，以及各种可能影响公司债券供给和需求的情况。

（2）市场的3种波动趋势

①长期趋势，又称主要趋势、原始移动，一般指持续一年或多年的市场变化趋势，期间或为长期上涨的多头市场，或为长期下跌的空头市场。

②中期趋势,又称次要趋势、次级运动,它发生在主要趋势过程之中,是长期趋势中的反动作用,亦即中间性的离心变化。

③短期趋势,又称日常波动,一般指短则数小时,长则数天的波动。短期趋势因时间持续太短,因此它除了对一些短期投资者从事买卖活动有意义外,对中长期投资者意义不大。

(3)主要趋势有三个阶段(以上升为例)

第一阶段是建仓阶段(或积累阶段),在这一阶段,有远见的投资者知道尽管现在市场萧条,但形势即将扭转,因而就在此时购入了那些勇气和运气都不够的卖方所抛出的股票,并逐渐抬高其出价以刺激抛售,财政报表情况仍然很糟——实际上在这一阶段总是处于最萧条的状态,公众为股市状况所迷惑而与之完全脱节,市场活动停滞,但也开始有少许回弹。

第二阶段是一轮稳定的上涨,交易量随着公司业务逐渐上升、市场人气的汇聚不断增加,同时公司的盈利开始受到关注,也正是在这一阶段,技巧娴熟的交易者往往会得到最大收益。

第三阶段,随着公众蜂拥而上的市场高峰的出现,第三阶段来临,所有信息都令人乐观,价格惊人的上扬并不断创造"崭新的一页",新股不断大量上市。

(4)两种平均价格指数必须相互加强

道氏理论认为,工业平均指数和运输平均指数必须在同一方向上运动才可确认某一市场趋势的形成。

(5)趋势必须得到交易量的确认

交易量是重要的附加信息,交易量应在主要趋势的方向上放大。

(6)一个趋势形成后将持续,直到趋势出现明显的反转信号,这是趋势分析的基础。然而,确定趋势的反转却不太容易。

3)道氏理论的应用及应注意的问题

(1)技术分析必须与基本面的分析结合起来使用

对于刚刚兴起的不成熟的证券市场,由于市场突发消息较频繁,人为操纵的因素较多,所以仅靠过去和现在的数据、图表去预测未来是不可靠的。事实上,在中国的证券市场上,技术分析依然有较高的预测成功率。这里,成功的关键在于不能机械地使用技术分析。除了在实践中不断修正技术分析参数外,还必须注意结合基本面分析。

(2)多种技术分析方法综合研判

切忌片面地使用某一种技术分析结果,投资者必须全面考虑各种技术分析方法对未来的预测,综合这些方法得到的结果,最终得出一个合理的多空双方力量对比的描述。实践证明,单独使用一种技术分析方法有相当大的局限性和盲目性。如果应用每种方法后得到同一结论,那么依据这一结论出错的可能性就很小,如果仅靠一种方法得到的结论出错的机会就大。为了减少自己的失误,应尽量多掌握一些技术分析方法,掌握得越多越有好处。

(3)理论与实践相结合

前人和别人得到的结论要通过自己实践验证后才能放心地使用。由于证券市场能给人们带来巨大的收益,上百年来研究股票的人层出不穷,分析的方法各异,使用同一分析方法的风格也不同。前人和别人得到的结论是在一定的特殊条件和特定环境中得到的,随着环境的改变,前人和别人成功的方法自己在使用时有可能失败。

7.1.3　技术分析方法的分类

1)指标类

指标类是根据价、量的历史资料,通过建立一个数学模型,给出数学上的计算公式,得到一个体现证券市场的某个方面内在实质的指标值。指标反映的内容大多是无法从行情报表中直接看到的,它可为人们的操作提供指导方向。常见的指标有相对强弱指标(RSI)、随机指标(KDJ)、趋向指标(DMI)、平滑异同移动平均线(MACD)、能量潮(OBV)、心理线(PSY)、乖离率(BIAS)等。

2)切线类

切线类是按一定方法和原则,在根据股票价格数据所绘制的图表中画出一些直线,然后根据这些直线的情况推测股票价格的未来趋势,为投资操作提供参考,这些直线就叫切线。切线的画法最为重要,画线的好坏直接影响预测的结果。常见的切线有趋势线、轨道线、黄金分割线等。

3)形态类

形态类是根据价格图表中过去一段时间走过的轨迹形态来预测股票价格未来趋势的方法。价格走过的形态是市场行为的重要部分,从价格轨迹的形态中,我们可以推测出证券市场处在一个什么样的大环境中,由此对今后的投资给予一定的指导。主要的形态有 M 头、W底、头肩顶、头肩底等十几种。

4)K 线类

K 线类是根据若干天的 K 线组合情况,推测证券市场中多空双方力量的对比,进而判断证券市场行情的方法。K 线图是进行各种技术分析的最重要的图表。人们经过不断总结经验,发现了一些对股票买卖有意义的 K 线组合,而且新的研究结果也在不断地被发现、被运用。

5)波浪类

波浪理论是把股价的上下变动和不同时期的持续上涨、下跌看成波浪的上下起伏,认为股票的价格运动遵循波浪起伏的规律,数清楚了各个浪就能准确地预见跌势已接近尾声,牛市即将来临;或牛市已是强弩之末,熊市即将来到。波浪理论较之别的技术分析流派,最大的区别就是能提前很长时间预计到行情的底和顶,而别的流派往往要等到新的趋势已经确立之后才能看到。但是,波浪理论又是公认的较难掌握的技术分析方法。

以上 5 类技术分析流派从不同的方面理解和考虑证券市场,有的有相当坚实的理论基础,有的没有很明确的理论基础。在操作上,有的注重长线,有的注重短线;有的注重价格的相对位置,有的注重绝对位置;有的注重时间,有的注重价格。尽管各类分析方法考虑的方式不同,但目的是相同的,彼此并不排斥,在使用上可相互借鉴。

7.2 证券投资技术分析主要理论

7.2.1 K线理论

1)K线的画法和主要形状

(1)K线的画法

K线图源于十八世纪日本德川幕府时代,被当时日本米市的商人用来记录米市的行情与价格波动,后因其细腻独到的标画方式而被引入股市及期货市场。目前,这种图表分析法在我国以至整个东南亚地区尤为流行。由于用这种方法绘制出来的图表形状颇似一根根蜡烛,加上这些"蜡烛"有黑白之分,因而也叫阴阳线图表。通过K线图,能够把每日或某一周期的市况表现完全记录下来,股价经过一段时间的盘档后,在图上形成一种特殊区域或形态,不同的形态显示出不同意义,K线图如图7.1所示。

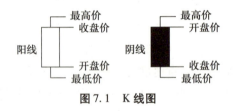

图7.1 K线图

K线中涉及的4个价格分别是:开盘价、最高价、最低价和收盘价。其中收盘价最为重要。

K线是一条柱状的线条,由影线和实体组成。中间的矩形部分是实体,实体的上下端为开盘价和收盘价。实体上方的直线为上影线,上端点是最高价。实体下方的直线为下影线,下端点是最低价。

根据开盘和收盘价的关系,K线又分为阳线和阴线,收盘价高于开盘价时为阳线(红线),收盘价低于开盘价时为阴线(蓝线)。

(2)K线的主要形状

光头阳线和光头阴线,这是没有上影线的K线。当收盘价或开盘价正好与最高价相等时,就会出现这种K线。

光脚阳线和光脚阴线,这是没有下影线的K线。当开盘价或收盘价正好与最低价相等时,就会出现这种K线。

光头光脚的阳线和阴线,这种K线既没有上影线也没有下影线。当收盘价和开盘价分别与最高价和最低价中的一个相等时,就会出现这种K线。

十字形。当收盘价与开盘价相同时,就会出现这种K线,它的特点是没有实体。

T字形和倒T字形。当收盘价、开盘价和最高价三价相等时,就会出现T字形K线图;

当收盘价、开盘价和最低价三价相等时,就会出现倒 T 字形 K 线图。它们没有实体,也没有上影线或者下影线。

一字形。当收盘价、开盘价、最高价、最低价 4 个价格相等时,就会出现这种 K 线。在存在涨跌停板制度时,当一只股票一开盘就封死在涨跌停板上,而且一天都不打开时,就会出现这种 K 线。同十字形和 T 字形 K 线一样,一字形 K 线同样没有实体,K 线图的形状如图7.2 所示。

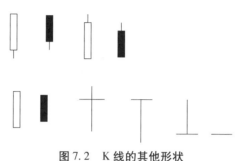

图 7.2　K 线的其他形状

2)K 线的组合应用

K 线图反映的是一段时间以来买卖双方实际战斗的结果,从中可以看到买卖双方争斗中力量的增减、风向的转变等。因此,熟悉这些 K 线组合对市场走势的分析至关重要。

(1)单根 K 线的应用

应用单根 K 线研判行情,主要从实体的长短、阴阳,上下影线的长短以及实体的长短与上下影线长短之间的关系等几个方面进行。由于 K 线的类型很多,这里仅就几种具有典型意义的单根 K 线进行分析。

①大阳线实体和大阴线实体。

a. 大阳线实体,如图 7.3(a)所示。它是大幅低开高收的阳线,实体很长以至于可以忽略上下影线的存在。这种 K 线说明多方已经取得了决定性胜利,这是一种涨势的信号。如果这条长阳线出现在一段盘局的末端,它所包含的内容将更有说服力。

b. 大阴线实体,如图 7.3(b)所示,含义正好同大阳线实体相反。这时,空方已取得优势地位,是一种跌势的信号。如果这条长阴线出现在一段上涨行情的末端,行情下跌的可能性将更大。

（a）　　（b）

图 7.3　大阳线与大阴线实体

②有上下影线的阳线和阴线,如图 7.4 所示。这是两种最为普遍的 K 线形状,说明多空双方争斗很激烈;双方一度都占据优势,把价格抬到最高价或压到最低价,但是,又都被对方顽强地拉回。阳线是到了收尾时多方才勉强占优势,阴线则是到收尾时空方勉强占优势。

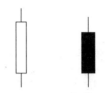

图 7.4　有上下影线的阳线和阴线

对多方与空方优势的衡量,主要依靠上下影线和实体的长度来确定。一般来说,上影线越长,下影线越短,阳线实体越短或阴线实体越长,越有利于空方占优;上影线越短,下影线越长,阴线实体越短或阳线实体越长,越有利于多方占优。上影线和下影线相比的结果,可以判断多方和空方的努力对比。上影线长于下影线,利于空方;下影线长于上影线,则利于多方。

③十字星。十字星的出现表明多空双方力量暂时平衡,使趋势暂时失去方向,但却是一个值得警惕,随时可能改变趋势方向的 K 线图形。十字星分为两种,一种是大十字星,如图7.5(a)所示,它有很长的上下影线,表明多空双方争斗激烈,最后回到原处,后市往往有变化。另一种为小十字星,如图 7.5(b)所示,它的上下影线较短,表明窄幅盘整,交易清淡。

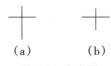

(a)　　　　(b)

图 7.5　十字星

总之,应用一根 K 线进行分析时,多空双方力量的对比取决于影线的长短与实体的大小。一般来说,指向一个方向的影线越长,越不利于股价今后朝这个方向变动。阴线实体越长,越有利于下跌;阳线实体越长,越有利于上涨。另外,当上下影线相对实体较短时,可忽略影线的存在。

(2)由多根 K 线的组合推测行情

K 线组合的情况非常多,要综合考虑各 K 线的阴阳、高低、上下影线的长短等。无论是两根 K 线、3 根 K 线乃至多根 K 线,都是以各 K 线的相对位置和阴阳来推测行情的。将前一天的 K 线画出,然后,将这根 K 线按数字划分成 5 个区域,如图 7.6 所示。

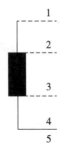

图 7.6　K 线的区域

对于两根 K 线的组合来说,第二天的 K 线是进行行情判断的关键。简单地说,第二天多空双方争斗的区域越高,越有利于上涨;越低,越有利于下降。

图 7.6 中 K 线区域划分利于下跌。也就是说,从区域 1 到区域 5 是多方力量减少,空方力量增加的过程,如连续两阴两阳线的情况,如图 7.7 所示。这表明多空双方的一方已经取得决定性胜利,今后将以取胜的一方为主要运动方向。左图是空方获胜,右图是多方获胜。第二根 K 线实体越长,超出前一根 K 线越多,则取胜的一方优势越大。

图 7.7　连续两阴阳线

总之,无论 K 线的组合多复杂,考虑问题的方式是相同的,都是由最后一根 K 线相对于前面 K 线的位置来判断多空双方的实力大小。由于 3 根 K 线组合比两根 K 线组合多了一根 K 线,获得的信息就较多,得出的结论相对于两根 K 线组合来讲要准确,可信度更大。也就是说,K 线多的组合要比 K 线少的组合得出的结论可靠。

（3）应用 K 线理论应注意的问题

无论是 1 根 K 线,还是 2 根、3 根以至于更多 K 线,都是对多空双方争斗作出的一个描述,由它们的组合得到的结论都是相对的,不是绝对的。对股票投资者而言,结论只是一种建议。

在应用时,有时会发现运用不同种类的组合会得到不同的结论;有时应用一种组合得到明天会下跌的结论,但是次日股价没有下跌,反而上涨。这时的一个重要原则是尽量使用根数多的 K 线组合的结论,并将新的 K 线加进来重新进行分析判断。一般说来,多根 K 线组合得到的结果不大容易与事实相反。

7.2.2　切线理论

证券市场有顺应潮流的问题。"顺势而为,不逆势而动",已经成为投资者的共识。

1）趋势分析

股价变动有一定的趋势,在长期上涨或下跌的趋势中,会有短暂的盘旋或调整,投资者应把握长期趋势,不为暂时的回调和反弹所迷惑,同时也应及时把握大势的反转。切线理论就是帮助投资者识别大势变动方向的较为实用的方法。

（1）趋势的含义

趋势是指股票价格的波动方向。若确定了一段上升或下降的趋势,则股价的波动必然朝着这个方向运动。上升的行情中,虽然也时有下降,但不影响上升的大方向;同样,下降行情中也可能上升,但不断出现的新低使下降趋势不变。

一般来说,市场变动不是朝一个方向直来直去,中间肯定要有曲折,从图形上看就是一条曲折蜿蜒的折线,每个折点处就形成一个峰或谷。由这些峰或谷的相对高度,可以看出趋势的方向。技术分析的三大假设中的第二条明确说明价格的变化是有趋势的,价格将沿着这个趋势继续运动,这一点就说明趋势在技术分析中的重要地位。

（2）趋势的方向

①上升方向。如果图形中每个后面的峰和谷都高于前面的峰和谷，则趋势就是上升方向。这就是常说的一底比一底高或底部抬高。

②下降方向。如果图形中每个后面的峰和谷都低于前面的峰和谷，则趋势就是下降方向。这就是常说的一顶比一顶低或顶部降低。

③水平方向（无趋势方向）。如果图形中后面的峰和谷与前面的峰和谷相比，没有明显的高低之分，几乎呈水平延伸，这时的趋势就是水平方向。水平方向趋势是被大多数人忽视的一种方向，这种方向在市场上出现的机会是相当多的，就水平方向本身而言，也是极为重要的。大多数的技术分析方法，在对处于水平方向的市场进行分析时，都容易出错，或者说作用不大。这是因为这时的市场正处在供需平衡的状态，股价下一步朝哪个方向走是没有规律可循的，可以向上也可以向下，而对这样的对象去预测它朝何方运动是极为困难的，也是不明智的。

（3）趋势的类型

①主要趋势。主要趋势是趋势的主要方向，是股票投资者极力要弄清楚的。了解了主要趋势才能做到顺势而为。主要趋势是股价波动的大方向，一般持续时间比较长（这是由技术分析第二大假设所决定的）。

②次要趋势。次要趋势是在主要趋势过程中进行的调整，由于趋势不会是直来直去的，总有局部的调整和回撤。次要趋势完成的正是这一使命。

③短暂趋势。短暂趋势是在次要趋势中进行的调整。短暂趋势与次要趋势的关系就如同次要趋势与主要趋势的关系一样。

这3种趋势最大的区别是时间的长短和波动幅度的大小。主要趋势持续时间最长，波动幅度最大；次要趋势次之；短期趋势持续时间最短，波动幅度最小。

2）支撑线和压力线

（1）支撑线和压力线的含义

支撑线又称为抵抗线，是指当股价下跌到某个价位附近时，会出现买方增加、卖方减少的情况，从而使股价停止下跌，甚至有可能回升。支撑线起阻止股价继续下跌的作用。这个起着阻止股价继续下跌的价格就是支撑线所在的位置。

压力线又称为阻力线，是指当股价上涨到某价位附近时，会出现卖方增加、买方减少的情况，股价会停止上涨，甚至回落。压力线起阻止股价继续上升的作用。这个起着阻止股价继续上升的价位就是压力线所在的位置。

在某一价位附近之所以形成对股价运动的支撑和压力，主要由投资者的筹码分布、持有成本以及投资者的心理因素所决定。当股价下跌到投资者（特别是机构投资者）的持仓成本价位附近，或股价从较高的价位下跌一定程度（如50%），或股价下跌到过去的最低价位区域时，都会导致买方大量增加买盘，使股价在该价位站稳，从而对股价形成支撑。当股价上升到某一历史成交密集区，或当股价从较低的价位上升一定程度，或上升到过去的最高价位区域时，会导致大量解套盘和获利盘抛出，从而对股价的进一步上升形成压力。

（2）支撑线和压力线的作用

如前所述,支撑线和压力线的作用是阻止或暂时阻止股价朝一个方向继续运动。我们知道股价的变动是有趋势的,要维持这种趋势,保持原来的变动方向,就必须冲破阻止其继续向前的障碍。比如说,要维持下跌行情,就必须突破支撑线的阻力和干扰,创造出新的低点;要维持上升行情,就必须突破上升压力线的阻力和干扰,创造出新的高点。由此可见,支撑线和压力线有被突破的可能,它们不足以长久地阻止股价保持原来的变动方向,只不过是暂时停顿而已,如图7.8所示。

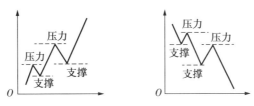

图7.8　支撑线和压力线的作用

同时,支撑线和压力线又有彻底阻止股价按原方向变动的可能。当一个趋势终结了,它就不可能创出新的低价或新的高价,这时的支撑线和压力线就显得异常重要。

在上升趋势中,如果下一次未创新高,即未突破压力线,这个上升趋势就已经处在很关键的位置。如果往后的股价又向下突破了这个上升趋势的支撑线,这就产生了一个很强烈的趋势有变的警告信号。这通常意味着这一轮上升趋势已经结束,下一步的走向是下跌。

同样,在下降趋势中,如果下一次未创新低,即未突破支撑线,这个下降趋势就已经处于很关键的位置。如果下一步股价向上突破了这次下降趋势的压力线,这就发出了这个下降趋势将要结束的强烈信号,股价的下一步将是上升的趋势,如图7.9所示。

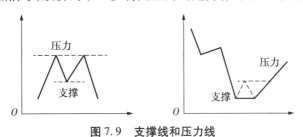

图7.9　支撑线和压力线

（3）二者的相互转化

支撑线和压力线的作用和相互转化,很大程度上是受心理因素方面的影响,这也是支撑线和压力线理论上的依据。

证券市场中主要有3种人:多头、空头和旁观者。旁观者又可分为持股者和持币者。假设股价在一个区域停留了一段时间后突破压力区域开始向上移动,在此区域买入股票的多头们肯定认为自己对了,并对自己没有多买入股票而感到后悔。在该区域卖出股票的空头们这时也认识到自己弄错了,他们希望股价再跌回他们卖出的区域时,将原来卖出的股票补回来。而旁观者中的持股者的心情和多头相似,持币者的心情同空头相似。无论这几种人中的哪一种,都有买入股票成为多头的愿望,这样,原来的压力线就转化为支撑线。

正是由于这几种人决定要在下一个买入的时机买入,所以股价稍一回落就会受到大家的关心,他们会或早或晚地进入股市买入股票,这就使股价还未下降到原来的位置,上述几个新的买进大军自然又会把价格推上去,使该区域成为支撑区。在该支撑区发生的交易越多,就说明很多的股票投资者在这个支撑区有切身利益,这个支撑区就越重要。

以上的分析过程对于压力线也同样适用,只不过结论正好相反。

可见,一条支撑线如果被跌破,那么这一支撑线将成为压力线;同理,一条压力线被突破,这条压力线将成为支撑线。这说明支撑线和压力线的地位不是一成不变的,而是可以改变的,条件是它被有效的、足够强大的股价变动突破,如图7.10所示。

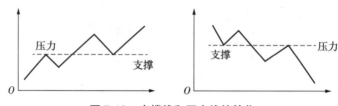

图7.10　支撑线和压力线的转化

(4)支撑线和压力线的确认和修正

一条支撑线或压力线对当前影响的重要性有3个方面:股价在这个区域停留时间的长短;股价在这个区域伴随的成交量大小;这个支撑区域或压力区域发生的时间距离与当前这个时期的远近。很显然,股价停留的时间越长,成交量越大,离现在越近,则这个支撑或压力区域对当前的影响就越大;反之就越小。

上述3个方面是确认一条支撑线或压力线的重要识别手段。有时,由于股价的变动,会发现原来确认的支撑线或压力线可能不真正具有支撑或压力的作用,比如说不完全符合上面所述的3个条件,这时就有对支撑线和压力线进行调整的问题,这就是支撑线和压力线的修正。

对支撑线和压力线的修正过程其实是对现有各条支撑线和压力线重要性的确认。

每条支撑线和压力线在人们心目中的地位是不同的。股价到了这个区域,投资者心里清楚,它很有可能被突破;而到了另一个区域,投资者心里明白,它不易被突破。这为进行买卖提供了一些依据,不至于仅凭直觉进行买卖决策。

3)趋势线和轨道线

(1)趋势线

①趋势线的含义。由于证券价格变化的趋势是有方向的,因而可以用直线将这种趋势表示出来,这样的直线称为趋势线。反映价格向上波动发展的趋势线称为上升趋势线;反映价格向下波动发展的趋势线则称为下降趋势线。由于股票价格的波动可分为长期趋势、中期趋势及短期趋势3种,因此,描述价格变动的趋势线也分为长期趋势线、中期趋势线与短期趋势线3种。

由于价格波动经常变化,可能由升转跌,也可能由跌转升,甚至在上升或下跌途中转换方向,因此,反映价格变动的趋势线不可能一成不变,而是要随着价格波动的实际情况进行调整。

换句话说,价格不论是上升还是下跌,在任一发展方向上的趋势线都不是只有一条,而是若干条。不同的趋势线反映了不同时期价格波动的实际走向,研究这些趋势线的变化方向和变化特征,就能把握住价格波动的方向和特征。

②趋势线的画法。

连接一段时间内价格波动的高点或低点可画出一条趋势线。在上升趋势中,将两个低点连成一条直线,就得到上升趋势线;在下降趋势中,将两个高点连成一条直线,就得到下降趋势线,如图7.11中的直线 L。标准的趋势线必须由两个以上的高点或低点连接而成。

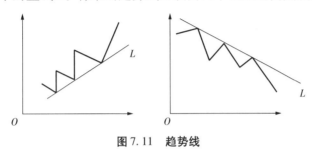

图 7.11　趋势线

由图7.11可看出,上升趋势线起支撑作用,是支撑线的一种;下降趋势线起压力作用,是压力线的一种。

虽然很容易画出趋势线,这并不意味着趋势线已经被我们掌握了。画出一条直线后,有很多问题需要去解答,最关键的问题是正确确定趋势线的高点或低点。然而,正确判断趋势线的高点或低点并不是一件十分简单的事情,它需要对过去价格波动的形态进行分析研究。根据两点决定一条直线的基本原理,画任何趋势线必然选择两个有决定意义的高点或低点。一般来说,上升趋势线的两个低点,应是两个反转低点,即下跌至某一低点开始回升,再下跌没有跌破前一低点又开始上升,则这两个低点就是两个反转低点。同理,决定下跌趋势线也需要两个反转高点,即上升至某一高点后开始下跌,回升未达前一高点又开始回跌,则这两个高点就是反转高点。

在若干条上升趋势线和下跌趋势线中,最重要的是原始上升趋势线或原始下跌趋势线。它决定了价格波动的基本发展趋势,有着极其重要的意义。原始趋势的最低点是由下跌行情转为上升行情之最低点,至少在1年中此价位没有再出现,如1999年12月29日沪市的1 341点。原始趋势的最高点是上升行情转为下跌行情之最高点,同样至少在1年中此价位没有再出现,如2001年6月14日沪市的2 245点。

③趋势线的确认及其作用。要得到一条真正起作用的趋势线,要经多方面的验证才能最终确认,不合条件的一般应删除。首先,必须确认有趋势存在。也就是说,在上升趋势中必须确认出两个依次上升的低点,在下降趋势中必须确认两个依次下降的高点,才能确认趋势的存在。其次,画出直线后,还应得到第三个点的验证才能确认这条趋势线是有效的。一般来说,所画出的直线被触及的次数越多,其作为趋势线的有效性越能得到确认,用它进行预测越准确有效。另外,这条直线延续的时间越长,越具有有效性。

一般来说,趋势线有两种作用:对价格今后的变动起约束作用,使价格总保持在这条趋势线的上(上升趋势线)或下方(下降趋势线)。实际上,就是起支撑和压力的作用。二是趋势线被突破,就说明股价下一步的走势将要反转。越重要、越有效的趋势线被突破,其转势的信号越强烈。被突破的趋势线原来所起的支撑和压力作用,现在将相互交换角色,如图7.12所示。

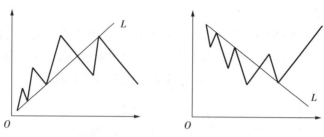

图7.12　趋势线突破后起相反作用

（2）轨道线

轨道线又称通道线或管道线,是基于趋势线的一种方法。在已经得到了趋势线后,通过第一个峰和谷可以做出这条趋势线的平行线,这条平行线就是轨道线,如图7.13所示的虚线。

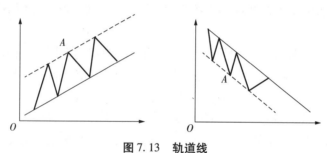

图7.13　轨道线

由两条平行线组成的一个轨道,就是常说的上升和下降轨道。轨道的作用是限制股价的变动范围,让它不能变得太离谱。一个轨道一旦得到确认,那么价格将在这个通道里变动。对上面或下面的直线的突破将意味着行情有一个大的变化。

与突破趋势线不同,对轨道线的突破并不是趋势反转的开始,而是趋势加速的开始,即原来的趋势线的斜率将会增加,趋势线的方向将会更加陡峭,如图7.14所示。

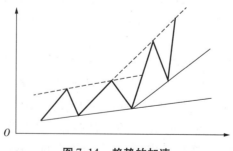

图7.14　趋势的加速

轨道线也有一个被确认的问题。一般而言,轨道线被触及的次数越多,延续的时间越长,其被认可的程度和重要性就越高。

轨道线的另一个作用是提出趋势转向的警报。如果在一次波动中未触及轨道线,离得很远就开始掉头,这往往是趋势将要改变的信号。这说明,市场已经没有力量继续维持原有的上升或下降的趋势了。

轨道线和趋势线是相互合作的。很显然,先有趋势线,后有轨道线。趋势线比轨道线重要。趋势线可以单独存在,而轨道线则不能单独存在。

4)应用切线理论应注意的问题

切线为我们提供了很多价格移动可能存在的支撑线和压力线,这些直线有很重要的作用。但是,支撑线、压力线有被突破的可能,它们的价位只是一种参考,不能把它们当成万能的工具。

7.2.3　形态理论

K线理论已经告诉我们一些有关对今后股价运动方向进行判断的方法,不可否认,它具有很好的指导意义。但是,K线理论更注重短线的操作,它的预测结果只适用于往后较短的时期,有时仅仅是一两天。为了弥补这种不足,我们将K线组合中所包含的K线根数增加,这样,众多的K线组成了一条上下波动的曲线,这条曲线就是股价在这段时间移动的轨迹,它比前面K线理论中的K线组合情况所包括的内容要全面得多。

形态理论正是通过研究股价所走过的轨迹、分析和挖掘曲线,告诉我们的一些多空双方力量的对比结果,进而指导我们的行动。

趋势的方向发生变化一般不是突然来到的,变化都有一个发展的过程。形态理论通过研究股价曲线的各种形态,发现股价正在进行的行动方向。

1)股价移动规律和两种形态类型

(1)股价移动规律

股价的移动是由多空双方力量大小决定的。在一个时期内,多方处于优势,股价将向上移动;在另一个时期内,如果空方处于优势,则股价将向下移动。这些事实在介绍K线时已经进行了说明,这里所考虑的范围要比前面所叙述的内容广泛得多。

多空双方的一方占据优势的情况又是多种多样的。有的只是稍强一点,股价向上(下)走不了多远就会遇到阻力;有的强势大一些,可以把股价向上(下)拉得多一些;有的优势是决定性的,这种优势完全占据主动,对方几乎没有什么力量与之抗衡,股价的向上(下)移动势如破竹。

根据多空双方力量对比可能发生的变化,可以知道股价的移动应该遵循这样的规律:第一,股价应在多空双方取得均衡的位置上下来回波动;第二,原有的平衡被打破后,股价将寻找新的平衡位置。这种股价移动的规律可用下式描述:

持续整理、保持平衡→打破平衡→新的平衡→再打破平衡→再寻找新的平衡→……

股价的移动就是按这一规律循环往复、不断运行的。证券市场中的胜利者往往是在原来的平衡快要打破之前或是在打破的过程中采取行动而获得收益的。如果原平衡已经打破,新的平衡已经找到,这时才开始行动,就已经晚了。

（2）股价移动的两种形态类型

根据股价移动的规律，我们可以把股价曲线的形态分成两大类型：持续整理形态和反转突破形态。前者保持平衡，后者打破平衡。平衡的概念是相对的，股价只要在一个范围内变动，都属于保持了平衡。这样，这个范围的选择就成为判断平衡是否被打破的关键。

同支撑线、压力线被突破一样，平衡被打破也有被认可的问题。刚打破一点，不能算真正打破。反转突破形态存在种种假突破的情况，假突破给某些投资者造成的损失有时是很大的。虽然我们对形态的类型进行了分类，但是这些形态中有些不容易区分其究竟属于哪一类。例如，一个局部的三重顶（底）形态，在一个更大的范围内有可能被认为是矩形形态的一部分。一个三角形形态有时也可以被当成反转突破形态，尽管多数情况下我们都把它当成持续整理形态。

2）反转突破形态

反转突破形态描述了趋势方向的反转，是投资分析中应重点关注的变化形态。反转变化形态主要有头肩形态、双重顶（底）形态、圆弧顶（底）形态、喇叭形以及 V 形反转形态等。

（1）头肩形态

头肩形态是实际股价形态中出现最多的一种形态，也是最著名和最可靠的反转突破形态。它一般可分为头肩顶、头肩底以及复合头肩形态 3 种。

①头肩顶形态。头肩顶形态是一个可靠的沽出时机，一般通过连续 3 次起落构成该形态的 3 个部分，也就是要出现 3 个局部的高点。中间的高点比另外两个都高，称为头；左右两个相对较低的高点称为肩。这就是头肩顶形态名称的由来，如图 7.15 所示。头肩顶形态的形成过程大体如下：

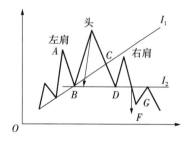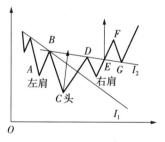

图 7.15　头肩顶（底）

a. 股价长期上升后，成交量大增，获利回吐压力亦增加，导致股价回落，成交量较大幅度下降，左肩形成。

b. 股价回升，突破左肩之顶点，成交量亦可能因充分换手而创纪录，但价位过高使持股者产生恐慌心理，竞相抛售，股价回跌到前一低点水准附近，头部完成。

c. 股价第三次上升，但前段的巨额成交量将不再重现，涨势也不再凶猛，价位到达头部顶点之前即告回落，形成右肩。这一次下跌时，股价急速穿过颈线，再回升时，股价也仅能达到颈线附近，然后成为下跌趋势，头肩顶形态宣告完成。

这种头肩顶反转向下的道理与支撑线和压力线的内容有密切关系。图 7.15 左图中的直线 I_1 和直线 I_2 是两条明显的支撑线。从 C 点到 D 点，突破直线 I_1 说明上升趋势的势头已经遇到了阻力，E 点和 F 点之间的突破则是趋势的转向。另外，E 点的反弹高度没有超过 C 点，也是上升趋势出现问题的信号。

图 7.15 左图中的直线 I_2 是头肩顶形态中极为重要的直线——颈线。在头肩顶形态中，它是支撑线，起支撑作用。

头肩顶形态走到 E 点并调头向下，只能说是原有的上升趋势已经转化成了横向延伸，还不能说已经反转向下了。只有当走到了 F 点，即股价向下突破了颈线时，才能说头肩顶反转形态已经形成。

同大多数的突破一样，这里颈线被突破也有一个被认可的问题。百分比原则和时间原则在这里都适用。一般而言，以下两种形态为假头肩顶形态：当右肩的高点比头部还要高时，不能构成头肩顶形态；如果股价最后在颈线水平回升，而且回升的幅度高于头部，或者股价跌破颈线后又回升到颈线上方，这可能是一个失败的头肩顶，宜进一步观察。

头肩顶形态是一个长期趋势的转向形态，一般出现在一段升势的尽头。这一形态具有下面几个特征。

a.左肩与右肩高点大致相等，有时右肩较左肩低，即颈线向下倾斜；

b.就成交量而言，左肩最大，头部次之，而右肩成交量最小，即呈梯状递减；

c.突破颈线不一定需要大成交量配合，但日后继续下跌时成交量会放大。

当颈线被突破，反转确认以后，大势将下跌。下跌的深度可以借助头肩顶形态的测算功能进行。从突破点算起，股价将至少要跌到与形态高度相等的距离。

形态高度的测算方法是这样的：量出从头到颈线的直线距离（图 7.15 的左图中从 C 点向下的箭头长度），这个长度称为头肩顶形态的形态高度。

上述原则是股价下落的最起码的深度，是最近的目标，价格实际下落的位置要根据很多别的因素来确定。上述原则只是给出了一个范围，有一定的指导作用。预计股价今后将跌到什么位置能止住，永远是股票投资者最关心的问题，也是最不易回答的问题。

②头肩底形态。头肩底是头肩顶的倒转形态，是一个可靠的买进时机。这一形态的构成和分析方法，除了在成交量方面与头肩顶有所区别外，其余与头肩顶类同，只是方向正好相反，如图 7.15 中的右图。例如，上升改成下降，高点改成低点，支撑改成压力。值得注意的是，头肩顶形态与头肩底形态在成交量配合方面的最大区别是：头肩顶形态完成后，向下突破颈线时，成交量不一定放大；而头肩底形态向上突破颈线，若没有较大的成交量出现，可靠性将大为降低，甚至可能出现假的头肩底形态。

③复合头肩形态。股价变化经过复杂而长期的波动所形成的形态可能不只是标准的头肩形态，会形成所谓的复合头肩形态。这种形态与头肩形态基本相似，只是左右肩部或头部出现多于一次。其形成过程也与头肩形态类似，分析意义也和普通的头肩形态一样，往往出现在长期趋势的底部或顶部。复合头肩形态一旦完成，即构成一个可靠性较大的买进或沽出时机。

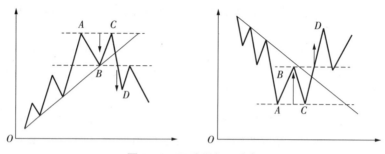

（2）双重顶形态和双重底形态

双重顶形态和双重底形态就是市场上众所周知的 M 头和 W 底,是一种极为重要的反转形态,它在实际中出现得也非常频繁。与头肩形态相比,就是没有头部,只是由两个基本等高的峰或谷组成。图 7.16 是这种形态的简单形状。

图 7.16　双重顶和双重底

从图中可以看出,双重顶(底)一共出现两个顶(底),也就是两个相同高度的高点(低点)。下面以 M 头(图 7.16 的左图)为例说明双重顶形成的过程。

在上升趋势过程的末期,股价急速上升到第一个高点 A 建立了新高点之后受阻回跌,在峰顶处留下大成交量。受上升趋势线的支撑,这次回档将在 B 点附近停止,成交量随股价下跌而萎缩。往后就是继续上升,股价又回至前一峰顶附近 C 点(与 A 点几乎等高),成交量再度增加,却不能达到前面的成交水准,上升遇到阻力,接着股价掉头向下,这样就形成 A 和 C 两个顶的形状。

M 头形成以后,有两种可能的前途:一是未突破 B 点的支撑位置,股价在 A、B、C 3 点形成的狭窄范围内上下波动,演变成下文将要介绍的矩形。二是突破 B 点的支撑位置继续向下,这种情况才是双重顶反转突破形态的真正出现。前一种情况只能说是一个潜在的双重顶反转突破形态出现了。

以 B 点做平行于 A、C 连线的平行线(图 7.16 的左图中第二条虚线),就得到一条非常重要的直线——颈线。A、C 连线是趋势线,颈线是与这条趋势线对应的轨道线,它在这里起支撑作用。

一个真正的双重顶反转突破形态的出现,除了必要的两个相同高度的高点以外,还应该向下突破 B 点支撑。

突破颈线就是突破轨道线、支撑线,所以也有突破被认可的问题。前面介绍的有关支撑线、压力线被突破的确认原则在这里都适用。

双重顶反转突破形态一旦得到确认,同样具有测算功能,即从突破点算起,股价将至少要跌到与形态高度相等的距离。

这里的形态高度是从顶点到颈线的垂直距离,即从 A 或 C 到 B 的垂直距离。图 7.16 的左图中右边箭头所指的将是股价至少要跌到的位置,在它之前的支撑都不足取。

总结起来,双重顶反转形态一般具有如下特征:①双重顶的两个高点不一定在同一水平,两者相差少于 3% 就不会影响形态的分析意义;②向下突破颈线时不一定有大成交量伴随,但日后继续下跌时成交量会扩大;③双重顶形态完成后的最小跌幅度量度方法是由颈线开始,至少会下跌从双头最高点到颈线之间的差价距离。

对于双重底,有完全相似或者说完全相同的结果。只要将对双重顶的介绍反过来叙述就可以了。比如,向下说成向上,高点说成低点,支撑说成压力。

需要注意的是,双重底的颈线突破时必须有大成交量的配合,否则即可能为无效突破。

（3）三重顶（底）形态

三重顶（底）形态是双重顶（底）形态的扩展形式,也是头肩顶（底）形态的变形,由三个一样高或一样低的顶和底组成。与头肩形的区别是头的价位回缩到与肩部差不多相等的位置,有时甚至低于或高于肩部一点。从这个意义上讲,三重顶（底）形态与双重顶（底）形态也有相似的地方,只是前者比后者多"折腾"了一次。

出现三重顶（底）形态的原因是没有耐心的投资者在形态未完全确定时,便急于跟进或跳出;走势不尽如人意时又急于杀出或抢进;等到大势已定,股价正式反转上升或下跌,仍照原预期方向进行时,投资者却犹豫不决,缺乏信心,结果使股价走势比较复杂。

图7.17是三重顶（底）形态的简单图形。它的颈线差不多是水平的,三个顶（底）也差不多是相等高度。

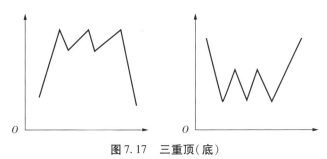

图7.17　三重顶（底）

应用和识别三重顶（底）的方法主要是用识别头肩形态的方法。头肩形态适用的方法三重顶（底）都适用,这是因为三重顶（底）从本质上说就是头肩形态。与一般头肩形态最大的区别是,三重顶（底）的颈线和顶部（底部）连线是水平的,这就使得三重顶（底）具有矩形的特征。比起头肩形态来说,三重顶（底）更容易演变成持续形态,而不是反转形态。另外,三重顶（底）的顶峰与顶峰,或谷底与谷底的间隔距离和时间在分析时不必相等。此外,如果三重顶（底）的三个顶（底）的高度从左到右依次下降（上升）,则三重顶底就演变成了直角三角形态。这些都是我们在应用三重顶（底）时应注意的地方。

（4）圆弧形态

圆弧形态是将股价在一段时间的顶部高点用折线连起来,每一个局部的高点都考虑到,我们有时可能得到一条类似于圆弧的弧线,盖在股价之上;将每个局部的低点连在一起也能得到一条弧线,托在股价之下,如图7.18所示。

圆弧形又称为碟形、圆形或碗形等。不过应该注意的是:图中的曲线不是数学意义上的圆,也不是抛物线,而仅仅是一条曲线。人们已经习惯于使用直线,在遇到图7.18中这样的顶和底时,用直线显然就不够了,因为顶、底的变化太频繁,一条直线应付不过来。

圆弧形态在实际中出现的机会较少,但是一旦出现则是绝好的机会,它的反转深度和高度是不可测的,这一点同前面几种形态有一定区别。

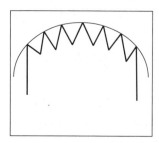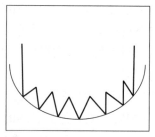

图 7.18　圆形顶(底)

圆弧的形成过程与头肩形态中的复合头肩形态有相似的地方,只是圆弧形态的各种顶或底没有明显的头肩的感觉。这些顶部和底部的地位都差不多,没有明显的主次区分。这种局面的形成在很大程度上是一些机构大户炒作证券的产物。这些人手里有足够的股票,如果一下抛出太多,股价下落太快,手里的股票也许不能全部出手,只能一点一点地往外抛,形成众多的来回拉锯,直到手中股票快抛完时,才会大幅度打压,一举使股价下跌到很深的位置。如果这些人手里持有足够的资金,一下子买得太多,股价上涨得太快,也不利于今后的买入,也要逐渐地分批建仓,直到股价一点一点地来回拉锯,往上接近圆弧边缘时,才会用少量的资金一举往上提拉到一个很高的高度。因为这时股票大部分在机构大户手中,别人无法打压股价。

圆弧形态具有下面几个特征:

①形态完成、股价反转后,行情多属爆发性,涨跌急速,持续时间也不长,一般是一口气走完,中间极少出现回档或反弹。因此,形态确立后应立即顺势而为,以免踏空、套牢。

②在圆弧顶或圆弧底形态的形成过程中,成交量的变化都是两头多,中间少。越靠近顶或底成交量越少,到达顶或底时成交量达到最少。在突破后的一段,都有相当大的成交量。

③圆弧形态形成所花的时间越长,今后反转的力度就越强,越值得人们去相信这个圆弧形。一般来说,应该与一个头肩形态形成的时间相当。

(5)喇叭形

喇叭形也是一种重要的反转形态。它大多出现在顶部,是一种较可靠的看跌形态。更为可贵的是,喇叭形在形态完成后,几乎总是下跌,不存在突破是否成立的问题。这种形态在实际中出现的次数不多,但是一旦出现,则极为有用。

喇叭形的正确名称应是扩大形或增大形,因为这种形态酷似一个喇叭,故得名。图 7.19是喇叭形的简单图形。

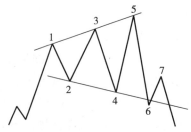

图 7.19　喇叭形态

喇叭形态的形成往往是由于投资者的冲动情绪造成的,通常在长期上升的最后阶段出现。这是一个缺乏理性的市场,投资者受到市场炽热的投机气氛或市场传闻的感染,很容易追涨杀跌。这种冲动而杂乱无章的行市,使得股价不正常地大起大落,形成巨幅震荡的行情,继而在震荡中完成形态的反转。

从图7.19中看出,由于股价波动的幅度越来越大,形成了越来越高的3个高点,以及越来越低的2个低点。这说明当时的交易异常活跃,成交量日益放大,市场已失去控制,完全由参与交易的公众情绪决定。在如此混乱时进入证券市场是很危险的,交易也十分困难。在经过了剧烈的动荡之后,人们的情绪会渐渐平静,远离这个市场,股价将逐步地往下运行。

一个标准的喇叭形态应该有3个高点,2个低点。股票投资者应该在第三峰(图7.19中的5)调头向下时就抛出手中的股票,这在大多数情况下是正确的。如果股价进一步跌破了第二个谷(图7.19中的4),则喇叭形完全得到确认,抛出股票更成为必然。

股价在喇叭形之后的下调过程中,肯定会遇到反扑,而且反扑的力度会相当大,这是喇叭形的特殊性。但是,只要反扑高度不超过下跌高度的一半(图7.19中的7),股价下跌的势头还是会继续的。

喇叭形态具有下面几个特征:

①喇叭形一般是一个下跌形态,暗示升势将到尽头,只有在少数情况下股价在高成交量配合下向上突破时,才会改变其分析意义。

②在成交量方面,整个喇叭形态形成期间都会保持不规则的大成交量,否则难以构成该形态。

③喇叭形走势的跌幅是不可量度的,一般说来,跌幅都会很大。

④喇叭形源于投资者的非理性,因而在投资意愿不强、气氛低沉的市道中,不可能形成该形态。

(6)V形反转

V形走势是一种很难预测的反转形态,它往往出现在市场剧烈的波动之中。无论V形顶还是V形底的出现,都没有一个明显的形成过程,这一点同其他反转形态有较大的区别,因此往往让投资者感到突如其来甚至难以置信。图7.20是V形和倒V形的简单图形。

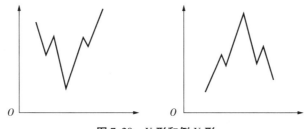

图7.20 V形和倒V形

一般的反转形态,都有一个较为明确的步骤:首先是原来的走势趋缓,市场多空双方的力量渐趋均衡;接着价格也由先前的走势转为横向徘徊;最后,多空力量的对比发生改变,走势发生逆转,股价反向而行。但V形走势却迥然不同,它没有中间那一段过渡性的横盘过程,其关键转向过程仅2~3个交易日,有时甚至在1个交易日内完成整个转向过程。

就沪、深证券市场而言,V形反转同突发利好消息的出现有密切关系。上海证券市场最明显的 V 形反转的例子是 1994 年 8 月 1 日的从低谷 325 点的反转。

V 形走势的一个重要特征是在转势点必须有大成交量的配合,且成交量在图形上形成倒 V 形。若没有大成交量,则 V 形走势不宜信赖。V 形是一种失控的形态,在应用时要特别小心。

3)持续整理形态

与反转突破形态不同,持续整理形态描述的是,在股价向一个方向经过一段时间的快速运行后,不再继续原趋势,而在一定区域内上下窄幅波动,等待时机成熟后再继续前进。这种运行所留下的轨迹称为"整理形态"。

(1)三角形态

①对称三角形。大多是发生在一个大趋势进行的途中,它表示原有的趋势暂时处于休整阶段,之后还要随着原趋势的方向继续行进。由此可见,见到对称三角形后,股价今后走向的最大可能是沿原有的趋势方向运动,如图 7.21 所示。

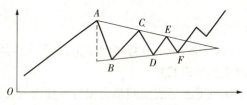

图 7.21 对称三角形

根据经验,突破的位置一般应在三角形的横向宽度的 1/2 ~ 3/4 的某个位置。三角形的横向宽度指三角形的顶点到底的高度。

对称三角形突破的有效性:对称三角形的突破也有真假的问题,方法与前述的类似,可采用百分比原则、日数原则或收盘原则等确认。这里要注意的是,对称三角形的成交量因越来越小的股价波动而递减,而向上突破需要大成交量配合,向下突破则不必。没有成交量的配合,很难判断突破的真假。

对称三角形被突破后,也有测算功能。这里以原有的趋势上升为例,介绍两种测算价位的方法。方法一,如图 7.22 所示,从 C 点向上带箭头直线的高度,是未来股价至少要达到的高度。箭头直线长度与 AB 连线长度相等。AB 连线的长度称为对称三角形的高度。从突破点算起,股价至少要运动到与形态高度相等的距离。方法二,如图 7.22 所示,过 A 点作平行于下边直线的平行线,即图中的斜虚线,它是股价今后至少要达到的位置。

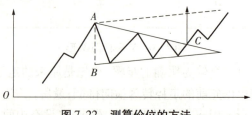

图 7.22 测算价位的方法

②上升三角形。

上升三角形与对称三角形相比,有更强烈的上升意识,多方比空方更为积极。通常以三角形的向上突破作为这个持续过程终止的标志。如果股价原有的趋势是向上,遇到上升三角形后,几乎可以肯定今后是向上突破。

上升三角形在突破顶部的阻力线时,必须有大成交量的配合,否则为假突破。突破后的升幅量度方法与对称三角形相同,如图7.23所示。

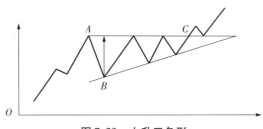

图7.23　上升三角形

③下降三角形。

下降三角形是看跌的形态,基本内容同上升三角形可以说完全相似,只是方向相反。这里要注意的是,下降三角形的成交量一直十分低沉,突破时不必有大成交量配合,如图7.24所示。

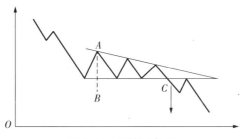

图7.24　下降三角形

(2)矩形(可进行短线操作)

矩形如图7.25所示。

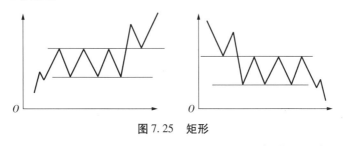

图7.25　矩形

矩形又叫箱形,也是一种典型的整理形态,股票价格在两条横着的水平直线之间上下波动,作横向延伸运动。

当股价向上突破时,必须有大成交量的配合方可确认,而向下突破则不必有成交量增加;当矩形突破后,其涨跌幅度通常等于矩形本身宽度,这是矩阵形态的测算功能。

矩形在其形成的过程中极可能演变成三重顶(底)形态,这是我们应该注意的。正是由于矩形的判断容易出错的可能性,在面对矩形和三重顶(底)进行操作时,一定要等到突破之后才能采取行动,因为这两个形态今后的走势方向完全相反。

(3)旗形和楔形

旗形和楔形是两个著名的持续整理形态。这两个形态的特殊之处在于,它们都有明确的形态方向,如向上或向下,并且形态方向与原有的趋势方向相反。

①旗形。旗形大多发生在市场极度活跃、股价运动近乎直线上升或下降的情况下。在市场急速而又大幅的波动中,股价经过一连串紧密的短期波动后,形成一个稍微与原来趋势呈相反方向倾斜的长方形,这就是旗形走势,如图 7.26 所示。

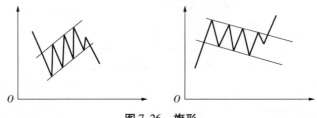

图 7.26　旗形

旗形也有测算功能。旗形的形态高度是平行四边形左右两条边的长度。旗形被突破后,股价将至少要走到形态高度的距离,大多数情况是走到旗杆的高度。

应用旗形时,有 3 点要注意:

a.旗形出现之前,一般应有一个旗杆。

b.旗形持续的时间不能太长。

c.旗形形成之前和被突破之后,成交量都很大。在旗形的形成过程中,成交量从左向右逐渐减少。

②楔形。如果将旗形中上倾或下倾的平行四边形变成上倾或下倾的三角形,就会得到楔形。楔形可分为上升楔形和下降楔形两种,如图 7.27 所示。

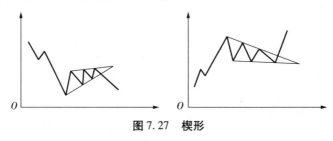

图 7.27　楔形

上升楔形是指股价经过一次下跌后产生强烈技术性反弹,价格升至一定水平后又掉头下落,但回落点比前次高,然后又上升至新高点,再回落,在总体上形成一浪高一浪的势头。如果把短期高点相连,形成一向上倾斜直线,且两者呈收敛之势。

在楔形形成过程中,成交量渐次减少;在楔形形成之前和突破之后,成交量一般都很大。

与旗形的另一个不同是,楔形形成所花费的时间较长,一般需要 2 周以上的时间方可完成。

4）缺口

缺口，通常又称为跳空，是指证券价格在快速大幅波动中没有留下任何交易的一段真空区域。

缺口的宽度表明这种运动的强弱。一般来说，缺口越宽，运动的动力越大；反之，则越小。不论向何种方向运动所形成的缺口，都将成为日后较强的支撑或阻力区域，不过这种支撑或阻力效能依不同形态的缺口而定，如图7.28所示。

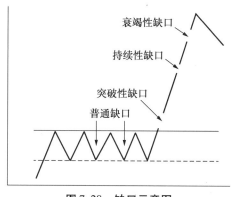

图 7.28　缺口示意图

（1）普通缺口

普通缺口经常出现在股价整理形态中，特别是出现在矩形或对称三角形等整理形态中。普通缺口的特征：3 日内回补，成交量小，很少有主动参与者。

普通缺口的这种短期内必补的特征，给投资者短线操作带来了一个机会。

（2）突破缺口

突破缺口是证券价格向某一方向急速运动，跳出原有形态所形成的缺口。突破缺口形态确认以后，无论价位（指数）的升跌情况如何，投资者都必须立即作出买入或卖出的指令，即向上突破缺口被确认立即买入，向下突破缺口被确认立即卖出，因为突破缺口一旦形成，行情走势必将向突破方向纵深发展。

（3）持续性缺口

持续性缺口是在证券价格向某一方向有效突破之后，由于急速运动而在途中出现的缺口，它是一个趋势的持续信号。持续性缺口一般不会在短期内被封闭。

（4）衰竭性缺口

衰竭性缺口一般发生在行情趋势的末端，表明股价变动的结束。

衰竭性缺口容易与持续性缺口混淆，它们的最大区别是：衰竭性缺口出现在行情趋势的末端，而且伴随着大的成交量。

5）应用形态理论应注意的问题

①站在不同的角度，同一形态会有不同的解释。

②进行实际操作时，要求形态完全明朗才能行动。

7.2.4　波浪理论

1)波浪理论的形成历史及其基本思想

(1)波浪理论的形成过程

波浪理论的全称是艾略特波浪理论。波浪理论的形成经历了一个较为复杂的过程。最初由艾略特首先发现并应用于证券市场,但是他的这些研究成果没有形成完整的体系,他在世的时候没有得到社会的广泛承认。直到20世纪70年代,柯林斯的专著《波浪理论》出版后,波浪理论才正式确立。波浪理论以周期为基础。

(2)波浪理论的基本思想

艾略特认为,由于证券市场是经济的晴雨表,而经济发展具有周期性,所以股价的上涨和下跌也应遵循周期发展的规律。不过股价波动的周期规律比经济发展的周期要复杂得多。

每个周期都是由上升(或下降)的5个过程和下降(或上升)的3个过程组成。

艾略特不仅找到了股价移动的规律,而且还找到了股价移动发生的时间和位置,这是波浪理论较之于道氏理论更为优越的地方。

艾略特波浪理论中所用到的数字2,3,5,8,13,21,34……都来自斐波那契数列。这个数列是波浪理论的数学基础。

2)波浪理论的主要原理

(1)波浪理论考虑的因素

①股价走势所形成的形态。

②股价走势图中各个高点和低点所处的相对位置。

③完成某个形态所经历的时间长短。

(2)波浪理论价格走势的基本形态结构

艾略特认为证券市场应该遵循一定周期,周而复始地向前发展。波浪理论价格走势的基本形态结构如图7.29所示。

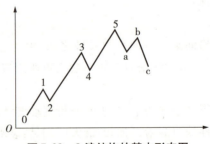

图7.29　8浪结构的基本形态图

3)波浪理论的应用及其应注意的问题

(1)应用

要明白当前所处的位置,才能有效按照波浪理论指明的各浪数目预测下一步;认真、准确地识别3浪结构和5浪结构最重要,因为其预测作用不同。

（2）注意的问题

尽管从表面上看，波浪理论会给我们带来利益，但是从波浪理论自身的构造看，它有很多不足之处，使用者不能机械、教条地应用该理论。

7.2.5　量价关系理论

在技术分析中，量与价的关系占据了极重要的地位。成交量是推动股价上涨的原动力，量是价的先行指标。

1）成交量与股价趋势——葛兰碧9大法则

①价格随着成交量的递增而上涨，为市场行情的正常特性。

②在一个波段的涨势中，股价随着递增的成交量而上涨，突破前一波的高峰，创下新高价，继续上扬。然而，此段股价上涨的整个成交量水准却低于前一个波段上涨的成交量水准。此时股价创出新高，但量却没有突破，则此段股价涨势令人怀疑，同时也是股价趋势潜在反转的信号。

③股价随着成交量的递减而萎缩，股价上涨，成交量却逐渐萎缩。成交量是股价上升的原动力，该力不足表明股价趋势潜在的反转信号。

④有时股价随着缓慢递增的成交量而逐渐上升，渐渐地，走势突然成为垂直上升的喷发行情，成交量急剧增加，股价跃升暴涨；紧随着此波走势，继之而来的是成交量大幅萎缩，同时股价急速下跌。这表明涨势已到末期，上升乏力，趋势有反转的迹象。反转的意义，将视前一波股价上涨幅度的大小及成交量增加的程度而定。

⑤股价走势因成交量的递增而上升，是正常现象。

⑥在一波段的长期下跌形成谷底后，股价回升，成交量并没有随股价上升而递增，股价上涨欲振乏力，然后再度跌落至原先谷底附近，或高于谷底。当第二谷底的成交量低于第一谷底时，是股价将要上升的信号。

⑦股价往下跌落一段相当长的时间，市场出现恐慌性抛售，此时随着日益放大的成交量，股价大幅度下跌：继恐慌性卖出之后，预期股价可能上涨，同时恐慌性卖出所创的低价，将不可能在极短的时间内突破。因此，随着恐慌性大量卖出之后，往往是空头市场的结束。

⑧股价下跌，向下突破股价形态、趋势线或移动平均线，同时出现了大成交量，是股价下跌的信号，明确表示出下跌的趋势。

⑨当市场行情持续上涨数月后，出现急剧增加的成交量，而股价却上涨无力，此为股价下跌的先兆。股价连续下跌之后，在低位区域出现大成交量，而股价却没有进一步下跌，仅出现小幅波动，此即表示进货，通常是上涨前兆。

2）涨跌停板制度下量价关系分析

在实行涨跌停板制度下，大涨（涨停）和大跌（跌停）的趋势继续下去，是以成交量大幅萎缩为条件的。

在涨跌停板制度下，若跌停，买方寄希望于明天以更低价买入，因而缩手，结果在缺少买盘的情况下成交量小，跌势反而不止；反之，如果收盘仍为跌停，但中途曾被打开，成交量放大,说明有主动性买盘介入,跌势有望止住,盘升有望。

涨跌停板制度下,量价关系有变化,基本判断为:

①涨停量小,将继续上扬;跌停量小,将继续下跌。

②涨停或跌停中途被打开的次数越多、时间越久,成交量越大,越有利于反转。

③涨停或跌停关门的时间越早,次日继续原来方向的可能性越大。

④封住涨停或跌停的成交量越大,继续原来方向的概率越大。

如何判断是否为庄家操纵:

如果存在频繁挂单、撤单,涨跌停经常被打开,当日成交量很大,此时很有可能是被庄家操纵;反之则不是。

7.3 证券投资技术分析主要技术指标

7.3.1 技术分析方法简述

1)技术指标法的含义与本质

所谓技术指标法,就是应用一定的数学公式,对原始数据进行处理,得出指标值,将指标值绘成图表,从定量的角度对股市进行预测的方法。技术指标法的本质是通过数学公式产生技术指标。

2)技术指标的分类

技术指标从不同的角度有不同的分类。本书以技术指标的功能为划分依据,将常用的技术指标分为趋势型指标、超买超卖型指标、人气型指标和大势型指标4类。

3)技术指标法与其他技术分析方法的关系

其他技术分析方法都有一个共同的特点,就是过分重视价格,而对成交量重视不够。然而没有成交量的分析,无疑是丢掉重要的一类信息,分析结果的可信度将降低。

技术指标种类繁多,考虑的方面也多,人们能够想到的,都能在技术指标中得到体现。这一点是别的技术分析方法无法比拟的。

在进行技术指标的分析与判断时,也经常用到别的技术分析方法的基本结论。

4)应用时注意的问题

①任何技术指标都有自己的适应范围和应用条件,得出的结论也都有成立的前提和可能发生的意外。因此,不管这些结论成立的条件,盲目绝对地相信技术指标,是要出错的。但从另外一个角度看,也不能认为技术指标有可能出错而完全否定技术指标的作用。

②应用一种指标容易出现错误,但当使用多个具有互补性的指标时,可以极大提高预测精度。

7.3.2 主要技术指标

1)趋势型指标

(1)MA(移动平均线)

MA 是指用统计分析的方法,将一定时期内的证券价格(指数)加以平均,并把不同时间的平均值连接起来,形成一根 MA,用以观察证券价格变动趋势的一种技术指标。

①MA 的计算公式。

移动平均线可分为算术移动平均线(SMA)、加权移动平均线(WMA)和指数平滑移动平均线(EMA)3 种。

$$EMA_t(N) = C_t \times \frac{1}{N} + EMA_{t-1} \times \frac{N-1}{N}$$

式中 C_t——计算期中第 t 日的收盘价;

EMA_{t-1}——第 $t-1$ 日的指数平滑移动平均数。

起点的移动平均值可用起点的收盘价代替。

根据计算期的长短,MA 又可分为短期、中期和长期移动平均线。通常以 5 日、10 日线观察证券市场的短期走势,称为短期移动平均线;以 30 日、60 日线观察中期走势,称为中期移动平均线;以 13 周、26 周研判长期趋势,称为长期移动平均线。西方投资机构重视 200 天移动平均线,并以此作为长期投资的依据:若行情在 200 天均线以下,属空头市场;反之,为多头市场。

一般把短期移动平均线称为快速 MA,长期移动平均线称为慢速 MA。

②MA 的特点。

MA 的基本思想是消除股价随机波动的影响,寻求股价波动的趋势。它有以下几个特点:

a. 追踪趋势。MA 能够表示股价的趋势方向,并追踪这个趋势。如果能从股价的图表中找出上升或下降趋势,那么,MA 将与趋势方向保持一致。原始数据的股价图表不具备这个追踪趋势的特性。

b. 滞后性。在股价原有趋势发生反转时,由于 MA 追踪趋势的特征,使其行动往往过于迟缓,调头速度落后于大趋势。这是 MA 一个极大的弱点。

c. 稳定性。根据移动平均线的计算方法,要想较大地改变移动平均的数值,当天的股价必须有很大的变化,因为 MA 是股价几天变动的平均值。

d. 助涨助跌性。当股价突破移动平均线时,无论是向上还是向下突破,股价都有继续向突破方向发展的愿望。

e. 支撑线和压力线的特性。

③MA 的应用法则——葛兰威尔法则(简称"葛氏法则")。

在 MA 的应用上,最常见的是葛兰威尔的"移动平均线八大买卖法则",如图 7.30 所示。

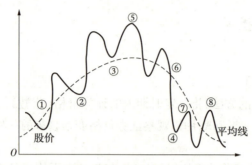

图 7.30 移动平均线

葛氏法则的内容：

平均线从下降开始走平，股价从下向上穿平均线（①点处）；

股价跌破平均线，但平均线呈上升态势（②点处）；

股价连续上升远离平均线，突然下跌，但在平均线附近再度上升（③点处）；

股价跌破平均线，并连续暴跌，远离平均线（④点处）。

以上 4 种情况均为买入信号。

移动平均线呈上升状态，股价突然暴涨且远离平均线（⑤点处）；

平均线从上升转为盘局或下跌，而股价向下跌破平均线（⑥点处）；

股价走在平均线之下，且朝着平均线方向上升，但未突破平均线又开始下跌（⑦点处）；

股价向上突破平均线，但又立刻向平均线回跌，此时平均线仍持续下降（⑧点处）。

以上 4 种情况均为卖出信号。

葛氏法则的不足是没有明确指出投资者在股价距平均线多远时才可以买进卖出，这可用后面的乖离率指标弥补。

④MA 的组合应用。

a. "黄金交叉"与"死亡交叉"。

当现在价位站稳在长期与短期 MA 之上，短期 MA 向上突破长期 MA 时，为买进信号，此种交叉称为"黄金交叉"；反之，若现在行情价位于长期与短期 MA 之下，短期 MA 又向下突破长期 MA 时，则为卖出信号，交叉称之为"死亡交叉"。原理类似于突破压力线或支撑线。

b. 长、中、短期移动平均线的组合使用。

在实际应用中，常将长期 MA（250 日）、中期 MA（60 日）、短期 MA（10 日）结合起来使用，分析它们的相互关系，判断股市趋势。3 种移动平均线的移动方向有时趋于一致，有时不一致，可以从两个方面来分析、研判。

方向一致的情况。在空头市场中，经过长时间的下跌，股价与 10 日平均线、60 日平均线、250 日平均线的排列关系，从下到上依次为股价，10 日、60 日和 250 日均线。若股市出现转机，股价开始回升，反应最敏感的是 10 日平均线，最先跟着股价从下跌转为上升；随着股价继续攀升，60 日平均线才开始转为向上方移动；至于 250 日平均线的方向改变，则意味股市的基本趋势的转变，多头市场的来临。

方向不一致的情况：

• 当股价进入整理盘旋后,短期平均线、中期平均线很容易与股价缠绕在一起,不能正确指明运动方向。

• 另一种不协调的现象是中期平均线向上移动,股价和短期平均线向下移动,这表明股市上升趋势并未改变,暂时出现回档调整现象。只有当股价和短期均线相继跌破中期均线,并且中期均线亦有向下反转之迹象时,则上升趋势改变。

移动平均线指标盲点:在盘整阶段或趋势形成后、中途休整阶段,以及局部反弹或回落阶段,MA 极易发出错误的信号,这是使用 MA 时最应该注意的。另外,MA 只是作为支撑线和压力线,站在某线之上,当然有利于上涨,但并不是说就一定会涨,支撑线也有被击穿的时候。

（2）MACD（指数平滑异同移动平均线）

①MACD 的计算公式。

MACD 是由正负差（DIF）和异同平均数（DEA）两部分组成,DIF 是核心,DEA 是辅助。

DIF 是快速平滑移动平均线与慢速平滑移动平均线的差。一般取 12 和 26 日 EMA 分别为快速和慢速移动平均线,两者的差值为 DIF（离差值）,是研判行情的基础。

DEA 是 DIF 的平滑移动平均数,一般取 9 日移动平均线。

$$今日 EMA(12) = \frac{2}{12+1} \times 今日收盘价 + \frac{11}{12+1} \times 昨日 EMA(12)$$

$$今日 EMA(26) = \frac{2}{26+1} \times 今日收盘价 + \frac{25}{26+1} \times 昨日 EMA(26)$$

$$DIF = EMA(12) - EMA(26)$$

$$今日 DEA(MACD) = \frac{2}{10} \times 今日 DIF + \frac{8}{10} \times 昨日 DEA$$

理论上,在持续的涨势中,DIF 会越来越大;反之跌势中 DIF 可能变负,其绝对值也越来越大。MACD 是利用正负离差值与离差值的 9 日平均线的交叉信号作为买卖行为的依据。

分析软件上还有个指标叫柱状线（BAR）,柱状线 BAR＝2×（DIF-DEA）。

②MACD 的应用法则

以 DIF 和 DEA 的取值和这两者之间的相对取值对行情进行预测。其应用法则:

a. DIF 和 DEA 均为正值时,属多头市场。DIF 向上突破 DEA 是买入信号。

b. DIF 和 DEA 均为负值时,属空头市场。DIF 向下突破 DEA 是卖出信号。

c. 当 DIF 向下跌破零轴线时,为卖出信号。DIF 上穿零轴线时,为买入信号。

• 顶背离。当股价指数逐波升高,而 DIF 及 MACD 不是同步上升,而是逐波下降,与股价走势形成顶背离。预示股价即将下跌。如果此时出现 DIF 两次由上向下穿过 MACD,形成两次死亡交叉,则股价将大幅下跌。

• 底背离。当股价指数逐波下行,而 DIF 及 MACD 不是同步下降,而是逐波上升,与股价走势形成底背离,预示着股价即将上涨。如果此时出现 DIF 两次由下向上穿过 MACD,形成两次黄金交叉,则股价即将大幅度上涨。

2）超买、超卖型指标

（1）WMS（威廉指标）

威廉指标起源于期货市场，是由拉里·威廉斯（Larry Williams）于1973年首创的。它是通过分析一段时间内股价高低价位与收盘价的关系，来度量股市的超买或超卖状态，并以此作为短期内投资信号的一种技术指标。

①WMS的计算公式。

$$\text{WMS}(N) = \frac{H_N - C_t}{H_N - L_N} \times 100$$

式中　C_t——当天收盘价；

H_N 和 L_N——最近 n 日内（包括当天）的最高价和最低价。

N——时间参数，一般为14日或21日。

WMS的含义：表示当天的收盘价在过去一段时日全部价格范围内所处的相对位置。如果WMS的值较小，则当天的价格就处于相对较高的位置，要当心回落；相反，就要注意反弹。WMS的取值范围是0～100。

WMS参数 n 的选择至少是循环周期的一半，但中国股市的循环周期尚无明确的共识，应多选几个参数尝试。

②应用法则

应用法则应从两方面考虑：

一是WMS的数值大小。

当WMS高于80时，处于超卖状态，行情即将见底，应当考虑买进。

当WMS低于20时，处于超买状态，行情即将见顶，应当考虑卖出。

盘整过程中，WMS的准确性较高；在上升或下降趋势中，不能只以其作为行情判断的依据。

二是WMS曲线的形状。

这里介绍背离原则以及撞顶和撞底次数的原则。

a. 在WMS进入低数值区位后（此时为超买），一般要回头。如果这时股价还继续上升，就会产生背离，是卖出的信号。

b. 在WMS进入高数值区位后（此时为超卖），一般要反弹。如果这时股价还继续下降，就会产生背离，是买进的信号。

c. WMS连续几次撞顶（底），局部形成双重或多重顶（底），则是卖出（买进）的信号。

WMS的顶部数值为0，底部数值为100。

（2）KDJ（随机指标）

KDJ中文名称又叫随机指标，最早起源于期货市场，由乔治·莱恩（George Lane）首创。随机指标最早是以KD指标的形式出现，而KD指标是在威廉指标的基础上发展起来的。不过KD指标只判断股票的超买超卖的现象，在KDJ指标中则融合了移动平均线速度上的观念，形成比较准确的买卖信号依据。在实践中，K线与D线配合J线组成KDJ指标来使用。KDJ指标在设计过程中主要是研究最高价、最低价和收盘价之间的关系，同时也融合了动量观念、强弱指标和移动平均线的一些优点。因此,能够比较迅速、快捷、直观地研判行情,被广泛用于股市的中短期趋势分析,是期货和股票市场上最常用的技术分析工具。

KDJ 的计算公式如下:

$$RSV(N) = \frac{C_t - L_N}{H_N - L_N} \times 100$$

C_t 是当天收盘价,H_N 和 L_N 是最近 N 日内(包括当天)的最高价和最低价。N 是时间参数,一般为 14 日或 21 日。

KDJ 指标是 3 条曲线,在应用时主要从 5 个方面进行考虑:KD 取值的绝对数字;KD 曲线的形态;KD 指标的交叉;KD 指标的背离;J 指标的取值大小。

第一,从 KD 的取值方面考虑。KD 的取值范围都是 0~100,将其划分为几个区域:超买区、超卖区、徘徊区。按一般的划分法,80 以上为超买区,20 以下为超卖区,其余为徘徊区。

根据这种划分,KD 超过 80 就应该考虑卖出,低于 20 就应该考虑买入。这种操作虽然简单但也容易出错,完全按这种方法进行操作很容易招致损失。大多数对 KD 指标了解不深入的人,以为 KD 指标的操作就限于此,故而对 KD 指标的作用产生误解。应该说明的是,上述对 0~100 的划分只是一个应用 KD 指标的初步过程。

第二,从 KD 指标曲线的形态方面考虑。当 KD 指标在较高或较低的位置形成了头肩形和多重顶(底)时,是采取行动的信号。注意,这些形态一定要在较高位置或较低位置出现,位置越高或越低,结论越可靠,越正确。操作时可按形态学方面的原则进行。

对于 KD 的曲线我们也可以画趋势线,以明确 KD 的趋势。在 KD 的曲线图中仍然可以引进支撑线和压力线的概念。某一条支撑线或压力线的被突破,也是采取行动的信号。

第三,从 KD 指标的交叉方面考虑。K 与 D 的关系就如同股价与 MA 的关系一样,也有死亡交叉和黄金交叉的问题,不过这里交叉的应用是很复杂的,还附带很多其他条件。

下面以 K 从下向上与 D 交叉为例进行介绍。

K 上穿 D 是金叉,为买入信号,这是正确的。但是出现了金叉是否应该买入,还要看别的条件:

第一个条件是金叉的位置较低,是在超卖区的位置,越低越好。

第二个条件是与 D 相交的次数。有时在低位,K、D 要来回交叉好几次。交叉的次数以 2 次为最少,越多越好。

第三个条件是交叉点相对于 KD 线低点的位置,这就是常说的"右侧相交"原则。K 是在 D 已经抬头向上时才同 D 相交,比 D 还在下降时与之相交要可靠得多。换句话说,右侧相交比左侧相交好。

满足了上述条件,买入就放心一些。少满足一条,买入的风险就多一些。但是,如果要求每个条件都满足,尽管比较安全,但也会错过很多机会。

对于 K 从上向下穿破 D 的死叉,也有类似的结果,不再赘述。

第四,从 KD 指标的背离方面考虑。简单地说,背离就是走势的不一致。当 KD 处在高位或低位,如果出现与股价走向的背离,则是采取行动的信号。当 KD 处在高位,并形成两个依次向下的峰,而此时股价还在一个劲地上涨,这叫顶背离,是卖出的信号;与之相反,KD

处在低位,并形成一底比一底高,而股价还继续下跌,这构成底背离,是买入信号。

第五,J指标取值超过100和低于0,都属于价格的非正常区域,大于100为超买,小于0为超卖。

(3)RSI(相对强弱指标)

相对强弱指标,以一定时期内股价的变动情况推测价格未来的变动方向,并根据股价涨跌幅度显示市场的强弱。

①RSI的计算公式。

A表示N日之内价格向上的波动总量,B代表向下波动的总量,A+B表示价格总的波动量。RSI实际上是表示向上波动的总量在总的波动量中所占的百分比。如果占的比例大就是强市,否则就是弱市。

a.第一步,计算价差。得到包括当天在内的连续N+1个交易日的收盘价。以每个交易日收盘价减去上一个交易日收盘就得到N个数字。这N个数字中有正也有负。

b.第二步,计算总上升波动A、总下降波动B和总波动(A+B)。A等于N个价差数字中正数之和,B等于n个价差数字中负数之和再乘以(-1)。这样,A和B都是正数。

c.第三步,计算RSI。

$$RSI(N) = \frac{A}{A+B} \times 100$$

式中　A——N日中股价向上波动的大小;

　　　B——N日中股价向下波动的大小;

　　　A+B——股价总的波动大小。

RSI的参数是天数N,一般取5日、9日、14日等。RSI的取值范围介于0~100。

②RSI的应用法则

a.根据RSI取值的大小判断行情。将100分成4个区域,根据RSI的取值落入的区域进行操作,如表7.1所示。

表7.1

RSI值	市场特征	投资操作
80~100	极强	卖出
50~80	强	买入
20~50	弱	卖出
0~20	极弱	买入
RSI值	市场特征	投资操作

"极强"与"强"的分界线和"极弱"与"弱"的分界线是不明确的,它们实际上是一个区域。比如,也可以取30,70或者15,85。应说明的是,分界线位置的确定与RSI的参数和选择的股票有关。一般而言,参数越大,分界线离50越近;股票越活跃,RSI所能达到的高度越高,分界线离50应该越远。

b.两条或多条 RSI 曲线的联合使用。我们称参数小的 RSI 为短期 RSI,参数大的 RSI 为长期 RSI。两条或多条 RSI 曲线的联合使用法则与两条均线的使用法则相同。即:短期 RSI 大于长期 RSI,应属多头市场;短期 RSI 小于长期 RSI,则属空头市场。

c.从 RSI 的曲线形状判断行情。当 RSI 在较高或较低的位置形成头肩形和多重顶(底),是采取行动的信号。这些形态一定要出现在较高位置和较低位置,离 50 越远,结论越可靠。

d.从 RSI 与股价的背离方面判断行情。RSI 处于高位,并形成一峰比一峰低的两个峰,而此时,股价却对应的是一峰比一峰高,为顶背离,是比较强烈的卖出信号。与此相反的是底背离:RSI 在低位形成两个底部抬高的谷底,而股价还在下降,是可以买入的信号。

(4)BIAS(乖离率指标)

BIAS 是测算股价与移动平均线偏离程度的指标。其基本原理是:如果股价偏离移动平均线太远,不管是在移动平均线上方或下方,都有向平均线回归的要求。

①BIAS 的计算公式。

$$\text{BIAS}(N) = \frac{C_t - \text{MA}(N)}{\text{MA}(N)} \times 100\%$$

C_t——当天收盘价,MA(N)——N 的移动平均数;N——BIAS 的参数。

分子为股价(收盘价)与移动平均价的绝对距离,可正可负,除以分母后,就是相对距离。

②BIAS 的应用法则。

a.从 BIAS 的取值大小和正负考虑。一般来说,正的乖离率越大,表示短期多头的获利越大,获利回吐的可能性越高;负的乖离率越大,则空头回补的可能性也越高。

对于综合指数:BIAS(10)>30% 为抛出时机,BIAS(10)<-10% 为买入时机;

对于个股:BIAS(10)>35% 为抛出时机,BIAS(10)<-15% 为买入时机,如表 7.2 所示。

表 7.2

	买入信号(%)	卖出信号(%)
5 日	-3	3.5
10 日	-4	5
20 日	-7	8
60 日	-10	10

b.从 BIAS 的曲线形状方面考虑。形态学和切线理论在 BIAS 也可以适用,主要是顶背离和底背离的原理。

③从两条 BIAS 线结合方面考虑。当短期 BIAS 在高位下穿长期 BIAS 时,是卖出信号;在低位,短期 BIAS 上穿长期 BIAS 时是买入信号。

3)人气型指标

(1)PSY(心理线指标)

PSY 是将一定时期内投资者看多或看空的心理事实转化为数值,来研判股价未来走势

的技术指标,其计算公式如下:

$$PSY(N) = \frac{A}{N} \times 100$$

式中　N——天数,是 PSY 的参数,A——N 天之中股价上涨的天数,以收盘价为准。在实际
　　　应用中,N 一般为 12 日,若其中 3 天上涨,9 天下跌,则 PSY 为 25。

PSY 的取值范围是 0~100,以 50 为中心,50 以上是多方市场,50 以下是空方市场。

(2)PSY 的应用法则

①PSY(N)的取值在 25~75,说明多空双方基本处于平衡状态。如果 PSY(N)的取值超
出了这个平衡状态,则是超卖或超买。

②PSY 的取值过高或过低,都是行动的信号。一般来说,如果 PSY(N)<10 或 PSY(N)>
90 这两种极端情况的出现,是强烈的买入和卖出信号。

③PSY(N)的取值第一次进入采取行动的区域时,往往容易出错。一般都要求 PSY(N)
进入高位或低位两次以上才能采取行动。

④PSY 的曲线如果在低位或高位出现大的 W 底或 M 头,也是买入或卖出的行动信号。

⑤PSY 线一般可同股价曲线配合使用,这时,前面讲到的背离原则在 PSY 中也同样
适用。

(3)OBV(能量潮指标)

①OBV,即"平衡交易量",人们更多地称其为能量潮,它是葛兰威尔在 20 世纪 60 年代
提出来的。该指标的理论基础是市场价格的有效变动必须有成交量配合,量是价的先行指
标。利用 OBV 可以验证当前股价走势的可靠性,并可以得到趋势可能反转的信号。比起单
独使用成交量来,OBV 看得更清楚。

②计算公式。

假设已经知道了上一个交易日的 OBV,则:今日 OBV=昨日 OBV+sgn×今天的成交量

其中　sgn——符号函数,其数值由下式决定:

　　　sgn=+1,今日收盘价≥昨日收盘价,成交量计入多方

　　　sgn=-1,今日收盘价<昨日收盘价,成交量计入空方

成交量指的是成交股票的手数,不是成交金额。

初始值可自行确定,一般用第一日的成交量代替。

③OBV 的应用法则和注意事项:

a. OBV 不能单独使用,必须与股价曲线结合使用才能发挥作用。

b. OBV 曲线的变化对当前股价变化趋势的确认。

当股价上升(下降),而 OBV 也相应上升(下降)则可确认当前的上升(下降)趋势。

当股价上升(下降),但 OBV 并未相应上升(下降),出现背离现象,则对目前上升(下
降)趋势的认定程度要大打折扣。OBV 可以提前告诉我们趋势的后劲不足,有反转的可能。

c. 形态学和切线理论的内容也同样适用于 OBV 曲线。

d. 在股价进入盘整区后,OBV 曲线会率先显露出脱离盘整的信号,向上或向下突破,且
成功率较大。

OBV 线是预测股市短期波动的重要判断指标,能帮助投资者确定股市突破盘局后的发展方向;而且 OBV 的走势可以局部显示出市场内部主要资金的流向,有利于告示投资者市场内的多空倾向。提示:OBV 不能单独使用,必须与价格曲线结合使用才能发挥作用。

4)大势型指标

大势型指标只能判断市场的整体形势,而不能应用于个股。

(1)ADL(腾落指数)

计算每天股票上涨家数和下降家数的累积结果,与综合指数相互对比,对大势的未来进行预测。

①ADL 的计算公式。

假设上一个交易日的 ADL 值已知,则今天的 ADL 值为:

$$今日 ADL = 昨日 ADL + NA - ND$$

其中,NA 为当天所有股票中上涨的家数,ND 为当天下跌的股票家数。涨跌的判断标准是以今日收盘价与上一日收盘价相比较(无涨跌者不计), ADL 的初始值可取为 0。

②ADL 的应用法则。

a. ADL 的应用重在相对走势,并不看重取值的大小。

b. ADL 不能单独使用,要同股价曲线联合使用。

• ADL 与股价同步上升(下降),创新高(低),则可以验证大势的上升(下降)趋势,短期内反转的可能性不大,这是一致的现象。

• ADL 连续上涨(下跌)了很长时间(一般是 3 天),而指数却向相反方向下跌(上升)了很长时间,这是买进(卖出)信号,至少有反弹存在,这是背离的一种现象。

• 在指数进入高位(低位)时,ADL 并没有同步行动,而是开始走平或下降(上升),这是趋势进入尾声的信号。这也是背离现象。

• ADL 保持上升(下降)趋势,指数却在中途发生转折,但很快又恢复原有的趋势,并创新高(低),这是买进(卖出)信号,是后市多方(空方)力量强盛的标志。

③形态学和切线理论的内容也可以用于 ADL 曲线。

④经验证明,ADL 对多头市场的应用比对空头市场的应用效果好。

(2)ADR(涨跌比指标)

ADR 即上升下降比,是根据股票的上涨家数和下跌家数的比值,推断证券市场多空双方力量的对比,进而判断出证券市场的实际情况。

其计算公式:

$$ADR(N) = \frac{P_1}{P_2}$$

式中　$P_1 = \sum N_A$,为 N 日内股票上涨家数之和;$P_2 = \sum N_D$,为 N 日内股票下跌家数之和。 N——选择的天数,是 ADR 的参数。目前,N 比较常用的参数为 10。ADR 的取值不小于 0。

ADR 的图形以 1 为中心上下波动,波动幅度取决于参数的选择。

ADR 的应用法则:

①从 ADR 的取值看大势。ADR 在 0.5~1.5 是常态情况,超过了 ADR 常态状况的上下限,就是采取行动的信号,表示上涨或下跌的势头过于强烈,股价将有回头的可能。

②ADR 可与综合指数配合使用,其应用法则与 ADL 相同,也有一致与背离两种情况。

③从 ADR 曲线的形态上看大势。

④在大势短期回档或反弹方面,ADR 有先行示警作用。若股价指数与 ADR 成背离现象,则大势即将反转。

(3)OBOS(超买超卖指标)

OBOS 是运用上涨和下跌的股票家数的差距对大势进行分析的指标。

其计算公式为:

$$OBOS(N) = \sum N_A - \sum N_D$$

其中的 $\sum N_A$——N 日内每天上涨的股票家数之和,$\sum N_D$——N 日内每天下跌的股票家数之和。参数 N 一般选 10。

OBOS 的应用法则:

①根据 OBOS 的数值判断行情。当 OBOS 的取值在 0 附近变化时,市场处于盘整时期;当 OBOS 为正数时,市场处于上涨行情;当 OBOS 为负数时,市场处于下跌的行情。当 OBOS 达到一定正数值时,大势处于超买阶段,可择机卖出;反之,当 OBOS 达到一定负数时,大势超卖,可伺机买进。

②当 OBOS 的走势与指数背离时,是采取行动的信号,大势可能反转。

③形态理论和切线理论中的结论也可用于 OBOS 曲线。

④当 OBOS 曲线第一次进入发出信号的区域时,应该特别注意是否出现错误。

⑤OBOS 比 ADR 的计算简单,意义直观易懂,所以使用 OBOS 的时候较多,使用 ADR 的时候较少,但放弃 ADR 是不对的。

案例解析篇

第8章 宏观经济分析案例

8.1 基于宏观经济变量的中国股市波动实证分析

8.1.1 中国流通股票总市值的计量模型

1)中国流通股票市值计量模型的建立

(1)流通股票总市值(CSV)

流通股票总市值是上海和深圳证券交易所全部上市公司流通股票市值的总和。我们把它作为因变量,分析各宏观经济变量的变化对它的影响情况。

(2)狭义的货币供给量(M_1)

狭义的货币供给量与流通股票总市值在理论上正相关。一般来说,货币供给量增加,市场流动性增强,流入股市的资金越多,股票价格上涨,流通股票总市值增加;反之,则减少。

(3)每月股票总成交金额(TSV)

成交量对股票的影响是复杂的。一般情况下,当股票上涨时,如果成交量有效放大,预期股票继续上涨的动力就越强;反之,则弱。当股票下跌时,如果成交量有效放大,预期股票继续下跌的动力就越强;反之,则弱。但是,如果在股市趋势反转时也可能出现与前面相反的情况。

(4)国内生产总值增长率(GDPR)

国内生产总值增长率它反映国内经济总量增长的速度,是经济运行环境的重要指标,并在一定程度上能反映上市公司总体业绩水平。

(5)居民消费价格指数(CPI)

居民消费价格指数与通货膨胀预期密切相关,且呈正相关。它的变动会引起其他因素的变化,如实际利率水平,央行是否采取货币政策措施等。所以,它不是简单直接影响股票市场,而是一个综合性的影响因素。

(6)利率(R)

一般来说,利率越高,人们持有货币的机会成本越大,投机性货币需求就越少,实际利率变动对股票市值影响是反方向的。

（7）随机因素（U）

随机因素包括未考虑到的影响流通股票总市值的其他因素。

综上所述，我国流通股票总市值计量模型的基本形式为：

$$CSV_t = f(M_{1t}, TSV_t, GDPR_t, CPI_t, R_t, U_t)$$

式中　CSV_t——流通股票总市值；

M_{1t}——狭义的货币供给量；

$GDPR_t$——国内生产总值增长率；

CPI_t——居民消费价格指数；

R_t——央行公布的一年期存款基准利率；

U_t——随机变量。

2）对回归分析数据的简要解释

回归分析的数据选取是从中国国家统计局、中国人民银行和中国证券监督管理委员会官方网站上获得，数据具有准确性、权威性（表8.1）。

①流通股票总市值（CSV）是沪深流通股票市值总和。它的变动基本能反映中国股票市场波动情况。

②狭义的货币供给量（M_1）是由中国人民银行定期公布的 M_1。目前我国已经实行"银证通"结算方式，我们主要研究 M_1 的变化对流通股票总市值的影响。

③每月股票总成交量（TSV）数据来源于中国证券监督管理委员会统计月报。它的变动与股市波动有密切联系。

④国内生产总值增长率（GDPR）数据来源于国家统计局公布的季度数据并修正所得，是衡量国家经济增长的最重要的指标。

⑤居民消费价格指数（CPI）。它能反映通货膨胀的变化情况，由中国国家统计局网站获得，并以上年同月为基期，基期值为100。

⑥利率（R）。我们采用一年期存款基准利率，由中国人民银行网站获得，既可采用短期利率，也可采用长期利率，由于目前我国利率结构较为合理，采用何种利率差别不大。

表8.1　回归分析数据表

日期	CSV	M_1	TSV	GDPR	CPI	R
2005.1	11 067.77	97 079.03	1 740.73	10.5	101.9	2.25
2005.2	12 161.18	92 814.95	1 984.27	10.5	103.9	2.25
2005.3	10 996.52	94 743.19	2 977.30	10.5	102.7	2.25
2005.4	10 658.99	94 593.72	2 964.56	10.5	101.8	2.25
2005.5	9 989.17	95 802.01	1 457.74	10.5	101.8	2.25
2005.6	10 004.21	98 601.25	3 086.10	10.5	101.6	2.25
2005.7	9 814.85	97 674.1	2 176.59	10.2	101.8	2.25
2005.8	10 633.67	99 377.7	4 641.27	10.2	101.3	2.25

续表

日期	CSV	M_1	TSV	GDPR	CPI	R
2005. 9	10 692. 76	100 964	4 078. 22	10. 2	100. 9	2. 25
2005. 10	10 132. 09	101 751. 98	2 061. 20	10. 4	101. 2	2. 25
2005. 11	10 135. 70	104 125. 78	2 229. 10	10. 4	101. 3	2. 25
2005. 12	10 630. 52	107 278. 57	2 266. 06	10. 4	101. 6	2. 25
2006. 1	11 753. 75	107 250. 68	3 561. 05	10. 4	101. 9	2. 25
2006. 2	12 199. 52	104 357. 08	3 641. 96	10. 4	100. 9	2. 25
2006. 3	12 434. 27	106 737. 08	3 991. 18	10. 4	100. 8	2. 25
2006. 4	13 635. 17	106 389. 11	7 157. 85	11. 6	101. 2	2. 25
2006. 5	16 162. 83	109 219. 22	10 727. 61	11. 6	101. 4	2. 25
2006. 6	16 749. 07	112 342. 36	8 993. 55	11. 6	101. 5	2. 25
2006. 7	16 007. 41	112 653. 04	8 095. 25	10. 2	101. 0	2. 25
2006. 8	17 020. 92	114 845. 67	5 449. 35	10. 2	101. 3	2. 52
2006. 9	17 994. 37	116 814. 1	6 598. 02	10. 2	101. 5	2. 52
2006. 10	18 886. 24	118 359. 96	6 643. 81	10. 7	101. 4	2. 52
2006. 11	21 488. 91	121 644. 95	10 279. 56	10. 7	101. 9	2. 52
2006. 12	25 003. 64	126 028. 05	15 329. 47	10. 7	102. 8	2. 52
2007. 1	30 407. 68	128 484. 06	25 560. 35	11. 1	102. 2	2. 52
2007. 2	34 036. 09	126 258. 08	17 455. 61	11. 1	102. 7	2. 52
2007. 3	38 972. 49	127 881. 31	32 016. 42	11. 1	103. 3	2. 79
2007. 4	52 134. 96	127 678. 33	49 122. 64	11. 9	103. 0	2. 79
2007. 5	59 397. 86	130 275. 80	58 944. 93	11. 9	103. 4	3. 06
2007. 6	55 572. 81	135 847. 40	54 080. 03	11. 9	104. 4	3. 06
2007. 7	67 382. 75	136 237. 43	33 055. 86	11. 5	105. 6	3. 33
2007. 8	79 336. 24	140 993. 21	54 644. 32	11. 5	106. 5	3. 60
2007. 9	85 555. 73	142 591. 57	46 288. 16	11. 5	106. 2	3. 87
2007. 10	89 141. 56	144 649. 33	35 138. 90	11. 1	106. 5	3. 87
2007. 11	78 522. 63	148 009. 82	25 179. 08	11. 1	106. 9	3. 87
2007. 12	93 064. 35	152 519. 17	29 069. 92	11. 1	106. 5	4. 14

注:M_1 为名义的狭义货币供给量;GDPR 为名义的国内生产总值增长率;R 为名义利率;CSV、M_1、TSV 单位为:亿元人民币;CPI、R 为百分比。

8.1.2 中国流通股票市值模型的回归分析

对我国流通股票总市值计量模型中的所有变量取对数,再利用线性回归方程来进行估计,并假设我国股票市值计量模型如下:

$$\ln CVS_t = a_1 + a_2 \ln M_{1t} + a_3 \ln TSV_t + a_4 \ln GDPR_t + a_5 \ln CPI_t + a_6 \ln R_t$$

式中,各变量含义如前,a_j 为截距,回归系数 $j = 1,2,3,4,5,6$。

我们按以上的回归方程,根据所查数据,利用 Eviews 软件进行回归分析,并按如下步骤进行:第一步,根据假设的流通股票总市值模型进行回归分析,得出各个变量的回归系数;第二步,将系数不显著的变量剔除,再进行第二次回归,得出与股票市值关系最为显著的变量所构成回归方程。第一步结果表明,在方程回归中,GDPR 对 CVS 的统计不显著。因此,在第二步回归分析时剔除 GDPR,回归结果如下:

$$\ln(CVS) = -44.112\,93 + 0.999\,407 \ln(M_1) + 0.277\,818 \ln(TSV) + 8.397\,819 \ln(CPI) +$$
$$1.101\,064 \ln(R)$$

Prob.	0.002 1	0.010 3	0.000 0	0.001 5	0.002 5
Std. Error	13.157 81	0.369 401	0.030 191	2.415 708	0.335 257
t-Statistic	−3.352 605	2.733 560	9.202 018	3.476 339	3.284 233

$F = 782.612$;$R = 0.990\,194$;$AR = 0.988\,929$;$DW = 1.843\,195$

对模型的回归结果,做如下解释:

(1)关于回归结果的总体检验

①方程回归分析中判定系数 R-squared 和判定系数后的 Adjusted R-squared 的值接近 1,表明各方程的拟合优度很高。

②方程回归分析都通过了显著水平为 1% 的 F 检验(各方程的 F 值远远大于查阅统计颁布表的值 4.02),表明各方程在整体上都是高度显著的。

③方程回归分析的 DW 值为 1.843 195,落在 1.513,2.487 区间,并且在 2 的附近,通过了 1% 的 DW 检验,再观察方程的残差图,我们发现,残差的分布是随机的,因此可以确定方程不存在一阶自相关问题。

④方程的截距和回归系数都通过了显著水平为 1% 的 T 统计检验,T 的绝对值均大于查表得出的值 2.457,而且标准差都很小。因此,方程中的截距和回归系数都是显著的,且稳定性好。

(2)对各回归方程的分析

①在回归方程中,M_1 的回归系数与理论预期一致,正相关。即随着 M_1 的增加,金融市场流动性增加,流入股票市场的资金越多,股价上升,股票流通市值增加。

②在回归方程中,TSV 与 CSV 正相关。即沪深股市的月总交易量与股票市值是同向变动关系,说明 CSV 的增加伴随着股票交易量的推动。

③在回归方程中,CPI 与 CSV 正相关。即 CPI 上升,股票市值的增长。对这一现象的解

释是:由于 CPI 的上升,实际利率相对下降,人们把资金投入股市的偏好增加,银行储蓄相对减少。

④在回归方程中,利率 R 与 CSV 都是正相关,与理论预期不一致。我们对中国股市长期观测中发现,央行宣布加息当天,大盘指数多数情况是上涨的,其原因:当有加息利空信息时,股市就会有下跌动因的提前反映,每当加息公布后,对股市的利空已经释放,在牛市基础没有发生根本性改变时,小幅加息后,并没有改变实际利率为负的局面,股市仍将向上。

⑤在回归方程中,GDP 增长率不能反映在 CSV 中,主要原因是在 2005 年至 2007 年这三年中 GDP 的增长率之间的差额并没有大的变化,而流通股票总市值增长了 8.41 倍。这一事实表明:近几年我国股市的牛市基础是持续健康的经济增长和其他偏好的宏观经济指标,以及上市公司业绩的持续增长或超预期增长,而非经济增长率一年比一年的增加。

8.1.3 回归分析结论及政策调控的建议

1)回归分析的结论

回归分析得出,中国股票市场的波动与宏观经济变量有紧密联系,变量的变动对股市趋势影响是正向时,股市的惯性增加,逆着股市趋势时,股市的惯性减少,甚至反转。所以,管理层可以通过调节宏观经济变量来增加或减弱股市的波幅,即在股市出现明显泡沫时,可以适当减少货币供给量,稳定物价,或者提高实际利率水平,减弱股市趋势向上的惯性,使股市趋势反转;同样,在股市持续低迷时,也可以适当采取相反的措施,实施管理层或政策"救市",稳定市场和人心,这有利于我国股市长期健康发展。

①狭义的货币供给 M_1 与流通股票总市值成正向关系。货币供给增加导致股票总市值增加,货币供给减少会引起股票总市值减少。从回归方程可以看出,在其他变量不变时,M_1 变动一个单位,会引起股票总市值变动 0.999 407 个单位。表明央行可以通过调控货币供给量影响股市。

②每月股票总成交总金额与流通股票总市值成正向关系,对股票总市值影响的弹性是 0.277 818。成交量的变化对股市的影响是复杂的,从回归方程来看,我国股票上涨伴随着成交量的放大,股票总市值也增加。

③CPI 在回归方程中的弹性是 8.397 819,CPI 的变动代表了居民消费物价的变动,CPI 增加越快,货币购买力下降越快。目前人们投资渠道比较少,在实际利率为负的情况下,有更多的人偏好股票投资,边际储蓄下降。

④利率的变化与股票总市值成正向关系,结论与理论不一致,其原因是,我国利率调整的重要依据是 CPI 的变动,一般来说,利率的调整是在 CPI 公布之后,而 CPI 公布之前人们对它有一个预测,在股市中会提前反映出来,当利率公布调整时,股票市场的利空信息已经前提释放;方程使用的是名义利率,央行每次加息后实际利率还仍为负,所以人们偏好股票投资,部分资金可能就流入到股市。

⑤近几年,我国经济增长率一直处于高位。股市的变化主要是看经济增长率的绝对值,而不是看每年增长率的增加。

2) 政策调控的建议

央行货币政策的变化,会使股票投资的未来收益率和未来分红的折现率发生改变,影响股票的当前价格,货币供应量或者基准利率的变动,也会促使投资者对股票的价值进行重新估值。所以,货币政策的改变引起投资者金融资产进行调整,从而对股市运行趋势产生影响;同样,上市公司资金成本将引起变动,投资支出也将有所变动。最终,实体经济和虚拟经济都受到影响。印花税的变化直接影响股票投资者成本,从而影响投资者投资的决策行为和参与的热情。印花税的抽取会影响股市资金量。如果所有上市公司分红总额小于股市交易的印花税与佣金的总和,股市就是负和游戏。如果没有外围资金流入,而是一味地抽走,股票市值就会缩水,股市只能跟随下跌。印花税作为调节股票的财政税收政策,在调节非理性的股市波动时,应具有一定的灵活性。

(1) 利率是货币政策调控的重要手段

从 2004 年 10 月 29 日至今,我国已有 8 次将一年期基准存款利率提高 0.27 个点,从 1.98% 提高到了 4.14%,但并没有使我们的实际利率变为正,也没有达到抑制经济偏热的效果。在我国股票市场中,提高利率,并没有使股市向下,每当利率小幅提高的信息公布后,股市反而选择向上攻。其原因是,虽然中央银行连续加息,但是近期 CPI 的增长更快,并没有改变负利率的事实,小幅度提高利率并不能对我国股票市场产生明显的负面影响;利率并非影响现实中人们投资行为的关键变量,对现实经济的认知模式比利率更重要。政策建议:①我国要进一步推进利率市场化改革,提高利率杠杆的作用,增大利率变动对投资需求的弹性,充分发挥利率工具的政策效应;②疏通货币政策的利率传导渠道、金融资产价格传导渠道,提高货币政策工具的市场化程度,提高利率传导机制的成熟程度和传递速度,提高存贷期限的灵活性及利率水平的指数化程度,适度提高国际资本的流动性。

(2) 法定存款准备金率是央行操纵货币供应的三大政策工具之一

2007 年央行连续十次调高法定存款准备金率,2008 年 4 月 16 日央行宣布,决定从 2008 年 4 月 25 日起,再次上调存款类金融机构人民币存款准备金率 0.5 个百分点,一般商业银行存款准备金率上调至 16%。央行较为频繁地使用这一政策工具,其主要目的是解决目前我国商业银行流动性过剩问题。在一定程度上阻止了资金流入股市,对抑制股市泡沫发挥了积极的作用。

(3) 股市中的印花税是专门针对股票交易而言的一种税收政策

从 2007 年 5 月 30 日起,印花税由 1‰ 调至 3‰,上证综合股指数连续下跌 900 多点。2006 年我国股票交易印花税收入是 180.81 亿元,2007 年高达 2 062 亿元,比 2006 年增长了 10.4 倍。世界主要股市印花税当属中国最高,中国香港股市交易印花税为 1‰,英国单向征收为 5‰,而美国、日本、德国、新加坡等国家的股票交易则是免收印花税。2007 年全年印花税总额加上证券公司收取的佣金超过 3 000 多亿元,远远大于上市公司 1 800 多亿元分红的利润。从这个意义上说,中国股票交易是负和游戏。印花税的征收大幅增加会造成:一是投资者的成本增加,影响投资者的收入水平和参与的积极性;二是更多的资金不能重新投入资本市场中,对投资者和中国股市的长期发展不利。所以,在股市持续非理性杀跌,人气低迷时,管理层应该考虑降低印花税率,以便稳定市场,稳定人气,防止股市出现崩盘。同时,当股市出现非理性的上涨,股市出现泡沫时,印花税也可根据具体情况适当地调高。

总之,随着中国股票市场规模的迅速扩大,财政货币政策应该积极关注股票价格的变化,在调控股市波动时,应该增强它的灵活性。在抑制股票泡沫膨胀时,央行要有选择地采取结构性货币政策工具,适当地对股票市场进行信用控制、加强监管、减少违规资金进入股市,或者由管理当局发布预警提示等,适当增加公众对股票投资的风险预期。以便达到挤出股票市场中过多的泡沫资金,防止泡沫的进一步膨胀和泡沫破灭后的经济产生严重后果。在防止股票深度下跌或崩盘时,管理层也应该根据当前股市的特点,及时采取一些积极的财政货币政策,以促进中国股市长期健康发展。印花税在调节股市时具有针对性强、效果明显等特点,在防止股市的大起大落时应该具有一定的灵活性。

8.2 美联储加息对股市的影响

【案例知识点】宏观经济政策对股市的影响分析

【案例类型】运用案例

【案例来源】职大学报

【案例时间】2015 年 12 月

【案例内容】

2015 年 12 月 16 日,美国联邦储备局宣布加息,给全球经济带来了较大的冲击,全球股市一阵躁动。目前,全世界又都把目光聚焦在美国联邦储备局(美联储)6 月的议息会议。我国股市在底部徘徊,美国及其他新兴国家的股市都随着鹰派、鸽派言论忽冷忽热。

2008 年金融危机爆发后,美国政府为了应对危机,在名义利率不断下降,而长期实际利率却高起不下的情况,开始利用数量型的货币政策工具调控经济。美联储从 2008 年 9 月就开始推出了具有实质意义的量化宽松货币政策。2009 年 3 月 18 日,美联储宣布在维持 0 ~ 0.25% 的联邦基金利率的基础上,启动量化宽松货币政策,即购买 2 ~ 10 年期的美国国债 3 000 亿美元、机构债券 1 000 亿美元和抵押贷款支持债券 12 500 亿美元。2010 年 11 月 4 日,美联储又开启了第二轮量化宽松货币政策,宣布 2011 年第二季度结束前将购买美国财政部长期国债 6 000 亿美元。2012 年 9 月 14 日,美联储第三次实施了量化宽松货币政策。2012 年 12 月 13 日,美联储又推出了第四轮量化宽松货币政策,宣布每月购买 450 亿美元的国债来替代之前的扭转操作。

何为量化宽松?这里引用百度百科的定义是:量化宽松主要是指中央银行在实行零利率或近似零利率政策后,通过购买国债等中长期债券,增加基础货币供给,向市场注入大量流动性资金的干预方式,以鼓励开支和借贷,也被简化地形容为间接增印钞票。量化指的是扩大一定数量的货币发行,银行的钱币便被成功地投入私有银行体系。量化宽松政策所涉及的政府债券,不仅金额庞大,而且周期也较长。一般来说,只有在利率等常规工具不再有效的情况下,货币当局才会采取这种极端做法。在经济发展正常的情况下,央行通过公开市场业务操作,一般通过购买市场的短期证券对利率进行微调,从而将利率调节至既定目标利率;而量化宽松则不然,其调控目标即锁定为长期的低利率,各国央行持续向银行系统注入流动性,向市场投放大量货币。即量化宽松下,中央银行对经济体实施的货币政策并非是微调,而是开了一剂猛药。既然是一剂猛药,随着美国经济渐趋复苏,美联储开始慢慢收缩刺激性政策,月度购债规模从 850 亿美元减少到 150 亿美元,最后在 2014 年 10 月 30 日宣布将购债规模从 11 月 1 日开始降低为零,这意味着美联储不再扩大创造基础货币,其资产负债表规模可能因持有的资产到期而开始缩减,也可能会采取扭曲操作来维持现有的规模,应该说,这是美联储转向退出实施已达 6 年之久的量化宽松货币政策(Quantitative Easing,QE)的重要标志。

退出 QE,升息就已成未来不变之预期,那么对投资人来讲,美联储升息后对股市的影响究竟如何?未来市场又应如何布局,势必成为聚焦之所在。究竟股市会涨会跌?经过统计大致可得以下结论:降息(统计至 2014 年 5 月 30 日):4 次中共有 3 次上涨,概率达 75%;升息:3 次中共有 2 次上涨,概率达 66.67%。涨跌:降息区间涨跌分别为,涨 12.65%,涨 92.25%,跌 16.52%,涨 22.46%,平均涨 27.71%;升息区间涨跌分别为,涨 0.57%,跌 1.03%,涨 7.42%,平均涨 2.32%。也就是说,无论是升息还是降息,均有利指数上涨,但降息一则概率较大,二则幅度较大。

【案例问题】

(1)根据案例分析,美国为什么推行量化宽松政策?

(2)根据案例分析,什么是量化宽松政策?

(3)根据案例分析,为什么退出量化宽松意味着加息?

(4)根据案例分析,加息对美国股市有什么影响?

(5)根据案例分析,加息对其他国家的股市有什么影响?

【案例分析】

(1)2008 年金融危机爆发后,美国政府为了应对危机,在名义利率不断下降,而长期实际利率却高起不下的情况,开始利用数量型的货币政策工具调控经济。使用量化宽松政策主要是为了刺激经济增长,在金融危机的大背景下其他的市场工具产生的效果不如量化宽松政策。

(2)量化宽松主要是指中央银行在实行零利率或近似零利率政策后,通过购买国债等中长期债券,增加基础货币供给,向市场注入大量流动性资金的干预方式,以鼓励开支和借贷,也被简化地形容为间接增印钞票。

(3)退出量化宽松意味着货币投放数量的减少,货币作为一种特殊的商品也受价格规律的约束,利息是反映货币价格的,当货币供不应求的时候利息自然就会上升。

(4)由历史数据可以看到,加息对美国股市的影响不大,但相较于降息而言,降息会使美国股市更大概率和更大幅度的上涨。

（5）美国的金融市场在全球起着主导作用，当美国加息时势必会引起国际资金流向美国，对全球其他国家的股市产生影响，股票市场会下跌。

8.3　人民币汇率变动对股市的影响

【案例知识点】人民币汇率变动对股市的影响

【案例类型】运用案例

【案例来源】金融论坛

【案例时间】2015 年 6 月

【案例内容】

2015 年 6 月开始上证综指在不到 20 个交易日内下跌了 35%。8 月 11 日，为了推进人民币国际化和汇率市场化，央行宣布完善人民币汇率中间价报价系统，人民币汇率结束近 10 年来相对美元的持续升值趋势，3 天内贬值了近 4%。这一时期人民币汇率的波动对股市产生了一定程度的冲击，上证综指又经历了短期的波动后趋稳。汇率对股票市场是否存在冲击效应，以及近年来这种冲击效应是否出现结构性变化等问题，值得深入研究。

国外对股票市场价格与汇率之间关系的研究主要有两类模型。一类模型是汇率的流量导向模型，由多恩布什和费希尔提出，重点在于经常项目账户均衡或者贸易均衡。进一步来说，股票价格可以被理解为公司未来现金流的现值，所以股票价格对汇率变动作出反应。另一类模型是布朗森和弗兰克尔提出的汇率的股票导向模型（stock-oriented），假设股票市场的创新通过影响财富和流动性来影响总需求，从而影响货币需求。股票价格的降低引起国内投资者财富的降低，导致对货币更低需求和更低利率，低利率抑制资本流动，带来货币贬值。因此，汇率变化可能受到股票价格变动的影响。在汇率升值预期下，大量国外热钱涌入国内进行投机套汇，将对资本市场产生推动作用。

2005 年以来，中国股市发展大致经历以下几个阶段。第一阶段，随着股权分置改革序幕的逐渐拉开和股票市场基础制度的逐步改善，2006 年开始证券市场进入新一轮牛市，沪、深两市全年涨幅居全球第一。第二阶段，股市短时间的快速上涨积累了大量的泡沫，加上美国次贷危机向全球的扩散，股指从 2007 年年末开始下跌，2008 年 10 月 28 日上证综指创出了 1 665 点的新低，一年内暴跌超过了 70%。第三阶段，随着适度宽松货币政策的实施和中国经济的率先复苏，2009 年中国股市涨幅达到 80%，位居全球股市涨幅榜第七位。第四阶段，股市在 2010—2014 年陷入长达数年的低迷和调整。第五阶段，2014 年下半年开始，由于杠杆资金的涌入和杠杆资金的断裂，上证综指在 2015 年 6 月达到 5 178 点随后跌至 2 851点。2005—2008 年中期，人民币升值幅度较快。2008 年国际金融危机发生后，受制于国内外需求的普遍下滑并为了挽救低迷的出口，人民币升值的进程中断。2010 年中后期，人民币升值进程重启，不过升值的速度比 2005—2008 年时期有一定程度的放缓，表明人民币汇率可能已接近均衡的汇率水平。总的来看,从 2005 年 7 月汇率改革到 2015 年 7 月,人民币兑美元的汇率从 8. 22 升值到 6. 12。而在 2015 年 8 月,这一升值进程有所变化,为了人民币国际化和汇率市场化,央行完善了人民币汇率中间价报价体系,人民币兑美元的汇率在 3 天之内由 6. 12 快速贬值到 6. 40,不仅波动幅度较大,而且从单边升值演变到双向调整。

从时间演进的角度来看,汇率对中国股市的影响呈渐进增强特征,尤其是在 2013 年之后汇率冲击对中国股市的影响显著提升。一方面,近年来中国汇率市场化进程不断加快,汇率波动区间加大,近一段时间更是体现了双向性,因此汇率对国内包括股市在内的经济各方面的影响理应加深。另一方面,这也和中国金融市场融入全球的趋势相吻合,随着国内资本可以在全球进行配置,以及国际资本可以更加自由地进出中国,汇率对股票市场的影响程度也会相应加强。这两方面的影响,使得汇率可能成为影响股票市场的重要基本面因素。

【案例问题】

(1)根据案例分析,汇率变动怎样影响股票市场的价格?

(2)根据案例分析,中国股市价格的变动经历了哪几个阶段?

(3)根据案例分析,汇率为什么成为影响股市的因素?

【案例分析】

(1)汇率变动影响经常性账户和贸易账户的均衡,而股票价格是未来现金流的反映,因此汇率变动会影响股票价格。假设股票市场的创新通过影响财富和流动性来影响总需求,从而影响货币需求。股票价格的降低引起国内投资者财富的降低,导致对货币更低需求和更低利率,低利率抑制资本流动,带来货币贬值。在汇率升值预期下,大量国外热钱涌入国内进行投机套汇,将对资本市场产生推动作用。

(2)第一阶段,随着股权分置改革序幕的逐渐拉开和股票市场基础制度的逐步改善,2006 年开始证券市场进入新一轮牛市,沪、深两市全年涨幅居全球第一。第二阶段,股市短时间的快速上涨积累了大量的泡沫,加上美国次贷危机向全球的扩散,股指从 2007 年年末开始下跌,2008 年 10 月 28 日上证综指创出了 1 665 点的新低,一年内暴跌超过 70%。第三阶段,随着适度宽松货币政策的实施和中国经济的率先复苏,2009 年中国股市涨幅达到 80%,位居全球股市涨幅榜第七位。第四阶段,股市在 2010—2014 年陷入长达数年的低迷和调整。第五阶段,2014 年下半年开始,由于杠杆资金的涌入和杠杆资金的断裂,上证综指在 2015 年 6 月达到 5 178 点随后跌至 2 851 点。2005—2008 年中期,人民币升值幅度较快。

(3)近年来中国汇率市场化进程不断加快,汇率波动区间加大,近一段时间更是体现了双向性,因此汇率对国内包括股市在内的经济各方面的影响理应加深。另一方面,这也和中国金融市场融入全球的趋势相吻合,随着国内资本可以在全球进行配置,以及国际资本可以更加自由地进出中国,汇率对股票市场的影响程度也会相应加强。这两方面的影响,使得汇率可能成为影响股票市场的重要基本面因素。

8.4 货币政策对股市的影响

央行:2016年新下调存款准备金率

【案例知识点】宏观经济政策分析

【案例类型】运用案例

【案例来源】重庆商报

【案例时间】2016年3月

【案例内容】

中国人民银行宣布,自3月1日起,普遍下调金融机构人民币存款准备金率0.5个百分点。中国人民银行称,此举旨在保持金融体系流动性合理充裕,引导货币信贷平稳适度增长,为供给侧结构性改革营造适宜的货币金融环境。这是今年央行首次降准。2015年人民银行5次下调存款准备金率。

央行为何现在降准?增加流动性经济稳增长

其实,我国1月份货币信贷增加2.51万亿元,同比多增1.04万亿元,创出史上单月新高。信贷增长如此之快,为何还要释放流动性?对于此次降准的原因,恒丰银行首席品牌官、研究院常务院长胡海峰在接受商报记者采访时说,央行于2016年2月的最后一天宣布降准0.5个百分点,可谓是众望所归。从央行数据来看,央行口径的外汇占款已经连降三月,且规模巨大,三月合计达1.6万亿元,这意味着在宏观环境下,我国的基础货币有同样规模的缺口。从经济形势上来看,2月我国进出口数据均显著低于预期,PPI长期处于低位,表明通缩压力较大,而领先指标官方制造业PMI已经连续6个月处于荣枯线以下,且创下40个月以来最低,都表明我国经济当前面临的下行压力,本次降准将有助于刺激需求,稳定经济增长。从"去杠杆"的目标上来看,根据国际经验,历史上成功去杠杆的国家,均保持了货币政策适度宽松。此次降准将进一步释放流动性,助力实体经济健康发展,为结构性改革营造宽松的环境。此外,从降准时间点来看,本次降准的时机可谓也是对G20财长和央行行长会议达成共识的反映。

央行释放多少流动性?6000亿助力供给侧改革

此次降准能够释放多少流动性?据专家测算,截至1月末,人民币存款余额137.75万亿元,降准0.5个百分点将释放约5000亿元至6000亿元的流动性。"当前,经济下行压力依然较大,降准会推动银行一定程度的信贷增长,释放出一些流动性,推动经济平稳增长,也有助于中国结构性改革。"中央财经大学中国银行业研究中心主任郭田勇说。郭田勇认为,尽管央行行长周小川表示,中国不会基于外部经济或者资本流动来制定宏观经济政策。但当前,日本、欧元区等主要经济体都在推行量化宽松货币政策,美国也释放实行负利率的信号,央行此次降准多少也透露出"稳健中偏向宽松"的信号。目前,我国正积极放开市场准入,推动大众创业和万众创新、高新产业发展、经济结构转型升级,而这些需要适宜的货币金融环境予以支持。"今年中国经济面临去产能等五大任务,以及实现供给侧改革的要求,需要货币政策的支持,特别是流动性的支持。"李建军认为,需要利用降准这种长期的、没有资金成本的流动性多向企业提供长期的信贷支持,确保经济的平稳增长。"供给侧改革需要在平稳的经济环境和良好的货币环境下才能推动,如果需求侧得不到合理适度的发展,供给侧改革也难以推行。"郭田勇说。

存款准备金率降低对股市的影响

股市打"强心剂"利好3大板块与央行"降准"相对应,但是29日当天A股继续低迷。2月29日,4年才出现一次的日子,早盘却让广大股民胆战心惊,沪深两市低开后大幅跳水,全天挣扎震荡,尾盘在煤炭、金融股权重护盘下跌幅收窄。截至收盘,沪指跌2.86%,报2 687.98点;深成指跌4.98%,报9 097.36点;创业板指成重灾区,继续暴跌6.69%,报1 880.15点,5日累计跌15%,创5个月来新低。央行"降准"的消息传出后,业界普遍认为,这是为低迷的股市打了一针"强心剂"。从历史数据来看,2015年的4次降准,三跌一涨,虽然数据并不好看,但是最近的2015年10月23日那次降准后,次日市场上涨了0.5%。此次降准,业界普遍预计3月1日股市将走高。央行2016年的第一次降准使得市场人气得到一定恢复;特别是和中国因素有关的外围市场资产涨声一片,铜价、澳元、富时中国A50指数期货快速走高,但离岸人民币汇率出现跳水,今天A股市场的走向将再一次牵动投资者的思绪。英大证券首席经济学家李大霄在微博上表示,央行降准,重大利好! 货币宽松利于稳定经济及股市! 筑牢婴儿底2 638点就是2016年底部。西南证券分析师冉绪认为:"央行降准对于各个板块和概念的影响不一,从具体受益情况看,主要分为资金敏感型品种、资源型品种以及蓝筹品种。其中资金敏感型品种包括了银行和地产等行业。在资源型品种方面,对于有色金属而言,存在波段脉冲机会。在PPI快速下滑阶段,有色金属很难趋势性走强,但降准预期的出现会使有色板块中,背靠新兴产业的稀有金属的脉冲性机会增加,有色板块的波段投机频率会有所增加。相比之下,蓝筹股,尤其是始终能够保持高分红比例的蓝筹股,其持有价值将有所突出。"顶尖投顾:降准有助A股走稳,尽管昨日A股再度出现大跌行情,但晚上央行的降准给市场带来了希望。《全国顶尖投顾答疑》活动中的商报读者互动栏目出现少有的活跃场面,投资者通过沟通平台向投资顾问探讨A股反弹的可能性。而投资者共同关心话题集中在A股今天该怎么走? 来自红塔证券重庆江南大道营业部的投资顾问团队认为,降准有助A股走稳,具体有多大反弹空间还需观察。

【案例问题】

(1)根据案例分析,什么是存款准备金率?

(2)根据案例分析,为什么要降低存款准备金率?

(3)根据案例分析,哪些板块的股票会对降准信息反映强烈?

【案例分析】

(1)存款准备金,是指金融机构为保证客户提取存款和资金清算需要而准备的在中央银行的存款,中央银行要求的存款准备金占其存款总额的比例就是存款准备金率(Deposit-reservation)。存款准备金的比例通常是由中央银行决定的,被称为存款准备金率。存款准备金通常分为法定存款准备金和超额存款准备金,其中法定存款准备金是按央行的比例存放,超额存款准备金是金融机构除法定存款准备金以外在央行任意比例存放的资金。

(2)央行口径的外汇占款已经连降三月,且规模巨大,三月合计达1.6万亿元,这意味着在宏观环境下,我国的基础货币有同样规模的缺口。从经济形势上来看,2月我国进出口数据均显著低于预期,PPI长期处于低位,表明通缩压力较大,而领先指标官方制造业PMI已经连续6个月处于荣枯线以下,且创下40个月以来最低,都表明我国经济当前面临的下行压力,本次降准将有助于刺激需求,稳定经济增长。从"去杠杆"的目标上来看,根据国际经验,历史上成功去杠杆的国家,均保持了货币政策适度宽松。

(3)从股票对资金的反应程度看来,主要分为资金敏感型品种、资源型品种以及蓝筹品种。其中资金敏感型品种包括了银行和地产等行业。在资源型品种方面,对于有色金属而言,存在波段脉冲机会。在PPI快速下滑阶段,有色金属很难趋势性走强,但降准预期的出现会使有色板块中,背靠新兴产业的稀有金属的脉冲性机会增加,有色板块的波段投机频率会有所增加。相比之下,蓝筹股,尤其是始终能够保持高分红比例的蓝筹股,其持有价值将有所突出。

8.5 通货膨胀对股市的影响

通货膨胀与股市行情

【案例知识点】通货膨胀对股市的影响

【案例类型】运用案例

【案例来源】北京商报

【案例时间】2016年3月

【案例内容】

专家预测,由于3月猪肉及蔬菜价格涨幅较大,3月CPI(消费品价格指数)数据或达到2.5%的水平。本栏认为,CPI大幅上涨,将会推动社会资金投入股市,股市的上涨仍将延续。

股市的涨跌,受到供求关系影响最大,昨日本栏说了社保资金后面还会有储蓄资金进入股市,如果3月CPI数据公布出2.5%的水平,那么将会对投资者情绪产生很大影响,这可以从居民储户和债券投资者两方面来看。对于居民储户来说,2.5%的CPI数据意味着存钱不划算了。你不能简单地用2.5%的CPI和1.5%的存款利率比,这不科学。因为有人会说,1.5%是银行的存款基准利率,银行一般都会上浮,而且债券和余额宝的利率水平还是能够达到3%。为什么说不科学?因为储户假如把钱存成了一年期定期储蓄,利率也是2.5%,看似不吃亏,但是CPI数据是会变的,3月是2.5%,4月又是多少?如果投资者预期未来CPI数据会不断提高,那么投资者存入银行的一年期定期存款就要和2017年3月的预期CPI作比较,因为2017年公布的3月CPI数据,才是从现在开始一年时间的物价涨幅,这个数据与现在的一年期利率比较才是科学的。

同样的道理,现在买入一年期债券的收益率水平也要和一年后的CPI数据相比较,当然,一年后的CPI数据现在无法知道,但是投资者可以预期,预期这个东西,有时候强大到不可抗拒。假如投资者预期未来CPI数据将会不断升高,那么他们一定会放弃银行储蓄,而是选择风险性和收益性更高的股市。

人是"奇怪"的动物,大多数人都会好了伤疤忘了疼。投资者会认为,只要在股市不配资炒股,谨慎使用融资业务,那么就不会亏太多,尤其是在身边的人逐渐减少亏损开始盈利的时候。简单地说,股市有赚钱效应,存款不划算,必然会引发储蓄资金进入股市的过程。也就是说,只要现在的场内投资者制造出赚钱效应,后面将会有源源不断的储蓄资金流入,股市的持续走高也将值得期待,后面的关键就是如何让牛市慢一点,持久一点。

在这个储蓄牛过程中,最受益的还是公募基金,因为绝大多数储户都不具备投资经验,他们能够到现在还没有进入股市,思想上必然是非常保守的,那么他们进入股市的步伐必定是非常稳健的,股市的上涨必然会推动公募基金净值上升。再加上银行客户经理的推荐,公募基金将成为这些保守者进入股市的最可能渠道。

CPI回升但不改货币政策方向,供需两端齐发力下经济有望触底企稳:尽管CPI有所回升,但主要是受季节因素和低基数的影响,我们预计不会对货币政策构成制约。从1月份的信贷数据来看,信贷规模创新高1月新增人民币贷款2.51万亿元,大幅高于前值5 978亿元;1月份社会融资规模3.42万亿元,同比增长高达67.08%,政府维稳的意图明显,对实体经济的金融支持力度加大。我们预计今年在供给侧改革和需求侧稳增长的作用下,经济有望触底企稳。杨玲进一步表示,对于股票市场,经历过大幅的深度调整之后,股票的长期投资价值已经凸显;同时影响市场的积极因素不断累积:人民币汇率已经趋于稳定、金融货币数据超预期、PPI降幅收窄、临近3月份"两会"积极的政策也会不断释放,因此市场情绪有望逐步恢复,市场有望企稳,长期震荡向上的方向不变。

【案例问题】

(1)根据案例分析,CPI的上涨为什么也会推动股市的上涨?

(2)根据案例分析,通货膨胀导致的股市上涨最受益的是谁?

【案例分析】

(1)CPI反映商品的价格,商品的价格上涨意味着通货膨胀的出现,出现通货膨胀会使居民在银行中的存款贬值,这种贬值会使人们寻找新的投资渠道保护自己的资产,股市就是渠道之一,所以通货膨胀会使银行的储蓄资金进入股票市场中。

(2)在这个储蓄牛过程中,最受益的还是公募基金,因为绝大多数储户都不具备投资经验,他们能够到现在还没有进入股市,思想上必然是非常保守的,那么他们进入股市的步伐必定是非常稳健的,股市的上涨必然会推动公募基金净值上升。再加上银行客户经理的推荐,公募基金将成为这些保守者进入股市的最可能渠道。

8.6 房地产市场对股市的影响

房地产与股市行情

【案例知识点】房地产对股市的影响

【案例类型】运用案例

【案例来源】中国证券报

【案例时间】2016 年 8 月

【案例内容】

最近,中央政治局会议在部署下半年经济工作时,提出要全面落实"三去一降一补",并罕见地提及了"抑制资产价格泡沫"。资产价格泡沫是指资产价格持续、不稳定的上涨,出现超过了基本面支撑的市场均衡价格。资产价格泡沫吸附了大量资金,使得资金从实体经济中流出,其实是对实体经济起到了抽血作用。

资产泡沫主要是指股市泡沫和房地产泡沫。但是对股票市场而言,自 2015 年"股灾"以后,经过持续降杠杆,股市泡沫应该说不是很大,而期间房地产泡沫快速膨胀起来。最新公布的 7 月 70 个大中城市住宅价格统计数据表明,尽管住宅价格环比上涨的城市个数减少,涨幅继续收窄,但是上涨的城市仍有 51 个,比上月的 55 个略有减少;持平的城市有 3 个,下降的城市有 16 个。新建商品住宅价格环比上涨的 51 个城市中,涨幅在 1% 以上的城市有 16 个,最高涨幅为 4.6%。中国的住宅价格呈现出一种没有最高,只有更高的态势。房价的上涨,对中国经济增长来说,积极的一面在于有利于房地产去库存。1—7 月商品房销售面积增长 26.4%,销售额增长 39.8%,使房地产去库存有所进展。

但是由于房价上涨的区域化特征,库存量较大的三四线城市的去库存情况并不显著。房价的上涨,对中国经济增长转型的消极影响也是显而易见的。伴随着宏观金融政策的宽松,房地产已经沦为资本游猎场。从今年"地王"频出的情况看,抢地的不仅有房地产大亨,更多的身影是平安、安邦、信达这些金融大鳄。不仅如此,这些金融大鳄也加入了争抢上市公司股份的争斗,最典型的就是宝能、恒大加入万科股权的争斗;安邦、生命人寿等加入金地、金融街、远洋股份的股权争斗。这样会使得虚拟经济泡沫进一步膨胀,实体经济萎靡,进而使中国经济结构调整的前途功亏一篑。

再看股市。虽然股市在经过 2015 年大幅调整后,在 2016 年初又经历了大幅下调,股市泡沫已经不大,但是其他资产泡沫的存在仍对股市有所影响。这一轮房地产价格的暴涨、地王潮的出现,并不能完全用供求关系来解释。许多人认为,这是货币环境过于宽松的结果。

在这种情况下,期待更多的降准、降息应该是不现实的,股市也不会从更为宽松的金融政策中获得支撑。

　　股市在经过一段时间小幅上升之后,市场投资情绪进一步趋于乐观。近段时间,股市活跃程度有所上升,融资融券比重有所回升,交易结算资金出现反弹,外资对 A 股的投资热情有所升温,资本减持力度有所下降,这些都显示投资者对未来趋于乐观。预计未来几周股市仍有震荡向上的空间。

【案例问题】

　　(1)根据案例分析,房地产泡沫会对实体经济产生怎样的影响?

　　(2)根据案例分析,房地产泡沫对股市产生怎样的影响?

【案例分析】

　　(1)资产价格泡沫是指资产价格持续、不稳定的上涨,出现超过了基本面支撑的市场均衡价格。资产价格泡沫吸附了大量资金,使得资金从实体经济中流出,其实是对实体经济起到了抽血作用。

　　(2)房地产泡沫会对资金有吸引力,吸进更多的资金进入房地产市场,股市中的资金会被抽离,同时房地产价格的上涨会对地产股产生利好,吸引更多的资金进入地产板块炒作,甚至恶意举牌的事情发生。

第9章 公司分析案例

9.1 同花顺财务分析、风险分析和投资价值分析

【案例知识点】公司财务分析

【案例类型】运用案例

【案例来源】天相投顾

【案例时间】2014 年 12 月

【案例内容】

(1)营运能力分析

公司资金周转较快,利用率较高,近 3 年应收账款周转率、存货周转率和总资产周转率均高于行业平均水平,显示公司良好的营运能力。其中,2014 年公司应收账款周转率为145.18 次,远高于行业均值 18.56 次,原因在于互联网用户规模庞大,平台优势明显。公司目前与国内 90% 以上的证券公司建立业务合作,金融服务网拥有 3 亿注册用户,移动端 APP截至 2015 年 12 月活跃用户达 1 830 万人。

(2)盈利能力分析

2015 年,公司实现营业收入 1 441 944 901.94 元,同比增长 442.91%;营业利润 1 088 431 129.99 元,同比增长 2 121.61%;归属于母公司净利润 957 222 809.96 元,同比增长 1 483.35%。主要原因为公司紧紧抓住互联网及移动互联网蓬勃发展的机遇,立足于主营业务并积极开展业务创新,加快新产品开发。同时加大了营销推广力度,取得了良好的效果,报告期内公司销售收款较去年同期大幅度增长。

(3)偿债能力分析

整体来看,公司流动比率、速动比率基本与行业持平,处于合理水平。资产负债率高于行业平均水平,原因在于公司为扩大规模不断增加资本性支出;利息保障倍数远高于同行业上市公司平均水平,并呈稳步上升趋势,表明公司具有较强的长期偿债能力。

【案例问题】

(1)根据案例分析,同花顺运营能力如何?是什么原因导致同花顺目前的运营能力状况?

(2)根据案例分析,同花顺盈利能力如何?是什么原因导致同花顺目前的盈利能力

状况？

（3）根据案例分析,同花顺偿债能力如何？是什么原因导致同花顺目前的偿债能力状况？

【案例分析】

（1）同花顺运营能力良好,原因在于互联网用户规模庞大,平台优势明显。

（2）同花顺盈利能力良好,主营业务利润爆发式增长,主要原因为公司紧紧抓住互联网及移动互联网蓬勃发展的机遇,立足于主营业务并积极开展业务创新,加快新产品开发。

（3）公司流动比率、速动比率基本与行业持平,处于合理水平。资产负债率高于行业平均水平,原因在于公司为扩大规模不断增加资本性支出;利息保障倍数远高于同行业上市公司平均水平。

【案例知识点】公司财务分析

【案例类型】运用案例

【案例来源】天相投顾

【案例时间】2014 年 12 月

【案例内容】

同花顺面临的风险主要有:

（1）行业风险。行业的快速发展给公司提供发展机遇的同时,也给公司带来挑战。互联网金融信息行业仍然处于快速发展阶段。目前行业市场份额集中度不高,竞争激烈,但行业整合步伐的不断进行,使创新能力不强、后续发展动力不足、缺乏竞争力的企业将被排挤出市场,市场份额将重新划分,给行业内优秀企业带来了更大发展的机会。

（2）企业管理风险。公司目前的业务金融资讯及数据服务、手机金融信息服务、网上行情交易系统服务和机构版金融数据各有特色,在相应的市场中位居前列。第三方基金销售业务已经正式展开,并取得良好的效果。当前,这几类业务的融合尚处于初步整合状态,市场策划、资源共享、客户合作等方面缺乏更加精细的管理与统筹。

（3）销售渠道风险。市场运作不足,营销渠道较为单一。目前,公司的部分竞争对手通过电视、网络、电台、报刊等多种媒体形式进行市场推广和产品宣传。而公司的业务主要通过网络推广,相对于竞争对手,营销渠道比较单一,虽然成本较低但一定程度上制约了宣传效果,降低了用户覆盖面,限制了品牌知名度的提升。

【案例问题】

（1）根据案例分析,互联网企业面临什么行业风险？

（2）根据案例分析,同花顺在企业管理上有什么风险？

（3）根据案例分析,同花顺在销售渠道上有什么风险？

（4）根据案例分析,同花顺是否值得投资？

【案例分析】

（1）创新能力不强、后续发展动力不足、缺乏竞争力的企业将被排挤出市场,市场份额将重新划分。

（2）市场策划、资源共享、客户合作等方面缺乏更加精细的管理与统筹。

（3）营销渠道比较单一，虽然成本较低，但一定程度上制约了宣传效果，降低了用户覆盖面，限制了品牌知名度的提升。

（4）同花顺值得投资，因为它是一家稳健成长的行业龙头企业，而且公司未来规模能快速扩张，且具有不可复制的核心竞争优势。

9.2　通过财务报表对中航电子未来盈利能力预测

【案例知识点】公司未来表现预测

【案例类型】运用案例

【案例来源】广发证券

【案例时间】2016 年 12 月

【案例内容】

公司 2016 年实现收入 69.58 亿元，同比增长 2.19%；归母公司净利润 4.6 亿元，同比下降 3.48%；扣非后归母净利润 3.25 亿元，同比增长 23.03%。2017 年公司计划收入目标为 80.55 亿元，利润总额为 7.38 亿元。2016 年公司业务重心进一步向盈利能力更强的航电业务靠拢，扣非后归母净利润增长 23.03%。分行业来看，航电业务收入 58.53 亿元，占比已达到 98.5%，同比增长 3.47%，毛利率为 32.94%；纺织设备业务收入 0.81 亿元，同比下滑 41.1%，毛利率仅为 2.16%。2016 年公司收入的增长主要源于航电业务的稳步发展。公司于防务航电方面生产任务圆满完成；民用航空电子方面，受益于大飞机 C919 及其他民用市场需求的增长。分产品来看，飞机参数采集设备、航空照明系统、调光系统收入分别增长 27.12%,103.75%,36.26%；飞机定位导航设备、飞机航姿系统、飞机告警系统、驱动作动系统分别下滑 39.51%,33.34%,11.15%,18.6%；其他项目基本持平。公司作为中航工业集团航电板块资产整合平台，已于 2014 年公告托管协议，全面托管航电系统公司（包括自控所、计算所、上电所、雷电院、电光所五家研究所）。随着科研院所改制方案的明确，公司有望受益于资产证券化的进一步推进。预计公司未来三年 EPS 分别为 0.31/0.35/0.39 元，对应当前股价的 PE 为 64/57/50。公司盈利预测表见表 9.1，公司资产负债预测见表 9.2，公司利润预测见表 9.3。

表 9.1　盈利预测表

	2015A	2016A	2017E	2018E	2019E
营业收入（百万元）	6 809.47	6 958.68	8 110.37	9 182.46	10 518.55
增长率（%）	3.07	2.19	16.55	13.22	14.55
EBITDA（百万元）	1 124.57	1 182.65	1 261.65	1 334.52	1 474.68

续表

	2015A	2016A	2017E	2018E	2019E
净利润(百万元)	477.01	460.41	539.25	611.49	690.30
增长率(%)	-20.58	-3.48	17.12	13.40	12.89
EPS(元/股)	0.271	0.262	0.307	0.348	0.392
市盈率(P/E)	90.83	70.91	64.36	56.76	50.28
市净率(P/B)	7.67	5.44	5.30	4.85	4.42
EV/EBITDA	40.55	29.95	29.54	27.84	25.25

表9.2　资产负债预测表

至12月31日	2015A	2016A	2017E	2018E	2019E
流动资产	11 445	12 446	13 447	15 650	18 061
货币资金	2 435	2 288	2 463	3 042	3 557
应收及预付	6 195	7 104	7 656	8 833	10 201
存货	2 747	2 818	3 230	3 700	4 251
其他流动资产	67	236	98	75	53
非流动资产	4 786	5 085	4 803	4 748	4 616
长期股权投资	36	41	41	41	41
固定资产	2 903	2 933	2 942	2 784	2 675
在建工程	374	702	574	674	660
无形资产	622	706	681	690	683
其他长期资产	850	704	565	559	558
资产总计	16 231	17 532	18 250	20 398	22 678
流动负债	8 109	9 065	9 529	11 050	12 610
短期借款	2 784	3 004	3 349	3 805	4 401
应付及预收	5 051	5 597	6 124	7 190	8 154
其他流动负债	274	464	55	55	55
非流动负债	2 198	2 195	1 890	1 880	1 878
长期借款	1 732	1 680	1 680	1 680	1 680
应付债券	0	0	0	0	0
其他非流动负债	466	515	210	200	198
负债合计	10 308	11 260	11 418	12 930	14 488
资本公积	1 164	1 233	1 233	1 233	1 233

续表

至 12 月 31 日	2015A	2016A	2017E	2018E	2019E
留存收益	2 650	3 023	3 562	4 174	4 864
归属母公司股东权益	5 652	6 005	6 544	7 155	7 846
少数股东权益	271	267	288	313	344
负债和股东权益	16 231	17 532	18 250	20 398	22 678

表 9.3 利润预测表

至 12 月 31 日	2015A	2016A	2017E	2018E	2019E
营业收入	6 809	6 959	8 110	9 182	10 519
营业成本	4 560	4 655	5 507	6 308	7 247
营业税金及附加	17	33	29	38	41
销售费用	89	97	110	126	143
管理费用	1 335	1 309	1 558	1 745	2 010
财务费用	250	242	218	167	161
资产减值损失	69	131	128	117	111
公允价值变动收益	0	0	0	0	0
投资净收益	137	7	7	7	7
营业利润	627	498	568	688	813
营业外收入	85	94	130	110	97
营业外支出	31	9	16	18	19
利润总额	681	583	683	780	891
所得税	173	105	122	144	169
净利润	508	478	561	636	722
少数股东损益	31	18	21	25	31
归属母公司净利润	477	460	539	611	690
EBITDA	1 125	1 183	1 262	1 335	1 475
EPS(元)	0.27	0.26	0.31	0.35	0.39

【案例问题】

（1）根据案例分析,未来三年该上市公司的盈利和资产负债情况是怎么预测的?

（2）根据案例分析,案例中运用了哪些预测未来股价的方法?

（3）根据案例分析,这些预测方法有哪些优点和弊端?

【案例分析】

(1)根据目前上市公司所处的市场环境和公司过去的表现,结合该公司过去两年的财务数据估算出一个增长率,按该增长率来预测未来两年该公司资产和负债的变化情况。

(2)案例中运用了绝对估值法和相对估值法,其中预测未来的资产变化情况来判断公司的收益情况从而计算股价属于绝对估值法,通过估算未来的市盈率以及每股收益从而计算股价属于相对估值法。

(3)这些估值方法是简化了市场未来的变化而作出的判断,未来市场可能产生在我们预料之外的情况,从而会影响估值的准确性。当然通过这些方法进行估值会给投资者一些信息来进行投资操作。

9.3　如何选择优质的上市公司——以贵州茅台为例

【案例知识点】选择上市公司

【案例类型】运用案例

【案例来源】广发证券

【案例时间】2017年3月

【案例内容】

贵州茅台公司2017年一季度实现营业总收入139.13亿元,同比增长35.73%;净利润61.23亿元,同比增长25.24%;高于此前公司公告的一季度预计主要经营数据(原预计营业总收入128.52亿元,净利润56.68亿元)。分产品来看,茅台酒收入123.65亿元,占比达92.91%;系列酒收入9.35亿元。2017年一季度末公司预收款项189.88亿元,较年初增加14.47亿元,再创历史新高。一季度公司销售商品、提供劳务收到现金173.91亿元,同比增长12.27%;经营活动产生的现金流量净额为61.09亿元,同比下降17.85%。主要是因为公司应交税费较年初减少了13亿元。2017年一季度公司毛利率91.16%,较上年同期减少1.18个百分点,主要是系列酒增速快所致。2017年一季度公司期间费用率为14.62%,较上年同期增加了3.88个百分点,主要是公司推进"133"品牌战略及酱香系列酒"5+5"市场策略,市场投入增加导致销售费用率增加所致。2017年一季度净利率49.18%,较上年同期减少3个百分点。

茅台各价位产品全面向好,未来收入将继续保持较高增长。

(1)据经销商调研,飞天茅台近期一批价涨至1 300元,大部分经销商反映渠道缺货,缺货主要是生产原因导致没有按时生产和投放,目前生产已逐步恢复,据公告,公司全年计划供给量2.6万吨左右。未来2至3年茅台由于基酒原因,供给偏紧将成为常态,一批价有望持续上行,为未来产品提价打下基础。

(2)公司推出的生肖酒等产品受市场热捧,羊年、猴年、鸡年京东售价达到6 000

元、3 000 元、2 000 元以上,经销商利润丰厚,销售意愿强烈,由于生肖酒出厂价高于飞天茅台,茅台酒结构升级明显。

(3)系列酒市场调整成效明显,整合资源加强重点市场和重点产品投入,未来将打造王子、迎宾、赖茅等大单品。经销商打款周期延长使预收款创新高:公司公布一季报,收入利润增速均显著高于此前预告指引,再度超市场预期!据渠道反馈,茅台 Q1 发货量与全年同期基本持平,考虑到现金流情况(销售收现+12.27%),我们判断公司 Q1 确认收入(预计确认 7 720 吨左右)大于同期发货量。2017 年以来,茅台供应一直处于紧平衡状态,经销商打款周期较去年底继续延长,导致季度末预收款达 190 亿元,蓄水池再创历史新高。

"税金及附加+销售费用"是压制利润的主要因素:据 4 月初茅台酱香酒公司工作会透露,2017 年 Q1 酱香酒公司完成销售额 10.57 亿元(含税),由此推算,2017 年 Q1 茅台酒销售额 123.7 亿增长约 26.8%。系列酒的大力投入使 Q1 销售费用同比增 4 倍至 8.52 亿元,销售费用率同比大幅提升 4.47pcts 至 6.13%,同时,受系列酒放量影响,销售毛利率同比下滑 1.18pcts 至 91.16%。Q1 税金及附加 19.73 亿元,同比增 67.14%,税率 14.18%,环比四季度的 22.86%已大幅下滑,逐步恢复至合理水平,未来消费税边际影响有望继续减弱。飞天市场投放量将逐步增加,价格涨势有望延缓:受批价大幅上涨影响,茅台近期反复发声增强控价力度,打击经销商囤货行为。此外,随着基酒储存时间陆续到来,从 4 月 24 日起,飞茅每天的生产、市场投放量将进入正常水平,从此前的 40 000 千克/天,增加到每天 70 000多千克,1 个月后,将增加至 90 000 千克/天。同时,公司将通过渠道、品种等方式的调整来实现价格管控。因此,我们判断短期内茅台批价涨势有望延缓,长期来看,在排除渠道干扰因素后,茅台未来的价格上涨将更为健康和理性。2017 年将是茅台发展新元年:我们此前一直强调,受高端酒回暖等因素影响,2017 年开始茅台将迎来新的发展元年,一季报的超预期再次印证了我们的观点。茅台作为白酒消费升级的最终目标,将持续受益于消费升级和行业集中度提升,我们继续看好公司未来的加速成长!

【案例问题】

(1)根据案例分析,贵州茅台公司为什么是优质的上市公司?

(2)根据案例分析,贵州茅台公司有哪些投资亮点?

(3)根据案例分析,贵州茅台公司有哪些市场担忧的因素?

【案例分析】

(1)贵州茅台销售收入高,利润率高,销售收入稳定,品牌效应好,有自己独特的销售渠道,品牌种类逐渐丰富。

(2)优秀的管理能力,优秀的销售能力,市场份额的稳定,消费群体的扩张。

(3)消费税和销售费用的增加,经销商的囤货行为。

第10章　行业分析案例

10.1　浙商证券次公开发行 A 股股票招股意向书摘要

【案例知识点】公司基本面分析

【案例类型】运用案例

【案例来源】金融界

【案例时间】2016 年 5 月

【案例内容】

10.1.1　发行人业务概况

发行人从事的主要业务为：证券经纪；证券投资咨询；与证券交易、证券投资活动有关的财务顾问；证券承销与保荐；证券自营；融资融券；证券投资基金代销；为期货公司提供中间介绍业务；代销金融产品。

全资子公司浙商期货从事的主要业务为：商品期货经纪、金融期货经纪、期货投资咨询、资产管理。浙商期货全资子公司浙期实业从事的主要业务为：仓单服务、合作套保、第三方风险管理、定价服务和基差交易。浙商期货全资子公司浙商国际金融控股有限公司从事的主要业务为：期货合约交易、就期货合约提供意见。

全资子公司浙商资本从事的主要业务为：实业投资、股权投资、投资管理、资产管理、财务咨询服务。浙商资本全资子公司东方聚金从事的主要业务为：投资管理、财务咨询。浙商资本、东方聚金参股子公司东方聚金嘉华、聚金嘉为、聚金嘉同从事的主要业务为：投资管理、投资咨询、实业投资。

全资子公司浙商资管从事的主要业务为：证券资产管理业务、公开募集证券投资基金管理业务。参股公司浙商基金从事的主要业务为：基金募集、基金销售、资产管理。参股公司浙江股交中心、宁波股交中心从事的主要业务为：为省内企业提供股权、债权和其他权益类产品的转让和融资服务。

10.1.2　发行人在行业中的竞争优势

经纪业务方面，根据中国证券业协会公布的 2014 年、2015 年证券公司客户资金余额排名(合并口径),本公司分别位列第 25 名、第 23 名;2014 年、2015 年代理买卖证券业务净收入排名(合并口径),本公司分别位列第 23 名和第 19 名。资产管理业务方面,根据中国证券业协会公布的 2014 年、2015 年证券公司受托客户资产管理业务净收入排名,本公司均位列第 15 名。期货业务方面,根据中国证监会公布的 2016 年期货公司分类评价结果,浙商期货被评为 BBB 类期货公司。根据中国期货业协会的统计,2015 年底浙商期货净资产行业排名第 18 名,2015 年浙商期货净利润行业排名第 17 名。

浙江省是国内经济最为发达、富裕的省份之一。2016 年浙江省实现生产总值 4.65 万亿元,比上年增长 7.50%。浙江省工业水平发达,高新技术产业发展较快。2016 年,浙江省规模以上工业企业利润总额为 4 323 亿元,比上年增长 16.1%,利润总额增速高于全国 7.6 个百分点。

浙江省民间资本较为活跃,是全国优质中小企业和高净值人群聚集地之一,为公司投资和融资业务的开展提供了良好的发展平台。截至 2016 年底,浙江省拥有在册市场主体528.6 万户。其中,全省拥有在册企业 175.5 万户,在册个体工商户 383.5 万户,市场主体总量居全国第四,人均市场主体拥有量居全国第一。2016 年,私营企业对出口增长的贡献率持续提高,出口额为 13 380 亿元,较上年增长 6.5%,高出全省出口平均增速 3.5 个百分点,占全省出口总值的 75.74%。固定资产投资方面,2016 年民间投资额为 16 441 亿元,较 2015年增长 2.06%,占浙江省固定资产投资总额的比例为 55.6%。浙江省强大的经济发展平台孕育了浙江省大批优秀企业的诞生。截至 2016 年 12 月 31 日,浙江省拥有 A 股上市公司共357 家,位列全国第 2。2014 年至 2016 年 12 月 31 日,全国新增 A 股上市公司 575 家,其中注册地址为浙江省的公司为 78 家,位列全国第 2。公司扎根浙江省,牢牢把握区域内发达的经济背景和资本市场带来的区域优势,对各项业务进行了针对性布局,并在浙江省内形成了较强的竞争优势。经纪业务方面,截至 2016 年 12 月 31 日,公司在浙江省内拥有 62 家具备经纪业务资质的营业网点,覆盖浙江省所有地市和主要发达县镇。投资银行业务方面,报告期内公司完成 10 单浙江省内上市公司再融资项目,以及多单浙江省内企业发行中小企业私募债及浙江股权交易中心私募债券项目。为更好地服务浙江省内中小企业,公司参股浙江股交中心,通过场外市场为中小企业提供融资服务,报告期内公司共推荐 9 家企业在浙江股交中心实现挂牌交易。依托浙江省良好的经济基础及活跃的民营资本市场,近年来公司资产管理规模及融资融券余额也实现了快速增长。公司在浙江省内具有较强的竞争优势。经纪业务是证券公司最主要的业务,也是证券公司最重要的收入来源。公司依托浙江省发达的资本市场,凭借营业网点的合理布局、高素质的团队建设和全面的服务体系,经纪业务实现稳定发展。根据中国证券业协会的统计,2014 年、2015 年公司代理买卖证券业务净收入(合并口径)排名分别位列行业第 23 位、第 19 位,均为行业中位数水平以上。报告期内,公司经纪业务股票、基金、权证市场占有率均维持在 1% 以上,在竞争日趋激烈的行业环境中发展平稳。此外,公司正常交易的经纪业务资金账户总数由 2009 年底的 59.81 万户,上升至2016 年 12 月 31 日的 121.78 万户,期间经纪业务资金账户总数上升 103.61%,客户规模实现较快增长。

10.1.3　发行人的竞争劣势

在以净资本及流动性为核心的监管体系下,净资本水平的高低不仅决定着各项业务规模的大小而且直接影响着新业务资格的取得。公司目前净资本水平仍然较低,对于公司开展大型股票和债券承销业务、创新类业务的进一步扩大产生掣肘。这将限制公司改善业务结构、拓展业务范围和业务规模,对本公司下一步发展形成一定制约。本公司报告期内的业务收入主要来源于证券经纪及期货业务。金融市场的波动和行业同质化竞争剧烈直接制约了公司上述业务的发展空间。虽然近年来公司注重创新业务的发展,并且各项业务的开展情况良好,但创新业务收入所占的比重仍然较低,可能因行业周期波动而对公司收入产生不利影响。证券行业是人才密集型行业,高素质的业务团队是公司发展的核心竞争力。国内金融人才主要集中在北京、上海、深圳等地,受地域因素影响,公司招纳一流人才有一定困难。公司未来将通过在国内重点城市增设分支机构、扩大业务规模增加公司品牌影响力等方式,吸引人才加盟,加强团队建设。

【案例问题】

(1)根据案例分析,浙商证券主要有哪些业务?

(2)根据案例分析,浙商证券有哪些竞争优势?

(3)根据案例分析,浙商证券有哪些竞争劣势?

【案例分析】

(1)发行人从事的主要业务为:证券经纪;证券投资咨询;与证券交易、证券投资活动有关的财务顾问;证券承销与保荐;证券自营;融资融券;证券投资基金代销;为期货公司提供中间介绍业务;代销金融产品。

(2)区域优势明显的发展平台,战略布局合理且服务专业的经纪业务、盈利和风控能力兼备的期货业务、特色化、差异化的资产管理业务。

(3)净资本规模有待提高、收入结构有待进一步优化、业务人才有待充实。

10.2　我国小家电行业步入消费升级新阶段

【案例知识点】行业分析

【案例类型】运用案例

【案例来源】广发证券

【案例时间】2017年3月

【案例内容】

经济发展水平和居民收入水平无疑是刺激居民消费的根本动力。根据我国经济水平和居民收入情况对照我国居民的家用设备消费情况,可以发现两者之间有着紧密的联系,而消费者对家用设备消费的增加则是家电消费升级的源动力。

　　从全国整体经济水平来看,我国人均 GDP 和居民收入呈稳健增长的态势。2008 年之后,我国迅速地从金融危机的影响中恢复过来,人均 GDP 又恢复了稳健增长的态势。我国人均 GDP 于 2008 年超过 3 000 美元。国际经验一般认为,当一个国家人均 GDP 达到 3 000美元时,前后 10 多年的阶段,经济将保持高增长,如日本,1973 年日本人均 GDP 突破 3 000美元,并且快速增长。同时,可以看到日本的私人消费支出也在这个时刻出现激增。正是在这个时候,日本的几大家电品类,如微波炉、彩电、空调开始快速普及。我国人均 GDP 在2008 年超过 3 000 美元,居民收入水平也在 2008 年前后出现了一个大的峰值,随后持续稳定增长。

　　2012 年左右城镇和农村居民消费支出占总收入比重均出现了一个向上的拐点,农村尤为显著。2011 年和 2013 年,农村家庭设备及用品支出增速以及占总收入的比重均出现了一个巨大的峰值。这与人均 GDP 以及居民收入增速激增的时间点恰好吻合。目前主力消费人群有以下几大特点:①从需求量角度来看,家庭结构裂变,规模趋小,住房面积扩大,家用电器需求增加;②从消费偏好角度来看,主力消费人群更迭,观念转变,20 世纪八九十年代出生的人成为主力军,必需性消费向品质消费转变。我国从 2005 年起,3 人以上家庭占比明显呈下降趋势,单人家庭及两人户成为我国家庭的主要构成部分。而相反,我国人均住房面积却不断攀升,住房类型也朝着多房间型发展。这两个因素的叠加作用促使人们对家用电器的依赖程度呈现明显上升的趋势。如今的消费主力是新型家庭的成员们,他们大多出生在 20 世纪八九十年代。伴随着互联网的发展以及国际交流的日益频繁,国外的消费观念更快地向国内渗透,享受型的消费逐年提升。而如今发达的社交媒体也使得信息传播更加迅速,新型事物的传导渠道更为丰富。在这些客观因素的影响下,当下主要消费群体的消费观念也有了很大程度的改变。

　　与海外市场,如日本、韩国、欧美各国相比,除厨房小家电(电饭锅、电磁炉、电压力锅、电水壶、豆浆机),其他类别小家电渗透率仍然处于很低的水平,随着生活水平的提升,以及80/90 后的生活习惯以及消费习惯的改变,未来市场空间很大。小家电在三四线城市尚未饱和,随着人均可支配收入增加,对生活品质的追求,伴随着三四线城市房地产去库存,三四线城市居民对厨房小家电的需求将继续增加。新技术普及带来均价提升,如 IH 电饭煲技术的普及带来电饭煲均价的大幅提升。国内品牌与国外品牌之间均价差距较大,随着国内产品技术水平以及外观设计的提升,国内品牌均价也将相应提升,均价差距有望缩小。

　　在传统领域,现有龙头企业能通过相近产品的延伸获得新增长,强者恒强依然适用。新品类与某一或某些传统品类相关性很大,而相关的品类已经大幅普及,竞争格局稳定,龙头地位显著,传统小家电龙头企业可以凭借其强大的品牌力以及丰富的渠道资源进入这个新品类。推荐中式厨房小家电的三巨头:美的集团、苏泊尔、九阳股份,个人护理龙头飞科电器。新的子行业或跨度加大的产品品类,有望出现新龙头。新品类与某一或某些传统品类相关性很小,消费者心中并没有对哪一品牌可以做好该产品形成较为一致的意识,该市场有望出现新龙头。我们认为,西式厨房小家电、家居清洁小家电、个人护理小家电领域出现新龙头的概率较大。目前来看,通过多年的出口已形成技术、规模、产品积累,转型开拓国内市场的企业有望获取较大市场份额。如西式厨房小家电出口龙头新宝股份、家居清洁小家电(吸尘器、空气净化器)出口龙头莱克电气。

【案例问题】

(1)根据案例分析,家电行业的发展和宏观经济有什么联系?

(2)根据案例分析,我国的家电消费人群有哪些特点?

(3)根据案例分析,与海外市场相比国内家电市场有哪些不同?

(4)根据案例分析,哪些家电领域可能出现新的龙头企业?

【案例分析】

(1)家电消费是人们生活中的基础消费,随着社会的发展,家电就像柴米油盐一样成为人们生活中的必需品。社会经济的发展必然会使个人可支配收入提高,收入的提高会导致人们对家电产品消费的增加。我国随着改革开放的进行必然会出现一批中产家庭,大量的中产家庭是家电的消费主力。

(2)随着我国经济的发展,农民收入也相应提高,农民人口在我国还占有相当大的比例,农民对家电的消费是非常可观的。在过去若干年生育政策的影响下,我国的家庭规模日益变小,目前多为3人及3人以下家庭,与此同时人均住宅面积在日益增加,这就导致目前家庭对家用电器的依赖性会越来越高,未来对智能家电的依赖性也会越来越高。我国家电的消费主力已经从20世纪六七十年代出生的人向八九十年代转变,消费主力年龄的转变也伴随着消费观念的转变,以后智能家电、创新性家电也许更加受到市场青睐。

(3)与国外市场相比,国内的小家电市场渗透率较低,以后小家电会受到家庭的欢迎。国内家电的设计感和均价还与国外产品有一定的差距。

(4)传统家电市场已经相对稳定,新品类的家电可能出现新的龙头,例如小家电、清洁家电、个人护理家电等。

10.3　新能源汽车的发展趋势

【案例知识点】行业分析

【案例类型】运用案例

【案例来源】华金证券

【案例时间】2017年4月

【案例内容】

2017年4月19日,第17届上海车展开幕,作为国内影响力最大的国际性车展,带来的是汽车工业的一次视觉盛宴。其中,展出整车1 400辆,新能源展车达到159辆(国内96辆,国外63辆)。此次车展,自主和合资车企,以及互联网造车企业参展热情高涨,引燃终端消费热情。即将迎来五一假期,假期前后可重点关注第4批次新能源车推荐目录情况,基于第295批次机动车名单公示数量,预计4批次推荐目录入选车型在300款以上。新能源车的产销量在四季度同比增速将逐月攀升。此外,近期包括北京、江苏、甘肃、山西、西安等地已经出台了地方补贴政策。

我们认为特斯拉对于新能源汽车的影响主要表现在3个方面:首先,特斯拉加速了汽车电动化的趋势,这主要表现在特斯拉自身销量的不断提升,还包括加速了汽车集团开发和推动电动汽车的速度。其次,特斯拉应用技术获得了市场的关注,这其中包括NCA正极材料、硅碳负极、电机技术选择、自动辅助驾驶系统等都获得了市场的关注,这一方面推动了电池能量密度的提升,另一方面将新能源汽车打造成科技产品;最后,特斯拉产业链的全球布局获得了市场的高度关注,能够进入特斯拉供应链也证明公司在新能源汽车全球供应链的地位。

近期,大众和福特等公司也发布了新能源汽车的计划。根据大众汽车集团的“2025 Together战略”,大众将电动化作为未来10年内最核心的战略之一,具体来说就是到2018年推出10款新能源汽车产品;到2025年,至少推出30款纯电动汽车产品,新能源汽车产品销量达到200万~300万台,占整个集团汽车销量的25%~30%。福特汽车近日也宣布在中国的电气化战略,公司确定在中国推出两款全新电动汽车,并在2025年向中国市场推出更多新电动车,计划在2018年上半年上市福特蒙迪欧Energi将成为长安福特生产的首款插电式混合动力车。与此同时,福特汽车还将在未来五年内向中国推出一款全新纯电动小型SUV。

国内的新能源汽车乘用车放量趋势明确,尤其是A00级车。北汽的EC180是今年市场关注度最高的一款车型。据统计,北汽EC180前两个月的累计销量是3 524辆,其中2月份的销量约2 800辆。而随着第三批新能源车型,累计已有1 020款车型上推广目录,进一步保障行业后续产销量的继续放量。而随着政策常态化发展,我们预计后续满足新规的车型公告和推广目录会保持一月多一批的节奏陆续公布,全年新能源车产销量仍有望实现70万~75万辆的较快增长。

新能源车放量有望拉动产业链整体需求的提升,而供给侧改革有望提升龙头企业的市场份额,我们重点推荐关注市场份额有望逐步提升的龙头企业。具体说来,整车环节我们重点推荐A00级乘用车的金马股份,关注物流车弹性标的东风汽车,中游环节推荐关注存在预期差的电池龙头企业国际高科及继电器龙头宏发股份,电池材料与资源继续重点推荐铜箔(诺德股份等)、钴(洛阳钼业等)和碳酸锂(天齐锂业等)。

4月17日,河南安阳市政府中国沃特玛新能源汽车产业创新联盟在万达嘉华酒店签订新能源汽车产业项目战略合作框架协议。协议签订后,双方共同推动新能源汽车在安阳的应用、服务保障和新能源汽车重卡及电动汽车整车与核心零部件产业园区的投资建设,力争将安阳打造成为新能源汽车重卡及核心技术研发生产制造基地。由于市场需求旺盛,公司计划新增3条生产线,日产电池提高到70万只,年产值力争达到48亿元。十堰沃特玛电池项目由深圳沃特玛创新联盟投资建设,是十堰沃特玛新能源汽车产业园首个建成投产的项目,预计可实现年产2万台套电池组、3万台电动车的生产能力,实现年产值60亿元。4月18日,在"第十二届中美电动汽车与电池技术研讨会"上,银隆新能源董事长魏银仓作了"电池的创新不断发展"的主题演讲。魏银仓表示,通过持续研发,第四代高能量密度钛酸锂电池较第三代成本下降40%,能量密度提高60%。在攻克光伏业界瓶颈的同时,该技术优势适用于新能源汽车、储能、机场摆渡车等多个领域。

【案例问题】

(1)根据案例分析,特斯拉对新能源汽车产业有哪些影响?

(2)根据案例分析,新能源汽车产业的发展将带动哪些产业发展?

(3)根据案例分析,新能源汽车产业的发展将会对传统汽车产生怎样的影响?

【案例分析】

(1)特斯拉的成功加速了汽车电动化的趋势,迫使汽车生产厂家不得不研发主品牌的新能源汽车,要不然可能被市场竞争淘汰。目前正在研发新能源汽车的企业也在加速自己的研发进程,为了更早地推出自己的新能源汽车品牌,更大地占领市场。特斯拉的技术得到汽车上游供应商的关注,供应商会更多地投入相关产业链的建设中。

(2)新能源汽车的发展会带动相关产业的发展,尤其是电池、新材料、无人驾驶系统、充电桩等。

(3)新能源汽车的发展必然对传统汽车产业造成一定的冲击,迫使传统汽车制造行业投入更多的资金和精力向新能源汽车倾斜。参照我国目前的环境状况,国家政策法规也会支持新能源汽车的发展,相关的基础建设(例如充电桩)在以后也会逐步完善。随着城市化的不断进行,我国的汽车消费量很可能稳定下来,届时新能源汽车必然会抢占传统汽车的市场份额。

第11章 技术分析案例

11.1 一字形 K 线的运用

【案例知识点】一字形 K 线的运用

【案例类型】运用案例

【案例来源】通达信行情软件

【案例时间】2015 年 4 月

【案例内容】

暴风科技(300431)在 2015.4.3—2015.5.5 日连续 21 个涨停,且 K 线图以一字形 K 线为主,如图 11.1 所示。

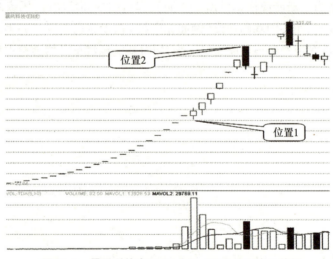

图 11.1 暴风科技在 2015.4.3—2015.5.5 的 K 线图

【案例问题】

(1)根据案例分析,一字形 K 线的开盘价、收盘价、最低价和最高价是什么关系?

(2)根据案例分析,开盘即涨停,且牢牢封死在涨停板上的股票在收盘前将其卖出是否合算?

(3)根据案例分析,在实际操作时可在什么位置卖出暴风科技?

【案例分析】

（1）一字形 K 线一天只有一个价格,开盘价、收盘价、最低价和最高价相等。

（2）开盘即涨停,且牢牢封死在涨停板上的走势,多数是因为受利好消息的影响,买盘云集,而持有者惜售,成交稀少。在当日没有成功买入的投资者会在次一交易日继续挂涨停价买入,所以次一交易日高开的可能性非常大。持有者不必急于在当天卖出,应等待其在次一交易日高开后卖出,若次一交易日继续一字形涨停,可继续推迟卖出时间。

（3）稳健型投资者可在位置 1 卖出,因为在次日盘中涨停被打开,成交量放大,说明大量的获利筹码在兑现,卖压很大。激进型投资者可在位置 2 卖出,因为当日筹码蜂拥而出,股价下跌明显。为了先行卖出手中的已获利筹码,大部分投资者不惜以跌停价卖出,恐慌情绪蔓延,若不在此位置卖出,后市将面临连续跌停的危险。

11.2 W 底形态特征

【案例知识点】W 底形态特征

【案例类型】运用案例

【案例来源】通达信行情软件

【案例时间】2015 年 9 月

【案例内容】

图 11.2 是英特集团在 2015.8—2015.10 的 K 线图。

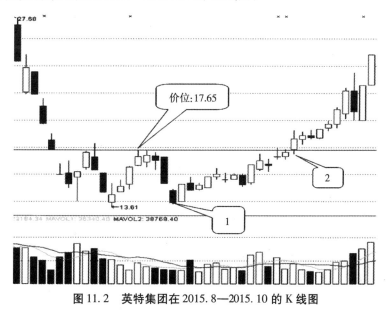

图 11.2 英特集团在 2015.8—2015.10 的 K 线图

【案例问题】

(1)根据案例分析,图 11.2 的水平直线叫什么名字? 它起压力作用还是支撑作用?

(2)根据案例分析,图 11.2 的形态叫什么名字?

(3)根据案例分析,计算形态高度。

(4)根据案例分析,在实际操盘过程中,应该在位置 1 买入还是位置 2 买入?

【案例分析】

(1)图 11.2 的水平直线叫颈线,起压力作用。

(2)图 11.2 的形态可看成三重底或者复合双重底。

(3)形态高度=颈线价位−底部价位=17.65 元−13.61 元=4.04 元

(4)可以分两步买入,在位置 1 少量买入,然后待颈线被突破后,在位置 2 大量买入。

11.3 运用 W 底形态预测股价

【案例知识点】W 底的运用

【案例类型】练习案例

【案例来源】通达信行情软件

【案例时间】2015 年 8 月

【案例内容】

图 11.3 是*ST 狮头在 2015.7—2015.11 月的 K 线图。

图 11.3 *ST 狮头在 2015.7—2015.11 的 K 线图

【案例问题】

(1)根据案例分析,计算形态高度。

(2)根据案例分析,预测该股后市走势。

【案例分析】

(1)形态高度=12.37元-8.04元=4.33元

(2)该形态属于W底,股价往上突破颈线,后市上涨幅度至少要达到一倍形态高度。

11.4 M头形态的特征

【案例知识点】M头形态的特征

【案例类型】练习案例

【案例来源】通达信行情软件

【案例时间】2015年12月

【案例内容】

图11.4是深南电A在2015.11—2015.12的K线图。

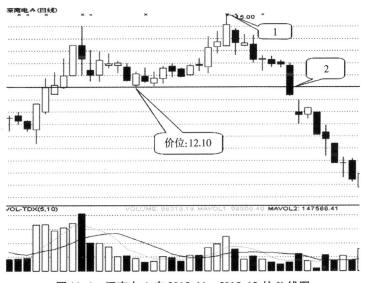

图11.4 深南电A在2015.11—2015.12的K线图

【案例问题】

(1)根据案例分析,图11.4的水平直线叫什么名字? 起压力作用还是支撑作用?

(2)根据案例分析,图11.4形态叫什么名字?

(3)根据案例分析,计算形态高度。

(4)根据案例分析,在实际操盘过程中,应该在位置1卖出还是位置2卖出?

【案例分析】

(1)图 11.4 的水平直线叫颈线,起支撑作用。

(2)该形态两顶同高,股价往下突破颈线。属于 M 头或双重顶形态。

(3)形态高度=头部价位-颈线价位=15 元-12.1 元=2.90 元。

(4)可以分两步卖出,在位置 1 卖出少量,然后待颈线被突破后,在位置 2 全部卖出。

11.5　运用 M 头形态预测股价

【案例知识点】M 头形态的运用

【案例类型】练习案例

【案例来源】通达信行情软件

【案例时间】2015 年 12 月

【案例内容】

图 11.5 是中集集团在 2015.11—2015.12 月的 K 线图。

价位:18.04

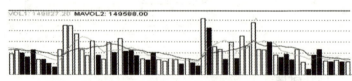

图 11.5　中集集团在 2015.11—2015.12 月的 K 线图

【案例问题】

(1)根据案例分析,计算形态高度。

(2)根据案例分析,预测该股后市走势。

【案例分析】

(1)形态高度=23.50 元-18.04 元=5.46 元。

(2)形态属于 M 头,股价往下突破颈线,后市下跌幅度至少要达到一倍形态高度,目标价在 13.58 元以下。

第12章 证券市场运行案例

12.1 IPO 重启,对市场的影响

【案例知识点】IPO 对证券市场的影响

【案例来源】网易新闻

【案例时间】2014 年 4 月

【案例内容】

日前证监会发布《关于进一步新股发行体制改革的意见》,并在新闻发布会上表示预计明年 1 月份将有 50 家企业陆续上市。对此南方基金首席策略分析师杨德龙表示,IPO 重启已经在市场的预期之内,预计对大盘的影响不大,排队上市的企业中中小板和创业版企业较多,对中小板和创业板的冲击应该更大,看看历史上几次 IPO 重启前后,指数趋势变化:A 股历史上 IPO 有过 7 次重启,IPO 暂停对股市上涨有刺激作用,重启后都未对市场的中短期运行产生影响,其中只有一次恢复新股发行之后,市场运行趋势产生了逆转。

目前大盘正处于前期调整的低位,多空分歧不大,市场资金相对宽松,在世界经济复苏的背景下,外围市场不断走高,A 股市场还处于相对低位。因此 IPO 重启不会对市场造成太大压力。

尽管 IPO 重启的消息,从市场机遇、估值、新股发行氛围等方面给予股指一定的牵制压力,但这一周的持续上涨展示了一个事实:IPO 的重启不是市场反转的信号,也不会导致所有股票的调整。

【案例问题】

(1)根据案例分析,什么是 IPO?

(2)根据案例分析,IPO 对市场的负面影响有哪些?

(3)根据案例分析,是不是应该停止 IPO?

(4)根据案例分析,IPO 对市场的实际影响如何?

(5)根据案例分析,决定 A 股市场长期走势的根本原因是什么?

【案例分析】

(1)IPO 是指首次公开发行股票。

(2)新股发行会吸引大量的申购资金流出二级市场;新股的发行价格通常偏高,而且上

市首日又会遭到爆炒,一旦日后价格回调,可能引导市场下行。

(3)证券市场的基本功能就是筹资和投资功能,证券市场为资金需求者提供了通过发行证券筹集资金的机会。一旦IPO停止,证券市场也就没有存在的必要了。

(4)IPO不影响市场的原有趋势,但是频繁发行新股对市场的影响不容忽视。

(5)决定A股市场长期走势的根本因素是宏观经济发展和上市公司的盈利能力。

12.2　熔断机制对股市的影响

【案例知识点】熔断机制对证券市场的影响

【案例类型】基础案例

【案例时间】2016年1月

【案例内容】

熔断机制从2015年9月开始酝酿,到2016年1月1日起正式实施,在经历了1月4日和7日的4次熔断后,上海证券交易所、深圳证券交易所、中国金融期货交易所发布通知,为维护市场稳定运行,经证监会同意,自1月8日起暂停实施指数熔断机制。熔断机制在短短的几天运行中,并没有遏制股市的跌势;熔断机制暂停后,沪深两市依然不见明显起色。

证监会表示,引入指数熔断机制的主要目的是为市场提供"冷静期",避免或减少大幅波动情况下的匆忙决策,保护投资者特别是中小投资者的合法权益;抑制程序化交易的助涨助跌效应;为应对技术或操作风险提供应急处置时间。熔断机制不是市场大跌的主因,但从近两次实际熔断情况看,没有达到预期效果,而熔断机制又有一定"磁吸效应",即在接近熔断阈值时部分投资者提前交易,导致股指加速触碰熔断阈值,起了助跌的作用。权衡利弊,目前负面影响大于正面效应。因此,为维护市场稳定,证监会决定暂停熔断机制。

抛开市场准备不足等因素,熔断机制的磁吸效应——即当接近熔断阈值时股价会像磁铁一样加速被吸向相应限制价格的现象也会因市场结构的矛盾而加剧。熔断机制使市场参与者产生流动性丧失的预期,而散户心理会加深市场单边运行的判断,带来的集体非理性将使熔断的"磁吸效应"更强烈,使市场丧失流动性的预期自我实现。

【案例问题】

(1)根据案例分析,什么是熔断机制?

(2)根据案例分析,熔断机制对市场的负面影响有哪些?

(3)根据案例分析,是不是应该停止熔断机制?

(4)根据案例分析,熔断机制对市场的实际影响如何?

(5)根据案例分析,决定A股走势的根本原因是什么?

【案例分析】

(1)所谓熔断机制,简单来说,就是指在股票交易中,当价格波幅触及所规定的水平时,交易随之停止一段时间的机制。熔断机制的主要目的是给市场一个冷静期,让投资者充分消化市场信息,防止市场或某一产品非理性的大幅波动,特别防止市场大幅下跌甚至发生股灾,以维护市场的稳定。

(2)在中国市场熔断机制产生的"磁吸效应"并没有起到使市场冷静的作用,反而使部分投资者提前交易加速熔断,起了助跌的作用。

(3)熔断机制是一项全新的制度,在我国没有市场经验,市场适应也要有一个过程,需要逐步探索,积累经验,动态调整。

(4)2016年1月4日,A股遇到史上首次"熔断"。早盘,两市双双低开,随后沪指一度跳水大跌,跌破3 500点与3 400点,各大板块纷纷下挫。午后,沪深300指数在开盘之后继续下跌,并于13点13分超过5%,引发熔断,三家交易所暂停交易15分钟,恢复交易之后,沪深300指数继续下跌,并于13点34分触及7%的关口,三个交易所暂停交易至收市。2016年1月7日,早盘9点42分,沪深300指数跌幅扩大至5%,再度触发熔断线,两市将在9点57分恢复交易。开盘后,仅3分钟,沪深300指数再度快速探底,最大跌幅7.21%,二度熔断触及阈值。这是2016年以来的第二次提前收盘,同时也创造了休市最快记录。

(5)决定A股市场长期走势的根本因素是宏观经济发展和上市公司的盈利能力。

12.3 网上定价发行的申购程序(旧规则)

【案例知识点】网上定价发行的申购程序

【案例类型】基础案例

【案例来源】中国证券报

【案例时间】2007年9月

【案例内容】

新股网上定价发行具体程序如下:

(1)投资者应在申购委托前把申购款全额存入与办理该次发行的证券交易所联网的证券营业部指定的账户。

(2)申购当日(T+0日),投资者申购,并由证券交易所反馈受理。上网申购期内,投资者按委托买入股票的方式,以发行价格填写委托单,一经申报,不得撤单。投资者多次申购的,除第一次申购外均视作无效申购。

每一账户申购委托不少于1 000股,超过1 000股的必须是1 000股的整数倍。

每一股票账户申购股票数量上限为当次社会公众股发行数量的千分之一。

(3)申购资金应在(T+1日)入账,由证券交易所的登记计算机构将申购资金冻结在申购专户中,确因银行结算制度而造成申购资金不能及时入账的,须在T+1日提供通过中国人民银行电子联行系统汇划的划款凭证,并确保T+2日上午申购资金入账。所有申购的资金一律集中冻结在指定清算银行的申购专户中。

（4）申购日后的第二天（T+2 日），证券交易所的登记计算机构应配合主承销商和会计师事务所对申购资金进行验资，并由会计师事务所出具验资报告，以实际到位资金（包括按规定提供中国人民银行已划款凭证部分）作为有效申购进行连续配号。证券交易所将配号传送至各证券交易所，并通过交易网络公布中签号。

（5）申购日后的第三天（T+3 日），由主承销商负责组织摇号抽签，并于当日公布中签结果。证券交易所根据抽签结果进行清算交割和股东登记。

（6）申购日后的第四天（T+4 日），对未中签部分的申购款予以解冻。

【案例问题】

（1）根据案例分析，一个账户可以对同一只新股进行多少次申购？

（2）根据案例分析，为什么要摇号抽签才能决定申购结果？

（3）根据案例分析，投资者何时可以知道自己是否申购成功？

（4）根据案例分析，申购成功的资金什么时候解冻？

【案例分析】

（1）一次或多次申购的，除第一次申购外均视作无效申购。

（2）因为申购数量通常远远高于发行数量。

（3）申购行为发生以后的第三天。

（4）申购行为发生以后的第四天。

12.4　网上定价发行的申购程序（新规则）

【案例知识点】网上定价发行的申购程序

【案例类型】基础案例

【案例来源】中国证券报

【案例时间】2007 年 9 月

【案例内容】

新股网上定价发行具体程序如下：

（1）T-1 日，发行人与主承销商刊登网上发行公告。

（2）T 日，投资者可通过指定交易的证券公司查询其持有市值或可申购额度，投资者根据可申购额度进行新股申购；当日配号，并发送配号结果数据。

发行人和主承销商根据《证券发行与承销管理办法》第 10 条安排网上网下新股发行数量回拨的，应在 T 日当日，将网上发行与网下发行之间的回拨数量通知交易所。

（3）T+1 日，主承销商公布中签率，组织摇号抽签，形成中签结果，上交所于当日盘后向证券公司发送中签结果。原 T+1 日申购资金验资环节取消。

（4）$T+2$ 日，主承销商公布发行价格及中签结果，投资者也可以向其指定交易的证券公司查询中签结果。中签的投资者应依据中签结果履行资金交收义务，确保其资金账户在 $T+2$ 日日终有足额的新股认购资金。

（5）$T+3$ 日 15:00 前，结算参与人向中国结算申报其投资者放弃认购数据；16:00，中国结算对认购资金进行交收处理，将认购资金划入主承销商资金交收账户。

（6）$T+4$ 日，主承销商将认购资金扣除承销费用后划给发行人，公布网上发行结果。

【案例问题】

（1）根据案例分析，一个账户可以对同一只新股进行多少次申购？

（2）根据案例分析，为什么要摇号抽签才能决定申购结果？

（3）根据案例分析，投资者何时可以知道自己是否申购成功？

（4）根据案例分析，新规则与旧规则有什么区别？

【案例分析】

（1）一次或多次申购的，除第一次申购外均视作无效申购。

（2）因为申购数量通常远远高于发行数量。

（3）申购行为发生以后的第二天。

（4）"预缴款"变"后缴款"，即取消现行新股申购预先缴款制度，改为确定配售数量后再进行缴款。

12.5　2014、2015 年股票运行分析

【案例知识点】2014 和 2015 年股票市场运行分析

【案例来源】网易新闻

【案例时间】2015 年 12 月

【案例内容】

2014 年大盘最终收在 3 234 点，相对 2013 年 12 月 31 日的 2 116 点，涨了约 1 118 点，涨幅约为 52.83%。2014 年的最高点是 12 月 29 日的 3 239 点，相对 2014 年最低点为 3 月 12 日的 1 974 点，涨了约 1 265 点，涨幅约为 64.08%。大盘在 2014 年的最大涨幅为 1 991 至 3 239 这个上涨区间，最大上涨高度为 1 248 点，涨幅约为 62.68%。大盘 2014 年只在年初进行了两波很小的回调，跌幅分别为 9.32% 和 7.22%。随后的这波上涨从 5 月 21 日一直持续至 12 月 31 日，目前还没有结束的迹象。所以整个 2014 年指数走了一波牛市，这波牛市主要集中少数权重股身上。

2015 年是充满变化和挑战的一年。在"资金牛"和"改革牛"的刺激下，上半年的 A 股市场迎来了 7 年以来最大上涨幅度的一波牛市，在经历 1 月、2 月的横盘震荡后，A 股大盘于 3 月成功突破 2009 年牛市顶部 3 478 点，之后大盘上行一路畅通，在 6 月初成功站上 5 000

点。然而在 6 月下旬,市场风云突变,半月之内大盘由 5 100 点暴跌 20% 至 3 800 点,之后历经反弹与再下跌,11 月中旬徘徊在 3 600 点上下。短期内发生如此罕见的震荡,千股跌停转向千股涨停,充分地把中国股票市场发展过程中所积累的弊端与问题集中地暴露出来。

20 多年来中国股票市场虽然发展很快,从上市公司数量到市值规模都已经达到或超过一些发达国家,但自身的弱点和问题也明显,如市场不成熟、制度不健全、监管不适应,以及上市公司和投资者结构不合理,短期投机炒作过多等,股指期货市场的正向效应难以正常发挥,深层次原因主要体现在以下几个方面:

(1)由于现货市场正向利差效应微弱,即股市没有长期分红效应和机制约束,持续的财富效应缺失。内幕交易长期清而难除,投机氛围难有改变。"花不美因根不实",因此,股指期货市场的功能不可能有效发挥。

(2)中国股票市场有限的局部价值成长遇见不公的分配制度,市场参与者无法建立长期的投资理念,收益主要取决于资本利得,与成熟市场完全相反,这样无疑会滋生浓厚的投机意识。市场参与者只能依靠买卖差价获利,政策市、消息市的特征非常显著。

(3)股票市场长期微弱的负向利差特征为股指期货市场提供了正收益的舞台。而股指期货市场不受标的物的流通量限制,可以把流动性溢价的收益展现得淋漓尽致,尤其在投机风险高峰时刻两者不是互为抑制,而是相互助长的,导致风险不断提升。

(4)市场总是聪明的,现货市场的大多数参与者与衍生品市场的大多数参与者的平均专业知识储备相差悬殊。当中国股票市场处于非成熟、非有效的初级阶段时,持续的财富效应缺失会导致股指期货因这种专业知识储备的悬殊差异而被投机者利用,短期内很可能演变成对赌股指升跌的疯狂投机游戏。

发展至今的中国股票市场是还不成熟、非有效和欠完善的市场,散户和一些中小机构仍是市场交易主体,长期滋生的过度投机的温床始终存在。此时,相对应的股指期货市场难以实现其规避风险、套期保值与稳定市场的功能,有时还会加剧市场波动,助长过度投机。中国 7 年来的熊市期间,股市日交易额只有 1 000 亿~2 000 亿元,而股指期货日交易额 4 000 亿~5 000 亿元。2015 年进入牛市后,股市日交易额只有 1 万亿~2 万亿元,而股指期货日交易额达 3 万亿~4 万亿元。当股指期货的交易量远远超过股市时,所谓做空是给股票套保的说法已经没有意义。股市若还算是一个投资场所,则股指期货就完全背离了其规避风险、套期保值与稳定市场的功能。中国股票市场的制度建设与理性投资者的培育还有相当长的路要走。

【案例问题】

(1)根据案例分析,2015 年股市上涨的原因是什么?

(2)根据案例分析,决定 A 股市场长期走势的根本原因是什么?

【案例分析】

(1)全面深化改革推进带来的政策红利不断释放,是引领 A 股持续放量走高的深层次动力。

(2)决定 A 股市场长期走势的根本因素是宏观经济发展和上市公司的盈利能力。

12.6 我国的涨跌停板制度

【案例知识点】涨跌幅限制

【案例类型】基础案例

【案例来源】和讯财经

【案例时间】2008 年 12 月

【案例内容】

作为新中国第一家证券交易所,上海证券交易所在开业之初,曾对当时仅有的"老八股"实施过涨跌幅限制。当时的日涨跌停幅度仅为 1%,后来还一度改为 0.5%。在交易价格波动区间受到高度限制的背景下,最初的证券市场并没有表现出应有的活跃度。

1992 年 5 月 21 日,沪深证券交易所取消了上市证券涨跌幅限制。受此消息刺激,前一交易日以 616 点收盘的上证综指,跃升至 1 226 点,出现了 105.27% 的涨幅。伴随着冲动过后的价值回归,上证综指仅用了短短半年时间就从 1 429 点的高位回落至 286 点,累计跌幅高达 73%。

我国证券市场现行的涨跌停板制度是 1996 年 12 月 13 日发布,1996 年 12 月 26 日开始实施的,旨在保护广大投资者利益,保持市场稳定,进一步推进市场的规范化。制度规定,除上市首日之外,股票(含 A、B 股)、基金类证券在一个交易日内的交易价格相对上一交易日收市价格的涨跌幅度不得超过 10%(以 S,ST,*ST 开头的股票不得超过 5%),超过涨跌限价的委托为无效委托。

我国的涨跌停板制度与国外制度的主要区别在于股价达到涨跌停板后,不是完全停止交易,在涨跌停价位之内价格的交易仍可继续进行,直到当日收市为止。

【案例问题】

(1)根据案例分析,我国什么类型的股票涨跌停幅度不得超过 5%?

(2)根据案例分析,我国所有的股票都设有涨跌停限制吗?

(3)根据案例分析,我国的股票在涨跌停以后,还能继续交易吗?

(4)根据案例分析,我国有无取消涨跌停板制度的必要性?

【案例分析】

(1)未股改股(股票名称前加 S);特别处理股票(股票名称前加 ST);退市警告股票(股票名称前加 *ST)。

(2)我国新股上市首日不设涨跌停限制。

(3)我国的股票在涨跌停价位或之内价格的交易仍可继续进行,通常情况下,受市场极端情绪的感染,持有股票的投资者不愿意在涨停价卖出,持有资金的投资者不愿意在跌停价买入,所以股票达到涨跌停价位时,实际的成交量比较小。

（4）优点：一方面，现行涨跌停板制度限制了股价当日暴涨或暴跌的幅度，使投资者有较充裕的时间获得较多的信息，较冷静而不是盲目地进一步作出买入或卖出的投资决策；另一方面，当日上下10%的股价变动范围，正常情况下不会影响大多数股票交投的活跃性。对于市场中投机性较强的 ST 股票实行当日上下5%的股价变动范围也是适宜的。我国实行涨跌幅限制以来，市场的剧烈波动明显减小了。当然，涨跌幅限制也存在一定的缺陷，比如庄家利用涨跌幅限制在涨停板上出货，套死散户，或在跌停板上打出大单，使散户无法出局。但是其正面的作用，尤其是保护广大中小投资者利益的作用要远远大于庄家利用其操纵股价的影响。股市监管和法制尚不完备的现阶段，取消涨跌停制度风险比较高。

参考文献

［1］中国证券业协会. 证券交易［M］. 北京：中国金融出版社，2012.

［2］中国证券业协会. 证券市场基础知识［M］. 北京：中国金融出版社，2012.

［3］中国证券业协会. 证券投资基金［M］. 北京：中国金融出版社，2012.

［4］中国证券业协会. 证券投资分析［M］. 北京：中国金融出版社，2012.

［5］期货业从业人员资格考试辅导教材编委会. 期货及衍生品基础［M］. 北京：企业管理出版社，2016.

［6］期货业从业人员资格考试辅导教材编委会. 期货法律法规［M］. 北京：企业管理出版社，2016.

［7］傅世均. 证券投资中股票选择理论分析与案例研究［D］. 重庆：重庆大学，2006.

［8］庞博. 证券价格估值方法及影响因素研究［D］. 天津：天津财经大学，2012.

［9］齐艳. 证券估值方法的分析与评价［J］. 思想战线，2010.6.

［10］王波. 公司股票估值方法研究［D］. 济南：山东大学，2007.

［11］唐平. 基于宏观经济变量的中国股市波动分析［J］. 财经科学，2008(6)：18-24.

［12］陈朝阳，胡乐群，万鹤群. 宏观经济与证券市场相关性研究［J］. 系统工程理论与实践，1996.

［13］张志刚，张平. 我国宏观经济变量与证券市场关联性研究［J］. 中国集体经济，2015.

［14］梁菲菲. 我国创业板上市公司投资价值分析［D］. 成都：四川师范大学，2013.

［15］毛艺平. 我国上市公司分析性财务信息披露研究［D］. 武汉：武汉大学，2005.

［16］陈赓. 中国上市公司基本面与股票价格相关性分析［D］. 广州：暨南大学，2016.

［17］黄成，曹洲涛. 证券分析方法的科学性分析［J］. 南方金融，2003.

［18］苏茂坤，对证券市场技术分析的思考［D］. 成都：西南交通大学，2002.

［19］向文葵，胡忠林. 论技术分析在我国证券投资中的应用［J］. 经济研究导刊，2008.

［20］余梦佳. 对 A 股 IPO 正式重启的思考［J］. 中国农业银行学报，2014.

［21］张诗琪. IPO 重启背景下我国新股发行体制改革效果的实证研究［D］. 成都：西南财经大学，2014.

［22］薛玉虎，刘洁铭. 贵州茅台，大象已然起舞［R］. 方正证券，2017.

［23］王永锋，卢文琳. 贵州茅台，预收再创新高［R］. 广发证券，2017.

［24］胡正洋，真怡，赵炳楠. 中航电子长期受益于资产整合［R］. 广发证券，2017.

［25］蔡益润. 我国小家电行业步入消费升级新阶段［R］. 广发证券，2017.

［26］陇雁冰. 持续看好新能源汽车发展［R］. 华金证券，2017.

[27] 程海星,程思,朱满洲.汇率是中国股市波动的主要因素吗[J].金融论坛,2016.

[28] 梁龄,李晶,王也.股市大跌迎利好[N].重庆商报,2016-03-1.

[29] 赵学毅.3 月 CPI 将推动股市不断走高[N].北京商报,2016-03-31.

[30] 晓旦.房地产泡沫可能影响股市[N].中国证券报,2016-08-30.